T0247633

LA HISTORIA DE

AC/DC

Redbook

LA HISTORIA DE

AC/DC

NUEVA EDICIÓN ACTUALIZADA

SUSAN MASINO

Traducción de David Agustí Hernández y Ana Riera

MA
NON
TROPPO

Título original: *The Story of AC/DC. Let There Be Rock*

«La traducción de este libro, publicado originalmente en 2006 y ampliado
a esta nueva edición en 2020 ha sido hecha en acuerdo con
Omnibus Press, 14-15 Berners Street, Londres W1T 3LJ, Inglaterra.»

© 2022, Susan Masino

© 2022, Redbook ediciones, s. l., Barcelona por la edición en español

Diseño de cubierta: Regina Richling a partir de la portada original de Fresh Lemon

Fotografía de cubierta: © Michael Putland /RETNA
Fotografía de contracubierta: © London Features International

Fotografías interior:
pág. 70 © Hulton Archive/Getty Images; pág. 75 © Roelen/LFI; pág 89 © Paul
Natkin; pág. 93 © LFI; pág 101 © Frank Griffin/LFI; pág. 105 © Paul Natkin;
pág. 116: fotos 1-2 © Anastasia Pantsios/LFI, fotos 3-4 © Deborah Feingold/Hul-
ton Archive/Getty Imagess; pág. 125 © Mazel/Retna UK; pág. 129 © Keith Wes-
sel; pág. 145: foto 1 © George Chin/Wirelmage, foto 2 © Ross Halfin/Idols; pág.
149 © Ross Halfin/Idols; pág. 151 © Frank White; pág. 152 © Ross Halfin/Idols;
pág. 153 © Frank White; pág. 157 © Paul Natkin; pág. 161 © Dave Hogan/LFI;
pág. 162 © Ebet Roberts; pág. 163, foto 1 © Deborah Feingold/Hulton Archive/
Getty Images, foto 2 © Ebet Roberts; pág. 164-165 © Ebet Roberts; pág. 171 ©
LFI; pág. 173, foto 1 © Ken Friedman/Retna, foto 2 © Bliss Morris/Corbis; pág.
179 © Martyn Goodrace/S.I.N./Corbis; pág. 193 © Michael Halsban;
pág. 197 © Anna Meuer/S.I.N./Corbis; pág. 199 © Tony Mott/S.I.N./Corbis; pág.
216-217 © Ethan Miller/Reuters/Corbis; pág. 219, foto 1 © Simon Meaker/LFI, foto
2 © John Masino; pág. 224-225 © Frank White; pág. 227 © Kevin Mazur/Wirelmage;
pág. 229 © Kevin Mazur/Wirelmage, pág. 237 © Kevin Mazur/Wirelmage; pág 249 ©
Branko Galicic; pág 269 © Eduardo Rodriquez; pág 293 © Brian Rasic/Getty Images

Diseño interior: Quim Miserachs
ISBN: 978-84-18703-24-9
Depósito legal: B-29-2022

Impreso por Reprográficas Malpe, S.A.
c/ Calidad, 34, bloque 2, nave 7
Pol. Ind. "Los Olivos" 28906 Getafe Madrid

Impreso en España - *Printed in Spain*

«Cualquier forma de reproducción, distribución, comunicación pública o transformación
de esta obra solo puede ser realizada con la autorización de sus titulares, salvo excepción
prevista por la ley. Diríjase a CEDRO (Centro Español de Derechos Reprográficos,
www.cedro.org) si necesita fotocopiar o escanear algún fragmento de esta obra.»

Índice

Este libro está dedicado a Angus, Malcolm, Phil, Cliff, Brian y especialmente a Bon, quien fue y siempre será «el rayo en el medio».

Y también a Perry Cooper y a Cody Jessup, que aman profundamente a AC/DC.

Introducción

Aquí estoy, en el 28 aniversario del día en que me reuní por primera vez con AC/DC, todavía asombrada por los increíbles giros del destino. He sido periodista musical desde 1977 y he conocido cientos de bandas desde entonces. Pero fue una banda en particular la que me inspiró a seguir a mi corazón rockero. Y, casi tres décadas después, la misma banda me ayuda a convertir en realidad mi mayor sueño: ser una autora publicada en todo el mundo.

Durante el pasado año, cuando le decía a alguien que estaba escribiendo la biografía de AC/DC, la respuesta más frecuente era: «¿Qué te impulsó a hacerlo?».

Bueno, supongo que la respuesta a esa pregunta nos lleva a una calurosa tarde de agosto de 1977, de hecho el mismo día en que murió Elvis Presley. AC/DC iba a tocar en el Stone Hearth, un pequeño club rockero en el área de Madison, Wisconsin (justo en el centro de mi pueblo natal).

En aquella época yo era una madre soltera de veintiún años que atravesaba una amarga separación y que intentaba desesperadamente encontrar su propio lugar en el mundo. Una amiga me presentó a una banda local que a su vez me presentó a los editores de una revista musical. Al principio empecé trabajando gratis para ellos haciendo reseñas de conciertos en bares. Era algo que me encantaba hacer, y con el tiempo me labré el camino de ser escritora «por amor al arte» a convertirme en editora asociada y asalariada. El paraíso. Piénsalo, que te paguen por pasearte por ahí entrevistando a bandas de rock. ¡Y algunos me tienen por una rubia atontada!

Esa precisa tarde de martes estaba en el periódico mientras escuchaba a todas las emisoras de radio lamentar la muerte del Rey, cuando algo me dijo que me detuviera a comprobar si tenía nuevos encargos. La única persona en la oficina era Gary Sohmers, el editor, que acababa de colgar el teléfono tras una conversación con un representante de Stardate. El promotor había contratado a una banda para tocar en el Stone Hearth esa noche. Habían llamado al periódico para ver si a alguien le podía apetecer asomarse y echar una mano. Se me compensaría con la entrada gratis para mí y un amigo. Casi tan bueno como el dinero. No tenía ningún plan para la tarde, así que me apunté. Mientras salía corriendo por la puerta para irme a casa a cambiarme, le pregunté a Gary quién tocaba. Sacudió la cabeza y dijo: «No sé, una banda australiana llamada AC/DC». Nada de lo que me hayan dicho desde entonces ha tenido un impacto mayor en mi vida.

Llegué a casa y me arreglé. Me puse unos tejanos limpios, una camiseta blanca y unas botas camperas. Un poco de sombra de ojos, colorete, pintalabios de color claro y maquillaje: todo lo que necesitaba mi cara sin arrugas de veintiún años. Ah, vaya época… Mi indumentaria era el vestuario estándar que servía para bares, auditorios y camerinos. Además me ayudaba a diferenciarme de las *groupies*, que siempre iban vestidas de satín, mallas, bisutería y tacones de aguja. Aunque a menudo ese uniforme de combate no me libraba de que se me agrupara (o a veces se me apelotonara) junto a los demás.

Llegué al club hacia las cuatro de la tarde y pasé el tiempo yendo a la tienda de licores para comprar una botella de vino Blue Nun para el cantante y preparando el catering en el camerino. No entraré en detalles ahora porque estropearía parte de la historia. Lo que puedo contar es que cambió mi vida a mejor y que nada ha sido igual desde entonces.

Veinticuatro años después, escribí un libro sobre mis excursiones durante esa época de mi vida llamado *Rock 'N' Roll Fantasy: My Life and Times with AC/DC, Van Halen, Kiss…* que publiqué en formato electrónico en mayo del 2001. Se vendió bien en catorce países gracias a las magníficas reseñas en algunas de las mejores páginas web sobre AC/DC. Ese libro electrónico me consiguió un contrato con Badger Books para escribir *Famous Wisconsin Musicians*. Cuando el editor, Marv Balousek, vio las reseñas de mi libro me ofreció imprimirlo bajo pedido sin un contrato firmado. De esa manera, todavía podía buscar un contrato para publicar *Rock 'N' Roll Fantasy* internacionalmente. Ya sé que es confuso, pero sigan conmigo, luego se pone interesante.

Una vez que has publicado dos libros, todo el mundo te pregunta de qué irá el siguiente. ¿Mi siguiente libro? ¡Ni siquiera estaba pensando en mi siguiente libro! No hasta que fui a la costa del golfo de Florida a pasar mis vacaciones de verano. Era julio del 2003 y, por alguna razón, me atraía la idea de escribir una biografía de AC/DC. Ya sé, ya sé, mi marido John hasta se rió de mí.

Unos meses después, Badger Books me invitó a la Book Expo América, en Chicago, la versión de la SuperBowl de la industria editorial, para firmar ejemplares de *Rock 'N' Roll Fantasy*. Al principio parecía una excusa para irse de fiesta a Chicago un fin de semana. Nunca imaginé que ese aparentemente inocente viaje a Illinois fuera otra gran oportunidad para cambiar mi vida… de nuevo. Y AC/DC tuvo que ver con ello.

Cuando llegamos al McCormick Place el 5 de junio del 2004, me encantó el hecho de que los escritores de mayor éxito estuvieran allí en persona representando a sus editoriales grandes y malas. Ya saben cuáles; las que hacen listados de sus credenciales y no aceptan material no solicitado. Pero para un escritor desconocido son el *Catch-22* por excelencia[i]. Es muy difícil conseguir un agente si no has publicado y es imposible hacer llegar tu material a las editoriales sin un agente. Entonces, ¿cómo demonios hizo alguien como Stephen King para empezar?

Así que ahí estaba junto a 500 casetas, 600 autores, cientos de editoriales y cerca de unas 3.000 personas amantes de la lectura, todos bajo el mismo techo. Era como morirse e ir al paraíso literario, o literalmente al paraíso, como ustedes prefieran. En lugar de encontrar mi propia caseta y prepararme para mi firma de ejemplares, me urgía dar una vuelta e inspeccionar el lugar. Estaba de misión buscando algo. El qué… no lo sabía.

Después de una hora de dar vueltas, perdiéndome irremisiblemente (y no, esos carteles numéricos colgando del techo no sirven de ayuda), doblé una esquina y a mi izquierda apareció una inmensa pared roja y negra, bien iluminada, de libros de rock acerca de cualquier músico que puedas imaginarte. Me quedé helada. Recuerdo ver los libros y las luces con una aureola borrosa. Igual que cuando Wayne ve a Cassandra, la bajista de la película *Wayne's World*, mientras suena de fondo la canción «Dream Weaver». Tuve la misma experiencia, salvo por la banda sonora de Gary Wright.

Descubrí que estaba en la caseta de Music Sales Group, que incluye a la imprenta Omnibus Press. Music Sales es una prestigiosa editorial especializada en libros de partituras y biografías de músicos. Se estableció en los años 30 y tiene oficinas en ocho países. No sólo es una de las compañías más respetadas en la industria, sino que también publica las partituras de AC/DC. ¡¡¿Hola?!! Cuando me enteré de quién eran, empecé a reírme yendo hacia mi marido diciendo: «¡Estoy en casa! ¡Ya está! ¡Me van a contratar y listo!» Mientras estaba riéndome y bromeando, una joven muy agradable se acercó y me preguntó: «Disculpe, ¿usted es?...» Era educada, aunque sé que pensó que estaba chiflada. Cuando le dije quién era y que tenía un libro que podría interesarles, Alison Wolford, publicista de Omnibus, me dijo: «Los editores no suelen venir a estas cosas, pero da la casualidad de que nuestra editora jefe está con nosotros este fin de semana. Debería hablar con ella». ¿Podía haber dicho

---

i. Libro escrito por Joseph Heller, considerado en Estados Unidos referencia fundamental en la novela del siglo xx.

algo mejor? A poca distancia estaba la angelical Andrea Rotondo, la editora jefe, que se dirigió a mí después de acabar una conversación con otra persona. Puedes imaginar que después de haber sufrido varios rechazos y el laberinto de las relaciones entre agente y editor, mi presentación y mi oferta estaban a la altura de agarrar un bote salvavidas en el Titanic. ¡Por fortuna no la asusté!

Andrea es una escritora reconocida, con varios libros publicados, y que ha editado las revistas *Pro Sound News* y *Musician* antes de convertirse en la editora jefe de Music Sales. Es una hermana del rock que ama la música, los músicos y toda la historia que los rodea. Muchas de sus biografías son sencillamente eso, la documentación histórica de nuestra historia de amor con el rock y con los músicos que lo crearon. Afortunadamente, me escuchó y estaba genuinamente interesada en mi libro y en mis anhelos de que fuera publicado internacionalmente. Cuando le dije mi nombre y el título de mi libro, me miró y me dijo: «Oh, te estaba buscando». Yo me reí y le dije: «Ah, sí, seguro». Me miró seriamente y repitió: «No, te estaba buscando». Y entonces me enseñó su agenda con mi nombre y mi horario de firmas. ¿Entre las miles de personas en aquel evento, me presento a la única que me andaba buscando? La magnitud de la casualidad sólo se vuelve más fantástica a partir de aquí.

Faltaba poco para que me tocara ir a firmar, así que acordamos volver a hablar al final del día. Cuando mi marido, que había estado hablando con el representante de ventas Phil Smith, se despidió, se dirigió a mí y me dijo: «¿Te ha contado lo que están buscando?» Mientras caminábamos, dije: «No, ¿están buscando algo? ¿Qué es lo que están buscando?» Se detuvo, y dijo, con una cara muy seria: «Están buscando a alguien para escribir la biografía de AC/DC».

¿Lo han notado? Yo lo he hecho mientras escribía estas líneas. Me detuve, se me puso la piel de gallina, me giré, le miré y enfrente de toda la gente le dije, de hecho, le grité: «¿Qué es lo que has dicho? Dilo otra vez, despacio, desde el principio». Y después de que me lo repitiera varias veces, sabía por qué había conocido a esta banda, y por qué había estado enamorada de ella durante los últimos veintisiete años de mi vida. Estaba destinada a escribir este libro. Tuve la suerte de conocerlos personalmente, de mantener el contacto con ellos durante casi tres décadas, de tomarme una copa (o dos) con Bon y, ahora tenía la suerte de escribir su biografía para Omnibus Press. Ningún otro privilegio podía significar más para mí.

Cuando salió *Rock 'N' Roll Fantasy* me resultaba fácil decir: «Conozco a la banda personalmente. Voy a verlos cuando están de gira, pero no soy ninguna experta. Cuando el libro fue examinado meticulosamente por algunos de los seguidores de AC/DC más devotos, pasó el examen y de hecho gustó. Me sentí francamente aliviada. Cuando firmé el contrato para este libro, era el momento de convertirse en una experta en AC/DC, o al menos de intentar conseguir información fidedigna. La responsabilidad cayó encima de mí como una losa y, a veces, me dejaba paralizada de puro pánico. ¿Le gustaría a la banda? ¿Le gustaría a los fans? ¿Sabríamos alguna vez si había sido una aspiradora o una máquina de coser la que tenía las letras AC/DC en la parte de atrás, inspirando la idea para el nombre de la banda? Muchos detalles, mucha más presión.

Casi nueve semanas después de estar esperando que me ofrecieran el contrato, caí en mi más profunda depresión, como cuando la música disco invadió las emisoras de radio a mediados de los 70. La idea de haber estado tan cerca de mi sueño y de verlo desaparecer delante de mis ojos era más de lo que podía soportar. Afortunadamente, Dios no me consideró lo suficientemente fuerte para semejante tragedia, así que las cosas fueron a mi favor. ¡Posiblemente mi grito rebelde se escuchó hasta en Australia cuando me enteré de que Omnibus Press se había decidido por la chica de Wisconsin!

Una chica afortunada que se metió en un club el 16 de agosto de 1977 y conoció a una de las bandas más grandes que jamás pisara este planeta. Una que los conoció antes de que fueran conocidos en Estados Unidos, cuando andaban dando vueltas en una furgoneta de segunda mano vistiendo la misma ropa que llevarían la misma noche en el escenario. Antes de que empiece a dar detalles del resto de cosas que hice con ellos, sólo quiero decir que el placer fue enteramente mío.

Con la ayuda de Andrea Rotondo, todo el personal de Music Sales Group, mi familia y mis amigos, y los mejores seguidores que una banda puede pedir, he intentado relatar de forma interesante y precisa cómo se convirtió AC/DC en una de las bandas más influyentes de la historia del rock.

Rezo por que la banda, sus familias y los viejos y los nuevos fans disfruten leyendo *La historia de AC/DC*. La cual, de hecho, empezó hace mucho tiempo, en los 50...

1. Show Business

«Al principio, en 1955, la Humanidad no conocía el rock y todo eso. Los blancos te-nían el schmaltz y los negros tenían el blues. Nadie sabía qué iban a hacer, pero Tchai-kovsky trajo las noticias. Dijo: "Hágase el sonido", y hubo sonido. "Hágase la luz", y hubo luz. "Hágase la batería", y hubo batería. "Hágase la guitarra", y hubo guita-rra. "Hágase el rock", y hubo rock… Y todos supieron que el rock había nacido.»

Fragmento de *Let There Be Rock*

Eso no fue lo único que nació en 1955. El 31 de marzo de ese mismo año, el futuro fracasado escolar, Angus McKinnon Young, nacía en Glasgow, Escocia. Era el séptimo varón y el más joven de los ocho hijos de William y Margaret Young. Malcolm Mitchell Young, su hermano mayor y futuro maníaco de los riffs, había hecho su debut en este mundo dos años antes, el 6 de enero de 1953.

En el hogar de los Young había mucha música; siempre había algún tipo de instrumento por ahí. Tenían un piano, una guitarra, un banjo, un saxofón y un clarinete… de todo para hacer ruido, como recuerda con agrado Angus Young. Afirma que lo primero con lo que probó fue con un banjo al que le faltaban algunas cuerdas.

Su hermana mayor (de hecho la única hermana), Margaret, hizo conocer a la familia a Chuck Berry, Fats Domino y Little Richard: las piedras fundamentales del rock en su forma más pura. Angus dijo una vez que «Rock Around The Clock», de Bill Haley, fue una de las primeras canciones que le enganchó. ¡Incluso siendo un mocoso tenía buen gusto para la música!

En una ocasión, Margaret se llevó a los chicos a ver una actuación del gran Louis Armstrong. En el número de agosto de 1996 de *Guitar World*, Angus recuerda: «Mi hermana me llevó a verlo cuando era un niño, y todavía creo que es uno de los mayores músicos de todos los tiempos. Especialmente cuando escuchas sus discos antiguos, como éstos [*Basin St. Blues* y *St. James Infirmary*] y oyes la increíble musicalidad y sentimiento que sale de su instrumento. Y en aquella época la tecnología prácticamente no existía, todas las pistas se tenían que grabar en una sola toma. Aún puedo verlo en ese gran estadio de fútbol. No era un hombre muy grande, pero cuando tocaba parecía más grande que el mismo estadio».

A todos los hermanos Young se les animaba a tocar la guitarra en sus excursiones al campo de fin de semana. El hermano mayor, Alex, fue el primero en convertirse en músico profesional, se dio a conocer como George Alexander y tocaba el saxofón en Emile Ford's Checkmates. Cuando la familia emigró a Australia en 1963, tocaba con los Big Six. Buscaron la fama con Tony Sheridan después de que los Beatles lo abandonaran. Alex formó otra banda, Grapefruit, que fue el primer grupo en firmar con Apple Records, el sello de los Beatles.

Cuando su padre no pudo encontrar trabajo en Glasglow, su ciudad natal, los Young (como muchas familias escocesas) se aprovecharon del programa de ayuda a la emigración que fue implementado en 1947. Este programa permitía a los emigrantes viajar a Australia por la económica suma de 10 libras por persona, algo así como 25 dólares. Los Young llegaron a Sidney y en un principio se instalaron en el Villawood Migrant Hostel antes de asentarse en un barrio de clase baja en el suburbio de Burwood. Muchas familias inglesas, escocesas y danesas escogieron Burwood para instalarse, y algunos de sus hijos tenían instrumentos musicales. Pronto se convirtió en caldo de cultivo para bandas de garaje. Ahí es donde el hermano mayor, George, conoció al danés Johannes Jacob Hendricks Vandenberg, más conocido como Harry Vanda, quien había tocado con la banda Starfighter. George y Harry reclutaron a su amigo, el vocalista británico Stevie Wright, al bajista Dick Diamonde y al batería Gordon «Snowy» Fleet. Se denominaron Easybeats y dieron su primer concierto en el Beatle Village, en Sidney, a finales de 1964.

Poco después de formar la banda, contrataron a Mike Vaughan como mánager. Mike les presentó a Ted Albert, la tercera generación de los afamados J. Albert and Son, sin duda la discográfica más antigua y respetada de Australia. Enseguida contrataron a Easybeats. Éste fue un factor clave en el futuro de todos.

Se metieron a grabar en el estudio rápidamente, y su segundo single, «She's So Fine», los llevó a la cima del mercado discográfico en Australia. Glenn A. Baker escribió en la revista *Billboard*: «Desde el primer sencillo, "For My Woman", en marzo de 1965, Easybeats se convirtieron en superestrellas de magnitud astronómica. Mientras Inglaterra sucumbía al ataque de la Beatlemanía,

Australia temblaba con la "Fiebre Easy". Por donde pasaban, aeropuertos, cadenas de televisión, teatros y coches de alquiler quedaban reducidos a escombros, algunos fans eran hospitalizados y reinaba el caos general. Como los Beatles, el grupo era un bien público, y sus vidas privadas llenaban las portadas de los periódicos».

Los Easybeats irrumpieron en el mercado internacional de la música con su tema «Friday On My Mind». La canción llegó al número 16 en las listas de Estados Unidos y al 6 en las del Reino Unido, lo que obligó a la banda a instalarse en Londres. Esto fue una ventaja para Malcolm y Angus, quienes pidieron a George que les mandara la mejor música británica, pues esos álbumes no estaban disponibles en Australia.

Siguiendo los pasos de su hermano mayor, Malcolm empezó a tocar la guitarra cuando tenía unos cuatro años, acompañando a Elvis o a cualquier cosa que escuchara. Cuando tenía once años tocaba con canciones de los Beatles. Angus también empezó a los cuatro o cinco años de edad, y tocaba cualquier cosa a la que pudiera echar mano. Finalmente, su madre fue a comprarles a cada uno una guitarra acústica de diez dólares, diciendo: «Una para ti y otra para Mal. Ahora, a portarse bien». Eso es lo que le hubiera gustado.

Cuando Malcolm tenía catorce años, Harry Vanda le regaló su guitarra Gretsch, la cual Malcolm siempre había admirado. (Se ha difundido ampliamente que fue George quien le dio la guitarra, pero en la revista *Guitar Player* se ha citado a Malcolm diciendo que fue un regalo de Harry.) Cuando Malcolm ascendió a una Gretsch, Angus Young consiguió una guitarra Hofner, pero cuando vio una Gibson SG en el catálogo de guitarras de un amigo, decidió cambiar, y desde entonces siempre ha tocado con una SG. Angus era conocido por estar tocando todo el día en casa y por llevarse la guitarra incluso a la cama. No hagan preguntas.

Ambos hermanos asistían a sus clases en la Sidney Ashfield Boys High School. Bueno, más o menos. Parece que Malcolm asistía a clase y que aprendió a pelear competentemente, en especial cuando tenía que defender a su hermano pequeño. Por otra parte, parece que Angus no asistió demasiado. Cuando lo hacía, su materia favorita era arte, porque era la única clase en la que le dejaban hacer todo lo que quería. En una ocasión recordaba haber asustado a todos sus compañeros en el autobús con un moscardón de dos metros de cartón piedra, aunque cuesta creer que Angus fuera lo suficientemente grande para llevarse un moscardón de dos metros a casa, incluso hoy día.

La ascensión de su hermano George a la fama no pasó inadvertida para Angus y Malcolm, que recuerdan que en una ocasión volvían de la escuela a casa y se encontraron con una multitud de chicas intentando hacer lo que fuera para verlo. Angus me dijo una vez, bromeando, que cuando vieron eso, tanto él como Malcolm supieron que el rock iba a ser su vida. Se le ha citado diciendo: «Un día George era un chico de dieciséis años que tocaba la guitarra sentado en su cama, y al día siguiente era alabado por todo el país».

En el número de febrero de 1984 de la revista *Guitar Player*, Angus afirmaba: «Definitivamente fue una inspiración. Hubo infinidad de cosas que salieron de esa banda; fueron los pioneros en un montón de cosas. Eran los inicios, cuando la gente no sabía cómo reaccionar. A Mal y a mí nos mantenían alejados de él. En la escuela te miraban mal porque, obviamente, mi familia o mi hermano eran una mala influencia. En aquella época era mejor para nosotros que nos mantuvieran al margen. Mis padres pensaron que nos iría mejor si nos dedicábamos a otra cosa». ¡Aunque los Easybeats tenían bastante éxito, sus padres le seguían preguntando a George cuándo se iba a buscar un trabajo en condiciones!

Eso no detuvo a Malcolm, a quien le encantaba escuchar a los Beatles, a los Rolling Stones, a los Yardbirds o a los Who. También se aficionó a Eric Clapton con los John Mayall's Blues Breakers y a la Paul Butterfield Blues Band… Todo ello mientras perfeccionaba su estilo único a la guitarra.

Angus estuvo en dos bandas (Kentuckee y, después, Tantrum) antes de unirse a Malcolm. A menudo llegaba corriendo de la escuela a casa y se marchaba a tocar sin ni siquiera quitarse el uniforme. Cuando un jefe de estudios le dijo a Angus que era una lástima que su hermano fuera una estrella del pop y que estuviera en «una profesión para pervertidos», sus padres no lo defendieron. No les importaba que se metieran con Angus, así que tampoco protestaron cuando dejó de ir a la escuela. Su padre lo animó a seguir aprendiendo y le sugirió que pasara algún tiempo en la biblioteca. Así es cómo Angus descubrió la revista americana de rock *Down Beat*. No podías comprar ese tipo de revista en los quioscos de Australia, y a él le encantaba leer acerca de sus artistas de blues favoritos.

A los catorce años y nueve meses, se le pidió oficialmente que se marchara de la escuela. Obviamente, no querían esperar a que cumpliera los quince. Angus dijo en una ocasión: «Si no estabas ahí cierto número de días al año, pensaban que no valía la pena enseñarte nada, así que se deshacían de ti». Malcolm ya había dejado los estudios un par de años antes, y trabajó primero como aprendiz de mecánico y después como técnico de mantenimiento de maquinaria de coser para Berlei, una fábrica de sostenes. Angus acabó trabajando en la imprenta de la revista erótica *Ribald*. Ambos trabajos son bastante irónicos, teniendo en cuenta el contenido de las letras de AC/DC.

En 1971, cuando tenía dieciocho años y trabajaba en Berlei, Malcolm conoció a la banda The Velvet Underground (no debe confundirse con la banda de idéntico nombre que lideraba Lou Reed), y se unió a ellos. Esta banda se había formado en Newcastle, Inglaterra, en 1967, y se había convertido en un número uno de las pistas de baile tocando versiones de The Doors y de Jefferson Airplane. Después de que perdieran a su cantante, se mudaron a Sidney. La banda incluía al batería Herm Kovac, al guitarrista Les Hall, al bajista Michael Szchefswick y al cantante Andy Imlah (que se unió a la banda después de que se instalaran en Australia).

Cuando la banda conoció a Malcolm estaban buscando otro guitarrista. ¡Y todos necesitaban escapar de la fábrica de sostenes! Una vez que Malcolm se unió a la banda, añadió canciones de su ídolo, Marc Bolan, de T. Rex, al repertorio. Se supone que «Bang a Gong» Nolan ha sido la única estrella del rock que ha adornado las paredes de la habitación de Malcolm.

El batería Herm Kovak recordó en el libro de Clinton Walker, *Highway To Hell*: «Normalmente salíamos por ahí y pasábamos a recoger a Malcolm. La primera vez nos abrió la puerta un pequeño punk skinhead. Era Angus. Me escondí detrás de Les [el guitarrista]; en aquella época se oían cosas de los skinheads de Burwood Station y Strathfield Station. Llevaba la cabeza rapada y unas botas enormes. Dijo: "Eh, venid aquí". Así que le seguimos, se cuelga su SG, salta en la cama y empieza la exhibición, corriendo por encima de la mesa, fardando, sin tocar ni un acorde, haciendo solos todo el rato, y cuando acaba nos dice: "*¿Cos ha parecío?*". Y tú tenías que decir: "Bastante bien, Angus". Siempre que íbamos a buscarlo teníamos que pasar por el mismo ritual». Suena como si casi nada hubiera cambiado.

Angus tenía permiso para ir a ver tocar a su hermano con The Velvet Underground. Se quedaba frente al escenario, paralizado. Angus se convirtió en un músico autodidacta, recibió sólo unas pocas lecciones formales cuando tenía unos once años. Una vez dejó la escuela, solía relacionarse con músicos mayores y tocaba con cualquier banda que le dejara. Pronto empezó a ponerse a la altura de ellos, y más tarde le apodaron «el bebé estrella de la guitarra». Como era menor de edad y de muy corta estatura, a menudo le decían a los dueños de los clubes que cuestionaban su edad que era un enano, y eso normalmente le servía para entrar.

Aunque George y Harry habían escrito un gran hit, «Friday On My Mind», Easybeats no volvieron a alcanzar el éxito de esa canción, y buscaban constantemente su verdadero sonido. George creía que una banda debía mantenerse fiel a sus raíces, una filosofía que transmitió con pasión a sus hermanos menores. Easybeats tuvieron un par de éxitos menores en 1968, «Good time» y «St. Louis». En 1969 dejaron Inglaterra para una última gira australiana en la que tuvieron a The Valentines como teloneros, antes de separarse oficialmente.

George y Harry pasaron el período entre 1970 y 1973 puliendo su maestría, viviendo prácticamente en su estudio de grabación en Londres. Como J. Albert and Son no había encontrado todavía una banda de éxito en Inglaterra, Ted Albert los persuadió para que volvieran a Australia. Inmediatamente se pusieron a trabajar con un prodigio de Albert, John Paul Young (ninguna relación). Le escribieron la canción «Pasadena», que casi llegó al Top 10. Este éxito animó a Ted Albert a financiar su estudio de grabación, y así nació Albert Productions.

El siguiente proyecto de Albert Productions fue la grabación de la Marcus Hook Roll Band, que comenzó como un proyecto informal. Cuando la división americana de EMI expresó su interés en un álbum completo, George, como productor, trajo a Malcolm y a Angus como músicos de estudio. Ésa sería su primera experiencia en un estudio, grabando pistas para el álbum, *Tales of Old Grandaddy*. George le contó más tarde al periodista Glenn A. Baker: «No nos lo tomábamos muy en serio, así que pensé en incluirlos para que tuvieran una idea de lo que era una grabación».

Malcolm había trabajado de forma estable con The Velvet Undreground y, hacia 1972, estaban dando sus propios conciertos y acompañando a otro de los artistas de Albert Productions, Ted Mulry. Hacia esa época, Malcolm estaba a disgusto con la dirección musical que estaba tomando The Velvet Underground y sopesaba hacer algo por cuenta propia.

Cuando tuvo su primer contacto con la grabación, pensó que el rock no estaba hecho hecho para ser remezclado y grabado a la perfección. Malcolm quería que el rock se grabara tal y como se tocaba, en vivo, sin todos esos trucos de estudio. Ahora sólo tenía que encontrar a la gente adecuada para ello. Aunque su futura banda sufrió algunos cambios, el hecho de que, al final, encontrara a la gente adecuada, debe de ser una de las mayores obviedades de la historia del rock.

2. High Voltage

Malcolm puso un anuncio en el *Sunday Morning Herald* de Sidney y reclutó al bajista Larry Van Kriedt y al anteriormente batería de Masters Apprentices, Colin Burguess. Irónicamente, el vocalista Dave Evans acababa de dejar la misma banda en la que Malcolm había estado tocando cuando leyó el anuncio y llamó al teléfono publicado en el *Herald*. Se sorprendió sobremanera cuando escuchó a Malcolm responder al teléfono.

Dave Evans también había crecido en un hogar musical. Nacido en Carmarthen, Gales, su familia también emigró a Australia. Dave había cantado en la escuela, con la coral. Como joven adolescente, había escuchado a los Rolling Stones, The Kinks y Beatles. Para cuando empezó a tocar en bandas se había aficionado a Led Zeppelin, Free y Deep Purpple. Se comenta que se reclutó a Dave más por su imagen que por cualquier otra cosa. La moda entonces era el glam rock, y Dave tenía definitivamente ese *look*.

La nueva banda de Malcolm empezó ensayando en un complejo de oficinas de Newton, en la esquina de Wilson Street con Erskineville Road. Cuando la banda de Angus se separó, Malcolm le preguntó al resto de los chicos si su hermano podía hacer una prueba con ellos. Aunque eran hermanos, Dave recuerda que Malcolm fue muy considerado y preguntó primero, en lugar de decir, simplemente, que Angus se unía a la banda. Al principio Malcolm tenía planeado añadir un teclado, pero cambió de idea y decidió que lo que necesitaban era una segunda guitarra. Una vez que Angus se unió a la banda, él y Malcolm alternarían (durante una época) sus posiciones como guitarra rítmica y solista.

Desecharon varias ideas para el nombre de la banda y al final se les ocurrió Third World War. Su hermana Margaret tuvo una idea mejor cuando vio escrito AC/DC detrás de una máquina de coser. Algunas fuentes dicen que era una aspiradora, pero yo me quedo con la máquina de coser, ya que Margaret hizo algunos de los primeros uniformes de escuela de Angus. Pero en una entrevista con Dave Evans para *Axs Magazine*, el escritor Peter Hoysted afirma: «Malcolm dice que era una aspiradora y que fue a su cuñada Sandra, la mujer de George, a quien se le ocurrió la idea».

Independientemente de a quién se le ocurriera la idea, estaban de acuerdo con el nombre AC/DC, porque sugería potencia y electricidad. Aunque durante años la banda tuvo que desmentir las teorías que relacionaban ese nombre con sus tendencia sexuales.[1] Malcolm me contó en una ocasión que la primera vez que supo de las connotaciones sexuales del nombre fue cuando un conductor de taxi le preguntó sobre el asunto. Rápidamente respondió: «¿Estás buscando pelea o qué?». Teniendo en cuenta cuánto les gustan las mujeres, la sola idea es completamente cómica.

La primera aparición de AC/DC como profesionales fue en un pequeño club llamado Chequers, en el número 79 de Goulburn Street, en Sydney, la noche de fin de año de 1973. La mayoría de su repertorio incluía canciones de Chuck Berry, los Stones, Free y los Beatles. Dave Evans recuerda la estupenda acogida que tuvieron: «Desde aquel primer concierto en Chequers, el público reaccionó positivamente a la energía de la banda, y ésta no decayó desde el pistoletazo de salida; de hecho, hacia el final del espectáculo se intensificó. Nuestra actitud era la de MATAR absolutamente a la audiencia, y ésa es, todavía hoy, la actitud de AC/DC».

George incentivaba las extravagancias de Angus en el escenario. Una noche, cuando todavía tocaba con Tantrum, se tropezó con el cable de su guitarra, y se cayó al suelo. En lugar de levantarse, lo usó de forma efectista y empezó a revolcarse por el suelo, gritando de dolor mediante su guitarra. Fue el único aplauso que levantaron esa noche. Cuando George se enteró, sugirió que Angus lo incorporara al espectáculo.

Su incapacidad para quedarse quieto tiene que ver con su forma de sentir la música. Simplemente es incapaz de quedarse quieto mientras toca. Angus dice que toca de pena si no se puede mover. En una ocasión le contó a Jim Miller, de *Newsweek*: «A la audiencia australiana le gusta mucho beber… Así que me ponía a saltar por las mesas, lo que fuera para que dejaran de beber durante al menos diez segundos. Ellos lanzaban latas de cerveza, y yo pensé: "Sigue moviéndote", y así es como empezó todo».

Su hermana Margaret sugirió que se pusiera el uniforme del colegio, acordándose de su aspecto cuando volvía de la escuela, sentado en su cuarto tocando la guitarra durante horas. Angus explicó el plan inicial en 1982 en la re-

---

1. En culturas anglosajonas, *ac/dc* se usa como argot para referirse a los bisexuales.

vista *Circus*: «El uniforme era al principio para usarlo sólo una vez. El batería de mi anterior banda me había convencido para que hiciera algo rompedor, así que me vestí como un escolar. La idea era convertirse en un virtuoso de nueve años que daría un concierto, dejaría a todo el mundo alucinado y desaparecería en la oscuridad. Habría sido una leyenda. Pero entonces seguí haciéndolo. Y ahora… bueno, estoy obligado a ello». Llevar el uniforme escolar empezó como un golpe de efecto y acabó siendo su distintivo internacional. Intenten pensar en otro objeto inanimado de uso cotidiano que esté tan universalmente ligado a una banda de rock. ¡Obviamente los instrumentos y los elaborados trajes de Kiss no cuentan!

Tocaban en los clubes de Sidney. Larry Van Kriedt también tocaba el saxofón con Malcolm acompañándolo al bajo. En febrero fueron a los estudios de EMI para grabar su primer single, «Can I Sit Next To You Girl», y la cara B, «Rockin' In The Parlour». Lo produjeron George y Malcolm: George grabó las partes de bajo y Malcolm tocó la guitarra solista en «Can I Sit Next To You Girl». Una semana más tarde, el batería Colin Burgess fue fulminantemente despedido, después de que cayera en redondo en el escenario de Chequers, presumiblemente por haber bebido demasiado. El hermano mayor, George, salvó la situación una vez más y tocó la batería en su siguiente concierto. Poco después también se animó a Larry Van Kriedt a que se fuera.

Cuando le pidieron a Malcolm que ocupara el puesto de guitarrista en la banda Jasper, rápidamente pidió a su batería, Noel Taylor, y al bajista, Neil Smith, que se unieran a AC/DC. En marzo se mudaron al hotel Hampton Court, en Sidney, donde se les contrató para tocar cuatro noches por semana. Continuaron tocando en tanto sitios como les fue posible, incluso fueron teloneros de Sherbet en Newcastle. Después de seis semanas con la banda, Noel Taylor y Neil Smith no daban la talla y fueron despedidos. Uno puede imaginar que tocar en la sección rítmica de AC/DC es un trabajo duro. Cuando la banda tocó en un concierto en el Victory Park con Flake, Malcolm contrató inmediatamente a su batería, Peter Clack, y su bajista, Rob Bailey.

En algún momento entre los baterías Colin Burguess y Peter Clack, estuvieron los baterías Ron Carpenter y Russell Coleman. Obviamente, ninguno de los dos tocó con la banda mucho tiempo, ya que Dave Evans recuerda a Ron Carpenter, pero no se acuerda de Russel Coleman, y él estuvo ahí. Afortunadamente, siempre que AC/DC se quedaba sin bajista George estaba a mano para llenar el hueco. Es decir, cuando no estaba en el estudio revolucionando el panorama musical australiano con Harry Vanda. George y Harry habían estado ocupados trabajando con su antiguo cantante, Stevie Wright, quien estaba luchando con una adicción a la heroína al mismo tiempo que protagonizaba una producción de *Jesus Christ Superstar*. (Una idea que debe poner de los nervios a todos los devotos de la Biblia: Jesús interpretado por un yonqui.)

Stevie estaba grabando su álbum, *Hard Road*, en los estudios de EMI, y se le pidió a Malcolm que contribuyera con unas pistas de guitarra. El álbum incluía el éxito de once minutos «Evie». Más tarde, cuando la banda de Wright dio un concierto gratuito en el Opera House de Sydney, el 26 de mayo de 1974, ante 2.500 personas, AC/DC abrió el espectáculo. Hay constancia de que unos 10.000 seguidores se quedaron sin entrar. La banda de Wright incluía esa noche a Malcolm a la guitarra, así como a George Young y a Harry Vanda. Después del espectáculo, el antiguo líder de Sherbet, Denis Laughlin, se dirigió a la banda. Le encantaba AC/DC e inmediatamente fue contratado como su primer manager.

La actuación de AC/DC llamó la atención de la publicación local *GoSet*, en la que publicaron: «Los AC/DC abrieron el espectáculo y demostraron que son un valor a tener en cuenta. Tocan rock de forma inteligente, añadiendo sus propias ideas a éxitos garantizados como "Heartbreak Hotel" o "Shake, Rattle And Roll"». También mencionaron el ataque de las guitarras de Malcolm y Angus y compararon a Dave con el ídolo adolescente David Cassidy.

En junio, AC/DC firmó oficialmente un contrato con Albert Productions, haciéndose la distribución a través de EMI. «Can I Sit Next To You Girl» y «Rockin' In The Parlour» se publicaron en Australia el 22 de junio. El single también se publicó en Nueva Zelanda bajo el sello Polydor. Pronto se convirtió en un éxito local en Perth y Adelaida, y acabó llegando al Top 5. La grabación recibió unas críticas inusuales: «Empieza como balas de goma, evoluciona en una estructura de *power chords*[2] rebosante de energía e incluye unos increíbles efectos dinámicos, como puro ruido de fuzz[3] rebotando de canal en canal y desvaneciéndose al mismo tiempo que una guitarra rítmica parecida a una ametralladora va sonando cada vez más fuerte, creciendo hasta una poderosa explosión mientras gritan el título una y otra vez. En resumen, una grabación impresionante».

El país vio por primera vez un vídeo de AC/DC en directo cuando *GTK* (en ese momento el único programa de televisión sobre rock en Australia) retransmitió a la banda tocando en el Last Picture Show Theater, en Cronulla. Peter Clack y Rob Bailey aparecen en el film, aunque no tocaron en la grabación de «Can I Sit Next To You Girl».

Dave recuerda haber visto cómo «Can I Sit Next To You Girl» escalaba rápidamente posiciones en las listas y cómo la ponían en la radio cada dos horas todos los días. La adoración de los fans era «algo muy nuevo y excitante». Afortunadamente, George tenía mucha experiencia con las trampas del estrellato del rock. Había visto su sueño hecho realidad y luego desmoronarse.

---

2. El *power chord* es quizás el acorde más usado en el rock, compuesto por un tono, su quinta y su octava.
3. Efecto de sonido, usado principalmente en la guitarra.

Rogó a AC/DC que permanecieran fieles a sus raíces, algo que hicieron con pasión y que nunca han olvidado.

Durante una época, AC/DC probaron distintos vestuarios. Además del uniforme escolar, Angus se disfrazó de Spiderman, Zorro y Super A(ngus), cabina de teléfono de atrezo incluida. Después de quedarse encerrado en ella en un concierto, esa idea fue desechada. En una época, el batería se disfrazaba de payaso arlequín, Malcolm era un piloto y el bajista, un policía motorista. Dave se ciñó a lo que conocía mejor y permaneció como una estrella del rock. Ahora sabemos de dónde sacaron sus ideas los Village People. Recordando el consejo de George, acabaron abandonando los disfraces, exceptuando, por supuesto, el uniforme escolar de Angus.

Además de tocar en los clubes de Sidney, Melbourne, Adelaida y Perth, su manager, Laughlin, les consiguió un contrato como teloneros de Lou Reed en su gira australiana de agosto. Pasaron la mayor parte del tiempo (cuando no estaban en el escenario) en la parte trasera de un camión. Dave recordaba con nostalgia: «En Australia, las bandas tenían que soportar largas horas en la carretera, conduciendo de ciudad en ciudad. Ir de Sidney a Melbourne podía llevarte, dependiendo del tiempo, entre doce y catorce horas. Cuando fuimos de Adelaida a Perth necesitamos dos días para llegar. La mayoría de las veces los miembros de la banda intentaban dormir un poco. En realidad, no había muchos momentos divertidos. Veíamos pasar el paisaje, y por supuesto, algunas partes de Australia realmente bellas, pero teníamos una agenda y había que seguir conduciendo».

Lo más cómico que le sucedió a Dave mientras actuaba con la banda, le fue revelado a Brian Coles en *Electric Basement* el septiembre de 2000: «Recuerdo que me caí del escenario en el Sidney Opera House. Era un concierto gratuito, y había miles de personas fuera que no pudieron entrar. Perdí el equilibrio en el borde del escenario e hice ver que había saltado a propósito. No te lo vas a creer, pero había un asiento libre justo en primera fila en el que me senté a ver el concierto con el resto del público, mientras Angus hacía su solo. Entonces subí de un salto al escenario justo para la señal que indicaba que me tocaba seguir cantando. La gente me felicitó por una gran puesta en escena, pero ahora puedo revelar la verdad».

El concierto más extraño que AC/DC ha dado fue en la boda de un amigo. El hermano de la novia era un buen amigo de la banda y les había dejado equipo de amplificación cuando lo necesitaron. A los chicos de la banda les entró la risa cuando se dieron cuenta de que iban a tocar en un patio trasero sin escenario alguno. Dave le contó a Hoysted, de *Axs Magazine*, en octubre de 1998: «Tocamos un poco de lo que estábamos haciendo (un poco de Chuck Berry, un poco de los Rolling Stones). El padre de la novia se me acercó y me preguntó si podíamos tocar "Zorba el griego". Le dije: "Colega, somos una

banda de rock, de ningún modo". Entonces Malcolm dijo: "Dame un minuto". Se alejó y practicó un poco, todo de oído. Así de bueno era el tío. Volvió y dijo: "Dile que sí, que lo haremos". La banda volvió y tocó siguiendo a
Malcolm. Era una pieza instrumental, así que yo me quedé al margen. Sonó
bien. Los matamos. La gente de la boda se puso a bailar y a animar cuando se
acabó. Espero que todos recuerden ese día. La primera y última vez que
AC/DC tocó "Zorba el griego"». ¿No te encantaría tener una copia pirata?

Hacia finales del año 1974, AC/DC buscaba un nuevo cantante. La relación con Evans, al que a menudo echaban del escenario para que la banda pudiera improvisar sobre ritmos de blues, se estaba volviendo tensa. Tanto Malcolm como Angus pensaban que la banda sonaba mejor sin él. En las
ocasiones en que tocaban entre dos y cuatro conciertos en un solo día, Dave
se quedaba sin voz, y su manager, Dennis Laughlin, ocupaba su puesto. Además, les parecía que su imagen «glam» contrastaba demasiado con la del
resto de la banda. Una pelea a puñetazos entre Dave y Dennis acabó sellando
su destino.

Vince Lovegrove conoció a George Young cuando su banda abría los espectáculos de los Easybeats. Lovegrove permaneció en contacto con George, y
cuando se enteró de que AC/DC buscaba cantante, recomendó a Bon Scott.
Vince y Bon habían cantado juntos en la banda The Valentines, y Vince estaba ayudando a Bon dándole cualquier trabajo mientras se recuperaba de un
accidente de moto que casi le había costado la vida. Cuando George pasó la
información a Angus y Malcolm, juzgaron a Bon demasiado viejo para el
puesto, habida cuenta de que era un anciano de veintiocho años (tenía nueve
años más que Angus).

Cuando Bon los vio en directo por primera vez en Adelaida, supo que encajaba en la banda. Se ha escrito mucho acerca de que él era su conductor o
asistente, probablemente porque solía salir con ellos y llevaba a Angus y a
Malcolm en su Holden de 90 dólares. El mismo Bon explica cómo fue contratado en la película documental *Let There Be Rock*: «Conocía a su manager.
Nunca antes había visto a la banda. Nunca antes había oído hablar de AC/DC,
y su manager me dijo: "Espera aquí", y en dos minutos llega la banda, y está
el chaval éste, vestido con el uniforme de la escuela, haciendo el loco, y me
puse a reír. Todavía me río. Aproveché la oportunidad para explicarles que yo
era mucho mejor que el tontorrón que había estado cantando con ellos. Así
que me dieron una oportunidad para demostrarlo, y aquí estoy».

Lovegrove declaró a *No Nonsense* en mayo de 1999: «Un día Malcolm me
dijo que iban a echar al cantante y me preguntó si conocía a alguien. Le conté
que sí, que era Bon y que se lo presentaría esa misma noche, ya que tocaban
en mi local. Me dijeron que Bon era demasiado viejo, que querían a alguien
joven. Le dije a Malcolm que Bon tenía rock para tumbarlos a todos, en cual-

quier momento. Cuando se lo conté a Bon, me dijo que eran demasiado jóvenes, que no podían tocar rock si sus vidas dependían de ello.

»Después del concierto fuimos todos a casa de Bruce Howe a hacer una sesión de jam. Él era el bajista de Fraternity, y estuvieron tocando canciones de Chuck Berry hasta el amanecer. Salió estupendamente. Al día siguiente, Bon volvió a casa, hizo las maletas y dijo que se iba a Sidney a unirse a AC/DC. Estaba sentado en el asiento trasero de un coche alquilado por la banda. Ellos estaban delante. Le dijimos adiós con la mano y ya está. Había empezado una leyenda».

Afortunadamente para Bon, esperó a que la banda hubiera completado un período de seis semanas acompañando a la travestida Carlotta en la Beethoven Disco, en Perth, para unirse oficialmente. La primera aparición de Bon con la banda fue más bien, de hecho, una jam session en el Pooraka Hotel. AC/DC le pidió a Dave que dejara la banda después de su último concierto en Melbourne, y el auténtico debut de Bon con ellos fue en el Brighton-LeSands Masonic Hall, en Sydney, el 5 de octubre de 1974. No hubo rencores entre Dave y Bon. Después de eso, Dave se encontró con Bon en varias ocasiones. «Nos dimos la mano, nos deseamos suerte y no hubo ninguna hostilidad entre los dos».

Dave le contó a *Rock-E-Zine* en septiembre de 2000: «Al principio me chocó, al igual que a la audiencia de Sydney que eran mis fans, pero Bon hizo que su propia personalidad funcionara fantásticamente con la banda y se ganó al público con su desparpajo; era como si siempre tuviera un guiño para ti. Además, su voz era única y tenía una calidad poco común. Bon cantaba algunas de mis canciones favoritas». Dave siguió su camino y encontró su propio éxito con la banda Rabbit, que puso de moda su canción «Too Much Rock 'N' Roll».

Angus recuerda la primera actuación de Bon con la banda: «El único ensayo que tuvimos para el primer concierto fue sentarnos juntos una hora antes y repasar todas las canciones de rock que conocíamos. Cuando finalmente llegó el momento, Bon se ventiló casi dos botellas de bourbon, junto con yerba, cocaína y speed, y dijo: "Vale, estoy listo". Y lo estaba. Hubo una transformación inmediata y corrió por el escenario, gritándole al público. Fue un momento mágico». Los hermanos le pusieron a Bon el apodo cariñoso de «el Anciano».

Justo después de que Bon se uniera a la banda, AC/DC empezó una gira de dos meses por Australia. También cambiaron de manager: abandonaron a Dennis Laughlin y contrataron a Michael Browning. Estaban descontentos con el modo en que Laughlin se había encargado de la banda y de las finanzas. Cuando andaban cortos de dinero, intentaba pagarles con alcohol, fumeteo o cualquier otra sustancia ilegal. Eso funcionaba con la mayoría de las bandas de la época, pero no con Angus, que ni bebía ni fumaba nada que fuera más fuerte que un cigarrillo.

Browning era el gerente del Hard Rock Café de Melbourne (no confundir con la ahora famosa cadena de restaurantes). Anteriormente había representado a la estrella del rock australiana Billy Thorpe y a su banda, The Aztecs. Se rindió, de todas formas, después de pasarse cinco años intentado conseguir el éxito fuera de Australia. George fue a Melbourne a ver qué tal era Michael y quedó impresionado con su visión de la banda. Sus habilidades de liderazgo iban a catapultar a AC/DC al panorama internacional.

Chris Gilby, el encargado de promociones a cargo de Alberts de 1973 a 1977, dijo en una entrevista con *No Nonsense*, en agosto de 2001: «Michael era realmente un visionario que vio lo que prometía la banda y la manera de llevarlos a la fama. En realidad, él era el cerebro detrás del grupo en sus primeros días. Creo que tuvo bastante que ver con traer a Bon a la banda… Francamente, cuando Bon se unió y empezó a escribir letras que sonaban a *graffiti* fue cuando empecé a pensar que ésta era una banda que iba a llegar a algún sitio. Bon era un chico genial, con una tremenda actitud y una gran presencia en el escenario, un fantástico comunicador». A mediados de los setenta, con gigantes del rock como Led Zeppelin y Black Sabbath dominando el panorama musical, el enfoque visceral de AC/DC era un soplo de aire fresco (o de humo de cigarrillo, dependiendo de dónde te pusieras).

Una de las citas regulares de la banda eran las noches gay semanales del Hard Rock Café. Eso seguramente no ayudó a que dejaran de cuestionar su sexualidad, debido al nombre. Mientras la banda tuviera una audiencia, no les importaba. Malcolm recuerda las noches gay: «Frente al escenario había mujeres bisexuales empuñando sus vibradores. Llevaban camisetas con agujeros por los que se les salían los pechos. Era genial». Muy apropiado para un antiguo trabajador de una fábrica de sostenes, ¿no les parece?

En noviembre se metieron diez días en el estudio para grabar su primer álbum. La lista de temas incluía «Baby Please Don't Go» (una versión de Muddy Waters), «She's Got Balls», «Little Lover», «Stick Around», «Love Song» y también «Soul Stripper», «You Ain't Got A Hold On Me» y «Show Business» con Malcolm como solista. Aparentemente, «She's Got Balls» era un homenaje a la ex mujer de Bon, Irene, quien no estaba muy satisfecha con el tema. Supongo que la frase «a mi dama le gusta gatear, manos y rodillas en el suelo, nadie tiene que explicarle para qué son los tíos» es lo que la molestó.

Cuando el amplificador de Angus reventó y empezó a sacar humo durante una de sus sesiones de grabación, George le hizo señas como un loco desde la sala de control para que siguiera tocando. ¡Cuando escuchas la energía pura inmortalizada en su primer álbum, casi puedes oler el humo! La portada australiana mostraba el dibujo de un generador eléctrico detrás de un alambre de espino, con latas vacías de cerveza por todas partes. Para más inri, el dibujo incluía un perro aliviándose. Lo llamaron, más que apropiadamente, *High Voltage*.[4]

En la edición de 1992 de *Metal CD*, Malcolm afirma: «En aquella época nunca nos metíamos en el estudio con poco más que un fraseo. De hecho, pensábamos que un fraseo era una canción. Por fortuna teníamos ahí a los productores para transformarlos en canciones, y así ha sido prácticamente desde entonces. En realidad, no sabíamos mucho más».

George acabó tocando el bajo, y el batería de estudio Tony Kerrante grabó la mayor parte de las pistas de batería. Los baterías Peter Clack y John Proud, que tocaron en el álbum de Marcus Hook Roll Band, aparecen en un tema cada uno.

AC/DC dieron las campanadas en Año Nuevo tocando en el Festival Hall de Melbourne. Hay una foto fantástica de Bon en el escenario llevando un canguro con el pecho de satín rojo y sin camiseta. *¡Dios, echo de menos los setenta!* Siguiendo el consejo de Michael Browning, AC/DC se habían reubicado en Melbourne y se habían mudado a una casa en el número 6 de Lansdowne Road, en el distrito de East St. Kilda. Cinco músicos: divertidos, solteros y preparados para conquistar el mundo por la fuerza. Todos eran veinteañeros, menos Angus, que tenía diecinueve años. Tiempo después, Malcolm diría que vivir juntos en esa casa fue una de las épocas más felices de sus vidas… y también de las más locas.

Parece ser que había dos tipos de fans femeninas de AC/DC, o, como algunos dirían, *groupies*. Había amigas, como Trudy Worme, cuya madre solía llevarla a su casa los domingos por la tarde para que les cocinara algo. Al ser la primera vez que salían de casa, tanto Angus como Malcolm echaban de menos la cocina casera. Trudy también hacía los pasteles de chocolate favoritos de Angus.

Luego estaban las otras chicas, que querían hacerles algo más que la cena. Evidentemente, entraban y salían muchas adorables criaturas. Hasta tal punto que es de ahí de donde Bon sacó la inspiración para la canción «The Jack». Bon contó en una ocasión: «La historia es que teníamos esa casa todos juntos en Melbourne. Y había como unas veinte chicas a las que podíamos llamar para que nos echaran una mano y todo eso. Así que toda la banda tenía el *jack*.[5] Malcolm dijo un día: "¿Por qué no hacemos una canción sobre esto?". Así que la escribimos ["The Jack"] esa tarde y la tocamos esa noche,

---

4. Alto Voltaje
5. El juego de palabras es intraducible. «The Jack» se refiere al mismo tiempo: a tener el interruptor, o sea el control; al tipo de conector que tienen los cables que se usan para conectar las guitarras a los amplificadores; al órgano sexual masculino; y a la fiebre amarilla (en referencia velada a las enfermedades venéreas). En argot, también significa dinero.

y durante la parte tranquila en medio del concierto fui dando vueltas, señalando a las chicas, ya sabes, "She's got the jack",[6] "She's got the jack", y así
todo el rato. Y todas esas chavalas salieron corriendo por la puerta. De hecho, fue bastante divertido».

Debido a la promiscuidad de la banda, hubo incluso un horrible brote de
ladillas que hizo todo el viaje en coche desde casa con la banda. Por supuesto,
en futuras entrevistas la banda culpó al personal de la gira. Debe de haber una
especie de regla no escrita fundamental en el rock: «Si te preguntan, la culpa
la tiene el personal de gira». Este dilema médico, o sexual si prefieren, inspiró
a Bon para escribir la canción «Crabsody in Blue»,[7] su versión del clásico
«Rhapsody in Blue». *Y dejen que les diga que Bon era un chico de gustos clásicos.*
Los chicos estaban tan ocupados manteniendo sus partes limpias que hay
quien dice que hasta les hacían descuento por grupo numeroso en la clínica
local. Si la frase «sexo, drogas y rock 'n' roll» no nació aquí, al menos sí fue
transmitida a las futuras generaciones.

Una vez contrataron a Bon, los hermanos Young supieron que habían acertado. El amor a la vida y por las cosas que importan de Bon se dejaba ver a
través de su presencia en el escenario. Le encantaba cantar, reír, beber, tocar
y vivir el rock. Sus escarceos sexuales inspirarían muchas de sus letras (cuando
no estaba escribiendo sobre el duro y tortuoso camino que lleva a convertirse
en una estrella del rock). El uso de los dobles sentidos de Bon era a veces genial, y su carisma y magnetismo personal son ahora leyenda. «El Anciano» había vivido dos vidas antes de unirse a AC/DC. Y apenas se quedó el tiempo
justo para contarnos algo sobre ellas.

---

6. Ella tiene el «jack».
7. *Crabs* es la forma coloquial, en inglés, de ladillas.

3. Rock 'N' Roll Singer

A Ronald Belford Scott le pusieron el apodo de «Bonny Scotland» cuando emigró a Australia. Al igual que los Young, Bon era escocés. Los chicos lo llamaban «Bonny» hasta que se hizo mayor y lo redujeron a Bon. En una ocasión explicó: «Cuando oyeron mi acento, mis nuevos compañeros de colegio amenazaron con darme una buena paliza. Si quería permanecer intacto, tenía una semana para aprender a hablar como ellos. Por supuesto, no les hice ni caso. A mí nadie me amilana, y eso sólo afirmó mi determinación a hablar a mi modo. Así conseguí este nombre, ya sabes. Bonny Scot, ¿ves?».

Nació el 9 de julio de 1946, a las once y media de la noche, en la Fyfe Jamieson Maternity Home, en Forfar Kirriemuir, a los pies de los montes de Cairngorms, en el país de Angus, hijo de Charles (Chick) Belford e Isabella (Isa) Cunningham. En el mismo lugar en que nació J.M. Barrie, el autor de *Peter Pan*.

Allí, en 1920, Alec, el abuelo de Bon, había abierto una panadería, en Bank Street. Dos años antes, nacía Charles, el padre de Bon. Chick, que era como lo llamaban, al principio quería trabajar en la mar, pero se le animó a que entrara de aprendiz en la panadería con su hermano George. Más tarde se unió a las Citizens Military Forces (CMF)[8] locales. Cuando estalló la Segunda Guerra Mundial, Chick, con veintidós años, fue uno de los primeros en ir, y prestó servicio como panadero en el ejército.

Estando en Kirkcaldy, un puerto marítimo cercano a Edimburgo, Chick conoció a Isa, su futura mujer. Los dos eran amantes de la música y se conocieron en un baile. En 1941 ya estaban casados. Dos años antes, Isa daría a luz a

8. Fuerzas Militares de Ciudadanos.

su primer hijo, Sandy, al cual Chick nunca conoció, ya que murió a los nueve meses, cuando Chick todavía estaba lejos, en la guerra.

El primer día de 1945, Chick fue liberado de sus obligaciones con el ejército, y él e Isa se mudaron a Roods, en Kirriemuir. El padre de Chick les compró la primera casa que tuvieron, y él pasó a ser miembro de la orquesta ligera amateur local y de la Kirriemuir Pipe Band.

De niño, Ronnie (o Bon, tal y como lo llamaba su madre), aprendió a arreglárselas solo y, una vez en la escuela, nunca volvía a casa directamente al final de las lecciones. Isa siempre tenía que buscarlo. Una vez que empezó a interesarse por la música, ya no hubo nada que lo detuviera. Le encantaba la batería y solía practicar con cajas de galletas y la tabla de cortar el pan. Todos los sábados por la noche, Bon iba con la banda de gaiteros de su padre mientras marchaba a través del pueblo.

A Bon le encantaba la banda de gaiteros, aunque al final acabó haciéndole ascos a la falda escocesa. Como explicó su madre: «Cuando cumplió diecisiete años se negó a llevar falda». Salvo en una ocasión, años después, cuando apareció cantando con AC/DC en el programa de televisión británico *Countdown* con una cinta para el pelo y un vestido escolar de chica. Aunque estaba la mar de guapo, su elección de vestuario causó mucho revuelo.

En 1949, la familia le dio la bienvenida a su tercer hijo, Derek. Para entonces, ya había emigrado a Australia una horda de escoceses en busca de una vida mejor. En 1951, la hermana de Isa y su familia se fueron a Melbourne. Un año después les siguieron Chick, Isa y los niños. Bon tenía seis años. Se fueron a vivir a casa de la hermana de Isa, y al final acabaron consiguiendo su propia casa en la misma calle de Sunshine, un suburbio de Melbourne. Inscribieron a Bon en la Escuela de Primaria de Sunhine e inmediatamente se puso a acompañar a la clase con el tambor mientras marchaban hacia la escuela todas las mañanas.

Bon probó primero con el piano. Pero aprender a tocar el piano significaba tomar clases, y eso a Bon no le interesaba. Incluso probó con el acordeón, pero volvió con su primer amor, la batería (algo para lo que tenía un talento natural).

En 1956 se le diagnosticó asma al cuarto hijo, Graeme, de tres años, así que la familia se trasladó a 2.000 kilómetros, hasta Perth. Chick fue antes de que lo hiciera su familia, y así consiguió una casa en Harvest Road, en la parte norte de Fremantle, a sólo 15 kilómetros de Perth. Se aseguró un puesto en la empresa para la que había trabajado en Melbourne e inmediatamente pasó a formar parte de la banda de gaiteros Fremantle Caledonian Scots.

Bon cursó la enseñanza secundaria en la John Curtis High. Su primera actuación en su nuevo pueblo, a los doce años, fue un dúo para flauta con un compañero de colegio en el North Fremantle Town Hall. Bon también seguía a la banda de gaiteros de su padre a todas partes, y acabó uniéndose como tamborilero y siendo el campeón sub-17 durante cinco años. Padre e hijo pronto aparecieron juntos en la ceremonia de apertura de los Juegos de la Commonwealth de Perth en Perry Lakes, en 1962. (Los Juegos del Imperio Británico y la Commonwealth, que se juegan cada cuatro años, son parecidos a los Juegos Olímpicos).

Su hermano Graeme fue citado en el libro de Clinton Walker, *Highway To Hell*, diciendo: «Antes de tener televisión solíamos sentarnos a escuchar la radio. Mi padre y Ron acostumbraban a salir de la casa a practicar la percusión para la banda de gaiteros. Cuando la banda tocaba, era un acontecimiento, toda la familia salía, se ponía las faldas escocesas y se colgaba los tambores. Derek y yo los seguíamos. Ésas eran grandes ocasiones, cosas de escoceses».

Los tres hermanos disfrutaban del bullicio de la casa, pero eran respetuosos con sus padres. Les encantaba jugar en el río Swan, que estaba a pocos minutos de casa. Una vez en la escuela secundaria, Bon se dedicaba a haraganear por el río, fumando y persiguiendo a las chicas. Hacia los quince años había dejado los estudios.

Al principio trabajó en la agricultura, conduciendo un tractor. Más tarde se puso a trabajar en un barco de pesca de gambas. Pescar era un trabajo para romperse la espalda, así que Bon dejó pronto el agua para trabajar como aprendiz de mecánico de balanzas para Avery Scales.

A Bon le encantaba escuchar a Elvis Presley, Chuck Berry, Little Richard y Jerry Lee Lewis: forajidos del rock con una actitud guerrera. Le interesaba ser un rockero, no un gamberro. A los gamberros se les identificaba por su peinado a lo Tony Curtis y sus jerséis con cremallera. Los rockeros se echaban el pelo hacia atrás y llevaban vaqueros ceñidos y chaquetas de cuero. También estaban muy inspirados por las películas americanas de la época, como *The Girl Can't Help It*, *King Creole* y *Jailhouse Rock*.

Cuando tuvieron edad para conducir, Bon y sus amigos fueron a Perth, al este, para hacerse unos tatuajes. Su amigo Terry Henderson se hizo uno que rezaba: «Muerte antes que deshonor», y Bon se hizo su primer tatuaje en el bajo vientre, justo por encima del vello púbico. Terry y su hermana Maureen estaban sentados a su lado mientras las lágrimas rodaban por sus mejillas. Llevaba sus tejanos tan ceñidos que el dolor le impedía abotonarlos, y se tuvo que quedar en casa durante semanas.

Fremantle era un lugar duro en el que crecer, lleno de gamberros y rockeros. Si no pertenecías a una banda tenías todos los números para que alguien que sí lo hiciera te diera una paliza. Bon se convirtió en un luchador callejero, a pesar de su tamaño. Él y sus amigos se reunían en el pub local, el Cafe de Wheels.[9]

9. Café de Ruedas.

Es una buena coincidencia, ya que otro de sus pasatiempos era robar coches para hacer carreras. También robaban combustible en pareja. Uno vigilaba y el otro lo extraía. Bon y Terry se convirtieron en dos de los rockeros más duros de Fremantle. También se convirtieron en viejos conocidos de la policía local.

Aun así, Bon recibió un Premio al Mejor Aprendiz de Avery por ser un trabajador tan diligente. Fíjense, Bon era un rockero con cabeza. Al menos aprendió a perfeccionar su imagen de chico malo mientras ocultaba un corazón de oro.

Bon y sus amigos habían empezado a ir a los bailes, o «stomps», como los llamaban, en el Port Beach de Perth. A menudo veían a la banda The Nomads, que estaba liderada por Johnny Young, una futura estrella australiana del pop. (Young es un apellido muy común y no tiene relación ninguna con los hermanos Young.) Después de su actuación, algunos chicos subían al escenario a cantar. A menudo, las chicas le pedían a Bon que cantara, y se volvían locas con su versión de «Blue Suede Shoes» o «Long Tall Sally». Es de suponer que Johnny Young no compartía el entusiasmo.

Una noche, después de que Bon hubiera salido con una chica del local, al volver tuvo que enfrentarse con unos chicos que también querían «dar un paseo» con ella. Cuando llegó la policía local, Bon huyó en un coche. Posteriormente fue arrestado por intentar robar gasolina. Se publicó la noticia en el diario local *West Australian*, el 13 de marzo de 1963: «*Un chico de dieciséis años se ha declarado culpable, ante el juzgado de menores de Fremantle, de haber dado un nombre y una dirección falsos a la policía, haberse dado a la fuga, haber tenido contacto carnal ilícito y haber robado 50 litros de combustible. Ha sido otorgada su custodia al departamento de bienestar infantil hasta que cumpla los dieciocho años, recomendándose que se le recluya en una institución de máxima seguridad. Se le ha impuesto una fianza de cinco libras por si es llamado a declarar por los cargos de contacto carnal ilícito durante los próximos dos años*».

Puedo entender lo del robo de combustible, pero lo del contacto carnal ilícito fue un poco severo, considerando que la chica fue con Bon voluntariamente. Además, ¿a cuántas chicas de dieciséis años conocen que no hayan tenido contacto carnal ilícito? *Apuesto a que se le ocurren unas cuantas. A mí sí se me ocurren.* En lugar de ser devuelto a sus padres, Bon estaba tan avergonzado que se declaró culpable y fue enviado a cumplir una pena de nueve meses en el reformatorio de Riverbank.

Aunque sus padres intentaron visitarle, él se negó a verlos. Durante este período se perdió también una visita de sus abuelos, quienes habían venido desde Kirriemuir. Se volvieron a Escocia y Bon no los volvería a ver con vida. Sufrió tras los barrotes, pasando un frío permanente, limpiando suelos a gatas y procurando no meterse en problemas. Bon pasó nueve meses en Riverbank, pero sus conocidos más cercanos decían que pasó el resto de su vida intentando enmendar sus errores. Fue devuelto a su familia las Navidades de 1963, y se retiraron los cargos por contacto carnal ilícito. El oficial que lo liberó sugirió que se enrolara en las Citizens Military Forces (CMF), pero fue rechazado. Se ha citado a Bon diciendo: «El ejército me rechazó alegando que sufría un desajuste social». Una cosa que el encarcelamiento le enseñó fue que el rock era su única salida. Rápidamente montó su batería en la sala de estar de su madre y consiguió un trabajo como dependiente vendiendo huevos.

Bon formó su primera banda, The Spektors, en 1965. Wyn Milson tocaba la guitarra, Brian Gannon el bajo y (en temas puntuales) Bon intercambiaba posiciones con el cantante John Collins. Durante cerca de un año, The Spektors tocaron todos los fines de semana en Perth, versionando a Them, los Beatles y los Stones. En *Highway To Hell*, Wyn recordó: «En aquella época el problema de cualquier banda en Perth era encontrar material. Era un proceso agotador, porque, sencillamente, no había manera de conseguir nada, ni blues ni nada parecido. Normalmente tenías que buscar mucho».

Durante uno de sus muchos viajes de fin de semana en coche, Bon se quedó dormido mientras conducía la furgoneta Falcon que le había prestado su padre para llevar la batería, y se estrelló contra un poste de iluminación en Claremont, en Perth. En el hospital local a Bon le curaron los cortes en la cara, y el único pasajero, el bajista Brian Gannon, sufrió cortes y una contusión. Curiosamente, en esa misma carretera y en ese mismo tramo, Bon casi perdería su vida nueve años después.

The Spektors se convirtió en una de las bandas más importantes, y una vez que llegó tan lejos como se podía en la escena local, aunó fuerzas con otra banda de Perth, The Winztons, para formar el grupo The Valentines. Bon dijo posteriormente: «En esa época yo tocaba la batería; solía tocarla durante la primera mitad de la noche, y durante la segunda, cantaba. El cantante también tocaba la batería, ¡pero no tan bien como yo! Entonces The Valentines me ofrecieron ser el batería. Pero yo quería ser el cantante, así que me uní como cantante. No era porque quisiera estar delante en el escenario, era porque el cantante normalmente conseguía más chicas». Bon era un chico listo.

Para entonces, Bon había dejado de vender huevos y estaba trabajando de cartero. ¿Se imaginan tener de cartero a Bon Scott? ¡Eso sí que sería algo que contar a tus nietos!

Mientras estaba en The Valentines, Bon compartía voces con Vince Lovegrove. Éste fue citado en el periódico local, *RAM*: «Bon era el batería guapo con unos bonitos ojos pequeños, orejas de duende, una bonita nariz respingona, un bonito acento escocés y algo así como cuatro bonitos tatuajes muy visibles. En aquella época podías llegar lejos en el rock con sólo ser guapo. Nos hicimos amigos».

Una vez se unieron las bandas, heredaron los seguidores de las dos anteriores, convirtiéndose en la banda más importante del país. Lovegrove y Bon, junto al guitarrista de The Spektors, Wyn Milson, el guitarrista Ted Ward, el bajista Brian Abbott y el batería Warwick Findlay, dieron su primer gran concierto ante 3.000 seguidores en un espectáculo para la asociación Torchbearers for Legacy,[10] en los jardines de la Corte Suprema de Perth. Findlay fue rápidamente sustituido en la batería por Doug Lavery y John Cooksey reemplazaría a Abbott con el bajo.

Su repertorio consistía en versiones de éxitos americanos extraídos del archivo musical de Allan Robertson, el manager del grupo, quien también trabajaba de locutor en la emisora de radio 6KY, en Perth. Pronto firmaron un contrato con un sello independiente, Clarion Records, y se metieron en el estudio a grabar dos temas, «Everyday I Have To Cry» y «I Can't Dance With You», una versión de Small Faces. La cara B subió al Top 5 de las listas de Australia occidental. The Vallies, como los llamaban sus fans, estaban labrando su camino. Las cosas estaban yendo tan bien que todos dejaron sus trabajos.

Cuando Easybeats volvieron a Sydney para dar dos conciertos en el His Majesty's, después del éxito mundial de «Friday On My Mind», fueron The Valentines quienes abrieron el espectáculo. Ésa fue, posiblemente, la ocasión en que se conocieron George Young y Bon Scott. Bon, por su parte, idolatraba al cantante de Easybeats, Stevie «Little» Wright. Las dos bandas se llevaron tan bien que Easybeats les regalaron la primera de tres canciones que escribirían para ellos, llamada «She Said». El primer single no funcionó demasiado bien, pero después de casi ganar un concurso de bandas en Melbourne, decidieron marcharse de Perth, acordando no regresar hasta que todos fueran grandes estrellas. En aquellos días, Melbourne competía con Sydney como la capital de la música de Australia. Llegaron a la nueva Meca del rock australiana el 13 de octubre de 1967.

Después de haberse mudado a la casa del grupo, prácticamente se morían de hambre, cuando se enrolaron con Ivan Dayman, un agente que les consiguió conciertos por toda Australia. Durante la primavera de 1968 viajaron por todas partes en una furgoneta… viviendo todos de un salario de 300 dólares semanales.

En abril consiguieron una estancia de ocho semanas en Sydney y en mayo se metieron en el estudio para grabar la segunda canción de Easybeats, «Peculiar Hole In The Sky», que no tuvo el éxito que esperaban. Encontraron una nueva casa a la que mudarse y Lovegrove les cerró un trato con una agencia que acababa de añadir a Michael Browning a su plantilla. Browning regen-

---

10. Institución australiana sita en Perth que trabaja en beneficio de las viudas y las familias de soldados australianos muertos en acto de servicio.

taba dos discotecas y representaba a Doug Parkinson, de Focus, que era la última novedad en Sydney.

Mientras el resto del mundo vivía la «experiencia» de Jimi Hendrix, Australia estaba más interesada en el pop acaramelado del momento, como The Monkees o la 1910 Fruitgum Company. Esto impulsó a The Valentines a declararse como un grupo de pop «sin miedo al comercialismo». Su imagen cambió a ropas más vistosas y pelo cardado, y Bon empezó a usar maquillaje para cubrir sus tatuajes.

Su postal oficial para las vacaciones de 1968 rezaba: «Sé mi Valentin en el 69». Uno de los datos de interés de esa postal es que daba un perfil de la banda de Bond, y entre las cosas favoritas de éste listaba: The Beatles, Moody Blues, John Lee Hooker, Otis Reding, The Supremes, «el jazz atormentado y con alma» y la música de las bandas de gaiteros escocesas. También que le gustaba pintar su habitación de rojo, el cabello largo y rubio, las duchas, nadar y el sexo. Cosas que le desagradaban: la gente que odiaba a los Crater Critters (sean lo que sean), que le molestaran cuando estaba pensando, lavar la ropa y planchar… ¡¿Bon con la ropa planchada?!

La banda redondeó el año grabando la tercera canción de Easybeats, «My Old Man's a Groovy Old Man», que se publicó junto a «Ebeneezer». El lanzamiento oficial coincidió con el día de San Valentín de 1969, y fue todo un éxito. Tras su aparición en la discoteca That's Life, un reportero de *GoSet* escribió: «La audiencia gritaba al unísono: "Amamos a The Valentines". Tan pronto como aparecieron, el público se volvió completamente loco e invadió el escenario. Los dos cantantes, Vince y Bon, fueron arrastrados hasta el suelo, y a Bon le arrancaron la chaqueta y los pantalones». ¿Lo ven? Bon tenía razón. Ser el cantante está bién.

Esta reacción del público era una constante en todos sus conciertos, hasta que, el 10 de marzo, estalló un disturbio mientras tocaban para 7.000 personas en los jardines Alexandra. Lovegrove fue arrestado por echar a patadas del escenario a un policía. Fue puesto en libertad bajo vigilancia durante 12 meses y multado con 50 dólares. Poco después, el batería, Lavery, dejaba la banda para unirse a Axioma. The Valentines ficharon al nuevo batería, Paddy Beach, con el que continuaron consiguiendo conciertos como teloneros por todo Melbourne. Con el tiempo, «My Old Man» subió hasta el puesto 23 de las listas.

Su siguiente lanzamiento, y quizás el más extraño, fue «Nick Nack Paddy Whack», que incluía la primera letra de Bon para el grupo, «Getting Better», cuya autoría compartía con Wyn. Bandas como Led Zeppelin y de un estilo similar empezaban a hacer mella en el panorama musical australiano, y eso fue el principio del fin para The Valentines… especialmente cuando se convirtieron en el primer grupo australiano en ser arrestado por posesión de marihuana. La policía había estado siguiendo a la banda sin que ésta lo supiera, y un sábado por la noche se presentó con una orden de registro. La banda protestó declarando a *GoSet*: «Creemos que debería legalizarse».

Tal y como declararon antes de irse, The Valentines volvieron a Perth como estrellas del rock, siendo recibidos en el aeropuerto por 4.000 aullantes fans, para tocar en la noche de fin de año en los jardines de la Corte Suprema, para la emisora de radio 6KY. Ese mes de febrero se declararon culpables de posesión ante el juzgado y les impusieron una multa de 150 dólares a cada uno. Su último lanzamiento fue «Juliette», que sonaba sospechosamente parecida a «Dear Prudence», de los Beatles. Se situó a duras penas entre los treinta más vendidos. Después de tocar un concierto más, la banda decidió que cada uno seguiría su propio camino.

Meses después de que The Valentines se separaran, Bon fue invitado a mudarse a Sydney por el líder de Fraternity, Bruce Howe. Fraternity eran la banda del momento en Australia y estaba formada por Howe, Mick Jurd, John Freeman, Sam See, John Bisset y John «Uncle» Ayers. Bon no quiso dejar pasar la oportunidad de ser su cantante. El boicot radiofónico de Australia terminó en 1970, y los efectos de Woodstock se dejaban notar en todo el mundo, incluso en su otro extremo. (El boicot radiofónico había sido un pulso entre las compañías discográficas y las emisoras de radio. Cuando las discográficas empezaron a pedir dinero para que sonaran sus artistas, las emisoras contraatacaron radiando únicamente música de sellos independientes.)

Bon se mudó a la casa de la banda en Jersey Road, en Sydney, e inmediatamente pintó su habitación de rojo bombero… un ritual con el que cumpliría cada vez que se mudara a un nuevo hogar. Así que si alguien en Australia se encuentra con una habitación o un ático pintado de rojo bombero, ha de saber que Bon Scott durmió allí. ¡Por el amor de Dios, pongan una placa!

Bon pasaba el tiempo libre escuchando a King Crimson, Deep Purpple, Rod Stewart y Procol Harum. La banda trabajaba en sus propios temas y tocaba con regularidad en la discoteca local Jonathan's. Al cabo de un tiempo se metieron en el estudio para grabar *Livestock*, que fue publicado por Sweet Peach Records (un pequeño sello australiano). Bon aparece tocando la flauta en casi todo el disco. Aunque no era un disco fuera de lo común, Fraternity apareció en el nuevo programa de televisión *GTK*. Bon apareció también en la portada de la nueva revista de tirada nacional, *Sound Blast*, con pinturas de guerra en la cara. Lo llamaron «el hombre salvaje de Fraternity», y parecía más un aborigen que una estrella del rock.

Fraternity tocaron en algunos conciertos como teloneros de la 1910 Fruitgum Company y, después, abrieron el espectáculo para Jerry Lee Lewis en el Apollo Stadium de Adelaida. Mientras estaban en Adelaida tocaron en el club Headquarters. Allí se tropezaron con Vince Lovegrove, el antiguo compañero de banda de Bon. Lovegrove estaba escribiendo una columna llamada

«Move» para el periódico australiano *News*. También lanzó un programa de televisión con el mismo nombre. Lovegrove fue en gran parte responsable del éxito de Fraternity en Adelaida, al escribir una reseña en *GoSet*, sentenciando: «¡Vinieron, tocaron, vencieron!».

El emprendedor local Hamish Henry los vio en el Headquarters y les ofreció un trato que no podían rechazar: les pondría una casa, los representaría, les compraría equipo y les pagaría un salario semanal. ¿Qué músico iba a rechazar una oferta así?

Hacia 1971, finalmente Australia se estaba poniendo al día respecto al resto del mundo, creando sus propios festivales al aire libre. Artistas australianos como Daddy Cool, Blackfeather, Chain y los Aztecs de Billy Thorpe dominaban las listas nacionales. Henry financió Myponga, un festival de rock con la presencia exclusiva de Black Sabbath. Después de su aparición en Myponga, Fraternity se dirigió finalmente al estudio para grabar «Seasons Of Change», con Bon como cantante.

En abril hicieron de teloneros de Deep Purple y Free cuando vinieron a Adelaida. Después de eso, se mudaron a una granja a 20 kilómetros de Adelaida, al estilo de The Band. Esto los aislaría todavía más de lo que estaba pasando de verdad en el mundo de la música.

Su nuevo sencillo, «Seasons Of Change», fue ignorado cuando Blackfeather sacó su propia versión. Al fin y al cabo, la canción había sido escrita por John Robertson, de Blackfeather. De hecho, Bon aparecía en su nuevo álbum tocando la flauta en varias pistas. El disco de Fraternity no estaba teniendo mucho éxito, pero continuaron tocando en el Largs Pier Hotel, el hogar de la banda. Con frecuencia había broncas, la mayoría de ellas provocadas por Bon al flirtear con las chicas equivocadas. O, para ser más precisos, con chicas que tenían novios realmente celosos.

Hacia finales de verano, Fraternity confirmó su posición como reyes de la montaña cuando ganaron el Battle of the Sounds. La única banda que estuvo cerca de arrebatárselo fue Sherbet. La cadena Channel Nine, de Adelaida, produjo un especial sobre la banda, en el que aparecían en su granja, con Bon haciendo piruetas con su moto.

Las habilidades de Bon con la moto eran legendarias; supuestamente lo habían visto montando desnudo y subiendo las escaleras hacia el escenario con ella en uno de sus conciertos. Incluso en una ocasión montó desde Adelaida hasta Melbourne sin más protección que una camiseta. Se quemó gravemente la piel por el sol, y se heló de frío mientras dormía en una zanja a un lado de la carretera. Con sus escapadas, se ganó el sobrenombre de «Ronnie Roadtest». Bon era un gran aficionado a las motocicletas y a las mujeres. En septiembre de 1971 conocería a su futura mujer, Irene Thornton. Irene era una rubia alta que se reía de sus bromas picantes y a la que gustaba el sentido del humor de Bon. También le gustaba beber y fumar; y Bon estaba loco por ella.

A principios de 1972, cuando Hamish Henry había hecho contactos en Inglaterra, la banda decidió mudarse a Londres. Antes de partir fueron al estudio y grabaron *Flaming Galah*. El álbum incluía tres nuevas canciones: «Getting Off», «Welfare Boogie» y «Hemming's Farm». El resto era material antiguo, reescrito o regrabado.

Cuando Hamish se ofreció a costear también el traslado de las esposas, Bon e Irene decidieron afirmar sus lazos el 24 de enero de 1972, a pesar de llevar sólo unos meses juntos. Antes de marcharse a Inglaterra, Fraternity hizo una gira por el sur de Australia en un gran autobús negro. Bruce Howe recuerda a Bon nadando un caluroso día en medio de un grupo de enormes medusas con largos tentáculos. Bon llamó la atención de todo el mundo cuando, para el espanto general, se tiró de cabeza al agua, buceó por debajo de las medusas y salió de un salto. A Bon le encantaba tener audiencia, y bucear por debajo de unas medusas mortales no podía ser más peligroso que nadar con los tiburones del negocio de la música.

Hamish cerró un trato con RCA Records, que publicó su single «Welfare Boogie» en marzo. El álbum completo fue publicado un mes después, cuando la banda ya se había ido a Inglaterra. Mudarse a Inglaterra les puso en contacto con la realidad, pues las listas británicas estaban dominadas por rock glam como T. Rex, Gary Glitter o el «Ziggy Stardust» de David Bowie. El rock primitivo de Fraternity no podía estar más fuera de lugar. No fueron capaces de conseguir tantos conciertos como necesitaban, y pronto los miembros de la banda y sus mujeres tuvieron que ponerse a trabajar. Bon encontró trabajo haciendo pelucas en una fábrica.

No consiguieron su primer concierto, en el Speakeasy de Londres, hasta noviembre. Hacia 1973 consiguieron tocar de teloneros para una banda de Newcastle llamada Geordie. Su cantante era un chico de clase obrera llamado Brian Johnson. Graeme, el hermano de Bon, recuerda en *Highway To Hell* la ocasión en que le visitó: «Tenían el bus, y la idea era que si hacían de teloneros de una banda, también usaban su equipo, y habían sido contratados para acompañar a Geordie. Creo que primero fuimos a Torquay, y entonces hicimos las maletas y nos fuimos a Plymouth. Brian también solía llevar a su guitarrista a hombros. Me parece que es de ahí de donde Ron sacó la idea, porque cuando se unió a AC/DC no había nadie más que lo hiciera. Angus era el guitarrista ideal con el que cargar. Era muy pequeño».

Bon recordaba haber quedado bastante impresionado con la actuación de Brian. Brian recordó más tarde en una entrevista que, de hecho, Bon le vio actuar una noche en la que estaba sufriendo un ataque de apendicitis. ¡Aparentemente Bon lo interpretó como una actuación increíble!

Cuando Hamish no pudo amortizar la inversión hecha en Fraternity, o Fang, como más tarde llamaron a la banda, cortó el grifo y se retiró. Explicó: «Creo que la verdadera razón del fracaso de Fraternity era que sonaban demasiado duro». Umm, eso no afectó a The Who. Mientras veían desmoronarse a la banda y arruinarse sus sueños de estrellato en Inglaterra, Bon empezó a trabajar atendiendo la barra de un pub. Por Navidades, volvieron todos a Australia, con su banda y sus relaciones personales en las últimas.

Bon encontró trabajo cargando fertilizante en una fábrica en Wallaroo. También se compró una motocicleta Triumph para moverse. Tocaba con los Mount Lofty Rangers, de Peter Head, para mantenerse en contacto con el negocio de la música. Mientras intentaba recomponer su vida, su matrimonio con Irene se vino abajo.

Una noche, después de una discusión de borrachos con Irene, Bon fue a un ensayo de los Lofty Rangers. Después de mandar a paseo a la banda, se subió a su moto y bajó por Stirling Highway, en Claremont… la misma carretera en la que había estrellado la furgoneta de su padre contra un poste de iluminación, nueve años antes. Ese día chocó de frente con un coche, y como resultado permaneció en coma en la unidad de cuidados intensivos del Queens Elizabeth Hospital durante tres días. Se había roto un brazo, las cervicales, una pierna y la nariz. Tenía varios cortes graves en la cara, politraumatismos y había perdido varios dientes.

Más tarde, algunos creyeron que las graves heridas en la boca y en la garganta le dieron ese toque rasposo inconfundible a su voz. Después de que los médicos consiguieran que recuperara el pulso, pasó cuatro semanas de rehabilitación con la boca cosida. Siendo como era de aguerrido, Bon aprendió rápidamente a beber licor a través de una pajita mientras fumaba una interminable serie de porros. Ya saben, sólo para uso medicinal.

Irene nunca se apartó de su lado, y su madre, Isa, se trasladó al hospital con Bon y lo cuidaba mientras Irene iba a trabajar. No importaba lo mal que lo estuviera pasando, nunca perdió su sentido del humor. En una ocasión le envió una foto suya a un amigo, justo después del accidente, escribiendo en ella: «Me dejé los dientes en la carretera».

Mientras se recuperaba lentamente, Bon se metió en el estudio a grabar dos temas con Pete Head. Grabaron «Carey Gully» y «Round And Round And Round», que el público no escucharía hasta 1996. Para echarle una mano, Vince Lovegrove le daba a Bon trabajos ocasionales, como colgar carteles, hacer de chófer para las bandas o pintar. Las cosas empezaron a tener mejor aspecto cuando Lovegrove le contó acerca de una nueva banda de Sydney que necesitaba cantante. Persuadió a Bon para que fuera a conocerlos en el Pooraka Hotel. La banda se llamaba AC/DC.

4. It's A Long Way To The Top (If You Wanna Rock'N'Roll)

Después de que Bon se uniera a la banda, las cosas empezaron a mejorar para todo el mundo. AC/DC le dio a Bon la libertad para ser, al fin, él mismo. «Cuando cantaba, siempre tenía la impresión de que faltaba algo en lo que hacía. No había tenido ningún tipo de formación previa como cantante, sólo un montón de buen whisky… Pasé por una etapa en la que copiaba a un montón de chicos y, mientras estaba cantando, descubrí que empezaba a sonar igual que ellos. Pero cuando conocí a AC/DC, me pidieron que sonara como yo mismo, y ciertamente tuve total libertad para hacer lo que siempre quise.»

Cuando Michael Browning pasó a ser su manager, formó una compañía llamada TransPacific Artists, que regentaba con Bill Joseph. La compañía pagaría las deudas de la banda, les proporcionaría una casa en Melbourne, les proporcionaría transporte y personal para una gira, cubriría sus gastos y les pagaría un salario. George estaba muy satisfecho, en particular con este último punto. Lo siguiente en la lista era ponerlos a tocar tanto como fuera posible. Este constante actuar es lo que ha convertido a AC/DC en la banda que es hoy.

Tocaban allí donde podían, para cualquiera que pudieran, incluyendo ratas de pub, niñatos adolescentes y el público gay. Melbourne tenía una escena gay muy sólida, y los pantalones de cuero de Bon siempre eran bien recibidos. Aunque todavía se estaba recuperando de sus heridas, no lo parecía viéndole en el escenario. La mayoría de su público era masculino, de clase trabajadora y con ganas de jaleo. La música de AC/DC era considerada música de bar rockero: música para beber.

La nueva revista de rock, *Juke*, que tomó el relevo de *GoSet*, escribió: «[AC/DC son] caras nuevas que se niegan a que un panorama musical establecido les ponga barreras… irreverentes y duros, no se avergüenzan de tocar un estilo de música que la mayoría describirían como el mínimo denominador común de la música rock, rock visceral, punk rock».

La banda viajaba entonces en un viejo autobús Clipper que se averiaba constantemente. Julius Grafton, quien dirige sus propios negocios, la revista *CX* y Juliusmedia College, en Melbourne, recuerda su breve encuentro con la banda: «Me encargué de la iluminación para AC/DC en algunos conciertos en mi estado natal, Nueva Gales del Sur. Bon Scott era un cantante nuevo y la banda no hacía concesiones. Tenían un viejo Clipper que se averiaba con regularidad. La banda se vio obligada a permanecer en la parte delantera, fumando y bebiendo escocés mientras el personal cargaba el equipo en la parte de atrás. En aquella época AC/DC iban más colocados que ninguna otra banda.» ¡Nada ha cambiado!

Bon le había mandado una carta a Irene a su casa, en la que se quejaba de que el autobús se averiaba y de que se había quedado sin bebida, sin droga y sin una mujer con la que entretenerse… a pesar de ser la banda puntera del país, lo cual no estaba mal, como él mismo dijo, para un «resabiado de veintinueve años».

A pesar de que tocaba sólidamente, Malcolm y Angus estaban de acuerdo en que la sección rítmica no era lo que ellos querían. Peter Clack no rompía, y el bajista, Rob Bailey, insistía en llevarse a su mujer a todas partes. ¡El beso de la muerte para cualquier miembro de una banda, famosa o no! Su búsqueda de alguien que llevara el ritmo con la pasión desenfrenada con la que ellos tocaban sus instrumentos los llevó a encontrarse al único miembro de la banda que había nacido en Australia. Su nombre era Phil Rudd.

Phillip Hugh Norman Witschke Rudd de Rudzevecuis nació en Melbourne, Australia, el 19 de mayo de 1954. Le contó a Steven Scott Fyfe, en el *Cyber Drum* de agosto del 2000: «Lo primero que me impulsó a tocar la batería y a emocionarme con la música fue, probablemente, una canción de Small Faces llamada "Tin Soldier", en la que hay un redoble y entonces la guitarra entra con fuerza».

Al principio Phil se ganaba la vida lavando coches y empezó a tocar la batería en la banda Charlemagne, antes de unirse a Colored Balls, un grupo skinhead fundado por el guitarrista Lobby Lloyd. Su cantante era Gary «Angry» Anderson, quien los dejó para fundar la popular banda australiana Rose Tatoo. Colored Balls conquistó el circuito de los clubes locales a principios de los setenta. Grabaron dos singles: «Liberate Rock» y «Mess Of Blues». En 1974 cambiaron el nombre de la banda para llamarse Buster Brown, y grabaron un álbum, *Something To Say*, con Mushroom Records. A principios de 1975, Phil estaba listo para algo nuevo y aprovechó la oportunidad de hacer una prueba para AC/DC. Cuando lo escucharon tocar, dejaron de buscar. Le pidieron al antiguo miembro Larry Van Kriedt que volviera mientras encontraban a alguien más adecuado para el bajo.

A finales de enero, AC/DC tenía en su agenda una actuación en el Sun-
bury Festival, en Melbourne, compartiendo cartel con Deep Purple. El
evento había sido organizado por Michael Browning. Cuando los Deep Purple se enteraron de que tocaban antes que AC/DC se inició una pelea entre
la banda y los trabajadores... delante de 20.000 personas. AC/DC abandonó
el acontecimiento sin tocar ni una nota. Quizá fue eso lo que impulsó al irascible guitarrista de Deep Purple, Ritchie Blackmore, a acusar posteriormente
a la banda de usar «trucos circenses». El hecho de que los trabajadores se pusieran del lado de Deep Purple, en lugar del de los chicos locales, convenció
a Browning, más que ninguna otra cosa, de que era hora de que AC/DC saliera del país.

High Voltage fue publicado en Australia en febrero de 1975; su primer single incluía «Love Song (Oh Jene)» y «Baby, Please Don't Go». La cara B empezó a sonar en la radio, lo cual la impulsó hasta el número 10. Permaneció
en las listas nacionales durante 25 semanas, algo sin precedentes.

El músico local Mark Evans había oído que buscaban bajista, y pasó la
prueba justo a tiempo de celebrar la publicación del álbum. Dieron un concierto especial en el Hard Rock Café, en el que la entrada valía sólo 1 dólar.
Evans se mudó a la casa de Lansdowne Road y se percató felizmente de que
había mujeres por todas partes. Malcolm le puso el mote de «Sand Man»,
porque siempre que se subían a un coche para ir a cualquier sitio, se quedaba
dormido a los cinco minutos. *No estoy segura de si estaba tan cansado de tanto actuar o de «tanto actuar».*

*Antes de que contrataran a Mark, habían probado también a un bajista que se lla-
maba Paul Matters. No pude determinar cuánto tiempo estuvo tocando con ellos, pero
sí duró lo suficiente para aparecer en una foto de la banda en la contraportada de
Highway To Hell, el libro de Clinton Walker. Cualquiera puede darse cuenta fácilmente de que era demasiado alto para el puesto.*

En marzo, la banda hizo su primera aparición en la cadena de televisión
ABC, en el programa *Countdown*, que estaba presentado por Ian «Molly»
Meldrum. Meldrum, conocido como el «adolescente más viejo» de Austra-
lia, era disc-jockey y había creado *Countdown*. Tocaron «Baby, Please Don't
Go», con la voz de Bon en directo y Angus vistiendo su traje de Super
A(ngus). *Countdown* se convirtió en una importante herramienta para la
banda, pues era visto en la mayoría de los hogares australianos todos los do-
mingos por la tarde.

El grupo terminó el mes con un concierto en el Myer Music Bowl al que
acudieron más de 2.500 personas. Un periódico local comentó que AC/DC
obtuvo la mejor respuesta de la noche, y que, cuando acabaron, la mitad de
la audiencia decidió marcharse también. Como recompensa, esa noche la
banda fue agraciada con la *supergroupie* Ruby Lips, a quien Bon inmortalizó

en la canción «Go Down». (La canción aparece en su cuarto álbum, *Let There Be Rock*.)

Hicieron su segunda aparición en *Countdown* en abril, esta vez con Angus vistiendo su uniforme escolar y con Bon luciendo trenzas rubias y un vestido escolar de chica… completo, con maquillaje, pendientes y pechos postizos. En aquella época, los hombres travestidos no eran nada populares en la televisión y su vestuario provocó una avalancha de quejas. *No estoy segura de qué fue lo más irritante: su vestido o cuando se tumbó en el suelo boca arriba, fumando un cigarrillo y mostrando sus bragas al público. ¡Gracias a Dios que las llevaba!*

Mark Evans le contó a *Classic Rock*, en febrero de 2005, que nunca sabían lo que Bon iba a hacer hasta que sucedía. «Otra ocasión fue cuando tocamos "Baby, Please Don't Go" en directo en *Countdown* y Bon se vistió como una estudiante. Una vez más, no nos avisó. Así que ahí estábamos, siendo filmados para la televisión, y empieza la música y nadie encuentra a Bon, y todos estamos en plan: "¿Dónde cojones está Bon?". Justo cuando le tocaba cantar, apareció de detrás de la batería vestido como una escolar. Y fue como si hubiera caído una bomba en el local; fue el pandemónium, todo el mundo estalló en carcajadas. Bon tenía un maravilloso sentido del humor. Era el arquetipo del chico travieso.»

AC/DC era un fenómeno comparado con lo que todos estaban acostumbrados a ver en *Countdown*. Su audiencia rockera y dispuesta rivalizaba con todas las niñatas chillonas. *RAM* escribió: «Fueron todo lo que los Bay City Rollers no pudieron conseguir. Quizás fue la manera en que Angus Young saltó y se revolcó por el escenario como un demente epiléptico mientras no se le escapaba ni una nota de sus obligaciones como guitarrista. Quizás fue la manera en que Bon Scott miraba de reojo y se relamía mientras sus ojos vagaban hambrientos repasando los vestidos de las jovencitas». Vale, es una manera de explicarlo. Aunque Angus era el centro de atención de la banda, la presencia de Bon en el escenario tenía definitivamente un peso propio.

La banda siguió ocupada, tocando en las Heavy Metal Nites[11] del Hard Rock Café, y dando una serie de conciertos llamada «Schoolkids Week»,[12] durante el día, en el mismo local. AC/DC eran conocidos por no salir con otras bandas u otros músicos cuando no tocaban. Su política era odiar a todas las bandas… excepto, por supuesto, a sus ídolos, como Chuck Berry o Little Richard. Su actitud era: «Si no estás con nosotros, estás contra nosotros».

El bajista Mark Evans recuerda que Bon no era siempre capaz de ceñirse a esa teoría. Se le conocía como «Bon el agradable», en honor a un personaje del programa de televisión *Get Smart* que se llamaba «Simon el agradable».

11. Noches de heavy metal
12. Semana del estudiante

Su arma secreta es que era imposible que te cayera mal. Eso era evidente incluso para la madre de Mark, quien acostumbraba a invitar a la banda a comer a su casa. Bon siempre se ofrecía a ayudarla a fregar los platos. No hace falta decir que ella adoraba a Bon del mismo modo que lo haría cualquier otra mujer que se cruzara en su camino.

Su single, «High Voltage», que no fue incluido en el álbum, fue publicado en junio. Ese mismo mes dieron su primer concierto como cabeza de cartel en el Melbourne Festival Hall, con Steve Wright y John Paul Yong como teloneros. La actuación fue grabada con cuatro cámaras, algo insólito en aquellos días. La intención era despertar algo de interés allende los mares. De esa grabación se extrajo un vídeo promocional, y, para mayor efecto, se le añadieron aplausos del álbum de George Harrison *Concert For Bangladesh*.

Raymond Windlow, amante de la música y *roadie*[13] en Melbourne, vio por primera vez a AC/DC cuando tocaron en el Festival Hall. En aquella época trabajaba para la banda Fox. Después trabajó para The Dingoes, Skyhooks y, brevemente, para The Little River Band. «Había unas cuantas bandas allí ese día, y que me ofrecieran un trabajo de unos cuantos días, empezando con AC/DC, significaba dinero en mis bolsillos. Aunque mis gustos musicales no incluían su música cruda, fuerte y contundente, sí me atraían las chicas.

»Era un concierto increíble, con el escenario rodeado de un amasijo de cuerpos, principalmente de chicas que apenas habían cumplido la mayoría de edad. Casi me lanzo al ataque antes de que los chicos tocaran ni una nota. Siendo como era un hombre de mundo, me ofrecí para conseguirles algo y llevárselo al camerino antes de que salieran a tocar. Se hizo un silencio sepulcral. Su manager me mató con la mirada y todo el mundo se quedó callado, asumí que había metido la pata y salí de la habitación murmurando algo sobre revisar el equipo de sonido. Alguien de dirección me agarró del hombro y me dijo de manera cortés: "No, colega, nunca menciones las drogas cuando la banda está presente". Y dejó la conversación ahí. Creo que la atención que estaban despertando en aquella época les había hecho tomar conciencia de la posibilidad de ser arrestados por consumo de estupefacientes.

»Durante la actuación, la audiencia estaba como loca, y había una masa de cuerpos empotrada frente al escenario. Las chicas miraban a los chicos a los lados del escenario, buscando ayuda, con las manos en alto. No para agarrar a Angus o a Bon, sino para que alguien las salvara de ser aplastadas. Yo mismo y un par de chicos más hicimos precisamente eso, para enfado del manager, que nos amonestó por abandonar el escenario en plena actuación. En definitiva, sobrevivimos a esa noche, y, cuando los miembros más jóvenes de la

---

13. Los *roadies* son el personal que en las giras se encarga de montar y desmontar el escenario, y de trasladar y cuidar el equipo.

banda se fueron a casa con sus "niñeras", Bon, yo y algunos de los chicos de las otras bandas nos fuimos al local de moda después de los conciertos, el Hard Rock Café.

»Bon y yo pasamos unas cuantas noches jugando al billar en el Hard Rock durante sus frecuentes visitas a Melbourne. Bon era un habitual del local después de los conciertos. Le gustaba beber, y aunque no éramos amigos del alma, éramos compañeros de billar. Yo era el chico que les montaba el escenario en algunos conciertos, y él era el tío que hacía chillar a las chicas con su actuación sobre el escenario. Ocasionalmente, algunos de los miembros del público que habían pagado para entrar en el Hard Rock Café trataban de pasarse de listos con Bon. Quizás para ganarse la reputación de haberse peleado con él, no sé. Lo que sí sé es que siempre que había una pelea en ciernes tenía a Bon de un lado y a 20 o 30 roadies del otro. La comunidad musical estaba muy unida cuando llegaba el momento, y Bon tenía la clásica pinta de perro callejero. Pero durante todo el tiempo que me relacioné con él no le vi dar ni un puñetazo. Era un chico feliz y sonriente, observador y con un "rudo encanto" que le hacía ser querido por la gente, y aun así era distinto de la mayoría de los cantantes, no se daba aires de estar por encima de bandas más pequeñas o de los chicos que trabajaban en la gira. Todo el mundo era bienvenido para una charla, compartir unas caladas o intentar ganarle al billar. No muchos lo conseguían. Creo que todavía tenemos el récord de permanencia como campeones imbatidos en esa mesa de billar».

Los estudios Albert estaban sitos en el viejo Boomerang House de King Street. La emisora de radio 2UW también se alojaba allí. La banda grababa en el estudio 1, una pequeña habitación con paredes de ladrillo desnudas. También usaban la habitación contigua, que tenía dos amplificadores Marshall y equipo para bajo. La batería estaba en una habitación que anteriormente había sido una cocina. La mayoría de los temas se grabaron en directo en muy pocas tomas. Los solos de guitarra y las voces fueron lo único que se grabó por separado. Mientras grababa, Angus se comportaba como cuando estaba en el escenario. ¡Nada de estarse sentado y quieto!

El estudio se había transformado en lo más parecido a una fábrica de éxitos que había en Australia. George y Harry se hicieron enviar una mesa de mezclas de 16 pistas desde Inglaterra y pasaron cada minuto en el estudio, escribiendo y grabando éxitos. Sus principales artistas eran John Paul Young, Ted Mulry Gang y William Shakespeare (este último era una parodia de gente como Gary Glitter). Les salió todo a pedir de boca con la grabación de AC/DC. Harry explicó: «Intentamos capturar la energía que tenían en el escenario. Tenías que pillarlos en el momento adecuado, cuando estaban realmente motivados».

El nuevo álbum revelaba un enfoque más pulido, abriendo con el tema «It's A Long Way To The Top (If You Wanna Rock 'N' Roll)». Era la única canción de rock en la que sonaban gaitas, o sea, hasta que Korn hizo lo mismo casi treinta años después. Regrabaron «Can I Sit Next To You Girl» y añadieron «Rock 'N' Roll Singer», «High Voltage», «Rocker», una versión del «School Days» de Chuck Berry, «Live Wire», «T.N.T.» y la oda de Bon a las enfermedades venéreas: «The Jack». *Me gustaría señalar que debería otorgársele a Bon el crédito de acuñar la frase «You're the man»,*[14] *pues en la canción «T.N.T.» canta: «...the man is back in town, so don't you mess around!».*[15] *¡Apuesto a que no se habían dado cuenta antes!*

George Young tuvo una gran influencia en el modo de componer de su hermano menor. Angus explicó: «[George] cogía la más dura de nuestras canciones y la tocaba al teclado, con arreglos tipo 10cc o Mantovani. Si pasaba la prueba, la estructura estaba aprobada, y nosotros la recuperábamos y la ensuciábamos». Ésta es una fórmula que ha sobrevivido al paso del tiempo. A la banda le gustaba que la familia Young se involucrara, pues era una familia de clase trabajadora unida por fuertes lazos. Algunas veces, después de los conciertos, se reunían todos para jugar a las cartas. Estaban arropados por la ayuda de George y Harry y por la experiencia del antiguo manager de los Easybeats, Sammy Horsburgh (quien se había casado con su hermana Margaret).

AC/DC también contaba con la ventaja de la habilidad de George y Harry para seleccionar los temas. Angus dijo en una ocasión que George no quiso trabajar con ellos porque fueran familia, sino porque pensaba que eran buenos. Bon afirmó en una ocasión que la figura de George era para el grupo más la de un padre que la de un hermano. No les decía qué tenían que hacer, pero les ayudó a sacar más provecho de lo que hacían. El bajista Mark Evans fue citado en *Under Cover Media* diciendo: «...George lo ponía todo a punto. Es un genio absoluto. Nunca he conocido a nadie más astuto en el estudio».

Angus y Malcolm eran unos maestros del riff con talento, y se les ocurrían temas nuevos cada vez que se sentaban a improvisar. Malcolm venía a menudo con títulos y entonces se ponían a intentar escribir una canción partiendo de ahí. Malcolm y George trabajaban sobre ello con el teclado, dejando a Bon a cargo de añadir la voz una vez que el acompañamiento estaba acabado. Bon siempre tenía libretas con letras, todas escritas con buena letra y en mayúsculas. Aunque algunas de sus letras son bastante simples, construir frases era su fuerte. En una ocasión le contó a *Countdown*: «Las cosas encajan solas. Algunas veces. Tienes que estar alerta para captar líneas, palabras, cosas... ideas, bocetos... ya sabes».

Pasaron el resto del verano tocando en Melbourne y Sydney, convirtiéndose en unos habituales del Bondi Lifesaver de Sydney. Sus planes para tocar

---

14. Expresión coloquial, que se puede traducir como «eres un hacha».
15. «El hombre está de nuevo en la ciudad, así que dejaros de juegos.»

una serie de conciertos gratuitos en el centro comercial Myer, en Melbourne, tuvieron que ser cancelados cuando cerca de 5.000 seguidores, según los cálculos, invadieron la tienda el primer día, dejándola en ruinas y poniendo fin al concierto de AC/DC después de solamente dos canciones.

Cuando más tarde estalló una pelea en el hotel Matthew Findlers, en Melbourne, el batería Phil Broke se rompió el pulgar e hizo falta que el antiguo batería Colin Burgess lo sustituyera. Éste podría ser el origen del sobrenombre de Phil Rudd, «Left Hook».[16] Tal y como está escrito en los periódicos, Phil abandonó corriendo la batería y golpeó a un chico tan fuerte que lo dejó inconsciente. Explicó al respecto: «Ese chico le estaba dando patadas a Angus en la cabeza, así que tenía que hacer algo, ¿no?». Razón no le faltaba.

Vince Lovegrove le contó a *No Nonsense* en mayo de 1999: «En aquella época, Australia era un poco salvaje, un poco como en la época de los vaqueros, el negocio de la música todavía era joven y sin legislar y la banda tenía la reputación de ser un grupo de salvajes, sobre todo por Bon, en realidad. El resto sí eran unos salvajes, pero Bon era único. Era de otro planeta».

El fan australiano Rob Tognomi recuerda haber visto a AC/DC justo después del lanzamiento de *T.N.T.* Le contó a *No Nonsense* en el número de agosto de 2001: «Bueno, la cara de estupefacción que se nos quedó a mí y a todos los presentes cuando atisbamos por primera vez la silueta de Angus, perfilada contra las luces estroboscópicas, lanzándose a tocar "High Voltage", tuvo que ser digna de ver. Nunca antes habíamos escuchado un volumen tan increíblemente alto. Me abrí paso hasta la primera fila y me quedé allí paralizado, sin poder dar crédito de lo que estaba siendo testigo. Todo lo que podía pensar fue: "¡Inimitable!". Bon miraba al público lascivamente desde el escenario empuñando el micrófono en una mano y estirando el cable enrollado con la otra».

Personalmente, eso era lo que más me gustaba de los primeros conciertos de AC/DC, fijarme en las caras de la gente del público que no los había visto antes. Auténtica fascinación, seguida de incredulidad, rayando el shock… pero en el buen sentido.

A principios de septiembre la banda dio un concierto gratuito en el Victoria Park de Sydney, organizado por la emisora de radio 2SM. En esa ocasión Angus treparía hasta los hombros de Bon para dar el primer «paseo» de su historia. Chris Gilby puso en marcha una campaña de promoción bajo el lema: «A tu madre no le gustarán». Funcionó como magia. Para mayor enojo de las madres de todo el mundo, después del concierto en el Victoria Park, se citó a Angus diciendo: «El notorio líder de los ladrones y los vagabundos, Bon Scott, se ha hecho un nuevo tatuaje y piercings en los pezones para celebrar el éxito del concierto en Sydney. El resto de los chicos lo celebró de otra manera».

---

16. Gancho de izquierda.

Bon había estado viviendo en el motel Freeway Gardens en Melbourne, donde se reencontró con su amigo Pat Pickett. Pat se había enterado de que la banda estaba en Melbourne y viajó hasta allí para trabajar en la gira de la banda. Una noche, durante una fiesta en un edificio de apartamentos, alguien le ofreció a Bon cinco dólares si se tiraba a la piscina desde el balcón. Bon hizo subir la apuesta a diez dólares y, delante de todo el mundo (incluyendo a un aterrorizado Angus), saltó desde el balcón del segundo piso, ejecutando una zambullida perfecta en la piscina del hotel. Tal y como le contó a *Guitar World*, Angus sujetó al chico y le dijo: «Ni se te ocurra volver a retar a Bon a hacer algo». Aceptar retos era uno de los números favoritos de Bon en las fiestas. No tenía ningún miedo para este tipo de cosas. Tampoco tenía miedo de ninguna mujer que captara su atención.

Fue en Freeway Gardens donde Bon conoció a la famosa Rosie. Los chicos de la banda, y especialmente Bon, disfrutaban animándose entre sí para hacer las cosas más desagradables. Cuando Rosie (una mujer enorme de las montañas de Tasmania) empezó a ser una asidua de sus conciertos, se le dio un ultimátum a Bon. Una mañana, cuando Pat Pickett se despertó, echó un vistazo y vio una mujer bastante corpulenta en la cama de Bon y un pequeño brazo tatuado que salía de debajo de ella. El tributo que le rindió Bon en la canción «Whole Lotta Rosie» demuestra que se lo pasó mejor de lo que esperaba con ella.

La banda estaba completamente maravillada con su habilidad para atraer a las mujeres. Una vez se las apañó para anotarse lo que Mark Evans llamó una «trifecta», lo cual consistía en acostarse diariamente con tres mujeres distintas durante cuatro días consecutivos. ¡Ahora sabemos en quién se fijaba Gene Simmons![17] Definitivamente, Bon adoraba a las damas, y aunque tenía reputación de ser un luchador callejero, normalmente mantenía la cabeza fría y se retiraba a observar antes de involucrarse directamente en una pelea. También se le conocía por viajar ligero de equipaje, llevando un neceser con un cepillo de dientes, dentífrico, y una muda de ropa interior y calcetines. Cada noche lavaba la muda y la colgaba en el lavabo para que se secara.

La única ocasión en la que Bon perdió los estribos fue cuando tocaron en los premios King of Pops de *TV Week*. Tocaron en directo, y Bon tuvo toda clase de problemas en el escenario. Cuando acabaron, bajaron las escaleras y forzaron la cerradura de una puerta para meterse en un bar. Dentro se hallaba una pila de ejemplares de *TV Week* con el cantante de Sherbet, Daryl Braithwaite, en la portada. Esto enfureció a Bon, que hizo trizas todas las revistas. Pasó el resto de la noche bebiendo champán de un pavo congelado. Lo que oyen. Y conociendo a Bon, no hace falta preguntar de qué extremo bebía. Ésa es la única ocasión en la que Bon ha sido maleducado con alguien, incluido el pavo congelado.

17. Bajista de Kiss.

El single de «High Voltage» subió hasta el número seis de las listas. El álbum de idéntico nombre había vendido más de 70.000 copias y fue catapultado hasta las 125.000 copias una vez que salió el single. Ahora que estaban vendiendo en Australia, era sólo cuestión de tiempo que acabaran conquistando el mundo.

Browning firmó con ellos un contrato de cinco años como manager y empezó a planear una gira nacional para promocionar la publicación de su próximo álbum, que se llamaba *T.N.T.* La gira empezó en Melbourne, pasando por Perth, y acabaría en Sydney para Navidades. Bon pudo visitar a sus padres, y Chick e Isa conocieron finalmente a los muchachos. Inmediatamente dieron su visto bueno a los nuevos amigos de Bon.

Mientras estaban de gira, la banda local The Keystone Angels abría el espectáculo para ellos. El cantante Rick Brewster recuerda la primera vez que vio a AC/DC: «Hicimos de teloneros de AC/DC como The Keystone Angels en su gira por el sur de Australia en 1975. El primer concierto era en el hotel Port Pirie, y era la primera vez que me los presentaron y que los vi tocar en directo. Eran la banda más sólida que he visto nunca, a pesar de que Phil Rudd se había roto la muñeca [sic] y no estaba en la gira. Más tarde vimos a Phil tocar con la banda muchas veces, y era una máquina percutora, es imposible tocar más duro y tocar bien. Malcolm dirigía la banda y daba todas las señales sin el menor esfuerzo; Mark Evans tocaba el bajo y, aunque estuvo pocos años con la banda, siempre me gustó cómo tocaba. A Bon lo tenía, junto a Paul Rodgers [de Bad Company], como a uno de los mejores y más carismáticos cantantes que había escuchado jamás. Su sentido del humor era contagioso, y su versión improvisada de "She's Got The Jack" [sic]... bueno, tenías que haberlo visto. Y luego teníamos a Angus. Un músico soberbio complementado por su extravagante comportamiento en el escenario... una combinación increíble. Sigue siendo uno de los mejores guitarristas que jamás haya escuchado, y sigue haciéndolo parecer muy fácil, igual que un payaso de circo con talento, que hace que un truco acrobático difícil parezca sencillo.

»¡Y su actuación sigue siendo esencialmente igual hoy día! El "baile del pato" de Chuck Berry, la "muerte de la mosca", el uniforme escolar... Todo eso estaba ahí en Port Spirit, en el sur de Australia, en 1975, y se ha pasado los últimos treinta años así. Recuerdo a Angus en el autobús, en esa primera gira: "¿Sabes?, si fuera un pianista ¡tocaría con los pies!"».

Brewster recuerda una de las cosas más divertidas que le ha visto hacer a Angus nunca, cuando ambas bandas tocaron juntas en el hotel Sundowner, en Whyalla. «Angus perdió la paciencia con alguien del público que debía haberle gritado lo que no debía. Resulta que el tío era un motorista de dos metros. Cuando Angus perdió el control, tiró su SG y se lanzó contra él desde el escenario en un placaje volador. Los dos cayeron en medio del griterío, y la única razón por la que Angus está vivo hoy día es porque Bon le siguió en medio de la pelea y de alguna manera se las apañó para poner paz y persuadir a Angus, que estaba gritando y dando patadas, de que volviera al escenario y acabara el concierto.» Graciosillos, andad con ojo.

Después de que volvieran a casa, Angus, Bon y Malcolm hablaron con George acerca de The Keystone Angels, y Albert Music los contrató. El nombre de la banda se cambió a The Angels, y Albert Music los guió hasta convertirlos en una de las bandas más exitosas de Australia en los años setenta. Eternamente agradecido, Brewster dijo: «Vieron algo en nosotros que yo mismo no veía. En aquella época no éramos muy buenos musicalmente. Quizás lo que vieron fue "con potencial, con ganas y determinados". Fuera lo que fuera, estábamos agradecidos, pues EMI (que irónicamente distribuía los discos de Albert Records) ya nos había rechazado. Después de que los chicos de AC/DC les hablaran bien de nosotros, George y su socio, Harry Vanda, vinieron a vernos a Sidney, en el club Chequers, donde solíamos tocar desde las ocho hasta las tres o las cuatro de la mañana por 100 dólares. Se nos ofreció un contrato ahí mismo. Una de las mejores consecuencias de firmar con Albert era trabajar puerta con puerta con muchos otros grandes artistas. Entre éstos estaban Rose Tatoo, Ted Mulry, John Paul Young, Flash And The Pan y, por supuesto, AC/DC. Nos dio una tremenda visión e inspiración».

AC/DC dio otro concierto como cabeza de cartel en el Festival Hall en noviembre y volvieron a Sydney para tocar en el State Theatre el día 30. El 8 de diciembre de 1975 se publicó su siguiente single, «It's A Long Way To The Top (If You Wanna Rock 'N' Roll)», que incluía «Can I Sit Next To You Girl», y le siguió el álbum *T.N.T.* En la portada del disco aparecía el dibujo de unos travesaños de raíl en los que se había pintado «T.N.T.» con plantilla.

La hermana de Michael Browning, Coral, vivía en Londres y trabajaba para una compañía de representación que llevaba a Peter Tosh, a Bob Marley y a Gil-Scott Heron. Después de mostrarle a Phil Carson, de Atlantic Records, un vídeo de la banda tocando en directo, Carson les ofreció un contrato para un disco a escala mundial. El primer trato fue una prueba de un disco, con la opción de que Atlantic pudiera extender el contrato en el futuro.

Atlantic Records fue fundada en 1947 en Nueva York. A principios de los setenta, después de haber contratado a Yes y a Emerson, Lake and Palmer (dos de los grupos más importantes del momento), Atlantic abrió una oficina en Londres. La firma estaba loca por AC/DC, y ellos, a su vez, estaban encantados de estar en la misma discográfica que Led Zeppelin o los Rolling Stones. Sorprendentemente, Atlantic le pasó la mano por la cara a todos los que habían ignorado a la banda. AC/DC estaban ahora en marcha hacia la conquista del resto del mundo… concierto a concierto.

La banda tocó la noche de Navidad en los Royal Showgrounds, en Sydney, y luego celebraron la noche de fin de año dando un concierto en Adelaida. La banda se quedó sin electricidad a mitad de concierto y Bon incitó a sus fans a invadir el escenario en señal de protesta. Entonces, apareció en medio de la multitud, a hombros de alguien, tocando la gaita. ¡Con electricidad o sin ella, no puedes apagar a AC/DC!

A finales de año, *High Voltage* ya era triple disco de oro. AC/DC ahora se consideraba la banda puntera de Australia, con 24 quilates para demostrar que habían conquistado su tierra natal. Teniendo en cuenta los orígenes de la nación en 1821 como el lugar donde el Reino Unido depositaba su población criminal, parece seguro decir que se han afilado sus dientes de rockeros con una de las audiencias más duras que puedas encontrar. El Año Nuevo les trajo un nuevo cambio en la banda y, finalmente, un anhelado viaje allende los mares. ¡El resto del mundo no sabía lo que se le venía encima!

5. T.N.T. o cinco chicos saqueando Inglaterra en una furgoneta

Para promocionar el nuevo álbum, *Countdown* grabó un vídeo de la banda tocando «It's A Long Way To The Top (If You Wanna Rock 'N' Roll)». La canción subió al número cinco de las listas australianas. La banda hizo *playback* de camino a Melbourne en la parte de atrás de una camioneta, acompañada de tres gaiteros profesionales, un montón de fans y un equipo de rodaje.

Más tarde los filmaron tocando «Jailbreak» en un antro de rockeros en un suburbio del oeste de Melbourne. Paul Drane dirigió los vídeos de «It's A Long Way To The Top» y «Jailbreak» con un presupuesto de sólo 5.000 dólares. Drane fue citado en el libro de Peter Wilmoth, *Glad All Over: The Countdown Years 1974-1987* diciendo: «Teníamos nuestro set en un antro en el que podíamos usar explosivos. Nuestro encargado de efectos especiales estaba entusiasmado, porque por entonces no había muchas oportunidades para hacer ese tipo de cosas. Parte del montaje explotó, y me puedes ver huyendo en el vídeo. Bon estaba justo al lado, antes de la parte en la que le disparan. Un especialista en maquillaje tuvo que ponerle unos parches en la espalda. Nadie resultó herido, pero Angus, que estaba encima de una roca, tocando la guitarra, se asustó un poco con una de esas explosiones».

T.N.T. vendió más de 11.000 copias la primera semana después de su lanzamiento. Pudo ser porque la banda era muy popular o debido a que el disco venía envuelto en unas bragas. Quizás no lo sepamos nunca. Llegó al número 2 de las listas nacionales y, en cuestión de semanas, *T.N.T.* conseguía el triple disco de oro con la edición de su siguiente single, «T.N.T.», con «Rocker» en la cara B.

Con semejante éxito, George y Harry estaban convencidos de que necesitaban volver a meterse en el estudio y grabar el tercer álbum de AC/DC. En febrero grabaron nueve canciones que se convertirían en la joya que es *Dirty Deeds Done Dirt Cheap*. El título se le ocurrió a Angus a raíz de los dibujos animados *Beanie and Cecil. ¿Se acuerdan del programa? Su villano, John el Deshonesto, solía llevar una tarjeta de visita que rezaba: «Hacemos maldades por muy bajo coste. Festivos, domingos y tarifas especiales».[18]

Rápidamente prepararon nueve temas, incluyendo «Dirty Deeds Done Dirt Cheap», «Ain't No Fun (Waiting Around To Be A Millionare)», «There's Gonna Be Some Rockin», «Problem Child», «Squaler», «Rock In Peace», «Jailbreak», el futuro himno de Bon, «Ride On», y «Big Balls». La letra de «Big Balls»[19] es una muestra fantásticamente divertida de la habilidad de Bon para los dobles sentidos. Se deleitaba dándole la vuelta a las frases y, como Malcolm dijo en una ocasión, también estaba obsesionado con sus pelotas. Ambas cosas son típicas de él.

Cuando la banda había grabado sus pistas, Bon se llevaba una copia para escucharla en su radiocasete. De ahí sacaba la inspiración para las letras. Su ritual matutino para reforzar el bonito tono rasposo de su voz era hacer gárgaras con vino tinto y miel. *Puedo imaginar a los cantantes de las bandas de tributo a AC/DC en todo el mundo tomando nota de esta receta.*

Mientras la banda estaba grabando, su manager, Browning, consiguió, finalmente, cerrar un trato para hacer una gira en el sur del Reino Unido como teloneros de Back Street Crawler, la banda de Paul Kossoff, antiguo guitarrista de Free. Richard Griffiths, el primer representante de AC/DC en Inglaterra, les ofreció el trato. Griffiths recuerda haber visto por primera vez un vídeo de AC/DC tocando en Melbourne el día que Browning entró en la agencia Virgin en 1975. Le pareció que la banda era fantástica. Pronto dejó Virgin para fundar su propia compañía de representación, llamada Headline Artists. Sus primeros clientes fueron AC/DC y Paul Kossoff. Contratar a AC/DC como teloneros de Kossoff en Inglaterra era la manera ideal de ayudarles a iniciar su ataque intercontinental.

Para celebrarlo, AC/DC dio un concierto de despedida en el Bondi Lifesaver de Sydney. Por primera vez, Angus le mostró el culo al público. Considerando los quebraderos de cabeza que Australia le daría a la banda durante los próximos años, mostrarles el culo era una despedida más que apropiada.

El músico Spencer Jones, cuya banda acabó versionando «Ride On», estaba en el último concierto en el Lifesaver. Recuerda que cambió su vida, haciendo memoria en *Highway To Hell*: «Durante el espectáculo, una chica bastante grandota se subió al escenario y se desnudó, mientras Angus se abría camino hasta la barra, a hombros de alguien, para hacer el famoso baile del pato de

---

18. En el original: «Dirty deeds done dirt cheap. Holidays, Sundays, and special rates».
19. Pelotas Grandes.

Chuck Berry. Entonces Bon agarró a la chica desnuda y se la cargó a los hombros. El sitio estaba a reventar, y el público se volvió loco». *Me gusta pensar que su inminente asalto al Viejo Mundo se trataba del mal karma que volvía a Inglaterra por haberse desecho anteriormente de sus criminales en su tierra natal.*

Antes de partir, asistieron a una entrega de un disco de oro y a una fiesta de despedida en Melbourne donde les regalaron tres placas conmemorativas: dos por *High Voltage* y una por *T.N.T.* Después de dos años de gira continuada, esos álbumes acabarían convirtiéndose en plata, oro y, finalmente, platino en Australia. La noche antes de volar a Inglaterra, la banda celebró también los veintiún años de Angus. Aunque, según su ficha de prensa, sólo tenía diecisiete.

AC/DC llegaron a Londres, Inglaterra, el 8 de abril de 1976, listos para golpear a la invasión de música británica en su real corona. El rock estaba siendo debilitado por el movimiento punk, lo cual hizo que fuera el momento ideal para la invasión de AC/DC. La Reina estaba celebrando su 70 cumpleaños y los Sex Pistols disfrutaban del éxito de su versión reescrita de «God Save The Queen».

Browning había llevado su partida a Inglaterra de forma discreta, pues anteriormente había visto a muchas bandas darse de bruces contra el suelo y volver con el rabo entre las piernas. A Angus nada de esto le afectaba. Se le citó en el *Record Mirror & Disc* de Inglaterra, diciendo: «El éxito allí [en Australia] no significa nada. Nos fuimos en nuestro momento álgido, en lugar de quedarnos a disfrutar del éxito, y nos fuimos para saquear y expoliar». Se fueron de saqueo, montados en una furgoneta con Phil al volante. Siendo como era un fanático de los coches, prefería ser el conductor de la banda.

Dieron su primer concierto en Inglaterra en el pub Red Cow, en Hammersmith, donde se convirtieron en fijos. También consiguieron tocar de forma habitual en un club llamado Nashville Rooms. Inicialmente tenían en la agenda tocar con la banda de Paul Kossoff, Back Street Crawler. Desafortunadamente, para cuando aterrizaron en Londres, Paul había muerto por sus problemas de salud originados por años de adicción a la heroína. Se citó de forma sentimental a Bon diciendo, en *AC/DC: World's Heaviest Rock*, de Martin Huxley: «El puto Paul Kossoff ése nos jodió la primera gira. Espera a que Angus lo pille».

El cambio de planes no frenó a la banda lo más mínimo. Una vez más, tocaron donde pudieron, acordando fechas en clubes por toda Inglaterra. La escena musical británica, tal y cómo la recuerda Angus, significaba, realmente, volver a empezar. Le contó a Jodi Summers Dorland en *Hit Parader*: «Cuando Bon subió por primera vez al escenario de un pequeño club de Londres, la audiencia estaba compuesta por vuestros Johnny Rottens y toda esa gente. Bon, siendo mayor que ellos, salió y los dejó verdaderamente impresionados. Después, la semana siguiente, recuerdo haber visto a Rotten y a todos esos punks vestir la misma ropa y llevar el mismo peinado que Bon».

Oh, sí, todas las miradas de Inglaterra se dirigieron hacia ellos. Las miradas y algún proyectil, para ser honestos. Una de las primeras cosas que hizo Bon cuando llegó a Londres fue visitar el pub de Finchley en el que había trabajado durante sus días en Fraternity. Tan pronto como entró en el local, alguien le arrojó una pinta de cerveza llena, dándole en la cara. Bon explicó que se metió por accidente en medio de una pelea ajena. Bon acabó con un ojo morado y la mandíbula dislocada. En las imágenes de su primera sesión fotográfica en Inglaterra, se cubrió sus heridas con unas gafas oscuras. La parte positiva, si hubo alguna, es que esto obligó a Bon a arreglarse la dentadura, algo que le hacía mucha falta desde su accidente en moto.

Coincidiendo con su llegada a Inglaterra, la división británica de Atlantic Records publicó una combinación de *High Voltage* y *T.N.T.*, siendo éste su primer lanzamiento europeo. Las portadas británica y americana mostraban a Angus vistiendo su uniforme escolar, mirando a la cámara en pose simiesca, con un rayo aterrizando en su pie. De hecho era la versión australiana de *T.N.T.* con el añadido de dos canciones de *High Voltage*. Se incluyeron «She's Got Balls» y «Little Lover», sustituyendo a «Rocker» y a «School Days», de Chuck Berry. Si la mayoría de las canciones fueron extraídas de *T.N.T.*, entonces, ¿por qué se llamó *High Voltage* el álbum? *¿Confundidos? Bien, yo lo estoy.*

Independientemente de si se trataba, de hecho, de *High Voltage* o de *T.N.T.*, el álbum captó la atención de John Peel, el disc-jockey de BBC Radio 1. En junio, AC/DC grabó una sesión con el cuatro pistas en los estudios Maida Vale 4, en Londres, para el programa de Peel.[20] Eso era exactamente lo que había recetado el médico, AC/DC en directo en las ondas británicas. *¡No me importa lo amenazadores que fueran los Sex Pistols, al lado de Bon, Sid Vicious no tenía nada que hacer!*

Aunque Coral Browning no estaba oficialmente en plantilla, le ofrecieron una oficina en la división de Atlantic Records de Londres para que ayudara a Michael con la banda. Rápidamente convenció a los periodistas Caroline Coon y Phil McNeil para que fueran a verlos. McNeil encabezó su crítica de la actuación en el Nashvile Rooms de Londres para el *New Musical Express* con el titular: «Salto como un canguro ante vuestro hombre». «En plena gran explosión del punk británico, un quinteto de Ozzies igual de despiadados se ha pavoneado como un gato en medio de las arrogantes palomas paranoicas de Londres... y si tuvieran mejor olfato para lo que vende que

---

20. En las famosas «Peel Sessions», los grupos grababan una sesión en directo en cuatro pistas en los estudios de la BBC para su posterior emisión en el programa de John Peel. Muchas «Peel Sessions» se han publicado posteriormente, principalmente bajo el sello Strange Fruit.

AC/DC en el backstage en Radio
Luxenburg (1976)

para lo que es bueno, podrían fácilmente acabar con todas ellas… Estamos impresionados.»

La prensa musical británica del momento estaba liderada por *Melody Maker*, *New Musical Express* y *Sounds* (la publicación más joven, que había debutado en 1970). *Sounds* siguió inmediatamente a AC/DC y los puso en la cima de su lista en su «New Order Top 20». Por detrás quedaban Eddie And The Hot Rods, The Sex Pistols, The Damned, Iggy Pop And The Stooges, Ted Nugent, Rainbow, Motorhead, Judas Priest y, compartiendo la última posición, The Ramones y The Dictators.

Su gira de nueve paradas como teloneros de Back Street Crawler, que fue aplazada debido a la muerte de Paul Kossof, empezaba en el Marquee Club en mayo. [Kossof fue reemplazado por el guitarrista Geoff Whitehorn.]

Éste era el local por excelencia en Londres, habiendo acogido a artistas como Jimi Hendrix, Led Zeppelin y Emerson, Lake And Palmer, entre muchos otros. El reportero musical Phil Sutcliffe hizo una crítica del espectáculo y predijo que la banda se convertiría en algo grande. Enseguida se convirtió en uno de sus mayores admiradores en la prensa.

El 4 de junio daban su primer concierto en el Marquee como cabeza de cartel, iniciando una gira por 19 clubes patrocinada por la revista *Sounds*, con el delictivo título de Lock Up Your Daughters Summer Tour.[21] Su espectáculo incluía un DJ en directo y mostraba clips de otras bandas.

21. Gira de Verano Encerrad a Vuestras Hijas.

Antes del concierto de esa noche, mientras todo el mundo estaba esperando con nervios a que llegara Bon, Browning le pidió a un fotógrafo que saliera y tomara una foto del Marquee que dijera «AC/DC, agotado». Después de haber tomado la fotografía, Bon entraba por una puerta lateral, para alivio de todos. Unos días después, el fotógrafo le trajo las fotos a Browning para que las viera: allí estaba el Marquee, y debajo estaba Bon, completamente solo, entrando al local para dar su concierto. Ni ayudantes ni coche de alquiler para la estrella del rock. Todo muy informal (y nada pretencioso), y muy Bon.

Cuando Malcolm y Angus volvieron a su tierra natal en Glasglow, la audiencia destrozó las dos primeras filas de asientos del City Hall. Una excelente bienvenida para la banda, teniendo en cuenta que la audiencia estaba formada (según Bon) mayoritariamente por familiares de Malcolm y Angus. *Supongo que eso no debería ser ninguna sorpresa.* Mientras estaban en Escocia, los Young disfrutaron de un reencuentro, y Phil y Bon se fueron en coche al campo a buscar las raíces de la familia de Bon. Se comenta que lo único que encontraron fue un par de osos follando en el bosque. *Apostaría a que eso le gustó tanto a Bon como haber encontrado a sus primos perdidos.*

El 12 de junio Angus salía en la portada de la revista *Sounds*. La primera de, literalmente, miles de futuras portadas de revista. Se publicó en Australia el single de «Jailbreak», incluyendo «Fling Thing» en la cara B. «Fling Thing» es una canción popular escocesa que no ha sido incluida en ninguno de sus álbumes. Algo más para el coleccionista apasionado. *(Para los seguidores de AC/DC que quieran tener en orden su colección de singles, hay una discografía al final de este libro.)*

En la última cita de su gira por el Reino Unido en el Lyceum de Londres, Atlantic Records organizó una competición de «mejor estudiante». Otras fuentes dicen que se trataba de un concurso para buscar a «la estudiante a la que más nos gustaría…». No hay evidencias de que Bon se pusiera su vestido y sus sostenes para la ocasión. Si lo hubiera hecho, probablemente hubiera ganado. La ganadora, Jayne Haynes, de Middlesex, Inglaterra, ganó una guitarra folk y una cita para salir una noche con el bajista Mark Evans. Bon no estaba contento. Quizás fueron los celos de Bon la verdadera razón para la inminente salida de Mark de la banda.

Dos noches después celebraron el trigésimo cumpleaños de Bon, pero él no acudió a su propia fiesta. Algo que no era tan inusual, pues a menudo prefería ir a su aire. Acabó desapareciendo durante tres días, escondiéndose con su novia Silver [Margaret] Smith. Cumplir la treintena a mediados de los setenta tuvo que resultarle traumático. Especialmente cuando recuerdas la famosa frase de los sesenta: «No te fíes de nadie de más de treinta años».

En julio dieron su primera gira europea, pasando por Holanda, Austria y cinco fechas en Suecia.

La gira sueca estaba organizada por Tomas Johansen, representante de Abba. Al principio estaba teniendo problemas para introducir a Abba en Australia, pero se las arregló para conseguir un trato por el cual AC/DC iba a Suecia y Abba a Australia. *Tal y como lo veo, Australia salió perdiendo con el trato.* Antes de que la banda partiera rumbo a Suecia, grabaron una sección de veinte minutos para el *Superpop* de Mike Manfield, un programa de la televisión británica en el que también intervenía el ídolo de Malcolm, Marc Bolan, de T. Rex.

Mientras duró la gira, Bon estaba a cargo de mantener a la prensa australiana informada de sus aventuras y/o desventuras mandando cartas a Debbie Sharpe, del *Melbourne Herald.* Informó de que los clubes suecos eran más bien cabarets, con polkas, música folclórica y cerveza. *¡Ahora entiendo por qué les gustó tanto Wisconsin!*

Los establecimientos favoritos de Bon en Suecia eran las piscinas y las playas de topless. Y a Bon le encantaba nadar. Según Mark Evans, al resto de la banda todo esto le importaba un comino. Angus y Malcolm llevaban las orejeras puestas. Lo único que querían era tocar. Estaban convencidos de que algún día lograrían ser grandes, y todo lo demás era secundario. La frase favorita de Malcolm era: «Sólo estamos haciendo tiempo hasta que seamos asquerosamente ricos».

De algún modo se las apañaron para sacar tiempo para grabar «Dirty Eyes», «Carry Me Home», «Love At First Feel» y «Cold Hearted Man» en los estudios Vineyard, en Inglaterra. El EP de cuatro canciones no fue publicado nunca y las cuatro canciones aparecieron posteriormente en varios formatos: en álbumes, como singles y en la futura caja de coleccionistas, *Bonfire*. Ese mismo mes hicieron su debut televisivo en Europa, tocando «Jailbreak» en el programa londinense *So It Goes*.

Se canceló su aparición en el Orange Festival de agosto en Nimes, Francia, pero el día 28 filmaron tres canciones de su actuación en el Wimbledon Theatre de Londres para el *Rollin'Bolan Show*, que se emitía los fines de semana en el Reino Unido. Por si no eran suficientes emociones para un mes, tocaron con Ted Nugent, Brand X y Black Oak Arkansas en el Reading Rock Festival del Reino Unido, el día 29, delante de 50.000 personas. Aquí debería insertarse la palabra «remolino». George, Harry Vanda y Michael y Coral Browning hicieron el viaje para verlos. Parece ser que no consiguieron la reacción habitual del público, lo que causó tensiones entre la banda y sus representantes. *Algunas fuentes tildaron la actuación de AC/DC como una «pifia», algo que ustedes y yo sabemos que es imposible. Ya saben, 50.000 personas también pueden equivocarse.*

A finales de verano, AC/DC se había convertido en la banda fija del Marquee, rompiendo récords de asistencia al atraer a más de 1.400 seguidores cada lunes por la noche. ¡Eso sin contar los fans que se quedaban fuera! Esto inspiró al *New Musical Express* a publicar: «El único sonido que atravesaba la pared era *chunka-chunka-chunka*, mientras en el bar sus paisanos australianos me decían que esperara a que Young se bajara los pantalones. Cuando nos enseñó el culo y se subió a un amplificador, una fuente bien informada se levantó y dijo: "Dios mío, lleva los mismos calzoncillos desde hace cuatro semanas"».

Exactamente el tipo de publicidad que su agente, Griffiths, estaba buscando cuando cerró un trato con el encargado de la programación del Marquee, Jack Berry, para que tocaran una vez a la semana en el local. Además, todas las revistas locales exhibían anuncios a página completa con las fechas de AC/DC en el Marquee, en los que se incluían comentarios de Berry comparándolos con Led Zeppelin. Cuando empezaron a tocar todos los lunes no había tanta gente en sus conciertos. El encargado de promoción de Atlantic Records, Dave Jarret, empezó a llevar personal de la compañía a ver a la banda. No hizo falta mucho tiempo para que el grupo atrajera a tanta gente que ni el mismo Jarret podía entrar.

Es justo decir que en aquella época había tres tipos populares de artistas de rock. Estaban las bandas tipo orquesta, con muchos miembros, como Pink Floyd o Yes. Luego estaban las bandas de rock *hippie* o cantautores, como Grateful Dead o Bob Dylan. Y, finalmente, estaban las bandas directas fríete-el-cerebro-enfrente-del-altavoz, rock de gladiadores, como Led Zeppelin, The Who y Black Sabbath. AC/DC arrasó con todo eso, incluyendo el punk y todo lo que se interpuso en su camino.

Después de la publicación de la versión británica de *High Voltage*, apareció en *Kerrang!* la crítica del álbum por parte del escritor Mark Putterford. Merece ser recordada: «De su arrogante nariz sale fuego, sus dientes quebrados están apretados, sus rodillas sucias tiemblan, la excéntrica exageración de *Just William*[22] empieza a sacudir la cabeza descontrolada mientras su pálida y huesuda mano masturba los alambres vivos que tiene asidos. El sencillo y contagioso riff con el que entró "It's A Long Way To The Top" era la gota que colmó el vaso del rock contemporáneo. Hizo que los perplejos británicos conociéramos la furibunda actitud de alto voltaje de los delincuentes juveniles australianos que son AC/DC, quienes están destinados a tocar contra toda oposición en los años venideros». ¡*Amén, hermano!*

Como *T.N.T.* seguía vendiendo entre 3.000 y 4.000 unidades por semana, Albert Music aplazó el lanzamiento de *Dirty Deeds Done Dirt Cheap* en Australia hasta el 20 de septiembre, que publicó junto al primer single del álbum, que incluía «Dirty Deeds Done Dirt Cheap» y «R.I.P.». La portada del álbum consistía en una caricatura de Bon estirando su brazo tatuado y de Angus ha-

---

22. En referencia a William Brown, personaje de la novela *Just William*, de Richmal Crompton. William es un niño de 11 años bastante gamberro y con mala uva.

ciendo el gesto del dedo. La posterior portada americana mostraba a siete personas y a un perro en el aparcamiento de un motel. Todos tenían los ojos cubiertos por un rectángulo negro, salvo el perro, que no parecía estar preocupado por su identidad.

La banda nunca bajó el ritmo como para tener tiempo de celebrar el lanzamiento del disco y continuó su gira por Francia, Suiza, Bélgica, Dinamarca, Suecia y Alemania, actuando como teloneros de Rainbow en 19 conciertos. Aparte del desagradable mal humor de Blackmore, el único inconveniente era una réplica enorme de un arco iris[23] que insistía en desplomarse durante cada actuación.

La compilación *High Voltage* había vendido 16.000 copias en Alemania la primera semana tras su publicación, demostrando que los alemanes sabían reconocer el rock de calidad cuando lo escuchaban. Por supuesto, tocar después del espectáculo de AC/DC no era tarea fácil para ninguna banda y, una noche, Ritchie Blackmore se negó a que hicieran un bis. Los fans se enfadaron tanto que muchos de ellos se marcharon antes de que empezara Rainbow.

El 28 de septiembre de 1976, Estados Unidos recibió su primera dosis de AC/DC, cuando se publicó *High Voltage*, que fue prácticamente ignorado por las emisoras de radio. *Qué vergüenza… para nosotros, los norteamericanos, no para la banda.*

El periodista de rock Billy Altman escribió en octubre en *Rolling Stone*: «Aquellos que se preocupan del futuro del rock duro puede que se relajen al saber que, con la publicación en Estados Unidos del álbum de estos campeones de la grosería, el género ha caído incuestionablemente todo lo bajo que podía. El vocalista Bon Scott escupe sus canciones con una agresividad verdaderamente molesta, lo cual, imagino, es la única manera de hacerlo cuando todo lo que parece importarte es ser una estrella para poderte acostar con una chica cada noche. La estupidez me molesta. La estupidez calculada me ofende».

¡Uy! Alguien está envidioso. Hace que te entren ganas de cancelar tu suscripción, ¿verdad?

Por suerte para Altman, la banda tuvo que posponer su gira en Estados Unidos debido a problemas de visado, pues Michael y Bon tenían antecedentes por posesión de marihuana. *Por otra parte, ¿estábamos listos para AC/DC en 1976? Teniendo en cuenta que, aquel año, Captain And Tennille estaban en las primera posiciones de las listas con «Muskrat Love», creo que no.*

Los problemas de visado fueron una de sus menores preocupaciones, ya que la policía antivicio los siguió durante toda la gira, amenazando con arrestar a Angus si se bajaba los pantalones. Afortunadamente, esto no tenía nada

---

23. *Rainbow* es la palabra inglesa para arco iris.

que ver con Bon, o la mitad de la población femenina de Australia se habría revelado. Del lado positivo, la siempre inteligente revista *Billboard* puso *High Voltage* en su «lista de discos recomendados», y escribió: «Los nuevos visitantes de Australia son una mezcla entre Led Zeppelin y la Sensational Alex Harvey Band. El cantante tiene una voz única y las guitarras gemelas son protagonistas desde el primer corte. Esperen escucharlos cada vez en más emisoras».

A finales de octubre se ganaron la distinción de que se les negara la posibilidad de actuar en la Southhampton University, debido a que su música contenía «obvias y vulgares referencias a ambos sexos». ¿Y eso era malo?

Dirty Deeds Done Dirt Cheap fue publicado en Gran Bretaña el 5 de noviembre. Unos días después, la banda daba su primer concierto como cabeza de cartel en el Hammersmith Odeon de Londres: que la mitad de la audiencia llegara vestida con uniforme escolar era un signo evidente de que AC/DC estaba empezando a pegar.

La segunda semana de noviembre los vio regresar a Glasglow, lo que se reseñó en el *East Kilbride News* del 11 de noviembre de 1976: «"High Voltage" levantó a la audiencia incluso más, pero el escenario llegó a su clímax cuando la banda explotó con "Baby, Please Don't Go". Angus, que esa noche se había ahorrado el uniforme, cayó al suelo, retorciéndose como un gusano decapitado. Entonces se subió a una torre de altavoces mientras Bon Scott se subía a la que había en el otro lado del escenario. Angus se puso a tocar con una sola mano y Bon gritó a su vez la canción desde su lado, antes de saltar de nuevo sobre el escenario y atrapar al vuelo a Angus mientras se dejaba caer, empuñando todavía su guitarra. Lo increíble de toda esta coreografía fue que se ejecutó a la perfección, sin que Angus fallara en un solo acorde. La audiencia se quedó sin aliento».

Sin aliento y apuesto a que frustrada, teniendo en cuenta que el personal de seguridad no les dejaba levantarse de sus asientos. Obviamente, debido al hecho de que esos chalados escoceses los habían arrancado de cuajo en la última visita de AC/DC. (La verdadera historia es que se pusieron de pie encima de las sillas la primera vez que vieron a la banda, rompiendo algunos de los respaldos de los asientos. Pero es más divertido decir que los arrancaron de cuajo.) *Hacer permanecer sentados a los fans mientras veían a AC/DC en directo era un castigo cruel e inhumano. El único concierto de AC/DC que no me arrepiento de haberme perdido. No, miento. Para mí seguiría siendo un regalo ver a AC/DC atada a una cama con correas y con un goteo de torazina.*

El primer single estadounidense («It's A Long Way To The Top (If You Wanna Rock 'N' Roll)» con «High Voltage» en la cara B) fue publicado en noviembre de 1976. Dieron un concierto de Navidad en el Hammersmith Odeon (lo cual se convertiría en una tradición anual) y luego se dirigieron a su Australia natal para iniciar una gira de 26 conciertos llamada A Giant Dose Of Rock 'N' Roll.[24]

AC/DC fue recibido en el aeropuerto por cientos de fans histéricos, algunos mostrando ya tatuajes que inmortalizaban a sus héroes del rock. El primer concierto, para el que se agotaron las entradas, fue en el Myer Music Bowl. Aunque estaban consiguiendo más y más audiencia, sus letras con doble sentido y su actitud de «me como a tu hija con los ojos» les causaba problemas continuamente. Su gira australiana estuvo plagada de dificultades. Muchas fechas fueron canceladas o se amenazó de algún modo con hacerlo. Debido a las imágenes obscenas que se habían publicado en la prensa, el parlamento australiano acabó discutiendo sobre AC/DC y su posible mala influencia en la juventud australiana. Demasiado tarde.

Recibieron un montón de publicidad gratuita cuando una viuda adinerada empezó a recibir llamadas después de que Bon cantara «llama al 36-24-36»[25] en la canción «Dirty Deeds Done Dirt Cheap». Su publicista, Chris Gilby, tuvo que publicar una disculpa de la banda. A esto le siguió más presencia en la prensa cuando el alcalde de Tamworth se negó a darles permiso para que actuaran en su ciudad. El personal de noticias del programa *A Current Affair*, de la cadena Channel Nine, incluso voló al lugar de la tragedia. *Mis condolencias a todos los fans de AC/DC de Tamworth*.

Una emisora, 2SM, que anteriormente había apoyado a la banda y que pertenecía a la Iglesia Católica, aparentemente no mostró aprecio por la «gran dosis de rock». Su principal queja era que Angus se desnudara en público. Esto impulsó a Bon a afirmar para *RAM* en Australia: «Le ves más el culo que la cara en los periódicos, lo cual, tal y como lo veo, es preferible».

La emisora se negó a radiar a AC/DC después de que el director general de 2SM dijera: «Los miembros de la banda australiana de punk-rock AC/DC deben decidir si son strippers o músicos. Hasta que lo hagan, esta emisora no guardará ningún tipo de relación con ellos». *Conociéndoles, imagino que ser denominados una banda de «punk-rock» les enfureció más que el hecho de que no les radiaran*.

Los periódicos anunciaron: «Banda de rock amenaza con abandonar el país», añadiendo una cita de Angus: «No es nada bueno que tengamos que conducir a través de medio país para montar un escenario y encontrarnos con que alguien lo ha cancelado porque nos consideran obscenos. Un par de abusos más por parte de las autoridades y nos vamos de Australia».

El ambiente se enrareció aún más cuando se canceló la gira 1976-1977 en su segunda cita en Albury debido a su naturaleza «obscena». La gota que

---

24. Una dosis gigante de rock.
25. 90-60-90 si lo convertimos de pulgadas a centímetros.

colmó el vaso del parlamento se atribuyó a un comentario de Mark Evans, aunque de hecho fue Bon quien lo hizo. En respuesta a la pregunta sobre el significado de la letra de «Ain't No Fun (Waiting Around To Be A Millionaire», la impagable declaración de Bon fue: «Significa que necesitas mucho tiempo para juntar el dinero suficiente para follarte a Britt Ekland». Britt era la sex-symbol sueca que se había casado con Sir Peter Sellers en sus últimos días, cuando todavía estaba vivo, por supuesto. *Creo. También estuvo una temporada con Rod Stewart y mucho después devoró a uno de los miembros de The Stray Cats, si recuerdo correctamente.*

Al menos alguien se puso de su parte, cuando *RAM* escribió en Australia: «Alto es una descripción demasiado suave del volumen con el que castigan a la audiencia. Es más un "sonido vivo" que de hecho penetra en la piel y en los huesos hasta que la audiencia es poseída involuntariamente por el ritmo y el movimiento y es arrastrada por la misma corriente… Detrás de todo ello, hay un excelente conjunto de rock/blues con un fantástico cantante como Bon Scott al frente». Ésta puede que sea la mejor descripción de la banda que jamás se haya escrito.

Para colmo de males, Browning fue informado de que la división americana de Atlantic Records se negaba a publicar *Dirty Deeds Done Dirt Cheap* en Estados Unidos y de que la banda corría el riesgo de perder su contrato discográfico americano. No fue así gracias a la revista *Rolling Stone*. Afortunadamente, Phil Carson fue capaz de convencerlos desde su oficina en Londres para que siguieran con el grupo. Aunque también se ha dicho que la división americana de Atlantic Records quería reemplazar a Bon Scott, y que ésa era la razón original para que no quisieran publicar *Dirty Deeds*. Estúpidos trajeados. Excepto por alguna copia de importación, no veíamos ninguna copia oficial de *Dirty Deeds Done Dirt Cheap* en Estados Unidos hasta 1981.

AC/DC apareció en *Countdown* tocando en directo «Dirty Deeds Done Dirt Cheap» el 5 de diciembre, antes de disfrutar de un período navideño de descanso. Bon celebró la noche de fin de año viendo una actuación de Rose Tattoo en un club local. Se quedó tan impresionado con la banda que les ayudó a conseguir un contrato con Alberts.

Después del primer día del año, la banda fue de nuevo a los estudios Alberts para grabar su cuarto álbum. Fortalecidos por tres años de gira constante, guiados por el genio de Young y Vanda, su siguiente álbum sería un auténtico punto de inflexión para AC/DC y su sonido. Muy apropiadamente lo dieron el cristiano título de *Let There Be Rock*[26].

---

26. Hágase el rock.

6. Dirty Deeds Done Dirt Cheap

AC/DC dio 26 conciertos en Australia en enero y febrero de 1977, los cuales, por increíble que parezca, fueron las últimas actuaciones oficiales de Bon en casa.

El single «Dirty Deeds Done Dirt Cheap», que incluía en la cara B «Big Balls» y «The Jack», se publicó en el Reino Unido. Al mismo tiempo, en Australia, Alberts lanzaba «Love At First Feel» y «Problem Child». La cara A se había grabado en los estudios Vineyard el verano anterior. El 30 de enero, la banda tocó en el viejo almacén Haymarket durante el Festival Of Sydney. Como era costumbre, se comieron al cabeza de cartel, sus compatriotas The Little River Band.

Tras completar una gira que pasó por Adelaida, Perth y Melbourne, AC/DC regresó a los Albert Studios en Sydney y grabó ocho canciones nuevas. Todavía tocan algunos de esos temas hoy día, más de un cuarto de siglo después. Decir que esos temas tendrían una larga vida es quedarse corto. El álbum incluía el tema «Let There Be Rock». Los otros siete cortes eran «Go Down», «Dog Eat Dog», «Bad Boy Boogie», «Problem Child», «Overdose», «Hell Ain't A Bad Place To Be» y la eternamente lasciva «Whole Lotta Rosie».

El título es un guiño de Bon a «Whole Lotta Love» de Led Zeppelin. Esta canción es el epítome de cómo sus conquistas inspiraban a Bon en sus canciones. Aunque puede que no haya sido su encuentro más memorable estando de gira, por lo menos fue el mayor. Más tarde, una Rosie más delgada visitó a la banda mientras estaba de gira, para disgusto de Bon, pues sus medidas ya no encajaban con la canción. Por supuesto, «Bad Boy Boogie»[27] se convirtió en la banda sonora del histérico striptease nocturno de Angus. La gracia de todo

27. El boogie del chico malo.

Phil, Angus, Mark Evans, Malcolm y Bon: los originales *bad boys* del rock. (1977)

ello consiste en ver a un estudiante canijo y sudoroso pavoneándose por el escenario intentando ser sexy. A menudo, después de sacarse la camiseta, Angus
se sonaba con ella, como queriendo decir que él era quien más fuerte se reía
de su propia imagen.

Se citó a Malcolm en *Metal CD* diciendo, acerca de la grabación de *Let
There Be Rock*: «Eso sí que fue un estímulo. Supongo que fuimos un poco más
serios y quisimos obtener un sonido más crudo y eliminar los coros comercia-
les como en "T.N.T.". Sabíamos exactamente lo que queríamos: tener tres temas realmente potentes para el directo, para darle más consistencia al espectáculo. Sabíamos que "Whole Lotta Rosie" era un éxito garantizado, y "Bad
Boy Boggie" y "Let There Be Rock" eran los otros dos temas que pensábamos que realmente llegarían lejos en el escenario. Esos tres temas han hecho
sombra a la mayoría de los otros temas del disco y han permanecido en nuestro set durante años».

La portada de *Let There Be Rock* consistía en una fotografía de la banda haciendo lo que mejor sabe hacer: cautivar a la audiencia. Capturar al rayo del
rock en una botella llevó sólo dos semanas y el grupo partió nuevamente para
el Reino Unido. El 18 de febrero iniciaron una gira de 26 conciertos para promocionar *Dirty Deeds Done Dirt Cheap* en Edimburgo.

El 26 de febrero, *National RockStar* publicó acerca del concierto en la Universidad de Edimburgo: «Los problemas comenzaron después del primer

tema, "Live Wire", y en medio de "Eat Dog" [sic]. Parte de la audiencia se desperdigó por el escenario para sentarse en los monitores, a pocos centímetros de sus nuevos héroes. Parte de la multitud estaba siendo retenida por el personal de seguridad, lo que no gustó. Se iniciaron peleas por toda la parte frontal de la sala… Fue la presencia de un Angus Young de diecisiete años vestido con un uniforme escolar de terciopelo negro lo que inició la bizarra reacción de la audiencia… AC/DC es así. Es más que simple rock, es provocación. Serán la banda del año 77».

Let There Be Rock se publicó en Australia el 21 de marzo de 1977. La portada mostraba por primera vez el logotipo del relámpago. Siempre que le preguntaban a Bon si era AC o DC, respondía riéndose: «Ninguno de los dos, ¡yo soy el rayo de en medio!». Cuánta razón tenía.

Eric Wishart escribió acerca de la actuación en la universidad de Glasglow, en su crítica para el *Record Mirror* del 26 de febrero: «Angus Young estuvo fantástico en la guitarra solista. Vestido con el típico traje de estudiante con pantalones cortos, se retorció y dio saltos por el escenario sin parar, su cabeza se movía como un látigo, adelante y atrás, como si en cualquier momento fuera a salir despedida… El punto álgido fue una versión extendida de «The Jack», su oda a esa terrible enfermedad,[28] que Bob Scott [sic] introdujo con una versión de «Maria» que hubiera hecho que los héroes de *West Side Story* se lo pensaran dos veces antes de acercarse a Natalie Wood».

Describiendo su atractivo para los fans, Bon le contó al *New Musical Express*: «La prensa musical ha perdido totalmente el contacto con lo que realmente quieren escuchar los chicos. Puede que estos chavales se hayan pasado toda la semana trabajando en una fábrica de mierda, o puede que estén recibiendo algún subsidio del Gobierno. Llega el fin de semana y lo único que quieren es pasarlo bien, emborracharse y hacer el loco. Les damos la oportunidad de hacerlo». Una de las mejores cualidades de AC/DC ha sido siempre tener las prioridades claras.

Una vez regresaron a Londres, Angus y Malcolm se mudaron a un apartamento en Ladbroke Grove. Phil y Mark se instalaron en otro que estaba cerca y Bon se quedó con su novia, Silver. En *Highway To Hell*, el libro de Clinton Walker, Silver recordaba a Bon: «No creo que nadie en toda mi vida me haya amado tan incondicionalmente como Bon. Nunca tenía una queja (las quejas eran todas mías). Me hizo sentir culpable durante bastante tiempo. Porque Bon fue verdaderamente bueno conmigo. Me aceptaba tal y como era. También era realmente atento, ya sabes, bombardeándote con dos o tres cartas al día cuando estaba de gira, y siempre me traía flores y pequeños regalos. Quiero decir que estaba plenamente implicado, hasta el mismo momento de

---

28. La fiebre amarilla.

la separación». Continuó describiendo a Bon como un chico muy de «pantuflas y pijama» al que le gustaba una casa limpia y tranquila y las comidas de los domingos. Tal y como lo criaron.

Ian Flawin escribió en el *National RockStar* del 5 de marzo: «Son unos trabajadores de verdad. Los chicos malos exiliados de Australia se ciñeron a un estricto compás cuatro por cuatro y nos golpearon con una dosis de rock de la esquina de al lado de principio a fin… Malcolm Young, el guitarra rítmica, parecía ser el eje sobre el que giraba todo, disparando cortantes y aplastantes *power chords* con la delicadeza musical de un tigre enjaulado… [Angus] emitía un flujo constante de ardientes fraseos a la mejor usanza de un héroe de la guitarra. Sólo tiene diecisiete años. Si todavía toca cuando tenga veinticinco, puede que sea algo digno de ver». ¿Y si todavía toca cuando tenga cincuenta?

Esa primavera se publicó en Australia su single «Dog Eat Dog» con «Carry Me Home» en la cara B. La cara B no aparece en ninguno de sus álbumes, para nueva frustración de los coleccionistas de todo el mundo. El single «Love At First Feel» fue la última de sus canciones que subió a las listas en Australia antes del lanzamiento de *Highway To Hell*. El 3 de abril, en Londres, la banda hizo una aparición en el programa especial del quinto aniversario de *Countdown*, tocando «Dog Eat Dog».

Su gira europea de 12 conciertos incluía hacer de teloneros de los legendarios Black Sabbath en Suecia. Por desgracia, el abuso por parte de los miembros de Black Sabbath del alcohol y las drogas también estaba tomando proporciones legendarias. La banda había perdido el norte y las cosas sólo empeoraron cuando los AC/DC empezaron a hacerles sombra sobre el escenario noche tras noche. Como contramedida, Sabbath recortaba cada vez más su tiempo como teloneros. Una noche, la tensión explotó finalmente cuando el bajista de Sabbath amenazó con una navaja a Malcolm. Por supuesto, Malcolm se lió a puñetazos y los AC/DC fueron despedidos de la gira. Esa noche sería también la última actuación del bajista Mark Evans con la banda.

Supongo que en realidad no puedes decir que has llevado una vida de rockero hasta que le has dado un puñetazo a uno de los dioses del rock. Para ser justos con Malcolm, años más tarde Geezer Butler admitió que había dejado de beber después de agredir a alguien frente a su hotel la noche anterior. A la mañana siguiente salió fuera y descubrió que la víctima de su intenso enfado era una estatua. Supongo que la estatua no quería apartarse. Esta historia debería incluirse en todas las reuniones de alcohólicos anónimos.

Aunque la revista *Q*, en la sección para fans llamada «Cash For Questions», explicó: «AC/DC ha salido ileso de un incidente con cuchillos durante la gira del grupo de 1977 como teloneros de Black Sabbath en Europa». La versión de Malcolm de la historia es la siguiente: «Estábamos hospedados en el mismo hotel, y Geezer estaba en el bar ahogando sus penas en cerveza: "Llevo diez años en esta banda, diez años, chicos, esperad a llevar diez años dando vueltas como nosotros, os vais a sentir igual". Yo le dije: "No lo creo". No le estaba mostrando ninguna simpatía. Se había tomado muchas, demasiadas copas, y sacó aquella estúpida navaja. Tuvo suerte de que Ozzy entrara. Le dijo: "Butler, jodido idiota, ¡vete a la cama!". Ozzy arregló la situación y pasamos la noche con él».

Al final de la gira en el Reino Unido, Mark Evans fue despedido del grupo… supuestamente debido a desavenencias con Angus. Se citó a algún listillo diciendo: «Su punto débil es que era un chico demasiado majo para que durara». Evans aceptó inicialmente un pago único de 2.000 dólares como compensación por futuros derechos de autor, pero diez años más tarde obtuvo una generosa compensación de Albert Music.

Angus le había echado el ojo al bajista de Manfred Mann's Earth Band, Colin Pattendon. Pero Browning le seguía la pista a un bajista inglés que estaba trabajando para Bandit. Su nombre era Cliff Williams.

Clifton Williams nació en Romford, Essex, en Inglaterra, el 14 de diciembre de 1949. Cuando tenía nueve años su familia se mudó a Liverpool. Las influencias musicales de Cliff consistían en The Beatles, The Kinks y algunos artistas de blues. Cuando tenía trece años, todos sus amigos habían empezado a formar sus bandas. Para cuando tenía dieciséis años Cliff tocaba el bajo… siendo su única educación formal como músico el aprender unos riffs de un bajista profesional que vivía cerca. No hay constancia de que su nombre fuera Paul McCartney.

Antes de que la música se convirtiera en su vocación, pasó dos años trabajando como ingeniero en una oficina detrás de la estación de ferrocarril de Lime Street, en Liverpool. La primera banda de Cliff estaba compuesta por el cantante Mick Stubbs, el teclista Clive John, el guitarrista Laurie Wisefield y el batería Mick Cook. Se llamaba Home. En 1970, Home firmó un contrato de grabación con Epic Records y publicó *Pause For a Hoarse Horse. A mí no me miren, yo sólo reporto los hechos.*

Mientras estaba en Home, Cliff tocó como telonero de Led Zeppelin en la Wembley Empire Pool, en su segundo concierto de la gira Electric Magic, en noviembre de 1971. El espectáculo incluía artistas de circo y grupos de rock. *Cuando lo piensas, vienen a ser lo mismo.*

Hacia 1972, Jim Anderson sustituyó a Clive John a los teclados y la banda publicó su álbum homónimo. Ese lanzamiento incluía su único éxito, la canción «Dreamer», que subió hasta el puesto 41 de las listas británicas. Su tercer y último álbum fue *The Alchemist*, en 1973.

Se le pidió a Home que tocaran con Al Stewart en su primera gira americana en 1974. Mick Stubbs dejó la banda y el resto del grupo pasó a llamarse The Al Stewart Band. Cliff no duró mucho tocando la música de Stewart. Se marchó antes de que acabara el año y fundó su propia banda, Bandit, con el

74

vocalista Jim Diamond y el batería Graham Broad. Inmediatamente firmaron con Arista Records y publicaron su álbum de debut, llamado igual que la banda, en 1977.

Después de poner un anuncio en la revista *Sounds*, AC/DC hizo audiciones con más de cincuenta bajistas distintos. Cliff explicó a *Guitar School*: «Fui a la audición. La banda estaba intentando reforzar su sección rítmica, así que vinieron a Londres, donde había una gran cantidad de músicos. A esas alturas habían sacado ya varios discos, tenían éxito en Australia y habían hecho una o dos giras por Europa, pero todavía no habían ido a Estados Unidos. Esperaban ir ahí de gira respaldados por su álbum *Let There Be Rock*. Sea como sea, me llamó el amigo de un amigo que pensaba que yo podría ser la persona adecuada para el puesto, y acabé acudiendo a una serie de audiciones».

Llevaron a cabo las audiciones en una pequeña sala en Victoria y las primeras canciones que tocaron con Cliff fueron «Live Wire» y «Problem Child», y una vieja canción de blues. Justo antes de la audición, un amigo le había mencionado que la banda prefería que sus bajistas tocaran con púa en lugar de con los dedos. El 27 de mayo de 1977 le pidieron que se uniera a la banda, y se citó a Angus diciendo que se había contratado a Cliff en base a su aspecto, capaz de atraer a más chicas. *En nombre de todas nosotras, las chicas, ¡muchas gracias, Angus!*

La audición de Cliff fue del agrado de Bon, pues éste tenía más o menos la misma edad. (Cliff era tres años más joven.) Cliff tenía también muchas cosas en común con Bon. Le gustaban las películas, los libros y las chicas. *Aunque no creo que en ese orden.* Tan pronto como se unió a la banda, volaron de vuelta a Australia para trabajar con él.

En junio, Angus y Bon aparecieron en el escenario del Bondi Lifesaver con Rose Tatoo. Había llegado el momento de preparar su tan esperada gira por Estados Unidos. *Let There Be Rock* fue publicado en Estados Unidos el 23 de julio de 1977, justo cuatro días antes de que tocaran en el Amarillo World Headquarters en Austin, Texas. El álbum acabaría llegando al número 154 de la lista de *Billboard*. Antes de marcharse a América, AC/DC dio dos conciertos de incógnito en el Bondi. La primera noche usaron el nombre de The Seedies. La segunda noche se llamaron Dirty Deeds.

Anticipándose a su llegada a Estados Unidos, Atlantic contrató un nuevo equipo de promoción para que se encargara de la banda. El primer encargo de Perry Cooper con Atlantic fue promocionar a AC/DC. «Estaba trabajando con Michael Klenfner, el vicepresidente de promociones en Arista Records. Yo era el director de proyectos especiales, pero tenía unos cuantos cargos más. Pasamos dos años en Arista durante su primera época, trabajamos con Barry Manilow, Melissa Manchester, Outlaws y Bay City Rollers, era maravilloso. Nos lo pasamos en grande. Entonces, cuando le ofrecieron una

Malcolm, Phil y Angus (arriba), y Bon Scott junto a la última adquisición de AC/DC, Cliff Williams, en el año 1977.

oportunidad en Atlantic, me llevó consigo. Se nos envió a Atlantic juntos como parte del trato.

»Justo después de que entráramos en Atlantic, Jerry Greenberg se dirigió a Michael, y le dijo: "Tenemos esta banda de Australia, les está yendo bastante bien y hemos firmado un contrato de larga duración con ellos. Pero sus letras son un poco inapropiadas y no los ponen en ninguna radio. Así que, chicos, ¿podéis echarles un vistazo y ver qué podéis hacer con ellos?".

»Así que nos pasó una filmación y la miramos. No, de hecho *yo* la miré. Michael, quien negará esto, me dijo que la viera yo porque a él no le importaba una mierda. Así que la miré y veo a ese guitarrista haciendo el baile del pato. Y pienso: "Bueno, se copia un poco de Chuck Berry, pero deberíamos traerlos aquí y organizarles una gira, porque son tremendos en directo". Y eso es lo que hicimos.»

Una vez que Cooper vio la filmación de AC/DC en directo, acudió de regreso a Greenberg y convenció a Atlantic de que la banda tenía potencial. Su idea era traer AC/DC a Estados Unidos. «Así que los tuvimos de gira durante dos años seguidos. Nos dijimos: "Cuando la gente los vea, ¡los adorarán!".»

Los AC/DC aterrizaron en Estados Unidos el 27 de julio de 1977. Al contrario que los Beatles, fueron capaces de entrar en el país a hurtadillas, sin llamar la atención. Igual que los Rolling Stones anteriormente, la banda se subió a una furgoneta de segunda mano y se embarcó en su primera gira por Estados Unidos. Los tres primeros conciertos americanos de AC/DC fueron como teloneros de la banda Moxy, en Austin, San Antonio y Corpus Christi, Texas. La banda cayó realmente bien en el estado de la estrella solitaria, y Angus proclamó que la gente de Texas «sí que sabe montar una fiesta». El 30 de julio dieron un concierto en el Electric Ballroom de Dallas patrocinados por la emisora de radio K2EW.

Condujeron de Texas a Florida… iniciando el camino que se extendería a lo largo de dos años y que más tarde fue conocido como su «autopista hacia el infierno»[29] particular. Se canceló su primera cita en Gainesville el 4 de agosto. El 5 y 6 de agosto compartieron cabeza de cartel con REO Speedwagon en West Palm Beach y Jacksonville. Una emisora de radio de Jacksonville introdujo cuatro o cinco canciones de la banda en su programación. AC/DC había conseguido unos 500 dólares por noche por tocar en clubes, pero cuando llegaron a Jacksonville con Pat Travers como telonero, tocaron en el Coliseum delante de 8.000 personas. Esta ciudad costera se convertiría en uno de los mercados más sólidos para AC/DC en Estados Unidos.

Después de tocar en «A Day For The Kids» (un concierto benéfico en el Sportatorium de Hollywood, Florida, para la emisora de radio WSHE, ante

29. El título de su álbum *Highway To Hell* se puede traducir como «autopista hacia el infierno».

13.000 espectadores) se dirigieron al interior. Actuaron en el Mississippi Nights en San Luis, Missouri, el 9 de agosto, y en el Memorial Hall, de Kansas City (Kansas), el 10 de agosto, como teloneros de Foreigner y UFO. Hicieron una aparición en B'Ginnings, un club en Schaumberg, Illinois, y abrieron el concierto de Michael Stanley en Cleveland, Ohio. Las siguientes dos noches, tocaron como teloneros de The Dictators en el Agora, Columbus, antes de continuar su viaje en furgoneta hacia Wisconsin, al norte. Bon le mandó una carta a un amigo en la que comentaba que «me está gustando mucho América, especialmente las chicas».

AC/DC fue contratado para actuar en un bar de estudiantes en el centro de Madison el jueves 16 de agosto de 1977. Técnicamente, su decimoquinta cita en su gira americana, pero de hecho la decimocuarta, teniendo en cuenta que su concierto en Gainesville había sido cancelado.

Esta ocasión histórica coincidió con la fecha en la que Elvis Presley fue encontrado muerto, a los cuarenta y dos años de edad, en su baño en Graceland, Memphis. *El final de una era para muchos. Y el inicio de una nueva para mí, considerando que, ese día, Angus, Malcolm, Bon, Phil y Cliff llegaban a Wisconsin (¡mi ciudad, qué suerte la mía!) para tocar en el Stone Hearth Madison.*

7. Let There Be Rock

He intentado muchas veces recordar qué estaba haciendo a primera hora de ese día, pero el primer recuerdo que tengo del jueves 16 de agosto de 1977, es que estaba conduciendo hacia el periódico en el que trabajaba. Todas las emisoras de radio de la ciudad (Madison) hablaban de la muerte de Elvis. Personalmente no era ninguna fan de Elvis, pero sí que me dio pena. Morir a los cuarenta y dos años (con el talento y el atractivo que tenía) era una auténtica tragedia. No recuerdo si escuché algún anuncio del concierto de esa noche en el centro de la ciudad.

Mientras conducía de camino a las oficinas del periódico, algo me dijo que me detuviera a comprobar si tenía nuevas tareas. Hacía pocas semanas que había empezado a trabajar para una publicación musical, así que no era la primera persona a la que llamaban cuando había que cubrir algún acontecimiento. Todavía estaba luchando por mi territorio periodístico.

Paré enfrente del Madcity Music Sheet, que estaba en un viejo edificio en el este de Madison. Los dos escritores que habían iniciado el periódico habían adornado las paredes con pósters de bandas de rock. Sus idénticas mesas estaban juntas, cubiertas por una tienda hecha con unas mantas estampadas con motivos indios. Un aspecto muy gitano. O, como prefería llamarlo, «la central hippy».

Cuando entré, Gary Sohmers, el editor, estaba colgando el teléfono. Le dije que me había asomado para ver si había algún evento que cubrir. Me miró y me dijo que acababa de llamar desde el Stone Hearth alguien de Stardate Productions, una gran compañía de representación asentada en Milwaukee. Estaban buscando a alguien que echara una mano esa noche, nada específico, sólo alguien que hiciera unos recados para la banda o lo que hiciera falta. Me sonaba razonablemente fácil, así que dije que estaría encantada de hacerlo. Según salía por la puerta para ir a casa a cambiarme, me giré y le pregunté cuál era la banda. Gary sacudió la cabeza y dijo: «No sé, una banda de Australia que se llama AC/DC». No sabía que esa noche iba a cambiar mi vida para siempre.

Stardate quería que alguien fuera para el club lo antes posible, así que me apresuré hacia casa, me cambié y me dirigí al centro alrededor de las cuatro en punto. El Stone Hearth era un decrépito club rockero en el campus de la Universidad de Wisconsin-Madison. Tan pronto como llegué, el promotor me envió a una bodega a comprar vino Blue Nun para el cantante.

Cuando regresé, llevé la botella al camerino y ayudé a preparar las bandejas de catering con queso y tostadas. Me fijé en que había tres trabajadores montando el escenario en el piso de abajo. La banda estaba comiendo en un restaurante cercano. Como no había mucho que hacer hasta que volvieran, le pregunté al promotor si tenía algo de material de prensa acerca de ellos que yo pudiera leer. Me pasó una única hoja de papel con la fotografía de la banda y una corta biografía. Su promoción presumía de que AC/DC había causado desórdenes de un extremo al otro de Europa. Sus fotografías en blanco y negro no eran muy favorecedoras. ¡me empezaba a preguntar dónde me había metido!

Como me encontraba un poco fuera de lugar, bajé las escaleras a observar al personal de la gira. Había sólo tres personas: dos caballeros de cierta edad y alguien más joven con un pelo largo de color caramelo. Mientras montaban el instrumental, bromeaban acerca de lo que pensaban de Estados Unidos. Aparentemente no estaban muy impresionados con nosotros, los yanquis. Me acerqué y les escuché hablar de lo blandos que éramos los americanos y de cómo mandábamos a los chicos a la escuela con una calculadora a aprender matemáticas. Nunca he sido una persona que se calle lo que piensa, así que no me costó mucho dirigirme al más joven y decirle: «Oye, el aeropuerto no está tan lejos, ¿os llevo?».

Ligeramente sorprendido y un poco divertido, se giró y me preguntó quién era. Me presenté, nos dimos la mano y me dijo que se llamaba Barry Taylor. No sólo era guapo, sino que me podría haber pasado la noche escuchando ese acento inglés. Es curioso el modo en que los acentos llaman la atención de una chica, ¿eh? En definitiva, empezamos a hablar de cómo era América comparada con su Inglaterra natal y tuve que coincidir con él en alguna de sus observaciones. Al poco nos estábamos riendo e insultando y me dio la impresión de que había hecho un nuevo amigo.

Barry acababa de empezar a trabajar para grupos de rock cuando fue contratado para ir de gira con AC/DC. Los otros dos roadies eran Ian Jeffery y Keith Evans. (Aunque el nombre de guerra de Keith era «Plug»,[30] pensé que lo llamaban «Plum»,[31] porque la mayoría de lo que decían era apenas inteligible debido a sus acentos. Puedo imaginar que mi acento tampoco debía ser fácil de entender para ellos.) Barry y Keith estaban chinchando a Ian porque le habían ascendido a «director de

30. Enchufe.
31. Ciruela.

gira», lo cual no significaba mucho excepto por el hecho de que tenía más responsabi-
lidad… especialmente si algo salía mal.

Una vez más fui enviada a comprar otra botella de Blue Nun. La banda estaba
por volver al club en cualquier momento, así que subí corriendo las escaleras para ase-
gurarme de que las bandejas de catering tenían buen aspecto y de que todo estaba en
orden. Después de haber visto sus fotos con pinta de criminales, no tenía ganas de ca-
brear a nadie. Justo cuando estaba preparándome para salir, la banda empezó a des-
filar por la puerta. Teniendo en cuenta su aparente tendencia a las broncas, me hice a
la idea de que cuanto más lejos me mantuviera de la banda, mejor. Así que empecé a
retirarme de la habitación, diciéndole a aquel extraño grupo de chicos que si les hacía
falta cualquier cosa me podían encontrar en el piso de abajo.

Justo entonces, un chico con un aspecto intimidatorio, el pelo negro enredado y ta-
tuajes en los brazos me miró a los ojos y me gritó: «¡Sientate!». Inmediatamente aga-
rré el primer objeto que tenía a mano, que afortunadamente era una silla, y me senté.
Al traste con mi idea de escabullirme sin que se dieran cuenta. Entonces se acercó ca-
minando a la mesa y sirvió dos copas de vino Blue Nun. Se dirigió a mí, me dio una
copa y dijo, extendiendo su mano: «Hola, soy Bon Scott, tú debes de ser Sue». Le pre-
gunté cómo sabía quién era. Malcolm, que había entrado y estaba sentado, se rió y
dijo: «El promotor nos ha hablado a todos de ti. ¡Dijo que nos darías lo que necesitá-
ramos!». Eso arrancó una buena risotada de todos los presentes en la habitación. Su
humor rompió el hielo, y nos sentamos a charlar mientras yo intentaba desesperada-
mente descifrar sus acentos.

Una vez que los había visto en persona no daban tanto miedo. Bon tenía más o me-
nos mi altura, un metro sesenta y cinco, el pelo largo y teñido de negro, muchos ta-
tuajes, un guiño en el ojo y una bonita y pequeña sonrisa. ¡Incluso cuando no decía
algo inapropiado, podías darte cuenta, al verlo, de que lo estaba pensando!

Malcolm tenía el pelo negro largo, con la raya en medio, y no medía mucho más de
metro sesenta. Malcolm tiene una voz muy distintiva, la puedes escuchar muy bien
cuando canta los coros de «Dirty Deeds Done Dirt Cheap». Su hermano menor, An-
gus, tenía el pelo largo y de color castaño cobrizo, ojos azules y la constitución de un
adolescente. No podía medir más de metro sesenta. Angus no hablaba mucho, y pasó
la mayor parte de la tarde tocando sus guitarras.

Su batería, Phil Rudd, medía más o menos un metro setenta y cinco, llevaba su pelo
rubio más corto y tenía unos penetrantes ojos azules y una sonrisa diabólica. No eran tan
feos después de todo. Al menos eso era lo que pensaba cuando Cliff entró por la puerta.

Cliff era su nuevo bajista, y desde el momento en que lo vi dejó de importarme si
tocaba bien o mal el bajo. Era el más alto de la banda, mediría más de metro ochenta.
Tenía el pelo negro y enredado, flequillo, ojos oscuros y las pestañas más gruesas que
he visto nunca en un hombre. ¡Maybelline[32] debería haberlo contratado! Además, te-

---

32. Firma de cosméticos americana.

nía un acento inglés de ensueño. *Al menos podía entenderlo más fácilmente que el acento australiano. El resto de la banda empezó a bromear sobre que tenía que ser amable con Cliff, porque acababa de unirse a la banda. Oh, sí, puedes apostar a que me encantaría ser amable con Cliff…*

Después de bromear con la banda, Cliff me pidió que lo acompañara al piso de abajo a pedir algo en el bar. Pidió unos Smarties, y el camarero se pensó que era una bebida. Después de unos minutos intentando explicar qué eran, se dio por vencido y subió al piso superior. Años más tarde me enteré de que los Smarties son el equivalente inglés a nuestros M&M. ¡El pobre hombre no quería una copa, solo quería un poco de chocolate!

The Hounds, una banda mediocre de Chicago, abría el espectáculo. La entrada eran tres dólares, y no creo que hubiera más de 75 personas en el local, camareros incluidos. The Hounds no me habían impresionado nunca, así que me pasé su concierto en el camerino con los chicos. Como no había escuchado nada de AC/DC, no sabía qué esperar de ellos como banda. Cuando empezaron a prepararse para tocar, bajé las escaleras y encontré un lugar cerca de la mesa de mezclas. Hasta ese momento estaba gratamente sorprendida con lo agradables y amistosos que eran todos. No pensé mucho en que probablemente serían la típica banda rockera del montón. Al fin y al cabo, no tienes todos los días de visita a unos Led Zeppelin o a unos Black Sabbath. Al menos no hasta aquella tarde de jueves de agosto de 1977.

La banda tomó posesión del escenario mientras bajaban las luces. De pronto, Phil arrancó con un ritmo preciso en el high hat, acompañado del sólido bajo de Cliff. Después de unos compases se les unió Malcolm, y cuando Angus entró haciendo un solo, la banda al completo se lanzó a tocar «Live Wire». Su sonido tomó un volumen antinatural. Bon estaba de pie en el borde del escenario vestido con unos tejanos azules ceñidos, sin camiseta. Miró a los focos y empezó a gritar… «Bueno, si estás buscando problemas, soy tu hombre. Bueno, si buscas satisfacción, satisfacción garantizada. Más frío[33] que un cuerpo helado, más caliente[34] que un dado rodando, te enviaré al Cielo, te llevaré al Infierno, no estoy bromeando, ¿no te das cuenta? Cable eléctrico, soy un cable eléctrico…»

«¡Dios mío! ¿Qué es esto? ¿Quién sabía que una banda podía sonar tan fuerte? ¡No sólo están Malcolm y Cliff cantando los coros, sino que el guitarrista se ha vuelto loco! No ha parado de correr de punta a punta del escenario desde que ha empezado la canción. ¡Oh, no, se ha caído! ¡Está dando vueltas sobre su espalda y no ha fallado ni una nota!» Para cuando AC/DC acabó la canción me había retirado hasta empotrarme contra la pared trasera. Tenía el vello de los brazos erizado, toda la carne de gallina, y me sentía como si hubiera metido los dedos en un enchufe. ¡Había escuchado mucho

---

33. En argot se dice que algo es frío, o fresco («cool»), para decir que algo está muy bien.

34. Del mismo modo, se dice que algo está caliente («hot»), cuando algo está de moda, o cuando algo está a punto de suceder. También se usa, igual que en castellano, cuando alguien está «caliente».

rock en mi vida (incluso había visto a The Who en directo), pero AC/DC hizo que pareciera que ellos lo habían inventado!

La última vez que había sentido eso con una banda yo tenía ocho años. Era un domingo por la tarde, y Ed Sullivan acababa de presentar a cuatro muchachos de Liverpool llamados The Beatles. Incluso a esa edad, sabía que estaba presenciando un fenómeno. Me sentí exactamente igual en el Stone Hearth.

Ante setenta u ochenta noqueados espectadores del oeste de Estados Unidos, la banda pasó de «Live Wire» a una versión sexy y blusera de «She's Got Balls». Cualquier hombre que escribiera una canción sobre una mujer con pelotas se había ganado mi corazón. Estos chicos, no sólo podían tocar rock con la fuerza de Led Zeppelin colocados con speed, sino que ¡escribían canciones de chicas que tenían pelotas! Hacia el final de la primera canción estaba más que impresionada. Estaba tan abrumada que no podía moverme de donde estaba. Y no podía apartar mis ojos de Bon.

Después de dejar que todo el mundo recuperara el aliento, el tren continuó su marcha imparable entrando en «Problem Child». Esta letra estaba inspirada en Angus, en quien Bon pensaba un poco como en un «delincuente juvenil». «Lo que me gusta lo pruebo, y a lo que no, le doy una patada, y tú no me gustas.» ¿Qué es lo contrario de amar? La banda continuó tocando a un volumen audible en otras dimensiones, y la energía cruda que venía del escenario se podía cortar con un cuchillo. Al cabo de tres canciones, había decidido que Malcolm, Cliff y Phil eran la mejor sección rítmica que había escuchado en la vida. En mi opinión, todavía lo son hoy día. Angus es un guitarrista increíble, capaz de correr de manera sobrehumana por todo el escenario sin equivocarse en una sola nota, pero ¿realmente se han dado fijado alguna vez en lo que hacen Malcolm, Cliff y Phil? Son una inagotable máquina rítmica.

Para entonces, todo el mundo en el bar estaba en pie mirando a la banda… justo a tiempo para que Bon anunciara que la siguiente canción se llamaba «The Jack». Mientras Angus empezaba la canción con unas cuantas notas que se acoplaron en el amplificador, la banda al completo nos calentó con unos pocos power chords. Entonces, Bon empezó a cantar: «Gonorrea, he tenido mi primera dosis de gonorrea…», con la música de «Maria», del éxito de Broadway West Side Story. ¿Quién sabía que cantaba canciones de esos espectáculos? Se supone que le encantaban los musicales de Broadway y que le gustaba escuchar sus bandas sonoras con frecuencia.

La banda está aullando y Bon se queja de una chica que le ha contagiado la gonorrea. La siguiente letra de Bon se lleva el premio a la más ofensiva de todas las canciones de AC/DC: «Me entregó su mente, luego me entregó su cuerpo, pero para mí es como si se lo hubiera entregado a cualquiera, la hice llorar, la hice gritar, la llevé bien alto e hice cuajar su leche. Pero cómo iba yo a saber que ya había estado ahí antes, me dijo que era virgen, era la número novecientos noventa y nueve de la lista, y me enamoré de la pequeña y sucia perra, ella está infectada, ella está infectada…» *Ésta era la letra que cantaba aquella noche, pero no es, claro está, la letra de la versión grabada de la canción. Llegado a este punto, todo el club está cantando* con la banda, y no creo que hacer que un puñado de criadores de vacas se ponga a cantar sobre una enfermedad venérea sea tan fácil. ¿Quién demonios son estos chicos?

Durante la siguiente hora, más o menos, nos quedamos de pie mirando hechizados a la banda. El sonido, el ritmo, el poder, la fuerza y el brillo en los ojos de Bon eran fascinantes. Me había equivocado… Una o dos veces en la vida, una banda como Led Zeppelin o Black Sabbath viene a tu pueblo, y, gracias a Dios, tuve la suerte de estar allí y ser testigo de ello.

Al final de su espectáculo, Bon dedicó su última canción a Elvis, «quien debería haber tocado algo de buen rock duro». Y eso fue todo. No había tanta gente en el club, pero creo que todos y cada uno subieron al camerino a conocer a AC/DC. La banda fue más que cordial, y se quedó durante un rato charlando con todos los que querían conocerles. Yo me esperé a que se vaciara la habitación. Quería toda la atención de la banda (y especialmente la de Bon).

Cuando me aproximé a él, Bon estaba sentado, relajándose. Levantó la mirada hacia mí y dije: «¡Dios, Bon! ¡Me has arrancado los calcetines!». Puso una cara rara y dijo: «¿Que he hecho qué?».

Y respondí: «Oh, disculpa. "Arrancar los calcetines" es una expresión coloquial. ¡Lo que quiero decir es que estuviste increíble! ¡La banda es absolutamente fabulosa!». Eso le gusto, y sonrió y me dio las gracias. Apenas podía contener mi entusiasmo, y le dije a la banda al completo que algún día serían estrellas internacionales. Esa afirmación provocó muchas risas y algún comentario con segundas que en realidad no acabé de entender. Continué: «Lo seréis. ¡Llevará dos o tres años más, pero vais a ser grandes!». Entonces exclamé: «¡Algún día seréis tan grandes como los Rolling Stones!». De hecho recuerdo el momento en que lo dije, y mientras salía de mi boca pensaba que ésa no era la banda con la que debía compararlos. Poco sabía que idolatraban a los Stones y que algún día se convertirían en la única banda en la historia con la que compartirían cabeza de cartel. Cuando dije eso, Angus se rió, se sacó el zapato y me puso el pie en la cara. Mirándome, me dijo: «¿Significa eso que algún día podré comprarme unos calcetines nuevos?». Sí, Angus, algún día no sólo podrás comprarte unos calcetines nuevos, sino que tu imagen aparecerá bordada en ellos.

Mientras todavía estaba babeando con la banda, su personal hizo aparición y empezó a cargar el equipo en la parte trasera de un camión. Estaban pensando ya en el siguiente local. La banda regresaba al Holiday Inn, donde se hospedaban, en las afueras de la ciudad. Creo que fue Bon quien me invitó a ir con ellos al motel. Le di calabazas cortésmente, mientras pensaba que de ningún modo iba a intimar más de la cuenta con ninguno de los miembros de la banda. Ésta era una de las mejores bandas que había escuchado jamás, y sabía que iban a tener muchísimo éxito. Quería mantenerlos como amigos, y volver con ellos al motel arruinaría mi imagen de periodista seria. Muy bien pensado para tener veintiún años, si me permiten decirlo.

Mientras me despedía de todos, Barry, el roadie, se me acercó y me preguntó mi nombre y mi dirección, diciendo que permaneceríamos en contacto. Encontré un pe-

Imagen promocional de AC/DC durante la gira Let There Be Rock

dazo de papel, y mientras le apuntaba mi nombre, dirección y teléfono, pensaba en silencio que no volvería a saber nada más de él. Barry dijo que iban para Michigan y que, de hecho, tocaban en Milwaukee la noche siguiente. ¡Al menos lo habían mandado en la dirección correcta! Antes de irse, me dio el único artículo de merchandising que tenía, un pequeño pin con el dibujo de dos pájaros sobrevolando un corazón atravesado por un rayo. Una imagen no muy rockera, aunque la imagen se parecía, de hecho, al tatuaje que tenía Bon en el bajo vientre. Ya sé lo que están pensado. ¡La primera vez que lo vi fue, en realidad, en una fotografía!

A partir de esa noche, le hablaba a cualquiera que me escuchara de esa banda llamada AC/DC. A no ser que hubieran estado aquella noche en el club, la mayoría de la gente no podía comprender mis alabanzas. Continuamente afirmaba que cuando tuvieran la oportunidad de ver a la banda en directo, se enamorarían de ella del mismo modo que yo lo hice.

La siguiente noche, en Milwaukee, AC/DC tocaron en el Riverside Theater, como teloneros de Head East. De allí regresaron conduciendo, pasando por Ohio, y, la noche del 22 de agosto, su concierto en el Agora Ballroom de Cleveland fue grabado en directo por una radio local y emitido en el programa especial del domingo por la noche de QFM 96. Si no tienen todavía una copia de este concierto, necesitan encontrar una. Es una grabación de coleccionista de uno de los primeros conciertos de AC/DC en Estados Unidos. Además, vale la pena, aunque sólo sea por la hilarante letra de Bon en «The Jack».

Dos días después hacían su debut en Nueva York como invitados de The Dictators en el Palladium, y luego abrieron el espectáculo de medianoche para The Marbles en el CBGB. La parte más divertida de este concierto es que Bon conoció al jefe de Atlantic Records mientras estaba meando en una jarra. Si alguna vez han usado los baños del CBGB se habrán dado cuenta de que tiene lógica.

El CBGB era un club extremadamente pequeño en Greenwich Village con montones de pintadas por todas partes, sin puertas en los aseos y un pequeño escenario donde podía tocar la banda. *Me encantaría conocer a alguien que hubiera estado entre el público esa noche. No puedo imaginarme el poder de AC/DC contenido en esas cuatro paredes. Debió de ser como detonar una bomba atómica en una cabina de teléfonos. ¡Apuesto a que del yeso de las paredes todavía se pueden sacar muestras de ADN de quienes aquella noche fueron empotrados por la onda expansiva!*

Punk, la revista de Nueva York, entrevistó a Bon y a Angus y les hizo la profunda pregunta: «¿Cuál es el sentido de la vida?». A lo que Bon respondió: «Pasarlo tan bien como puedas en el menor tiempo posible».

Gracias a los milagros de la ciencia, Angus estaba sumamente feliz probando su nuevo sistema inalámbrico para la guitarra. De camino a California, tocaron en el Masonic Auditorium en Detroit, como teloneros de Johnny Winter y .38 Special.

Dos semanas después de presenciar la aparición de AC/DC en el Stone Hearth, me llegó la primera postal de Barry. La postal mostraba una vista aérea de Hollywood, y el sello de correos tenía fecha del 31 de agosto de 1977. Se les contrató para actuar tres noches en el Whisky-A-Go-Go, en el oeste de Hollywood, del 29 al 31. Ése fue su debut en California. También es donde Gene Simmons los vio por primera vez antes de proponerles ser teloneros de Kiss en diciembre.

«Ya casi hemos terminado aquí. Debo admitir que estoy contento de volver a casa aunque sólo sea por dos días. Las cosas nos han ido realmente bien. Los Ángeles es un extraño lugar, la gente se pasa queriendo ser guay. Nos quedaremos aquí durante tres días y luego iremos a San Francisco, ¡puede que hasta vuelva a casa moreno! Regresaremos definitivamente en noviembre, espero verte entonces, buena suerte con el periódico.»

Estaba claro que había subestimado a aquel tímido y joven inglés. Barry Taylor continuaría llamándome o escribiéndome desde cualquier parte del mundo, cada semana, durante los próximos tres años.

8. Ain't No Fun (Waiting Around To Be A Millionaire)

Después de las actuaciones de AC/DC en el Whisky, en Los Ángeles, tocaron dos noches en el Old Wharf, en San Francisco, y luego fueron directamente a Fort Lauderdale para dar un concierto benéfico organizado por la emisora de radio WSHE en el club 4 O'Clock. Supongo que la banda voló al concierto mientras los roadies todavía llevaban el equipo por carretera.

El roadie Barry Taylor escribió más tarde en su libro *Singing In The Dark*: «En esa primera gira recorrimos 60.000 kilómetros, zigzagueando por todo el país. Un día era Chicago y un par de días después, Miami. Hubo ocasiones en las que habríamos matado al agente, pero indudablemente conocimos la diversidad del estilo de vida americano».

La actuación de AC/DC en Fort Lauderdale era la primera oportunidad para Perry Cooper, de Atlantic, para ver a la banda en directo. «Los habíamos llevado a una convención en Florida y tocaron en una fiesta para la gente de Atlantic (de hecho de WEA, Warner Elektra Atlantic). La primera vez que los vi fue en Fort Lauderdale, donde hacían de teloneros de alguien. Tengo una foto de todos nosotros en el *backstage*: Barry Bergman, Michael Browning, Michael Klenfner, la banda y yo mismo. [Cuando los vi en directo por primera vez] eran increíbles. Eran exactamente lo que pensaba que serían. No, espera, ¡eran mejores!»

A principios de septiembre, la banda regresó en avión, sobrevolando el océano, para la parte europea de su gira Let There Be Rock. Tenían en la agenda 20 citas, en Finlandia, Suecia, Alemania, Bélgica y Suiza.

El grupo tocó en el Thierbrau Sportshall, en Kontich, Bélgica, el 9 de octubre, y la policía invadió el escenario (uno de ellos con una ametralladora) con la intención de detener el espectáculo. Esta falta de respeto por el rock incito una revuelta. El acontecimiento inspiró incluso una canción, «Bedlam In Belgium». ¡Ni la acción militar podía detener la creatividad de la banda!

Su single, «Let There Be Rock», con «Problem Child» como cara B, se publicó en el Reino Unido el 30 de septiembre. Apenas cumplieron con sus citas en Europa, la banda se dirigió a Inglaterra a dar 20 conciertos más. Su álbum, *Let There Be Rock*, se publicó en el Reino Unido el 14 de octubre, y se convirtió en el primer álbum de AC/DC en ser incluido en las listas británicas, siendo su mejor posición la 75.

Phil Sutcliffe les otorgó cuatro estrellas en su crítica del álbum para el *Sounds* del 22 de octubre de 1977. Escribió: «Podría haber escuchado por primera vez *Let There Be Rock* en el baño: muy útil para lavarme la boca con jabón. [Borrado], apenas podía creer la [borrado] audacia de los hijos de [borrado], la cruda [borrado] simplicidad y el [borrado] estilo directo de los pequeños [borrado]. Me [borrado] totalmente… Ya sabéis lo que hacen AC/DC en directo. Vuelan los techos. Derruyen las paredes. Y trituran los escombros hasta convertirlos en polvo fino. Bien, es la primera vez que les oigo plasmar todo esto en una grabación. Cuando hicieron a Ron [sic] Scott, rompieron el molde». *Phil, me has quitado las [borrado] palabras de la [borrado] boca.*

La semana siguiente, Sutcliffe continuó mostrando su apoyo a la banda en una crítica de su concierto en Mayfair, en Newcastle: «La multitud saltaba, rugía y cantaba "AC/DC, AC/DC" desde la primera canción. Se apelotonaron en su propio infierno mientras se empapaban del sudor y los esputos voladores de Angus como si fueran agua bendita. Con un sonido instrumental soberbiamente producido, podías escuchar exactamente lo eficientes que son. Phil Rudd a la batería, directo y fuerte, el nuevo bajista, Cliff Williams, tocando de manera poco ortodoxa una rugiente línea de bajo, Malcolm Young, emergiendo como un ejecutor de riffs de la más feroz intensidad, y Angus, que sigue tocando difíciles y siempre imaginativos solos mientras se sacude como si su cabeza no tuviera ningún otro uso… Bon es vital. Es la sal y la pimienta del plato. Un bucanero atractivo y rufián, ponedle una pata de palo y un loro en el hombro y será la viva imagen de Long John Silver».

John Howe recomendó *Let There Be Rock* en el *Record Mirror* del 22 de octubre: «Éste es un gran álbum, el mejor heavy metal que he escuchado en años. AC/DC han dejado fuera de combate a los Sabbath, Quo, Aerosmith y similares. Compradlo cuanto antes». En el mismo número del *Record Mirror*, Selma Boddy hacía una crítica de su aparición en Newcastle. «Son como una ola nueva en el viejo mar. Quo y los Sabs[35] fueron vistos por última vez saltando a un bote salvavidas. Puede que sean crudos, pero hay tanto verdad como humor en lo que escriben: "Te dan donde duele: entre los ojos y entre

---

35. En referencia a Status Quo y Black Sabbath.

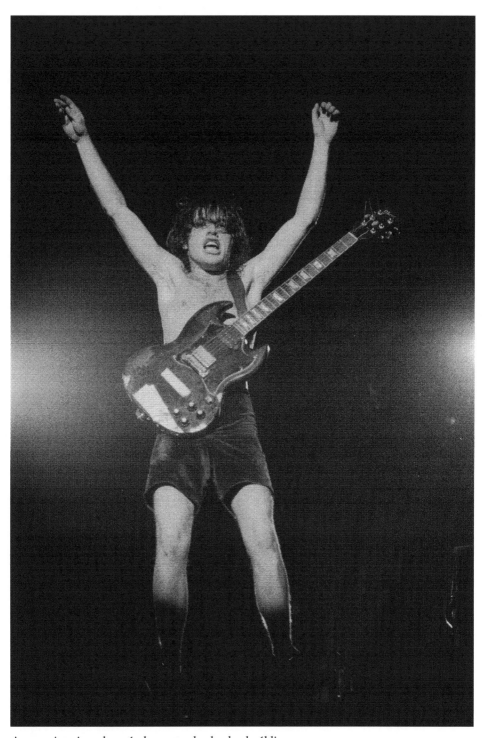

Angus, victorioso después de mostrarle el culo al público.

las piernas". Tocan rock como locos sobre el sonido furibundo de los hermanos Young, maníacos asociados del riff».

La banda dio los primeros conciertos, para los que se agotaron las entradas, en el Hammersmith Odeon de Londres, el 25 y el 26 de octubre. Pocos días después, celebraron el primer aniversario de la primera vez que fueron cabeza de cartel en el local. En medio del movimiento punk británico, AC/DC derrotaba a la competencia en su propio país mientras la prensa hablaba con entusiasmo de ellos.

La noche siguiente, filmaron su aparición en el Golders Green Hippodrome de Londres, para su emisión simultánea en el programa de la BBC *Sight And Sound* y en la emisora de FM Radio One. El concierto se retransmitió el 29 de octubre de 1977.

Tal y como estaba previsto, la banda regresó a Estados Unidos a mediados de noviembre para la segunda mitad de la gira americana Let There Be Rock. Tocaron como teloneros de Rush en las tres primeras fechas en Nueva York. Desde allí, AC/DC viajó hacia el sur, atravesando Tennessee, para compartir cabeza de cartel con UFO, esta vez con The Motors como teloneros.

Desde Tennessee se desplazaron más al sur, a Atlanta, para tocar en el Capri Theatre. Por alguna razón que sólo los insensibles agentes conocen, tuvieron que dar la vuelta y conducir de regreso al norte para aparecer en el Roxy Theater, en Northhampton, Pennsylvania. *¿A alguuien le suena la palabra «ruta»? Barry y yo solíamos bromear sobre ello, pero una vez que te fijas en lo que tuvo que viajar AC/DC, te das cuenta de que deberían incluir a los tres roadies en los agradecimientos.*

El periodista Marc Mayco escribió un brillante artículo sobre la banda en el número de noviembre de *Trouser Press*: «De repente, el huracán Angus explota en el ala este. Su cabeza se mueve salvajemente, sus pies golpean el suelo al compás, su ridículo uniforme escolar se cae a trozos. Armado con una gran Gibson y un micrófono inalámbrico, Angus empieza en una punta y cruza el escenario de lado a lado tantas veces como le es posible. Ocasionalmente se adentra entre el público, sin perder nunca el compás, sacudiéndose y botando como si su mente estuviera conectada directamente a la batería».

Después de haberlos visto en directo en el Palladium de Nueva York a las nueve de la noche y, de nuevo, en el CBGB dando un concierto de medianoche, escribió: «AC/DC bien podrían ser la banda más maleducada y de peor gusto del mundo. Probablemente Angus no tenga dieciocho años, tal y como dicen las publicaciones de la prensa, pero no importa. Si en América queda todavía algún deseo de escuchar rock en su forma más vulgar, AC/DC amenaza con llenarnos el país de solteros. Todo lo que necesitan es seguir con su gira, obteniendo la respuesta que hemos visto hasta ahora. Mantened las orejas atentas y las piernas cruzadas».

La primera aparición de AC/DC en Chicago fue en el Riviera Theater, el 1 de diciembre, esta vez con Detective como teloneros. Al Rudis escribió en el *Chicago Tribune* que la banda había hecho un debut impresionante: «El material de AC/DC es principalmente un apabullante muro de ruido de rock duro, con los alaridos de Scott sonando por encima. No es nuevo, y no es sutil, pero está hecho con convicción y ardor, y la reacción del público fue de auténtica locura. Bienvenidos a una nueva generación».

¡Faltaban sólo tres días para que AC/DC vinieran a Wisconsin y yo estaba contando las horas! Mientras estaban en Europa, dejé el periódico para el que trabajaba y ayudé en el lanzamiento de uno nuevo. Era una publicación musical quincenal que se llamaba Emerald City Chronicle, *en plan* Mago de Oz. *Para la segunda edición ya éramos la publicación de rock más enrollada junto al* Illinois Enterntainer. *Eran finales de los setenta, y la prensa disfrutaba de una posición de poder en la industria musical. Era antes de la MTV, cuando había menos emisoras de radio. La prensa era fuerte y, para un periodista del rock, ésos eran los años de juventud. Pregúntenle a Cameron Crowe.*

La banda estaba programada para tocar en el Electric Ballroom de Milwaukee el 4 de diciembre de 1977. Mis amigas Katy Sticha y Terry Thompson me acompañaban, y alquilamos una habitación cerca del local en el Ambassador Hotel. Barry tenía que montar el escenario por la tarde, así que acordamos encontrarnos en el club hacia las cuatro. Estaba entusiasmada con verlos otra vez, aunque estaba agotada. Llevaba despierta 24 horas. Había estado de fiesta con Kiss en el Edgewater Hotel, en Madison. Pero ésa es otra historia… no, de hecho es otro libro: Rock 'N' Roll Fantasy.

Cuando llegamos al Ballroom, Barry había acabado con sus obligaciones por el momento, así que pudo acompañarnos de vuelta al hotel. Cenamos y disfrutamos de la conversación durante un rato. Todo un cambio respecto a las prisas cotidianas mientras estaba de gira.

De vuelta al club, algo andaba mal. El director de gira, Ian Jeffery, y el roadie Keith Evans andaban corriendo de un lado para otro, y los chicos de la banda daban vueltas y hablaban entre sí. Estaban preocupados por el sistema eléctrico, y el director del club no estaba seguro de si debían tocar. La banda no quería hacer otra cosa. Se pudo escuchar a Bon diciendo: «¡Vinimos aquí a tocar, y eso es lo que vamos a hacer!».

La banda se reunió en el piso de arriba, en el camerino, mientras los teloneros decidían hacer las maletas y escurrir el bulto. Eso es. Cinco chicos ingleses liderados por el futuro actor de serie B Michael Des Barres (también futuro esposo de la reina de las groupies, *Miss Pamela Des Barres). A Des Barres le daban miedo los problemas eléctricos y decidió no tocar. AC/DC siguió tal y como estaba programado.*

Habían repasado su set con cierta prisa, y decidieron no dar un bis cuando empezó a salir humo de uno de los ventiladores de detrás del escenario. Mal asunto. Cuando todo el mundo se fue del club y después de que no se encontrara ningún fuego, subí al piso de arriba con la banda para grabar una entrevista oficial para el Emerald City Chronicle. *La banda había hecho Milwaukee pedazos y estaba de camino a convertirse en algo tan grande como los Rolling Stones. No podía esperar para hablarle al mundo (o al menos a la mitad sur de Wisconsin) de ellos.*

Abrieron nuevamente el concierto con «Live Wire», procediendo a convertir a todas las personas que había en ese club en fans acérrimos. Esta vez sabía qué esperar y quería estar tan cerca del escenario como me fuera posible. Ahora es uno de mis recuerdos de AC/DC favoritos... observar a la banda reventar el escenario, luego ver a Angus haciendo el paseo a hombros de Bon que pronto se haría famoso. Ese numerito solía maravillarme, pues Barry, o uno de los roadies, tenía que seguirlos a través del público, procurando que el cable de la guitarra de Angus no se enredara en ningún sitio. Aunque ese peligro ya había sido eliminado con el nuevo sistema inalámbrico Schaefer de su guitarra.

Cuando escucho ahora la grabación de aquella entrevista, es muy divertido observar lo tranquila que estaba. Creo que después de unas cuantas copas estaba más relajada de la cuenta, si saben a qué me refiero. Como la banda acababa de abandonar el escenario, era una buena combinación. Durante la «entrevista» formulé mis preguntas educadamente y ellos se me insinuaron descaradamente. Desde el momento en que la cinta empezó a dar vueltas, los cinco miembros de la banda abusaron de mí... periodísticamente hablando, claro. No habría podido sacarles una respuesta seria ni aunque mi vida hubiera dependido de ello. Gracias a Dios, no era el caso. Escuchar a Bon siempre resulta agridulce. Suena muy vivo en la cinta, pero hace mucho que se fue. Sus bromas durante la entrevista siempre hacen que me parta de risa. ¡Panasonic, te saludo!

El 7 de diciembre, dos días después de haber dejado Milwaukee, AC/DC llegó a Nueva York para grabar una actuación en directo en los estudios de Atlantic. Perry Cooper había concebido la idea de que la banda debería usar las instalaciones del sello para grabar algunas pistas. Con la esperanza de capturar en vinilo su energía en directo, Atlantic tenía planeado hacer 5.000 copias y distribuirlas a emisoras de radio de todo el país.

Vaya un trabajo genial, ¡presentar a AC/DC ante un país que no sospecha lo que se avecina! Cooper explicó: «Estaba en una buena posición en Atlantic, desde la cual podía animar al equipo de publicidad a ser mucho más entusiastas de lo que eran. Cuando Michael y yo llegamos, Atlantic era un pequeño grupo familiar. Ésta era mi primera banda, y Michael y yo decidimos convertirla en nuestra causa. Así que nos volvimos locos. Presionamos muchísimo al personal de Atlantic para asegurarnos de que los promocionaran, les hicieran merchandising y los vendieran. Para que hicieran todo lo que pudieran.

»Se me ocurrió la idea de los *Live At The Atlantic Studios*. Soy un viejo hombre de la radio, y me pregunté: "Bueno, tenemos estos estudios montados en Broadway. ¿Qué pasa si publicamos álbumes promocionales y los retransmiti-

Bon, Phil, Angus,
Mark Evans y Malcolm,
divirtiéndose, «esperando
hacerse millonarios».

mos en directo?". Así que decidimos sacar una serie de *Live At The Atlantic Studios* y, por supuesto, el clásico de AC/DC fue el primero en salir. Decidimos emitirlo en MMR desde Philadelphia, que pronto se convertiría en lugar de descanso para AC/DC.

»Mientras estaban actuando, todo el mundo, desde el personal de mantenimiento hasta los vecinos, intentó entrar al estudio, para ver de dónde salía tanto jaleo. Después de haber hecho la grabación, podías notar la atmósfera. Organizarlo me hizo sentir muy bien. Sabía que esos chicos tenían algo. ¡Lo tenían, lo tenían, lo tenían!

»La grabación era muy basta, y nos pasamos toda la noche mezclándola. Se hicieron 5.000 copias y se enviaron a emisoras de radio. También saqué fotos de Scott Muni, Ed Siacky y Bob Pittman [fundador de MTV] con la banda. ¡Menuda noche fue aquella, y antes nadie había oído hablar de ellos!».

La banda pasó lo que quedaba de diciembre tocando en conciertos como teloneros de Kiss, Blue Oyster Cult, Styx, Aerosmith y Cheap Trick. El 13 de diciembre, su concierto como teloneros fue criticado (o debería decir hecho trizas) por el escritor John Finley, cuando escribió un artículo para el *Courier Journal* de Louisville, Kentucky: «… AC/DC se basa en una gran cantidad de

esfuerzo atlético por parte de su guitarra solista, quien se desnuda progresiva-
mente, empezando como un Little Lord Fauntleroy[36] y acabando en pantalones cortos, y que cae al suelo a menudo mientras sigue tocando... se hace difícil ver adónde irán a parar grupos como Kiss o AC/DC partiendo de esta
base». Todo un visionario.

Angus recordó cuando tocaron con Kiss en *Guitar World*, y dijo: «Hacíamos la gira en una furgoneta. [Kiss] tenían todo el soporte, la prensa, un gran
espectáculo y todo eso. Y ahí estábamos nosotros, cinco inmigrantes, pequeñas micropersonas. Incluso era difícil entrar al espectáculo con la furgoneta.
¡A menudo no nos dejaban entrar porque no veían una limusina!».

Mientras AC/DC actuaba con Kiss, mi nombre apareció en una conversación. De he-
cho no fue mi nombre. Creo que las palabras textuales del señor Simmons fueron:
«Hay una periodista rubia chiflada en Madison, Wisconsin. ¡Un día tenéis que cono-
cerla!». ¡Barry dijo que Gene se murió de la risa cuando se enteró de que ya me co-
nocían! Eso impulsó a Barry a llamarme desde el Market Square Arena de Indiana,
donde tocaban como teloneros de Kiss. Con la banda atronando de fondo, Barry in-
tentó preguntarme: «¿Qué demonios le has hecho a Gene Simmons?». Su pregunta
epitomiza realmente la expresión «el mundo es un pañuelo».

Le conté que era una larga historia, pero sí le revelé que acabé huyendo de Gene...
eso probablemente hizo que Barry me pusiera en una categoría completamente nueva.
De hecho, la categoría de las «chaladas». Pocas mujeres huían de Gene Simmons en
aquella época. Probablemente fue la tarántula muerta encerrada en una caja de plás-
tico que usaba como hebilla de cinturón (y que puso a la altura de mi vista), lo que me
metió el miedo en el cuerpo. Pero, como dije, ése es otro libro.

La banda compartió cabeza de cartel con Cheap Trick en algunas de sus citas.
Su director de gira, Kirk Dyer (notoriamente conocido también como «the
Wheel») trabajó con Cheap Trick durante catorce años. Recuerda la primera
vez que tocaron con AC/DC. «Fue en algún lugar en Carolina del Norte, o
del Sur [Greensboro, Carolina del Norte, 18 de diciembre], después de acabar la gira de Kiss. Empezamos a compartir cartel. Estaba en el camerino con
la banda y abrí la puerta, y pasaron los canijos ésos por delante, y dije: "¿Qué
demonios?". Eran las personas más bajas que había visto en mi vida. Así que
no podía imaginarme qué estaba pasando. ¿Qué estaban haciendo esos chicos?
Y vi que se dirigían al escenario, así que fui hacia la mesa de mezclas. Escuché
una canción y corrí al camerino de Cheap Trick y los arrastré hasta la mesa de
mezclas para que los escucharan. Era la primera noche de la gira. Sencilla-

---

36. Personaje de la novela homónima para niños, escrita por Frances Hodgson Burnett, que vestía como
un pequeño aristócrata.

mente eran la bomba. ¡Personalmente me dejaron de piedra! Desde entonces han sido mi banda favorita, todavía lo son.»

AC/DC cerró un año de conquistas volviendo a casa a pasar las Navidades. Barry esperaba poder visitar Estados Unidos durante sus vacaciones. Según su carta, con fecha de 13 de enero de 1978, Cliff, Barry y el resto del personal de la gira estaban anclados en Inglaterra. Intentaban ir a Australia a dar unos cuantos conciertos antes de meterse en el estudio para grabar su siguiente álbum.

«Cliff (el bajista) y yo fuimos a la embajada australiana el lunes para obtener nuestros visados, pero nos dijeron que no le podían dar el visado a Cliff sin antes contactar con Melbourne, porque tendría que haberse extendido el visado la última vez que estuvo en Australia. Así que nos vamos a retrasar por lo menos una semana, lo cual significa que tendremos que ir directamente a Australia, porque tienen que ponerse a grabar pronto o no van a tener el álbum listo a tiempo.»

El problema del visado tardaría un mes en resolverse. Tanta ceremonia hizo imposible que AC/DC diera algunos conciertos en Australia antes de meterse en el estudio. Recuerdos, como dijo Phil, «a los pájaros que no habían visto durante un tiempo».

A finales de febrero, la banda se registró finalmente en el Corban Hotel, en Coogee Bay Road, Sidney, preparándose para grabar el quinto álbum de AC/DC. Cargada de la energía recogida en su zigzagueante gira por América, la banda se acercó más que nunca a capturar su cruda potencia en vinilo. Este puñado de canciones electrizantes inspiró el título perfecto. Lo llamaron *Powerage*.

9. Powerage

En el estudio, George y Harry guiaban una vez más la creación de su siguiente álbum, y en una carta de Coral Browning con fecha del 28 de febrero de 1978, leí acerca de su siguiente colección de canciones:

> «En Sidney todos dicen que están tocando mejor que nunca. Estarán en los estudios Albert un mes más, entonces irán a Inglaterra, en abril, y, si todo va bien, la gira por Estados Unidos empezará en mayo.»

La negativa del gobierno australiano a conceder el visado al personal de gira le costó a AC/DC sus giras en Australia y en Europa. Una vez que el disco estuviera grabado, la estrategia consistía en hacer una breve gira por Inglaterra antes de regresar a Estados Unidos a finales de mayo. Ése era el plan.

La colección de nueve canciones incluida en *Powerage* estaba compuesta por «Rock 'N' Roll Damnation», «Down Payment Blues», «Gimme A Bullet», «Riff Raff», «Sin City», «What's Next To The Moon», «Gone Shootin'», «Up To My Neck In You» y «Kicked In The Teeth». *En mi opinión, todas ellas obras maestras.* Muchas de estas canciones forman parte de su repertorio en directo hoy día.

Malcolm comentó acerca de *Powerage* en *Metal CD*: «Ese álbum era más de lo mismo. Estábamos satisfechos con seguir en el mismo sitio que con *Let There Be Rock* porque todo ese material estaba funcionando muy bien en directo. "Sin City" era el gran éxito de *Powerage*, e incluso hoy día todavía le sacamos provecho tocándolo en directo».

Sin visados de trabajo que les permitieran hacer una gira en condiciones, AC/DC dio dos conciertos en el Bondi Lifesaver bajo el nombre de The

Seedies. La noticia se filtró y más de 4.000 personas intentaron acceder al club las dos noches que estuvieron allí.

Mientras *Let There Be Rock* había vendido sólo 25.000 copias en Australia, estaba vendiendo diez veces más en el extranjero. La demanda de AC/DC en países de todo el mundo estaba empezando a aumentar. Tan pronto como terminó la grabación de *Powerage* salieron a saquear Inglaterra nuevamente. ¡Dios salve a la Reina!

Cuando Barry llegó a su casa en Buckden para pasar unos días me envió una carta. Llevaba sello de correos con fecha de 12 de abril de 1978, desde Huntingdon, Cambs, Inglaterra.

«Hola, debo decir que es genial estar de nuevo en casa. Ciertamente, se siente uno muy lejos de su hogar ahí abajo. El nuevo álbum está listo y debería salir el primero de mayo. Es lo mejor que han hecho hasta el momento. Estoy bastante seguro de que te gustará. Dentro de un par de semanas empezamos una gira británica. Inicialmente iban a ser ocho o nueve conciertos, pero la banda está muy solicitada, y al final haremos 28 conciertos. Así que no llegaremos a Estados Unidos hasta la primera semana de junio, ¡parece que cada vez está más lejos! Empezamos en Texas e iremos subiendo. Estoy bastante seguro de que Chicago estará en la lista, y esperemos que también Madison, ya veremos. Creo que estaremos una buena temporada en Estados Unidos este año. Haremos unos festivales en Europa a finales de agosto, y entonces estaremos de vuelta a Estados Unidos durante otras doce semanas, no está mal. También se está hablando de un disco en directo este año. Hay planes para grabar un par de conciertos aquí en Inglaterra y dos en Estados Unidos. Creo que están apuntados San Antonio y Jacksonville, somos bastante populares ahí abajo, en el sur, ya sabes.»

También me mandó cuatro fotografías del paisaje alrededor del lugar cercano a Sydney en el que habían permanecido. Eran muy bonitas, soleadas, con colinas doradas y blancas enmarcando un mar turquesa.

Recibí otra carta de Barry con fecha de 27 de abril de 1978, escrita en Londres, pero con sello postal de Wolverhampton. Incluía cuatro postales de Godmanchester, Inglaterra, y de Hinchingbrooke Castle.

«Hoy llegó la banda de Australia, y con ella una carta tuya que llegó después de que me hubiera marchado... Me he instalado con un amigo aquí en Londres, donde pasaré un par de días preparando algunas cosas para la gira. Tenemos dos días de ensayos este fin de semana para calentarnos... En realidad sólo hemos ido a un concierto con Cliff, Malcolm y Ian, en el Music Machine, un sitio nuevo muy exclusivo y aburrido en el Camden de moda, en una zona punk de Londres... Nuestra gira británica está siendo un éxito, creo que las entradas para Londres ya están agotadas. Daremos 28 conciertos, que son unos cuantos para Gran Bretaña. Va a ser una gira dura; me atrevo a decir que el ejercicio me sentará bien… Me enteré de que empezamos en Estados Unidos el 14 de junio. Cada vez que pregunto vamos más lejos, a lo mejor debería dejar de preguntar.»

Powerage fue publicado en el Reino Unido y su primer single, «Rock 'N' Roll Damnation», entró en las listas británicas en el número 51. La parte británica de la gira Powerage empezó el 26 de abril en Wolverhampton, pero la primera noche fue cancelada.

La aparición de la banda en Glasgow, Escocia, el 30 de abril, fue capturada en directo con un estudio de grabación móvil y usado para su siguiente lanzamiento, *If you want Blood (You've Got It)*.

Un par de semanas después recibí una carta de Barry, escrita mientras estaban en Colchester.

«Hoy tocamos aquí, en Colchester, es un viejo pueblo romano bastante cerca de la costa oriental de Inglaterra, de hecho no muy lejos de donde vivo. Aquí hay algunas casas increíblemente viejas, muchas de las pequeñas aldeas cercanas a la ciudad han permanecido prácticamente intactas durante cientos de años.

La semana pasada tuvimos que cancelar un par de conciertos, Angus ha estado enfermo, pero ya está de nuevo en marcha. Sin embargo, eso significa que la gira durará un poco más, han reconcertado las fechas canceladas y han añadido un par más, lo que significa más retrasos. Pero las cosas parecen muy seguras para la segunda semana de junio, así que cruzo los dedos.»

Como tenían un par de días libres, Bon y Cliff fueron a París a visitar a los amigos de Bon en la banda Trust. Estaba muy contento de que Trust hubieran sido prohibidos en la televisión francesa por la letra de su versión de «Love At First Feel». Bon exclamó victorioso: «¡Así que golpeo de nuevo!». Mientras, Angus fue enviado a Australia a promocionar *Powerage* y su nuevo single. Comentó: «Jugamos a la paja más corta para ver quién iba, y perdí».

El 15 de mayo, su single «Rock 'N' Roll Damnation» llegó al número 24, convirtiéndose en su primer éxito en el Reino Unido. Diez días después (*redoble de tambores, por favor*)… *Powerage* fue lanzado en Estados Unidos. La portada del álbum mostraba a Angus con cables que le salían de las mangas de la chaqueta en lugar de manos. En la contraportada hay una magnífica (aunque algo amenazadora) fotografía del grupo. Quizás se hayan dado cuenta de que Phil alardea de su solidaridad sureña llevando una camiseta del estado de una estrella[37].

37. Tejas

Por esas fechas, Coral Browning me envió un paquete al Chronicle que incluía una camiseta de Powerage, *junto con el nuevo álbum. Incluyó una nota que decía: «¡Espero que el álbum te guste! Saludos, Coral. P.D.: PONLO FUERTE». Lo hice, unas cuantas veces. Hasta la fecha,* Powerage *sigue siendo mi álbum de AC/DC favorito. Eso me pone al lado de Malcom Young y Keith Richards, lo cual no es un mal lugar.*

En junio la banda viajo hasta Múnich para aparecer en el programa de televisión alemán *Rock Pop*, tocando «Rock 'N' Roll Damnation». Esa misma semana la tocaron otra vez en el programa de televisión inglés *Top Of The Pops*. Finalmente, el 19, Australia se unió al resto del mundo al sentir la poderosa rabia de *Powerage*.

Tan pronto como acabó la gira británica, Barry obtuvo un breve descanso y me escribió una carta desde casa.

«Nuestra gira británica acabó oficialmente el lunes en Dundee, Escocia, sin embargo tuvimos un par de cancelaciones al principio de la gira que tenemos que recuperar la semana que viene, pero tenemos unos días libres. La gira ha sido realmente un éxito, en todas partes la reacción del público ha sido genial. El público británico tiende a ser algo reservado y normalmente no se suelta demasiado, pero se volvían locos en la mayoría de los conciertos de esta gira, así que todavía queda esperanza. Hace un par de días tuvimos una reunión con el manager de la banda, Michael, acerca de Estados Unidos y cosas así. Empezamos en West Virginia el 26 con Alice Cooper, lo cual debería ser divertido. Michael me preguntó sobre ti durante el desayuno la otra mañana, no sé por qué, salió porque sí… pero piensa que arreglará un par de conciertos en tu dirección, de lo cual no voy a quejarme, y definitivamente vamos a Chicago… Esta vez deberíamos tener un par de chicos más con nosotros para hacer las luces, y otro roadie para que se encargue de Angus. Se supone que yo me tengo que cuidar de Phil y de su batería, pero me atrevo a decir que todavía me las apañaré para darme unas carreras con Angus. Lo he llevado a hombros en un par de ocasiones en esta gira y fue divertido.»

La parte americana de la gira Powerage empezó el 24 de junio como teloneros de Alice Cooper en Norfolk, Virginia, antes de que pasaran como una exhalación por Kentucky, Alabama y Tennessee. *Powerage* alcanzó la posición 133 en las listas de *Billboard*. Para esta gira, la banda disfrutaba de un nuevo equipo de sonido, y fue la primera gira en la que se vendían camisetas, pósters y parches oficiales de AC/DC.

La gira de 67 fechas continuó desde Tennessee, bajó hasta Florida, atravesó Texas y el oeste de California. Además de a Alice Cooper, telonearon a Bob Seger, a Mahogany Rush, a Journey, a Ronnie Montrose, a Blue Oyster Cult, a Savoy Brown, a Thin Lizzy y a Aerosmith. Como recordó Perry Cooper, de Atlantic: «Salieron a la carretera, hicieron de teloneros para un montón de

Angus dando
su famoso paseo.

bandas y participaron en algunos conciertos realmente mierdosos. Conciertos
en los que no hubiera querido verme involucrado, ¡pero los hicieron! Y conseguimos que nos empezaran a radiar en algunos sitios. Creo que en San
Francisco y en Cleveland. Entonces vino Florida, había cuatro o cinco áreas
en las que realmente los adoraban, y empezaron a ponerlos. ¡Y se pasaron dos
años seguidos de gira!».

El 23 de julio, AC/DC actuó ante 70.000 personas en el tercer festival Day
On The Green, en Oakland, California, con Aerosmith, Foreigner, Van Halen y Pat Travers. Aunque tocaron a la nada rockera hora de las 10:30 de la
mañana, la banda no tuvo problemas para poner en pie a toda la multitud.
Cada vez que AC/DC tenía la oportunidad de tocar ante una gran audiencia
con grandes cabezas de cartel, les dieron a las otras bandas un buen beneficio
por su inversión.

Por supuesto, no les molestaba que Cooper estuviera siempre maquinando
maniobras publicitarias, la banda siempre estaba dispuesta a colaborar. Recordó: «Tenía a esa emisora retransmitiendo en directo. El acuerdo era que
Angus subiría por el estadio (a hombros de un roadie), se acercan a la cabina
de prensa y le acercarían un micrófono y hablarían con él mientras estaba tocando. Y así lo hizo. Hacían cualquier cosa que les pidiéramos. Eran unos chicos geniales, odiaban que la compañía de discos les dijera lo que tenían que
hacer, pero a ciertas personas de la compañía sí las escuchaban. Si les pedía-
mos que hicieran algo, lo hacían». Tomad nota, aspirantes a estrellas del rock.

Cooper, que a menudo viajaba con la banda, se llevaba mejor con Bon que
con nadie. «Hice mejores migas con Bon por la edad. Éramos mayores que el

resto de la banda. Bon y yo hicimos piña desde el principio. Creo que por eso nos llevamos tan bien, teníamos aproximadamente la misma edad, así que compartimos habitación. Deberías ver la fotografía que tengo de Bon desnudo [Risas]. Es divertido, estábamos compartiendo habitación en uno de esos hoteles, y él acababa de salir de la ducha. Yo solía tomar fotos de todo, era un chico malo. Y él salió de la ducha, estaba allí de pie, y yo le dije: "¡Sonríe!". Y todo lo que hizo fue mirarme [mientras se sujetaba su…] y reírse. Es una fotografía estupenda, típica de Bon Scott. En plan: "¡Fijaos en esto, chicas!".»

La banda viajó hacia el norte, de California a Canadá, y después al sur, pasando por Oregon y Montana antes de tocar en Evansville, Indiana, el 29 de julio. AC/DC tenía previsto tocar en Alpine Valley, en East Troy, Wisconsin, como teloneros de Aerosmith, el martes 3 de agosto.

AC/DC tomó el escenario esa noche en Alpine Valley hacia las 7:30 de la tarde y se metió al público en el bolsillo. Abrieron el espectáculo con «Live Wire» y machacaron al público con «Problem Child», «Sin City», «Gone Shootin'», «Bad Boy Boogie», «High Voltage», «Whole Lotta Rosie» y «Rocker». ¡Vamos, Aerosmith, supera eso! Su tiempo en el escenario fue como una incursión, dejando a miles de personas de pie con cara de estupefacción.

Los dos conciertos siguientes fueron en Chicago. El viernes 4 de agosto, AC/DC hizo de telonero de Alvin Lee en el International Amphitheatre. El sábado 15 actuaron ante 40.000 personas en Comiskey Park, en la Summer Jam, como telonero de Aerosmith, Foreigner, Van Halen y Cheap Trick. La banda fue muy bien acogida por la audiencia.

De Chicago viajaron a Nashville para actuar en una convención el 8 de agosto. Las dos noches siguientes actuaron en Salem, Virginia, en el Roanoke Civic Center y el Cumb County Arena en Fayetteville, Carolina del Norte, con Cheap Trick y los emergentes Nantucket como teloneros.

Tommy Redd, guitarrista de Nantucket, ha escrito sobre su experiencia tocando con AC/DC en su página web, y disfrutó reviviendo algunos de sus mejores momentos con la banda para este libro: «Tocamos con AC/DC con Bon Scott en dos ocasiones. Una de ellas fue en Fayetteville, en Carolina del Norte, con Cheap Trick. La otra fue en Salem, Virginia, que está prácticamente en las afueras de Roanoke, de donde es Wayne Newton.[38] La primera vez que los vi pensé que eran una gran banda. Tenían un directo genial, con mucha energía. No se pavoneaban en absoluto, a diferencia de las bandas glam que merodeaban por entonces. Angus era el único que se disfrazaba un poco».

Redd todavía siente un gran cariño por la banda, especialmente por los hermanos Young. «Angus siempre estaba bebiendo un gran vaso de leche con

---

38. Cantante americano asentado en Las Vegas. Más conocido como Mr. Las Vegas. Ha aparecido en varias películas, como *Licencia para matar* (John Glen, 1989) o *Las aventuras de Ford Fairlane* (Renny Harlin, 1990).

chocolate o de café, y Malcolm se paseaba normalmente con una botella de Jack Daniels que abultaba tanto como él. Ya sabes que los dos miden como metro y medio.

»Cuando tocamos en Lake Charles, Angus le enseñó el culo al público y un policía local (que se parecía a Jackie Gleason) no se lo tomó muy bien, se enzarzaron en una discusión y le dijeron que era hora de que abandonara el pueblo. Alguien fue al *backstage* y le dijo a Malcolm que su hermano estaba en apuros. Malcolm se presentó y mandó a paseo a la policía. La policía (que no sabía quién era) lo trató como si fuera un chaval que se había metido en el *backstage* desde la multitud.

»Nantucket viajaba en un autobús viejo que le compramos a una banda de góspel y que teníamos que arrancar con un destornillador. Los chicos de AC/DC solían reírse de nosotros. En una ocasión en que los limpiaparabrisas no funcionaban tuvimos que desmontar el panel frontal. Cuando lo hicimos, nos encontramos con diez bolsas de marihuana, y me refiero a bolsas de marihuana que llevaban ahí mucho tiempo. Ése tenía que haber sido el escondrijo del autobús. ¡Y estamos hablando de una banda de góspel bautista del sur!

»AC/DC tenían dos autobuses… a uno de ellos lo llamaban "el gusano". Eran dos buses que estaban unidos por el medio, como los trenes. Estaba fabricado en Bélgica o por ahí, y ellos lo odiaban. Nosotros veníamos de West Palm Beach y nos paramos en un bar que se llamaba Kiki, donde hicimos una audición para Epic. Así que llevábamos como una hora de retraso respecto a AC/DC, que iban por la autopista 95.

»Cuando ya hacía rato que íbamos por Florida, más o menos por Daytona, vimos unas luces intermitentes a un lado de la carretera; habían sufrido una avería. Ahí estábamos nosotros, con un autobús de los años sesenta que se parecía al de Marilyn Monroe en *Con faldas y a lo loco*. Tenía una parte trasera grande y redonda y un volante enorme como el del autobús de Ralph Kramden en *The Honeymooners*.[39] Así que nos echamos a un lado, abrimos las puertas y vimos a Ian [Jeffery] y a todos los demás dando saltos. Era como detenerse en una parada del autobús escolar llena de niños. Les dijimos: "Bueno, ahora sí que este viejo autobús parece bastante bueno, ¿eh?". Los llevamos hasta la siguiente salida e hicieron unas llamadas. Luego fueron con nosotros hasta Jacksonville. Ahí estaban ellos, subidos en aquel bus viejo, el mismo del que siempre dudaban que durara toda la gira.»

Una vez más la banda se dirigió al sur, hacia Atlanta, Jacksonville y después a Miami, y luego otra vez al norte, pasando por Pennsylvania, Nueva York, Massachusetts y Nueva Jersey. Cheap Trick, el cuarteto de power-pop de

---

39. Comedia americana de los años Cincuenta protagonizada por Jackie Gleason.

Rockford, Illinois, quienes acababan de publicar su homónimo primer álbum, hicieron de teloneros en la mayoría de estos conciertos. Las dos bandas se llevaron tan bien que Cheap Trick eran los únicos teloneros a los que se permitió subir al escenario al final de la noche para tocar con AC/DC. De hecho, en algunos de esos conciertos compartieron cabeza de cartel, y en muchos se agotaron las entradas.

Kirk Dyer, el director de gira de Cheap Trick, recuerda: «Todas las noches tocaban juntos, siempre veían sus respectivos conciertos. Siempre nos asegurábamos de que hubiera espacio para ellos en el escenario cuando tocábamos. Hacia el final de la gira estábamos tocando juntos. Cada noche había un rato en el que las dos bandas tocaban juntas. Cuando la gira se estaba acabando, Bon Scott se estaba volviendo famoso por llevar a hombros a Angus, así que la última noche [que tocamos con ellos] me cargué a Rick Nielsen en los hombros e hicimos una pelea de broma, en Omaha, en el Music Hall Civic Center. Acabó convirtiéndose en media hora de puro infierno, fue una locura. Fue una pelea de broma al más puro estilo "rompe tu guitarra, patea a la gente". Una o dos canciones acabaron transformándose en guitarras blandiéndose como armas, y todo el mundo se moría de la risa. Dije: "Estos chicos van a ser grandes", y vaya si lo fueron».

Vince Lovegrove, el amigo de Bon, vio a la banda el 11 de agosto cuando compartieron cartel en el Symphony Hall de Atlanta con Cheap Trick. Se citó a Lovegrove diciendo que se sentía «bastante nostálgico viendo a Bon en el escenario, pavoneándose encima de las tablas como el jodido eterno Peter Pan que era». *Puede que J.M. Barrie se inspirara en uno de los antepasados de Bon, y no en un niño llamado Peter. ¡Es posible!* Durante una sesión etílica después del concierto, Bon le confesó a Lovegrove que estaba cansado de tanta gira. Había estado en la carretera durante los últimos trece años.

A finales de 1978, los interminables giros de su «autopista hacia el infierno» los llevaron a Nueva York, pasando por Rhode Island, Connecticut, Maryland y, cruzando todo el país, de vuelta a Seattle y Portland. Cuando todavía estaban en la Costa Este, hicieron de teloneros de Rainbow en el Palladium de Nueva York, el 24 de agosto. *Apuesto a que eso le alegró el día a Ritchie Blackmore.*

AC/DC aparecieron en el quinto Day On The Green, en Oakland, California, el 2 de septiembre, con Ted Nugent, Journey, Blue Oyster Cult y Cheap Trick. Dyer recuerda que uno de los técnicos de pirotecnia quedó inconsciente mientras estaba a más de 10 metros de altura, en el aire, encima de una de las torres de altavoces. «De repente escuchamos una fuerte explosión y nos dimos cuenta de que uno de los contenedores había explotado y le había dejado literalmente inconsciente. Tuvieron que escalar a la torre de altavoces y bajarlo. Sobrevivió, pero no sé hasta qué punto quedó herido.»

AC/DC actuando en el Aragon Ballroom, en Chicago, Illinois, (22 de septiembre de 1978).

Cuatro noches después, la banda apareció tocando «Sin City», en directo, en *The Midnight Special*, la serie de conciertos nocturnos de la ABC. El programa estaba presentado por Ted Nugent y Aerosmith. Los fans sentados delante de sus televisores, empezaban a caer en cómo AC/DC conquistaba el planeta. Era muy emocionante para la banda, la discográfica y los fans. Desde allí, la banda se dirigiría al Riverside Theatre, en el centro de Milwaukee, para hacer de teloneros de UFO, el 12 de septiembre. AC/DC masacró a la audiencia de Milwaukee y la dejó pidiendo más.

De Milwaukee, la banda se dirigió al este, hacia Michigan. Tenían que tocar en 14 ciudades más en Estados Unidos antes de llevarse la gira a Europa y el Reino Unido. Cuando tocaron en el Cobo Hall, en Detroit, el 29 de septiembre, el concierto fue detenido por un exceso de volumen.

Se cuenta que Malcolm esperó a que les pagaran antes de emprenderla a puñetazos con el promotor. *¡No le llaman el cerebro de la banda porque sí!*

En el número de septiembre de 1978 de *Circus*, el periodista musical Kurt Loader hacía una crítica de *Powerage*. «El primer álbum de AC/DC era tan agresivamente primitivo que cualquier reacción ante él que no fuera quedarse estupefacto con la boca abierta hubiera parecido gratuita. El punto fuerte de la banda en aquel momento era un tipo de boogie particularmente insípido con aspiraciones de metal; caracterizado sólo por los jadeos obscenos de Bon Scott y el único "foco de atención" de su guitarrista Angus Young y su rutina de estudiante chiflado (un cliché sin salida, si es que alguna vez hubo una)… *Powerage* muestra cómo AC/DC han evolucionado de la ineptitud a la competencia absoluta… Pero gracias, sobre todo, a Angus y a su hermano Malcolm, quienes mantienen un sonido de dos guitarras deliciosamente grueso y rudo durante todo el álbum. Ahora sí que AC/DC tienen poder de verdad… Aunque no añadan nada nuevo al catálogo del sonido del rock testeado por el tiempo, al menos AC/DC lo reacuña con una energía catalítica que hace que todo suene fresco otra vez. Hoy en día, puede que eso sea suficiente para llevarlos a la cima del rock duro.»

El artículo de Brad Balfour en la revista *Creem* alababa la dedicación de AC/DC a tocar rock 'n' roll. Se citó a Angus diciendo: «Puede que el único héroe al que admire, aparte de a Batman, sea a mí mismo, porque soy yo quien está ahí afuera consiguiéndolo. ¿Por qué? Cuando tocamos en Bélgica y la policía vino a detener nuestro concierto por el toque de queda de las once de la noche, me arrestaron por instigar al desorden. No podían bajarme del escenario de ninguna otra manera».

El manager Michael Browning afirmó: «Tenemos grupos de seguidores desde San Antonio hasta Jacksonville, Florida, donde somos cabeza de cartel. Nuestro plan es trabajar hasta que lo consigamos. Como esta banda es tan joven, están dispuestos a hacer lo que han de hacer para conseguirlo, como viajar 800 kilómetros para un concierto, llegar allí 15 minutos antes del espectáculo y subir al escenario a tiempo».

Menos de seis meses después de que saliera *Powerage*, Atlantic Records publicó su sexto álbum en el Reino Unido, el 6 de octubre. Era un concierto grabado en directo en Glasgow, titulado *If You Want Blood (You've Got It)*. Una vez más, fue producido por George y Harry, e incluía diez temas de *Let There Be Rock* y *Powerage*: «Riff Raff», «Hell Ain't A Bad Place To Be», «Bad Boy Boogie», «The Jack», «Problem Child», «Whole Lotta Rosie», «Rock 'N' Roll Damnation», «High Voltage», «Let There Be Rock» y «Rocker».

La portada es la fotografía surrealista de Angus siendo empalado por su propia guitarra. Considerando la dura agenda a la que habían estado sometidos desde principios de 1974, verter sangre era lo de menos. A pesar de la pasión evidenciada en el artículo de *Creem*, Bon estaba bebiendo mucho, y el personal original de la gira estaba más allá del agotamiento. *Mientras estábamos en el concierto en Alpine Valley, Barry (uno de los roadies) me había confesado discretamente que Phil estaba sufriendo ataques de ansiedad y que tuvieron que llamar a un psiquiatra para que le tratara en plena gira. Si queréis sangre, la tenéis, sí señor.*

El 10 de octubre AC/DC iniciaba su gira de 16 conciertos en Europa, pasando por Suecia, Alemania, Holanda, Suiza, Francia y Bélgica. Llegó una carta de Barry con una foto de un castillo y un puente en Heidelberg, Alemania.

«Europa se ha vuelto loca con la banda desde que volvimos, y todas las entradas para la gira están agotadas, lo cual no puede ser malo. Tenemos un nuevo escenario y un espectáculo alucinante. Todavía estamos trabajando muy duro. Pero no por mucho más tiempo.»

Una vez acabaron la parte europea de la gira, la banda viajó inmediatamente al Reino Unido para dar 17 conciertos más. Las entradas para los conciertos de los días 2 y 3 de noviembre en Mayfair, Newcastle, se agotaron. Recibí otra carta de Barry, con sello postal del 3 de noviembre de 1978, con una fotografía de unas bonitas colinas escocesas cubiertas de flores silvestres de color amatista.

«Sólo 14 conciertos más antes de que terminemos el trabajo por este año. Debo decir que espero con ganas el descanso. Las entradas para la gira europea se agotaron, y pasó lo mismo con la gira británica. El nuevo álbum ha entrado en las listas directamente en el número 10. Parece que al final lo han conseguido. Aunque se ha salido un poco de madre, tenemos 16 roadies y dos trailers para esta gira, ligeramente diferente a nuestro viaje a Estados Unidos.»

AC/DC finalizó su gira por el Reino Unido con dos conciertos en el prestigioso Hammersmith para los que se agotaron las entradas. *Barry estaba en lo cierto, parecía que finalmente lo habían logrado.*

Malcolm afirmó en 1992, en *Metal CD*: «*If You Want Blood...* era exactamente donde estábamos en ese momento de nuestra carrera. Ese álbum resumía a la banda perfectamente, y fue grabado en uno de los últimos conciertos de aquella gira, en el Glasgow Apollo». Aunque mientras actuaban en Glasgow, Bon se perdió durante su «paseo» y acabó fuera del local. ¡Como no tenía entrada ni pase alguno, la seguridad no lo dejó entrar hasta que los convenció de que era de la banda! Afortunadamente, ir sin camiseta un frío mes de noviembre los acabó convenciendo.

If You Want Blood (You've Got It) fue publicado en Estados Unidos el 21 de noviembre y en Australia el 27. Hacia Navidades llegó hasta el 113 de las listas *Billboard*. Después de haber vivido en hoteles durante los tres últimos años (volviendo finalmente a Perth para las vacaciones) Bon afirmaba en el *Melbourne Sun*: «Hace tres años que no los veo [a su familia y amigos]. Espero que me reconozcan».

Tener la prensa a favor, agotar las entradas de los conciertos y una gira constante parecía seguir siendo insuficiente, y no les consiguió la presencia en la radio que podría haber originado un single exitoso. Hizo falta un cambio de productores y la publicación de su séptimo álbum para que AC/DC obtuviera el respeto por el que tan duramente habían trabajado. Contra los deseos de su discográfica, la banda se inclinó por la expresión que habían usado para referirse a su incesante gira americana. El nuevo álbum se llamaría *Highway To Hell*.

10. Highway to Hell

Hacia finales de 1978, *Powerage* había vendido 150.000 copias, convirtiéndose en el primer disco de oro de AC/DC en Estados Unidos. El álbum llegó al número 13 en el Reino Unido, y, por primera vez, se metió en el top 50 de las listas americanas.

David Fricke, de la revista *Circus*, entrevistó a Bon en enero de 1979, y Bon afirmó: «Hay un público que ha estado esperando una banda de rock 'n' roll que apareciera y les diera lo que piden. Hay mucha gente que deja de cortar leña para escuchar nuestro rock. Y no son el mismo tipo de gente que iría a ver a James Taylor o a una banda punk». Cuando se le preguntó acerca de cómo sobrellevaba el estar de gira permanente, Bon respondió: «Te mantiene en forma (el alcohol, las malas mujeres, sudar en el escenario, la mala comida). ¡Me sienta muy bien!». Cuando Fricke le preguntó qué haría si alguna vez perdía la voz, Bon respondió rápidamente: «Me haría roadie».

Mientras la banda grababa crudas pistas en los estudios Albert, Atlantic Records estaba trazando un nuevo plan. Les daba la impresión de que George y Harry no estaban produciendo unos discos muy radiables, así que presionaron a la banda para que grabara con el legendario productor Eddie Kramer. Kramer había trabajado anteriormente con Jimi Hendrix, Led Zeppelin y Kiss. La sugerencia no fue recibida con mucho entusiasmo por la banda, especialmente porque no estaban acostumbrados a grabar en ningún sitio que no fueran los estudios Albert. También debía ser difícil de digerir que te dijeran que despidieras a tu propio hermano, la única persona que había permanecido con la banda desde el principio y que había producido sus seis primeros discos.

Resultaría ser una buena maniobra para la banda, pero a largo plazo, teniendo en cuenta que más de una persona se iba a quedar sin trabajo con ello.

Aunque George y Harry no estaban para nada contentos, Angus dice que George les dio el beneplácito. De todas formas, George les dijo: «No dejéis que interfieran en lo que sois. Recordad siempre que sois una banda de rock 'n' roll».

El plan inicial, como era usual, se trataba de negocios: grabar un álbum en tres semanas para luego ir de gira por Japón en febrero. Se organizó una fiesta de despedida para la banda en el Strata Inn, en Cremorne, en la que Bon, Angus y Malcolm tocaron con George al bajo y el músico local Ray Arnott a la batería.

Justo antes de que la banda marchara hacia su primera gira japonesa, se les negaron los visados de trabajo y se canceló la gira en el último minuto. En lugar de ello, AC/DC voló a Miami a conocer a su nuevo productor y grabar su siguiente álbum en los estudios Criteria. El cambio de planes y la presión de trabajar con alguien nuevo no les impidió desfogarse durante sus horas libres. Tommy Redd, de Nantucket, recuerda tropezarse con Bon y Malcolm mientras estaba en un club, The Tight Squeeze, en Hollywood, Florida. Irónicamente iban a ver a una banda que también se llamaba Tight Squeeze. Cuando Bon se rasgó la camisa y se subió al escenario para cantar con la banda, Malcolm miró hacia Tommy, y dijo: «Oh, no, está presumiendo otra vez ».

Mientras intentaban grabar con Kramer, quien presionaba a la banda para que añadieran teclados, Malcolm hizo muchas llamadas fallidas a Browning. Al enterarse de que las cosas no iban bien, Atlantic envió a Michael Klenfner y a Perry Cooper a Florida a que escucharan lo que habían grabado hasta el momento. «Michael y yo adorábamos a la banda —dijo Cooper—. Después de traerlos de gira, él [Klenfner] decidió que Eddie Kramer produciría su próximo álbum. Así que volaron a Florida a ensayar y prepararse para grabar con Eddie. Al cabo de un tiempo, Michael y yo recibimos una llamada pidiendo que fuéramos a Florida. Fuimos, y escuchamos el material. Después, Malcolm, Angus y Bon me interrogaron: "¿Qué te parece en realidad?". Y les contesté: "Es un asco". Realmente lo hice. Dije: "Es un asco, y hay algo que no está en su sitio. Puedo darme cuenta de que no os lo estáis pasando bien", y dijeron: "¡Ah, gracias a Dios!". Pero por entonces yo no tenía mucho peso. Después regresamos a Nueva York y Eddie Kramer fue despedido. Sencillamente no funcionaba; la atmósfera no funcionaba. Despidieron a Klenfner inmediatamente después. Había sido inflexible respecto a que Kramer produjera su siguiente álbum. Hasta ese momento, su hermano les había producido todo. Y uno no quiere ir contra tu hermano. Se les obligó a que usaran a Eddie, y no les gusta que les obliguen a nada».

Mientras en Miami se cocían problemas, Browning estaba visitando a Clive Calder, quien representaba a un productor de Rhodesia que se llamaba Robert John «Mutt» Lange. Casualmente Lange estaba con Calder cuando llegó una de las perturbadoras llamadas de Malcolm a Browning. Después de haber escuchado una demo del nuevo álbum, Lange accedió a encargarse del proyecto. Lange había trabajado anteriormente con City Boy, The Boomtown Rats, Graham Parker y The Motors. AC/DC iba a ser su primera banda heavy-rock. Bon fue citado en *RAM* diciendo: «Tres semanas en Miami y no habíamos escrito ni una cosa con Kramer. Así que un día le dijimos que nos tomábamos el día libre y que no se molestara en venir al estudio. Nos metimos en el estudio a escondidas, y en un día pusimos a punto seis canciones, le enviamos la cinta a Lange y le dijimos: "¿Trabajarás con nosotros?"».

Lange quedó impresionado con la grabación, en la que Bon cantaba y tocaba la batería. Aunque Lange no había trabajado antes con una banda tan dura, su decisión de aceptar fue buena para todas las partes implicadas. Anteriormente, la banda nunca había pasado más de tres semanas grabando un álbum. Esta vez AC/DC pasó casi tres meses en los estudios Roundhouse de Londres.

Highway To Hell acabaría siendo un disco innovador para todos ellos. Lange añadió harmonías y pistas dobladas, e impulsó a Bon a cantar más y gritar menos. Angus le dijo a la revista *Musician*: «Creo que lo que pasa con *Highway To Hell* es que Mutt sabía cómo sonaba la FM, y nosotros no. Todas las semanas estaba ahí, con el top 10 de Estados Unidos, escuchando los sonidos. Y tiene un magnífico par de orejas. Podía escuchar el sonido de un alfiler al caer. Sé que Bon estaba muy contento con él. Mutt le enseñó a respirar, a sacar el sonido del estómago. Después de que hubiéramos hecho el disco, Bon le dijo a Mutt: "Me gusta lo que has hecho. ¿Crees que merece la pena que vaya a tomar lecciones con alguien?" Mutt dijo: "No lo creo. Sé tú mismo". Y creo que Mutt aprendió algo con nosotros también. Me parece que quedó impresionado de que pudiéramos tocar una canción como debe ser, en lugar de sólo un riff».

El nuevo álbum contenía parte de su mejor trabajo hasta la fecha. Las 10 canciones incendiarias eran «Highway To Hell», «Girl's Got The Rhythm», «Walk All Over You», «Touch Too Much», «Beating Around The Bush», «Shot Down In Flames», «Get It Hot», «If You Want Blood (You've Got It)», «Love Hungry Man» y «Night Prowler».

En «Night Prowler» se escucha la mejor imitación de Bon del Mork de Robin William, el personaje de la serie televisiva *Mork & Mindy*, cuando al final de la canción le puedes oír diciendo, «Shazbot… nano, nano». ¡El poder de las muletillas televisivas!

Malcolm comentó *Highway To Hell* en *Metal CD*: «Fue un cambio definitivo para AC/DC. En Atlantic Records en América estaban insatisfechos porque no podían poner a la banda en la radio, y estaban desesperados porque nos presentáramos con algo más accesible. Lo habíamos hecho a nuestro modo en unos cuantos álbumes ya, así que pensamos en darles una oportunidad y contentar a todo el mundo.

»Por aquel entonces, Mutt Lange era todavía un desconocido (creo que sólo había producido a The Boomtown Rats antes de que viniera con nosotros). Parecía que Mutt sabía de música, y se preocupaba del aspecto comercial mientras nosotros nos cuidábamos de los riffs, y de alguna manera nos las apañamos para encontrarnos en un punto intermedio sin que sintiéramos que comprometíamos nuestra identidad. Éramos una banda con la que era difícil trabajar para cualquier productor.

»"Touch Too Much" fue un éxito de ese disco, pero la canción que sobresale por encima de todas es la que le da título. Si las cosas se hubieran hecho como algunas personas querían no se habría llamado "Highway To Hell", porque el círculo bíblico era muy cerrado en Estados Unidos por aquella época, e hicieron mucho jaleo cuando salió el disco. Pero a pesar de estar bajo presión, nosotros permanecimos firmes».

En 1979 había dejado el periódico y había empezado a trabajar con Cheap Trick. Su manager estaba afincado en Madison, y conseguí un trabajo encargándome de todo el correo de los fans. Tan pronto como me convertí en una maestra en el arte de bregar con miles de cartas de los fans sin un ordenador, le escribí una carta a Coral Browning preguntándole acerca del club de fans de AC/DC. Respondió el 26 de marzo de 1979 desde sus nuevas oficinas en el número 250 de la calle 57 de Nueva York.

Muchas gracias por tu carta. Parece que te tienen atareada con el club de fans de Cheap Trick. Le he pasado tu carta a la presidenta de nuestro club de fans oficial en Inglaterra, se llama Sandra Munday. Te mandará una solicitud de trabajo en breve. AC/DC está grabando en Londres y los chicos permanecerán allí hasta finales de abril. La gira por Estados Unidos empezará en mayo. No participarán en el California Music Festival porque tienen que acabar su nuevo álbum. Le doy recuerdos tuyos a la banda.

A finales de abril, la banda estaba lista para lanzarse a la carretera otra vez para dar 53 conciertos, esta vez promocionando *If You Want Blood (You've Got It)*. *Por fortuna, el primer concierto de la gira era en Madison, Wisconsin. ¿Coincidencia? ¿Qué les parece?*

Los AC/DC tocaron como teloneros de UFO en el Dane County Coliseum, en Madison, el martes 8 de mayo de 1979. Vapulearon a los fans con «Live Wire», «Problem Child», «Sin City», «Gone Shootin'», «Bad Boy Boogie», «High Voltage», «The Jack», «Whole Lotta Rosie», «Rocker», «Rock 'N' Roll Damnation» y la madre de todas las canciones, «Let There Be Rock». UFO tuvo problemas evidentes para mantener la atención de la audiencia una vez que AC/DC dejó el escenario.

Después me quedé un rato con la banda en el backstage. Estaban de buen humor y era obvio que estaban contentos de volver a subir a un escenario. Más tarde acabé sentada en la habitación de hotel de Phil Rudd, enfrente del local, al otro lado de la autopista. Phil estaba muy emocionado con el nuevo álbum y me dijo que estaban convencidos de que ése sería el disco que los llevaría a lo más alto. Presto, insertó una cinta en su reproductor y nos sentamos y escuchamos Highway To Hell *de cabo a rabo. ¡Los privilegios del rock! Me quedé estupefacta con los nuevos temas y el sonido pulido del disco. Lange había sacado lo mejor de ellos de un modo increíble, sorprendiendo a todo el mundo... especialmente a la banda.*

Phil también me contó todo sobre las fotos que se sacaron para el álbum. Una noche fueron a una carretera en Inglaterra para filmar a la banda haciendo autostop. Se trataba de mostrar a los chicos metiéndose en el coche, y la portada iba a mostrar a la banda sentada en el asiento de atrás mientras el Diablo, que estaba al volante, les sonreía reflejado en el espejo retrovisor. De hecho bastante aterrador. Phil también mencionó lo molesta que estaba la compañía con su elección para los nombres de las canciones. Parece que los devotos de la biblia no iban a estar muy contentos.

Partiendo de Wisconsin, AC/DC fueron hacia el sur pasando por Iowa, Ohio, Indiana, Tennessee y Georgia, tocando como teloneros de UFO. El 27 de mayo participaron en la Rock Superbowl VII en el Tangerine Bowl, en Orlando, con Boston, Poco y The Doobie Brothers. Cuanto más tocaban, más grandes y animados eran sus públicos.

Durante mayo y junio tocaron casi todas las noches de la semana, pasando en la ruta de regreso hacia el norte por Nueva York, Iowa (sí, eso está cerca), Illinois, Pennsylvania, otra vez Nueva York y después Texas. De hecho, si lo piensas, la frase «autopista hacia el infierno» se queda corta. Claro está, con Bon a su lado, nunca faltaban el humor de carretera y las bromas inofensivas. AC/DC eran duros en el escenario, pero fuera de él eran todavía más duros.

Cooper pasó tanto tiempo con ellos de gira que acabaron designándole un lugar en el escenario, marcado con las letras «PC», para que siempre tuviera un lugar desde donde observarlos. Recordó con cariño lo divertidos que eran: «Eran los mejores chicos del mundo; sólo querías estar con ellos. Eran divertidos, pero nunca maliciosos. Nunca le harían mal a nadie».

AC/DC tenían en la agenda tocar el 4 de julio en los Winnebago County Fairgrounds, en Pecatonia, Illinois, que están justo en las afueras de Rockford. Naturalmente, Cheap Trick encabezó el cartel en su pueblo natal, teniendo como teloneros a AC/DC, Molly Hatchet y The Babys.

Tal y como mencioné, Cheap Trick y AC/DC se llevaban muy bien... especialmente Bon Scott y Tom Petersson, el bajista de Cheap Trick. *Digamos sólo que salir los dos juntos de fiesta era como echar gasolina al fuego. Aunque no estoy segura de quién era la gasolina y quién el fuego.*

Justo antes de que subieran al escenario, el director de gira de Cheap Trick, Kirk Dyer, necesitó un buen tiempo para que Petersson estuviera listo para actuar. Él y Bon se habían pasado la mayor parte del día bebiendo juntos. Me quedé maravillada con la compostura y la calma de Kirk mientras intentaba llevar a Tom al escenario. Hubiera sido mucho más fácil si sencillamente lo hubiera arrojado sobre él, lo cual, con su metro noventa, no habría supuesto ninguna dificultad. Una vez que Tom estuvo ahí arriba, hizo un trabajo en condiciones. Para ser justos con la milagrosa recuperación de Tom y su futuro éxito, ésos eran los días de pura debacle, y tanto Tom como, trágicamente, Bon, pagarían un caro precio por su rebeldía.

Al final del espectáculo de Cheap Trick, Bon, Angus y Malcolm subieron al escenario y se unieron a la banda para interpretar «Sin City» y «School Days», de Chuck Berry. Este extra se realzó con Rick Nielsen subiéndose a los hombros de un roadie. Cheap Trick era la única banda que compartía escenario con AC/DC, a quienes no les importaba tocar después de ellos. Cuando se contrató la gira Highway To Hell, AC/DC fueron rechazados como teloneros por Van Halen, Sammy Hagar y Foreigner. Ante lo cual, Bon afirmó: «Nuestra intención es que los cabezas de cartel se ganen su dinero».

Se cuenta que las giras constantes de AC/DC pusieron bajo presión las finanzas de Alberts, lo cual puso bajo presión a Michael Browning. La banda estaba siendo cortejada por compañías de representación más grandes, y cuando Leber y Krebs expresaron su interés por la banda, Browning aceptó un acuerdo para el último año de su contrato. Como parte de una compañía de representación muy importante de Nueva York, tanto Steve Leber como David Krebs habían trabajado anteriormente para la poderosa agencia de talentos William Morris, antes de formar su propia compañía en 1972. Durante los setenta, representaban a algunas de las mayores estrellas del rock, como Ted Nugent o Aerosmith. Como la potencia de Ted Nugent estaba declinando y Aerosmith se encontraban en una espiral descendente de drogas, alcohol y disminución de ventas, contratar a AC/DC en aquel momento era un golpe ganador. Steve Leber y David Krebs habían oteado una banda que tenía todo para convertirse en superestrellas. En realidad fue un negocio redondo para ambas partes, y la compañía designó a Peter Mensch como el manager personal de AC/DC. Browning prosiguió su camino y fundó Deluxe Records, la exitosa discográfica australiana que contrató a la sensación del rock de los noventa, INXS.

En plena gira americana, los AC/DC volaron a Holanda para aparecer en el concierto de Veronika TV en Arnhem, Holanda, en el Rijnhallen, el 13 de julio. Posiblemente fue allí donde Angus conoció a su futura mujer, Ellen. Su actuación fue filmada para el programa de televisión *Countdown*.

La banda voló inmediatamente de regreso a Estados Unidos y retomó su incesante gira. Ocho días después de haber tocado en Holanda, AC/DC actuó ante 60.000 personas en el festival Day On The Green, en el Oakland Stadium, en California, junto a Aerosmith y Ted Nugent.

Una semana después actuaron ante otras 80.000 personas en el World Series of Rock, en el Brown Stadium, en Cleveland, como teloneros de Aerosmith, Ted Nugent, The Scorpions, Thin Lizzy y Journey. Este evento se vio tristemente manchado por un solitario hombre armado que mató de un disparo a un fan e hirió gravemente a otro. También hubo numerosos arrestos y nueve personas sufrieron heridas por arma blanca.

AC/DC pasó el resto de julio y la primera mitad de agosto de gira, pasando por Indiana, Ohio y Pennsylvania. El 4 de agosto hicieron de teloneros de Ted Nugent en el Madison Square Garden de Nueva York. Ésa fue su primera actuación en el mítico local. Su popularidad escaló cuando, el 30 de julio, se publicó *Highway To Hell* en Estados Unidos. Canciones como «If You Want Blood (You've Got It)» y «Shot Down In Flames» están todavía entre las favoritas del público.

If You Want Blood (You've Got It) había vendido ya más de 250.000 copias, y este nuevo álbum todavía los catapultaría más a la fama. Definitivamente, el lanzamiento había sido un infierno, considerando que George, Harry, Michael Browning, Eddie Kramer y Michael Klenfner habían perdido su trabajo a cuenta de él. Con la producción más cuidada de Lange y los coros más radiables de la banda, *Highway To Hell* acabó convirtiéndose en platino.

Cuando recibí una copia promocional del álbum, me sorprendió ver la portada. Aparentemente habían ganado la batalla del título del álbum, pero habían perdido la guerra de la foto de la portada. En lugar de usar la imagen del Diablo conduciendo un coche mientras sonreía a la banda, que estaba sentada en el asiento de atrás, por el espejo retrovisor, la compañía decidió usar una foto promocional que ya había sido publicada. Lo único que hicieron fue ponerle unos cuernos y una cola de demonio a Angus. Ésta era la primera vez que Angus Young aparecía caracterizado como un pequeño demonio. Contrariamente a la creencia popular, el colgante que lleva Bon en la fotografía no es satánico. Sí, lleva un pentáculo, pero el pentáculo apunta hacia arriba, lo cual se relaciona con la magia blanca, o la energía positiva. Bon era un forajido del rock, pero no un adorador de Satán. Una fotografía de la sesión de fotos original se usó para la contraportada.

Justo como había predicho en el Stone Hearth dos años antes, AC/DC se habían vuelto famosos a escala internacional, y, el 17 de agosto fueron cabeza de cartel, por delante de The Police, The Pretenders y The Specials en el Festival De Bilzen, en Bélgica. La noche siguiente fueron invitados a abrir el espectáculo para The Who, Nils Lofgren y The Stranglers en el festival Who And Roar Friends, en el estadio de Wembley, en Londres. El futuro de AC/DC no podía tener mejores perspectivas. O eso pensábamos todos.

Bon Scott, la voz en todo su esplendor (1979)

Angus Young, primera guitarra, imagen y alma del grupo.

Malcolm Young, maníaco del riff asociado.

Cliff Williams, maestro de las octavas.

11. Kicked In The Teeth

Highway To Hell fue publicado en el Reino Unido a finales de julio de 1979 y se abrió paso en el Top 10 británico hasta llegar al número ocho. El álbum continuó vendiéndose como rosquillas en Alemania, Holanda y los países escandinavos. El disco también entró en el Top 20 en Estados Unidos, llegando hasta el número diecisiete.

Después del Festival De Bilzen, AC/DC dio cinco conciertos en Irlanda y Francia antes de aparecer en directo en el programa alemán de televisión *Rock Pop*, tocando «Highway To Hell». Mientras estaban en Múnich, la banda también filmó cinco vídeos promocionales para su nuevo álbum.

El primero de septiembre, la banda tuvo el honor de abrir el espectáculo para The Who, junto a The Scorpions, Molly Hatchet y Cheap Trick en el festival al aire libre de Nuremberg, Alemania. Kirk Dyer recordó de forma vívida el concierto de AC/DC ese día. «Me acuerdo de 1979 en Nuremberg. Tocábamos en el estadio de la guerra de Hitler, donde solía dar sus discursos de guerra. Era un acontecimiento que duraba dos días. AC/DC tocaron después de nosotros, y luego The Who. Durante nuestro concierto, todos los chicos de las bandas nos estaban viendo tocar. Pete Townshend y todos los chicos de AC/DC estaban intentando desconcentrarnos, ese tipo de cosas. Lo cual es normal, los chicos de las bandas se suelen sentar a los lados, cachondeándose los unos de los otros, como si fuera un partido de fútbol o algo así. Todo es de broma. De todas formas, era la hora de que entrara AC/DC, y nadie podía ver a Angus. Le podías escuchar, pero nadie sabía dónde estaba. Y de repente te das cuenta de que está a hombros de un agente de seguridad en la otra punta del estadio, ¡con más de 85.000 personas entre él y el escenario! Estaba como a trescientos metros del escenario, empezando la canción. Yo estaba de pie arriba con Pete Townshend y Rick Nielsen (justo al lado de ellos) y estaban hablando, y Pete se quedó alucinado. No podía creerse lo bien que habían tocado. Me parece que no les había visto tocar antes. Sencillamente salieron y dieron un concierto demoledor, o sea, fue increíble. [AC/DC] salieron e hicieron pedazos a la audiencia, y los chicos de The Who se miraban los unos a los otros, y Pete Townshend le dijo al resto de la banda: "¿Cómo vamos a mejorar eso?".

»Fue un fin de semana memorable. Pusieron a todas las bandas en el mismo hotel, y el bar del hotel después del concierto parecía un juego de quién es quién de las estrellas del rock. Ahí estaban Cheap Trick sentados con AC/DC y con The Who… sacamos fotos mías, de Bon Scott, Bun E. y Robin Zander jugando al billar. Al día siguiente estábamos todos en el avión, que no se había empezado a mover. Arranca, y de repente el avión se para, y aparece Bon Scott corriendo (descalzo) por el aeropuerto, con media botella de Jack Daniels entre pecho y espalda ¡a las ocho de la mañana! Se había olvidado los zapatos y estaba colocado a la mañana siguiente del concierto. Así que todos los chicos de la banda le dieron la bronca cuando se subió.»

Bon había escrito a su ex mujer, Irene, que tenía planeado comprar alguna casa en California en la que pudiera asentarse. Tantos años de viaje habían agravado su problema con la bebida, lo cual no le ayudaba demasiado a soportar los rigores de la carretera. Después de una gira de dos semanas por Europa, AC/DC aterrizó de nuevo en Estados Unidos para tocar en el Auditorium, en Oakland, California, el 5 de septiembre.

La periodista Sylvie Simmons escribió después de haberlos visto tocar en directo en el Long Beach Arena, California, el 10 de septiembre, «Me siento atraída por este quinteto de depravados simplemente porque están de vuelta, y porque en medio de este universo permanentemente cambiante, puedes confiar en que seguirán igual hasta el fin de los tiempos.» Décadas más tarde, otro periodista perspicaz afirmaba que sólo había tres cosas seguras en la vida: la muerte, los impuestos y AC/DC.

Partiendo de la costa occidental de América, la banda viajó, pasando por Nevada, hasta Texas. De algún modo Bon perdió el vuelo a Fénix y acabó bebiendo y jugando al billar durante toda la noche con los locales. Se cuenta que llegó al Civic Center Arena, en Amarillo, con tiempo de sobras para su actuación. Durante esas dos semanas, AC/DC dieron 10 conciertos en Texas con Molly Hatchet de teloneros en varios de ellos, para los que se agotaron las entradas. Los diez conciertos fueron todos en ciudades distintas, uno detrás del otro, con apenas tres días de descanso en total.

Remataron septiembre con un concierto el 26 en el Auditorium, en Memphis, como teloneros de Sammy Hagar y dos conciertos, para los que se acabaron las entradas, con Molly Hatchet en Charlotte, en Carolina del Norte y

Fotografía publicitaria anteriormente publicada de la banda que acabó usándose para la portada del álbum *Highway To Hell*.

Greenville, en Carolina del Sur. De allí viajaron de vuelta al sur hasta Jacksonville, Florida, luego a Alabama, y otra vez al norte a Atlanta, donde tocaron en el Fox Theatre con Pat Travers como telonero.

La revista *Creem* publicó una lista de las bandas más influyentes del rock en octubre de 1979. AC/DC fueron incluidos junto a Angel, Rainbow, Queen, Nazareth, Rush, Van Halen, Judas Priest, Whitesnake, Molly Hatchet, UFO, Mahogany Rush, The Runaways y The Godz. Describieron de forma hilarante a AC/DC: «Lo único que los australianos hacen es sentarse en sus estúpidas y pequeñas playas, bebiendo pésima cerveza aborigen, haciendo el panoli con sus tablas de surf porque apenas hay afición suficiente para remar hacia las olas. Ahí abajo necesitan una música que les ahogue, y en esta banda no hay salvavidas. Aproximándose como una ola de lodo cancerígeno, AC/DC hacen que Black Sabbath suenen como heavy metal para niños. Grandioso, comparable a limpiar una fosa séptica con un cepillo de dientes». *Estas dos últimas frases muestran por qué* Creem *fue siempre mi revista de rock preferida.*

La tarde del 19 de octubre conduje hasta el Aragon Ballroom, en Chicago. Por aquel entonces, mi novio John estaba ensayando para grabar un álbum con CBS Records, así que invité a su mánager y al cantante de la banda a venir a ver a AC/DC aquella noche. Las entradas estaban agotadas, y la excitación del público acerca de la banda estaba tomando tintes febriles. Highway To Hell *había despegado, y la banda estaba actuando como una apisonadora del rock perfectamente engrasada. La audiencia se volvió completamente loca con los nuevos temas, especialmente con «Highway To Hell» y otra de mis favoritas, «Girl's Got The Rythm». Fue tal infierno que Angus tuvo que hacer su paseo a hombros de un guardia de seguridad enorme. Los fans de Chicago nunca tenían suficiente AC/DC, y el concierto de la banda acabó demasiado pronto. Después, querían recoger e irse a la siguiente ciudad. Como iba con invitados preferí no visitar a la banda en el backstage. Estaban agotados y sólo les quedaban dos conciertos más en Estados Unidos antes de ir a Inglaterra.*

Después de que la banda se acomodara en el backstage, Barry (uno de los roadies de AC/DC y mi amigo) vino y me llevó al bus de la gira. Me dijo que tenía un regalo de cumpleaños para mí. Sí, lo sé, es lo que pensé. Un chico guapo con acento inglés me lleva finalmente al bus de la gira de AC/DC y todo lo que sacó es un colgante con una piedra azul y blanca que compró en una reserva india en Arizona. Muy bonito y profundo, de hecho. ¡Pero no lo que esperaba! Cuando salté y le besé en los labios se sonrojó y se echó hacia atrás. Y ahí se acabó la acción en el bus de AC/DC. Nos dijimos adiós y le pedí que le diera recuerdos a la banda y le transmitiera mi agradecimiento. Ver a la banda en directo, y pasar el rato con ellos en el backstage siempre que quisiera era para mí un privilegio increíble. ¡Por no mencionar que cuando estaba con ellos me lo pasaba mejor de lo que se puede escribir!

Mientras conducía de vuelta a Wisconsin, me puse a llorar sin saber exactamente por qué. ¿Le había cogido demasiado cariño a Barry después de todo ese tiempo? Levanté mi mirada a las estrellas y recé para que no les pasara nada en la carretera y para que no pasara mucho tiempo antes de que los volviera a ver. Mirando al pasado, de alguna manera debía saber que era la última vez que vería a Barry trabajar con la banda y la última vez que vería a Bon con vida.

Dos noches después, el 21 de octubre, la banda tocó en el St. John Arena en Columbia, Ohio. Perry Cooper viajaba con ellos y se deleitaba contándome que la noche antes habían volado a Nueva York a recibir su primer platino. Parece que la celebración empezó un poco pronto. «Estado en Columbia, donde habían tocado la noche antes, se supone que tenían que volar a Nueva York a recibir su primer platino. Bien, esa noche la pillamos buena, fue una noche fuerte. Nos lo pasamos genial, y después estuvimos corriendo por el hotel haciendo gamberradas. Bon estaba allí, fue estupendo. Su álbum *Highway To Hell* había alcanzado el platino, e iban a reunirse con todos los ejecutivos de WEA [Warner/Elektra/Atlantic], iba a ser un gran día. Bueno, nos cargamos el hotel un poco. Bloqueamos las puertas e hicimos algunas trastadas. Al día siguiente bajé las escaleras con traje y corbata y fui a quejarme del ruido de la noche anterior. ¡Y ahí me encuentro a las fuerzas del estado entrando por la puerta frontal! Me dirigí a un teléfono, llamé a Ian [el director de gira] y le dije que sacara a la banda del hotel: "¡Ya! Deja a los roadies, que les arresten a ellos, pero saca a la banda". De algún modo conseguimos llegar todos al avión e ir a Nueva York, y recibieron su disco de oro [y platino]. Éramos todos unos chicos muy malos, pero ¡nos lo estábamos pasando realmente bien!»

La banda recogió su premio por *Highway To Hell*, que había vendido más de medio millón de copias. Sólo hacía 12 semanas que había salido el disco. Su futuro como rockeros no podía presentar mejores perspectivas. Era ya un hecho que Malcolm y los chicos estaban camino de ver realidad su sueño de convertirse en asquerosamente ricos.

David Fricke escribió para *Circus* en noviembre de 1979, «El ritmo boogie y el agresivo ataque de las guitarras en *Highway To Hell* y *If You Want Blood (You've Got It)*, es tan despiadadamente duro y fuerte que el comportamiento de Angus en el escenario proporciona al mismo tiempo énfasis y un alivio cómico».

El productor Mutt Lange también era mencionado en el artículo, diciendo que la banda era mucho más refinada fuera del escenario que en él. Se maravillaba del hecho de que fueran famosos por su grosería, pero todavía se levantaran cuando su mujer entraba en la habitación.

La tendencia de Angus a saltar al público a zurrar a los impertinentes le consiguió la constante supervisión por parte de la brigada anti-vicio. Angus afirmó en *Circus*, «Estuvieron con nosotros todo el rato. Pero la cosa es que no hacemos nada malo. Se trata más de hacer fiesta. El único daño que hacemos es a los tímpanos».

Las complicadas relaciones con el gobierno australiano es lo que impidió que la banda hiciera giras allí con más frecuencia. *Highway To Hell* fue publicado en las antípodas a principios de noviembre, llegando al número 13. La primera vez que llegaban a las listas australianas en tres años. Una vez más volaron de Nueva York a Inglaterra, el país que anteriormente había recibido a AC/DC con los brazos abiertos. Los británicos apreciaban el buen rock 'n' roll. Dios sabe que han creado mucho.

Se suponía que la parte británica de la gira de *Highway To Hell* tenía que empezar el martes 25 de octubre, pero tuvo que posponerse debido a un incendio en el local. *Me dan escalofríos al pensar que eso sucedió en el pueblo natal de Brian Johnson y que además era en el mismo local donde Bon Scott dio uno de sus dos últimos conciertos con AC/DC.*

Del 1 al 4 de noviembre, AC/DC dio cuatro conciertos en los que se agotaron las entradas en el Hammersmith Odeon, ahora llamado Apollo. Justo tres años después de su incursión británica, la banda se había ganado la aprobación de la realeza británica… No hablamos de la monarquía, claro está, sino de la realeza del rock británico. *Aunque no me sorprendería que un día encontraran una foto en algún lugar de una joven Lady Diana Spencer en un concierto de AC/DC.* Apenas seis semanas después, la banda daría dos nuevos conciertos con el cartel de «agotado» en el Hammersmith, «por la demanda del público».

AC/DC cerraron su gira británica el 9 de noviembre, agotándose de nuevo las entradas para su concierto en el Hall de Montford, en Leicester. Tras un descanso de apenas 48 horas, continuaron por Europa, dando más de 30 conciertos en Bélgica, Alemania, Suiza, Holanda y Francia.

Barry, el considerado caballero inglés, se las apañó para mandarme una temprana postal de Navidad con fecha del 19 de noviembre de 1979, escrita en Passau, Alemania. El dibujo de la postal mostraba una escena religiosa y la felicitación de dentro estaba en alemán. Intuyo que decía, «Feliz Navidad y próspero Año nuevo».

«Puede que esto te llegue un poco prematuramente, pero no sé lo fiable que es el Deutsche Bundar Post. Justo hemos acabado de cargar, en medio de una densa nevada, la primera del año. ¡Parece que el invierno ha llegado de verdad! Passau es un pequeño pueblo bávaro en la frontera entre Alemania y Austria, es verdaderamente pintoresco. Hay un montón de calles adoquinadas y casas en ruinas. Estamos zigzagueando a través de toda Alemania, realmente saben cómo organizar una gira en esta parte del mundo. Al menos esta vez tenemos un bus, lo cual facilita mucho las cosas. Y hablando de organización, tenemos 14 conciertos en Francia, lo que es mucho para ese país, y en dos de ellos habrá que cancelar si llueve, y aun así el promotor francés asegura que no hay ningún concierto al aire libre, ¿Quizás haya goteras?

La banda ha bajado un poco de las nubes en este parte de la gira, nadie está demasiado pendiente de las estrellas del rock en el continente, así que han de ser amables con el personal, porque no hay nadie más con quien puedan hablar. Tengo la sospecha de que a Angus lo van a cazar pronto, parece muy involucrado en su relación con su novia holandesa, y visitó a sus padres hace un par de semanas, ¡sin sus cuernos! Bueno, espero que pases una feliz Navidad y un próspero Año Nuevo. Espero verte pronto en 1980. Sólo tengo que rematar unas cosas por aquí y termino.»

AC/DC dieron dos conciertos en Francia, en el Pavillion de Paris, el 9 de diciembre. El primero a las cuatro, y el segundo a las ocho, con Judas Priest. Volvieron a agotarse las entradas para su segunda actuación, filmada en directo. Publicada más tarde como *Let There Be Rock*, la filmación documentaba de forma increíble lo que era en realidad relacionarse con AC/DC en aquella época. Un *Behind The Music* anterior a la MTV, si lo quieren ver así. (Aunque, para aquellos que se quieran poner muy técnicos, *Behind The Music* se emite de hecho en la VH1.)

Lo que adoro de ese vídeo es que captura a AC/DC tal y como eran en el momento en que les conocí. Nunca llevaba una cámara conmigo en aquella época, tratando de no intimidar a algunas de las bandas a las que entrevistaba y con las que me relacionaba en aquella época. Admitámoslo, no todo era adecuado para ser filmado. ¡Especialmente en el backstage! La película Let There Be Rock *es un modo perfecto para mí de recordar a la banda cuando todos éramos salvajes, jóvenes e inocentes. Y debería añadir que bastante atractivos.*

A mediados de diciembre la banda estaba de nuevo en Londres. Volvieron a llenar dos veces el Hammersmith Odeon y dieron cuatro conciertos más con The Pirates para los que también se acabaron las entradas. Cada día, más y más fans se desviaban por la autopista hacia el infierno, y «Touch Too Much» y «Girl's Got Rhythm» estaban escalando posiciones en las listas de todo el mundo. Al fin parecía que la banda había salvado el último escollo. Se agotaban las entradas para todos sus conciertos, y habían ganado la batalla para que los pusieran en las radios americanas. Poco sabían que, en el curso de unas pocas semanas, el sueño de AC/DC se convertiría en una pesadilla y que perderían su inocencia para siempre.

Después de un breve descanso en Australia para pasar las vacaciones de Navidad, AC/DC estaban de nuevo en la carretera el 17 de enero, tocando en Francia y en el Reino Unido. El 25 y el 27 de enero dieron dos últimos conciertos en Mayfair, en Newcastle, y en Southhampton Gaumont. Tan pronto como cerraron la gira Highway To Hell, la banda se metió directamente en el estudio a grabar las primeras pistas para su siguiente álbum. Mutt Lange iba a ser el productor de nuevo, y la grabación se llevaría a cabo en Londres. Todos encontraron un piso, y Bon se instaló cerca del Palacio de Buckingham, en un barrio llamado Victoria.

El 20 de enero de 1980, la banda apareció en el Cannes Midem Festival para recibir una serie de premios. *If You Want Blood (You've Got It)* fue disco de oro en Francia y Reino Unido, y *Highway To Hell* fue plata en el Reino Unido y oro en Francia y Canadá.

El 7 de febrero aparecieron en *Top Of The Pops*, tocando «Touch Too Much». Dos días después, AC/DC hacía su primera aparición en la televisión española, en el programa *Aplauso*, en Madrid, tocando «Highway To Hell», «Girl's Got Rhythm» y «Beating Around The Bush». La mañana siguiente, los españoles disfrutaron de una inusual (y siempre emocionante) rueda de prensa de AC/DC.

Las predicciones de Barry respecto a Angus y el amor de su vida estaban en lo acertado. Angus se casó en Londres con su novia holandesa (que había sido modelo). Yo estaba contenta de que finalmente hubiera encontrado una esposa rubia que fuera con él a las giras y que le ayudara a cuidarse. Perry Co-

oper me contó en una ocasión que Ellen tenía una cocina especial para las giras para poder cocinarle algo tan pronto como bajara del escenario. *Si se hubiera casado conmigo lo único que habría tenido habrían sido unas gigantescas facturas del servicio del hotel.* La boda de Angus y Ellen apenas hizo mella en su
agenda, y los hermanos Young volvieron enseguida al estudio.

Antes de dirigirse a Londres, Bon paró en París y grabó una versión de su
futuro himno, «Ride On», con la banda Trust. El público no escucharía esa
grabación hasta 1998. Mientras Bon trabajaba en las letras, presumía ante el
fotógrafo Robert Ellis, tal y como explica la cita en el libro de Mark Putterford, *Shock To The System*: «De lo único que hablaba era de lo grandioso que
iba a ser el nuevo disco. Llevaba su libreta llena de letras a todas partes, y te
las leía en cuanto tenía la ocasión. No paraba de explicarte cosas del nuevo
disco, de cómo iba a ser lo mejor que AC/DC había hecho nunca, y estaba tan
entusiasmado con él que no podías evitar creértelo».

La noche del 18 de febrero, Bon cenó temprano con Ian Jeffery (el director de gira). Luego volvió a casa e hizo tres llamadas telefónicas. Una a su ex
novia, Silver Smith; otra a Coral Browning, que vivía en Los Ángeles; y otra
a la mujer con la que salía por entonces (Anna Baba, su novia japonesa).
Cuando Bon habló con Silver le preguntó si quería que hicieran algo juntos.
Silver ya tenía planes, pero cuando su amigo Alistair Kinnear la llamó para ir
a ver el debut de una banda en el Music Machine (anteriormente llamado
Camden Palace), sugirió que llamara a Bon en su lugar. Kinnear acabó reco-
giendo a Bon y llevándoselo al club hacia medianoche. Durante un par de horas, tanto Bon como Kinnear estuvieron de fiesta a lo grande en el Music Machine, bebiendo en el bar gratuito del backstage, así como en el bar del piso
superior. Kinnear dijo más tarde que vio a Bon beberse al menos siete whiskys
dobles esa noche.

Para cuando Kinnear llevaba a Bon en coche a su piso en Ashley Court, en
Westminster, alrededor de las 3 de la mañana, Bon ya estaba inconsciente. Se
cuenta que Kinnear estuvo buscando a la novia de Bon, Anna Baba, que no estaba en casa. Abrió la puerta del apartamento número 15, en el cuarto piso,
usando las llaves de Bon, pero fue incapaz de alzar a Bon para meterlo dentro
de la casa. Al dejar la puerta del apartamento desatendida mientras se esforzaba por sacar a Bon del coche, Kinnear acabó quedándose con la puerta del
edificio cerrada y las llaves dentro. Al día siguiente se encontró una nota del
portero explicando que la puerta de Bon se había quedado abierta y que en la
alfombra de dentro había encontrado un juego de llaves.

Cuando llamó a Silver pidiendo ayuda, ésta le dijo que llevara a Bon a su
propio piso en el número 67 de Overhill Road, en East Dulwich, al sur de
Londres. Una vez que llegó a casa fue incapaz de mover a Bon lo más mínimo.
Siguiendo el consejo de Silver, Kinnear reclinó el asiento delantero para que

AC/DC en el concierto de Sunshine Pop Starts (1980), poco antes de la muerte de Bon Scott (primero por la derecha).

Bon estuviera estirado. Luego lo tapó con una sábana y le dejó una nota para que cuando Bon se despertara supiera a qué apartamento ir.

A la mañana siguiente, alrededor de las once, una amiga que se llamaba Leslie Loads despertó a Kinnear. Kinnear tenía tanta resaca que le pidió a Loads que le echara un vistazo a Bon. Cuando Loads volvió diciendo que el coche estaba vacío, Kinnear volvió a la cama. Esa tarde, hacia las 7:45, Kinnear bajó a por su coche con la intención de visitar a su novia. Se quedó sorprendido al ver a Bon tendido todavía en la misma postura en que lo había dejado y sin respiración. Kinnear lo llevó inmediatamente en coche al King's College Hospital, donde declararon que Bon había llegado muerto.

Kinnear dio los datos de Silver como su persona más cercana en Londres, así que la telefonearon del hospital pidiéndole que viniera inmediatamente. Cuando llegó la llevaron a una pequeña habitación y le dieron una taza de té. Cuando Silver se dio cuenta de que Bon estaba muerto, les dio el teléfono de Peter Mensch. También llamó a Angus, aunque afirma que no se acuerda de ello. Se citó a Angus diciendo, «Peter, nuestro manager, se dirigió al hospital lo más deprisa que pudo para enterarse de qué había pasado exactamente y para identificar a Bon, porque todo el mundo tenía dudas en aquel momento. Yo llamé inmediatamente a Malcolm, porque en ese instante pensé que quizás se había equivocado, ya sabes, sólo que sí se trataba de Bon. Ian, nuestro director de gira, dijo que no podía ser Bon, porque esa noche se había ido a la cama pronto. La chica me dio el teléfono del hospital, pero no me querían dar ninguna información hasta que se hubieran puesto en contacto con la familia de Bon. De todos modos, Malcolm telefoneó a los padres de Bon, porque no queríamos que estuvieran sentados tranquilamente viendo la televisión y de repente vieran la noticia, ya sabes».

Malcolm dijo en una entrevista en *Ultimate Albums*, el programa de la VH1, en junio del 2003, que ésa fue la llamada de teléfono mas difícil que ha tenido que hacer nunca. La madre de Bon, Isa, recordó cómo al principio pensó que la voz al otro lado del teléfono era la de Bon. Cuando se dio cuenta de lo que Bon le estaba tratando de explicar, sólo pudo gritar. Isa dijo también que al menos su amado Ronnie tuvo el detalle de no morirse el día de su cumpleaños, que había sido el día anterior.

Ian Jeffery fue a identificar el cadáver de Bon con Peter Mensch. El certificado de defunción de Bon afirmaba que su muerte había sido causada por una intoxicación etílica aguda. Sin que nadie lo viera, a pocos meses de cumplir treinta y cuatro años, Bon se nos fue... sólo, en un frío y oscuro automóvil a primera hora de la mañana del 19 de febrero de 1980. Se marchaba uno de los más originales, únicos y osados cantantes de rock.

La BBC Radio London confirmaría que «el cuerpo de Bon Scott, de treinta y tres años, fue hallado la pasada noche en un coche aparcado en Dulwich, en el sur de Londres».

La tarde siguiente, estaba conduciendo hacia el hospital para recoger a mi madre, que estaba batallando con un cáncer terminal. Una canción de AC/DC atronó en la radio de mi coche, trayéndome un necesitado momento agradable. Justo después de haberse acabado la canción, el locutor dijo, «Éste ha sido nuestro tributo a Bon Scott, quien ha sido encontrado muerto hoy en un coche en Londres». No podía dar crédito a mis oídos. Todo lo que pude hacer fue echar el coche a un lado de la carretera y sollozar. ¿Cómo podía pasar algo así? Después de tanto trabajo, de los años de gira, de incontables actuaciones, de las legiones de seguidores que seguían creciendo y creciendo... ¿Qué iba a hacer la banda ahora?

Me quedé allí sentada, preguntándome qué iba a ser de ellos, con el corazón hecho pedazos por la banda y especialmente por Bon y su familia. Sencillamente era increíble que nos hubiera dejado tan repentinamente, de una manera tan aparentemente estúpida. El hombre que había divertido a millones, moría solo. Aunque Malcolm, Angus, Phil y Cliff sufrieron una de las mayores pérdidas de su vida, se agarrarían los machos, alzarían la antorcha del rock 'n' roll y volverían rugiendo clamando venganza. AC/DC estarían de vuelta... de vuelta en negro.[40]

---

40. En referencia a su álbum *Back In Black*.

12. Back In Black

Tan pronto me recompuse lo suficiente como para conducir, busqué una cabina de teléfonos y llamé a mi novio, John. Entre sollozos, le espeté que Bon se había ido, y que no entendía cómo podía haberle pasado algo así. Le rogué a John que encendiera la televisión y la radio y que averiguara si era cierto. Cuando, finalmente, llegué a la habitación del hospital donde estaba mi madre, ella ya estaba lista para volver a casa por última vez. Aunque no quería cargarla con la noticia, no pude ocultar mi desolación. Acabamos llorando por Bon juntas. Después de mi divorcio estuve viviendo con ella durante casi un año. Sólo los había visto actuar por televisión, pero había atendido a muchas llamadas telefónicas de Barry y de los chicos. Aunque mi madre se estaba muriendo, ese día fue ella la que me reconfortó a mí. Seis semanas después la perdería a ella también.

En 1980 no teníamos canales de noticias de 24 horas, así que obtener detalles sobre Bon llevaba un tiempo. Apenas recuerdo la conversación por teléfono con Barry, el roadie de AC/DC; estábamos los dos muy impactados. Barry acababa de dejar de trabajar para la banda y vivía en Hollywood.

La banda apagó los teléfonos durante varios días y se sumió en un duelo paralizante. De hecho, durante un tiempo pensaron en dejarlo. Perder a Bon no era sólo perder al cantante de su banda, sino la pérdida de un hermano: alguien a quien todos admiraban, amaban y a quien querían imitar. Cuando vino Bon, que era mayor y estaba curtido en la carretera, irrumpió en AC/DC con su estilo rockero propio. Cautivó a la audiencia, y definió para siempre la personalidad traviesa de la banda.

Angus dijo más tarde en la revista *Musician*, «Fue como perder a alguien de la familia, puede que incluso peor, porque todos respetábamos mucho a Bon como persona, porque, aunque le gustaba beber y estaba un poco loco, siempre estaba allí cuando había que trabajar, y creo que sólo se ha perdido tres conciertos en toda su carrera, y en todos los casos fue porque su voz no estaba bien y no queríamos que cantara en esas condiciones. Pero creo que es más triste para él, ya sabes, porque siempre dijo que no se moriría sin haberse vuelto famoso. Malcolm y yo teníamos muchas ganas de meter a Bon en el estudio. Más que con ningún otro álbum que hubiéramos hecho antes, porque, después del éxito del anterior, iba a ser todo un reto, ya sabes. Lo mejor que nunca hubiera hecho en un disco, creo que ésa es la verdadera pérdida para todo el mundo, en particular para los fans, ya que habrían tenido la oportunidad de escucharle en su mejor momento. Para él hubiera significado alcanzar la gloria».

Se citó a Malcolm en *Classic Rock*, en agosto de 2004, diciendo, «Estábamos muy deprimidos. Sólo dábamos vueltas en silencio. Porque no nos quedaba nada. *Nada*».

La autopsia practicada a Bon el 22 de febrero reveló media botella de whiskey en su estómago. Ha habido muchos rumores y confusión acerca de lo que le pasó a Bon aquella noche... de todo, desde el asesinato hasta la sobredosis de heroína. La verdadera tragedia fue la fatal decisión de dejarlo a solas en el coche. La autopsia reveló que no había tomado drogas. La ex novia de Bon, Silver, había tenido problemas con la heroína, y Bon sufrió una sobredosis tras probarla por primera y única vez años antes en Australia. Después de ese susto, se quedó con su vieja botella de Jack Daniels. Bon raramente bebía antes de sus actuaciones, y solo se desmadraba después de haber cumplido con sus responsabilidades en la banda.

Respecto a lo de beber hasta caer inconsciente, Ian Jeffery dijo en una ocasión que había compartido habitación con Bon durante cinco años y que nunca le había visto dormir en una cama. Pero, no importaba la juerga que se hubiera corrido la noche anterior, siempre estaba a punto para el siguiente concierto. Que muriera sólo, a oscuras, en un coche helado en plena noche, es completamente incomprensible.

Kinnear fue interrogado al día siguiente por la policía, pero durante los últimos 25 años nadie ha sido capaz de encontrar su pista. Finalmente, a finales de 2005, *Classic Rock* consiguió una entrevista en exclusiva con Kinnear en persona, quien vivía en la Costa del Sol, en España, desde 1983. Kinnear negó los rumores de que Bon se había ahogado en su propio vómito y de que se había quedado enroscado en el cambio de marchas de su coche. Cuando se encontró con Bon, estaba tendido en la misma posición en la que él lo había dejado.

Kinnear prosiguió para declarar, «Al día siguiente, Silver vino a verme. Me dijo por primera vez que Bon había estado recibiendo tratamiento por proble-

El malogrado Bon Scott,
la sonrisa de AC/DC que se apagó
trágicamente en 1980.

mas de hígado, pero que se había saltado sus últimas citas con el médico. Ojalá lo hubiera sabido a tiempo… Verdaderamente me siento responsable por la muerte de Bon. Que poca vista tuve. Lo habría llevado al hospital en cuanto se quedó inconsciente, pero, en esos días de excesos, el quedarse inconsciente era común y no parecía algo por lo que hubiera que alarmarse… Lo que me gustaría explicar a raíz de esta desafortunada experiencia, es que deberíamos tener más cuidado con nuestros amigos, y ser más precavidos si no conocemos todos los hechos».

De todo el mundo llegaron condolencias y tributos a Bon Scott. Cheap Trick y Angel City hicieron una versión de «Highway To Hell». Santers, un trío canadiense, versionó «Shot Down In Flames». Los amigos de Bon de la banda francesa Trust le dedicaron su álbum *Repression*. La banda escocesa Girlschool añadió «Live Wire» a sus conciertos, y en Estados Unidos, Nantucket (la banda que había tocado tantas veces con AC/DC) eligió versionar «It's A Long Way To The Top» y usarla para abrir su nuevo álbum, de idéntico nombre. El pub londinense Bandwagon celebró una noche para recoger fondos para Bon Scott, y Ozzy Osbourne y Randy Rhoads le escribieron la canción «Suicide Solution». Se publicaron historias en toda la prensa mundial, y George y Harry publicaron un anuncio a toda página en *RAM* que decía, «Un gran cantante, un gran compositor, un gran amigo, único en su especie. Te echaremos de menos».

Los restos de Bon fueron enviados a Perth para su incineración y su entierro. La familia de Bon, la banda y unos cuantos amigos selectos asistieron al funeral en una iglesia en Fremantle, Australia. Las cenizas se depositaron sin demasiado bombo en el Memorial Garden, bajo los árboles de caucho, en el cementerio de Fremantle, el primero de mayo de 1980. Perth, en Australia, estaba demasiado lejos para que la mayoría de los fans lo visitaran. La madre de Bon expresó su sincero agradecimiento a los fans presentes por haber sido tan respetuosos. Angus lo describió: «El funeral en sí fue bastante tranquilo, aunque había un montón de chicos fuera. Fue mejor permanecer calmados, porque hubiera podido ser un desastre si un montón de gente hubiera convergido allí.»

Durante la ceremonia, Chick, el padre de Bon, se aproximó a Malcolm y le explicó que tendrían que encontrar otro cantante y continuar su camino. Es lo que Bon hubiera querido. ¡Claro que sí!

La banda se quedó unos días con los padres de Bon, quienes insistían en que el grupo no debía pararse. Chick también le dijo a Angus, «Debéis continuar con AC/DC. Sois jóvenes, estáis a punto de tener un gran éxito, y no os podéis permitir rendiros ahora». Angus explicó en el *Classic Rock* de agosto de 2005: «Pero, siendo honesto, en realidad no le escuchábamos; estábamos inmersos en nuestro dolor. El padre de Bon siguió repitiendo su consejo. Nos dijo una y otra vez: "Deberíais seguir, todavía tenéis mucho que ofrecer"».

En una declaración de prensa, su discográfica, Atlantic, escribió, «Bon Scott fue siempre el bromista de AC/DC. Las historias sobre sus excesos sexuales y etílicos son incontables, y la parte de la montaña de correo que recibía de los fans que no se trataba de jovencitas haciendo proposiciones tentadoras, se trataba de gente que se quejaba de que estuviera "corrompiendo al pobre Angus". Por desgracia, Bon ya no está entre nosotros, después de que, trágicamente, fuera más lejos de la cuenta en una de sus sesiones alcohólicas. Pero si hay algo reconfortante que encontrar en una muerte tan prematura e innecesaria, es que, probablemente, Bon se marchó como le hubiera gustado, sin pestañear mientras sobrepasaba los límites una vez más».

Durante toda mi investigación sobre Bon no fui capaz de encontrar ni una sola mala palabra sobre él ni dicha ni escrita en ningún sitio. Incluso su ex mujer y sus ex novias se preocupaban todavía por él, ¡y no hay muchos chicos de los que se pueda decir eso! Era una estrella del rock nata, y amaba a la gente. Tal y como Angus dijo en una ocasión, Bon no era el típico cantante de rock. Empezó como batería, y siempre actuó como uno más en la banda… nunca como una estrella. En la película *Let There Be Rock*, le preguntaron si se sentía como una estrella del rock. Bon se rió del entrevistador y dijo, «No, ¡Aunque algunas veces veo las estrellas!».

En el momento de su muerte, Bon estaba escribiendo las letras para el nuevo álbum. Mientras Angus y Malcolm estaban machacando las pistas básicas, Bon se acercó a E'Zee Hire, el estudio de ensayo en el que estaban trabajando. No grabó ninguna voz, pero la semana antes de morir se asomó y se ofreció para tocar la batería con ellos, afirmando, «Ya sabéis, me gusta tener las manos ocupadas». Juntos, improvisando sobre uno de sus distintivos riffs, crearon «Have A Drink On Me». Más tarde, Bon ayudó también a crear la introducción de batería para «Let Me Put My Love Into You». Tras acordar verse la semana siguiente con más letras escritas, Bon se despidió y se marchó. Era la última vez que Angus y Malcolm le verían.

Se ha especulado mucho acerca de lo que pasó con la libreta con las letras de Bon junto con el resto de sus efectos personales tras su muerte. Se ha citado a Ian Jeffery diciendo que tenía en su posesión una libreta de Bon con letras para 15 canciones para *Back In Black*. Nadie ha visto hasta la fecha esa libreta, ni se ha sabido que la la familia de Bon la hubiera recibido. Angus negó acaloradamente estos rumores en el número de agosto de 2005 de *Classic Rock*: «No, no se sacó nada de la libreta de Bon. [Tras su muerte] todas sus cosas se mandaron directamente a su madre y a su familia. Eran sus efectos personales, sus cartas y cosas así. No hubiera estado bien quedárselo. No era nuestro».

Después de la ceremonia en honor a Bon, todo el mundo en el círculo de la banda empezó a sugerir que buscaran otro cantante. Angus y Malcolm no eran tan optimistas, pero al final accedieron a hacer unas audiciones. Después de varias semanas de lamentarse por separado en sus respectivas casas, Malcolm llamó a Angus y le sugirió que trabajaran en algunas canciones… para mantenerse ocupados y permanecer juntos. Sin preocuparse ni por los managers, ni por la compañía de discos, ni por nadie más, Angus y Malcolm se encerraron en el estudio y volcaron su dolor en su música. Angus le contó a *Classic Rock*: «Supongo que nos refugiamos en nuestra música. Por entonces no podíamos pensar con mucha claridad. Pero decidimos que trabajar sería mejor que quedarnos sentados lamentando la muerte de Bon. Así que, de algún modo, fue terapéutico, ya sabes».

Cuando llegó el momento de hablar de encontrar un sustituto, Angus afirmó: «Después de un tiempo, cuando teníamos todas las canciones casi acabadas, supimos que teníamos que afrontar la cuestión del nuevo cantante. Pero no se trataba de poner un anuncio en una revista musical que dijera: "AC/DC busca un nuevo cantante." No… eso hubiera sido demasiado. Se trataba de algo más sutil. Las personas como Bon son únicas. Son especiales. No queríamos que viniera alguien a copiarle. Si había algo que queríamos era alguien que tuviera su propia personalidad».

Perry Cooper se quedó estupefacto cuando le llegaron las noticias sobre la muerte de Bon. «La muerte de Bon me dolió mucho. De hecho, en febrero me llegó una postal de Navidad, después de que hubiera muerto. Era una postal guarra, con doble sentido, y escribió: "No sabía a quién enviar esto, y entonces me acordé de ti. Feliz Navidad, colega. Bon". Cuando la recibí ya llevaba muerto casi un mes, así que fue muy triste. Y me pregunté a mí mismo, cómo iban a reemplazarlo.»

Aparentemente, Bon no puso sellos suficientes en sus postales en la Navidad de 1979, y de alguna manera se retrasaron hasta finales de febrero. No importaba lo ocupado que estuviera mientras estaba de gira, se preocupaba mucho de su familia, de sus amigos y de sus fans, y siempre hacía un esfuerzo extra para mostrárselo. No es sorprendente que, incluso muerto, Bon tuviera la última palabra.

Cuando AC/DC empezaron a elaborar la lista de posibles cantantes para la audición, muchos nombres importantes aparecieron entre las posibilidades. Pensaron en Terry Wilson-Slesser, quien cantaba en Back Street Crawler, la banda de Paul Kossoff, el ex guitarrista de Free; Gary Holton, de la banda de los setenta The Heavy Metal Kids; Steve Burton, un cantante inglés; y Jimmy Barnes, el cantante de la banda de su primo Steve Young, The Starfighters. Las audiciones se realizaron en un local de ensayo en Pimlico, Inglaterra, donde se fijaron en un joven cantante australiano llamado Allan Fryer, de la banda Fat Lip. George y Harry llegaron incluso a decir que era el nuevo cantante de AC/DC, hasta que los representantes de AC/DC recibieron una cinta de una banda del norte de Inglaterra llamada Geordie.

El saber popular sobre AC/DC afirma que un fan de Chicago envió a los representantes una cinta de la banda de Brian Johnson. De todas formas, también he leído que el fan era de Cleveland. Sea como sea, es bastante interesante que hiciera falta que les enviaran una cinta desde el otro lado del océano para avisar a AC/DC sobre alguien que estaba allí mismo, en Inglaterra… Un cantante que había actuado delante de Bon, y que en cierta ocasión fue incluso recomendado por él mismo. Impresionado por la actuación de Brian la noche en que la banda de Bon, Fraternity, tocó como telonera de Geordie, se dice que Bon le dijo una vez al resto de la banda que si alguna vez tenían que encontrarle un sustituto, Brian sería una buena elección. Tal y como Angus recordó en *Classic Rock*: «Bon era un gran fan de Little Richard. Creía que todo aquel que cantara rock 'n' roll tenía que igualar a Little Richard. Recuerdo que Bon decía que Brian era un gran cantante en la línea de Little Richard».

Una vez que AC/DC hubieron escuchado la cinta, localizaron inmediatamente a su cantante, Brian Johnson, en Newcastle, y le llamaron para que viniera a una audición. Se quedó tan sorprendido por la llamada telefónica que la primera vez colgó el teléfono, pensando que se trataba de una broma. Todavía hoy se ríe cuando recuerda lo que pasó cuando finalmente accedió a ir y se presento allí.

Cuando Brian llegó al local de ensayo, el 29 de marzo de 1980, se puso inmediatamente a jugar al billar con un par de amigos de la banda, pensando que también habían venido a la audición. Asumió que cuando la banda estuviera lista para su turno bajarían a buscarle.

Brian es el chico más genial que puedas conocer, y quedarse esperando a que la banda bajara a buscarle define perfectamente su personalidad. Hora y media después, Malcolm bajaba las escaleras, frustrado porque el cantante que estaban esperando, aparentemente, les había dado plantón. ¡Se echaron unas buenas risas cuando se dieron cuenta de que Brian nunca había pasado de la mesa de billar! La banda se lo llevó al estudio, y sólo interpretaron unas cuantas canciones de AC/DC: «Whole Lotta Rosie», «Highway To Hell» y el éxito de Ike y Tina Turner, «Nutbush City Limits».

Unas semanas más tarde, después de que se cerraran las audiciones, los representantes de la banda llamaron a Brian y le informaron de que el puesto era suyo. Malcolm afirmó que se decidió por Brian en la misma audición: «Brian cantó estupendamente. [Su audición] puso una sonrisa en nuestras caras… por primera vez desde lo de Bon». Angus recuerda que cuando Brian salió por la puerta, todos estaban contentos. «Más o menos encajó desde el principio. La cosa es que queríamos a alguien con personalidad, y eso es lo que es él exactamente». Johnson no estaba tan seguro. Supuso que si las cosas no salían bien, les podría contar a sus amigos que había estado en AC/DC unas semanas y de paso sacarse unas vacaciones en Londres. Sus «vacaciones» han durado 26 años, y sigue sumando.

Quince meses más joven que Bon, Brian Johnson nació el 5 de octubre de 1947 en Newcastle Upon Tyne, en Northumberland, en el norte de Inglaterra. Sus padres son Alan Johnson, sargento mayor en el Ejército Británico, y su mujer italiana, Esther. De pequeño, Brian cantó en el coro de la iglesia y actuó en Gang Shows con los Scouts. (Los Gang Shows eran producciones teatrales organizadas por los scouts. La creación del productor Ralph Reader se había convertido en una tradición Scout en todo el mundo). También participó en un programa televisivo. Tras dejar la escuela, Brian pasó a ser aprendiz de mecánico industrial en una fábrica local de turbinas mientras cantaba por las noches con bandas locales.

En 1972, a la edad de veinticinco, Brian se unió a la banda de rock USA. Junto al guitarrista Vic Malcolm, el batería Brian Gibson y el bajista Tom Hill, cambiaron su nombre a Geordie. (*Geordie* es una palabra del argot inglés que se refiere a aquellos que trabajan duro y beben a lo bruto, lo cual prácticamente se podría aplicar a toda la población masculina de Newcastle.)

Su primer single, «Don't Do That», se publicó a finales de año por EMI, escalando hasta la posición 32 de las listas británicas. Unos pocos meses después, su segundo single, «All Becouse Of You», llegó al número seis, y el tercero «Can You Do It», también se metió en el Top 20. Apuntándose al tren del glam-rock, el cuarto single de Geordie, «Electric Lady» solo llegó a la posición 32 en agosto de 1973.

Durante los tres años siguiente, Geordie sacó tres álbumes: *Hope You Like It, Don't Be Fooled By The Name* y *Save The World*. En 1974 publicaron también un álbum recopilatorio, *Master Of Rock*. Justo después de que saliera *Save The World*, Geordie decidieron disolverse. Brian explicó historias a *Musician* en una ocasión sobre seguir al lechero a las cinco de la mañana y robar comidas a medio acabar de los platos de otra gente en los restaurantes locales. «Lo dejé [la banda] hacia 1975, porque todo iba mal. Así que lo dejé y pensé que nunca volvería a unirme a una banda profesional. Nunca.»

Cinco años después, justo antes de que le llamaran de parte de AC/DC, Brian había convencido a sus antiguos compañeros de banda para volver a formar Geordie e intentarlo de nuevo. Después de reunirse, Geordie había firmado un contrato para grabar un single con Red Bus Records cuando Brian recibió la oferta de trabajo de su vida. Geordie continuó su camino reclutando a Terry Schlesser para que ocupara el lugar de Brian, dejándole libre para que aceptara la oferta más prometedora que un rockero de clase obrera podría esperar jamás. Cinco semanas y media después de la muerte de Bon, Brian Johnson pasó a ser el nuevo cantante de AC/DC.

Por aquel entonces, Brian estaba casado y con dos hijas, y vivía en Newcastle, ganándose la vida con su propio negocio, instalando techos de vinilo en coches. Durante los últimos cinco años había cuidado de su familia, abandonando prácticamente la idea de conseguir algo en el negocio de la música. ¡Convertirse en el cantante de AC/DC tenía que haber sido uno de sus sueños más locos! Tan pronto como fue contratado, la banda le avanzó algo de dinero para cubrir sus deudas. AC/DC incluso compensaron a Geordie por las pérdidas que pudieran causarle, e inmediatamente se llevaron a Brian a ensayar para el nuevo álbum.

En lugar de grabar en Londres, tal y como habían planeado, la banda decidió aprovechar las ventajas fiscales de grabar en la Bahamas en los estudios Compass, en Nassau. Éste era el estudio de grabación que había construido Chris Blackwell, el propietario de Island Records. No sólo apartó a la banda de la presión de los medios, sino que le proporcionó un entorno tranquilo y relajado para trabajar con Brian. Evidentemente, viajar a una isla tropical no era lo maravilloso que se suponía. Cuando la banda llegó, unas violentas tormentas azotaban la isla. Brian recordó: «No era un paraíso tropical. No todo eran playas blancas. Llovía a cántaros, había inundaciones, toda la electricidad se fue y nos quedamos sin televisión».

Sus aposentos tampoco eran exactamente seguros. Brian explicó: «Aquella negra grandota y vieja llevaba el lugar con mano de hierro. Por las noches teníamos que cerrar las puertas con llave porque nos había advertido sobre los haitianos, que podían entrar a robar. ¡Así que se nos compró a todos unos arpones de dos metros para que los tuviéramos en la puerta! Desde luego era muy diferente a Newcastle, puedes creerme».

Malcolm recordó en *Classic Rock*, en agosto de 2005: «Era el mejor sitio para hacer aquel álbum porque no pasaba nada. Por las noches nos sentábamos con un par de botellas de ron con leche de coco y trabajábamos. De allí salieron muchas ideas para las letras».

Junto a AC/DC, algunas de las estrellas más importantes del rock visitaron también los estudios del señor Blackwell en 1980. Keith Emerson, de Emerson, Lake and Palmer, había grabado allí antes, y le gustó tanto que acabó viviendo en las Bahamas durante varios años. «Lo que pasó con nosotros, con ELP, es que estábamos grabando en Suiza y no me gustaba demasiado el sitio, porque no pasaba nada. Así que nos mudamos a las Bahamas en 1978 o 1979 para trabajar en el álbum *Last Beach*. La razón por la que escogimos las Bahamas era que se trataba de un paraíso fiscal, lo cual es probablemente la razón por la que lo hicieron AC/DC. En Inglaterra en aquella época estaban gobernando los laboristas, que cargaban con unos impuestos exorbitantes a la gente que ganaba mucho dinero. Creo que pagábamos como el 80 o el 90 por ciento de nuestros ingresos. Todos nos fuimos de ahí. Así que muchas bandas británicas estaban abandonando Inglaterra.»

Emerson reconoce que Compass Point era un lugar de interés para las estrellas del rock. «Era una época interesante. Ringo Starr llegó con el cantante [Harry] Nilsson. Era la época en que los dos estaban tomando un montón de drogas. Así que había toda esa hilaridad viniendo del estudio de al lado. Recuerdo una noche en que me asomé a eso de las once. Ringo es un chico muy amistoso, e incluso hoy día, cuando le veo, tenemos algo de lo que hablar. Es un chico encantador. En esa ocasión en particular, de la que dudo mucho de que pueda acordarse, estuvimos charlando, y no podía recordar dónde se suponía que estaba acomodado. Aparentemente, su estancia había sido organizada por Chris Blackwell, quien no estaba allí. Resulta que sabía dónde estaban las estancias de la gente que estaba grabando. Está aproximadamente a unos cuatrocientos metros, y la noche era negra. El único medio de transporte de que disponía era una motocicleta Norton 750, que estaba fuera. Así que Ringo dijo: "Me subo ahí detrás y tú me llevas a donde debo ir". Lo llevé a lo largo de Love Beach de vuelta a sus aposentos. Fue solo cuando ya lo había dejado y regresaba al estudio cuando me di cuenta: ¡Dios, Señor, había llevado a uno de los Beatles en mi moto!»

Emerson recordó haberse tropezado con Grace Jones, que también estaba trabajando en Compass, justo antes de que llegaran AC/DC. «Entonces nos enteramos de que iba a venir una banda de Australia. No sabía mucho de la historia de la banda, pero también había nervios cuando venía una banda de Inglaterra. Cuando llegaron, AC/DC llevaban toda su indumentaria inglesa, ya sabes, chaquetas de cuero... Y, por supuesto, ya sabes que lo que llevábamos en las islas eran unos pantalones cortos y una camiseta, si es que la llevábamos. Brian fue el primer chico con el que hablé, y estaba intentando adaptarse al clima. Hacía mucho calor, y por entonces yo me había comprado una lancha de pescador de seis metros. No era muy lustrosa, pero me permitía salir a pescar y practicar esquí acuático y submarinismo, tenía un estéreo y una nevera, era algo manejable para que una persona se moviera alrededor de la isla. Cuando se lo mencioné a Brian, dijo: «¡Oh, Dios, me encantaría ir contigo!» Y la mayoría de los miembros de la banda dijo lo mismo. Les pregunté si les apetecía venir a pescar conmigo. Habían llegado en primavera, y en abril abundaba el atún alrededor de la isla... siempre y cuando supieras adónde ir. Los locales me habían enseñado muchas cosas sobre la pesca, así que confiaba bastante en que pescaríamos algo. Creo que partimos a media tarde, y, por supuesto, todos los pájaros estaban saliendo de la isla y convergiendo en un área en particular, así que sencillamente tiramos las cañas y en diez minutos ya teníamos un pez a bordo. Lo cual, por supuesto, les entusiasmó. Yo me sentí aliviado, porque si no pescábamos nada mi reputación como pescador hubiera quedado... Bueno, hubiera sido como en la novela de Ernest Hemingway.

»Creó que se lo pasaron en grande, y en cierto modo les introdujo en mi modo de vida en las Bahamas. Creo que les acabó buscando, y se relajaron para su grabación en Compass Point. Me encontré con Brian un poco después y me dijo que le había costado un poco poner las voces después de haber estado tomando el sol. Justo después de haber estado en la playa, subió directamente a los estudios Compass, que están al cruzar la calle viniendo desde la playa. Llevando sus bermudas, se puso los auriculares y empezó a rugir, y no acababa de resultar. Se estaba dejando el alma en cantar, pero le faltaba poderío. Así que se le ocurrió una idea. Dijo que iba al hotel y que volvía enseguida. Tardó como una hora en volver, y cuando vino llevaba puesta su ropa de actuar. Entró en la cabina de grabación de voces y dijo: "¡Venga, dadle a la cinta!" Y, por supuesto, funcionó, rugió hasta dejarse la garganta. ¿Sabes? Sencillamente no podía cantar en pantalones cortos, eso era lo que sucedía.»

Por entonces, en 1980, Emerson no estaba muy familiarizado con la música de AC/DC, así que le pregunté qué pensaba de ellos como personas, ya que yo siempre he pensado que son muy naturales. Riéndose, respondió: «¡Absolutamente! No había egos ni nada de "¡Eh, escucha! Soy una estrella del rock, y no me puede dar el agua salada. ¡Y ciertamente no puedo soportar esta bahía para turistas que habéis montado en este pozo infecto!" Básicamente todos los chicos se lo tomaron a broma y disfrutaron plenamente de la experiencia. ¡Yo sólo me lo estaba pasando bien con un grupo de chicos en mi bote! En otras palabras, ninguno tenía esa actitud de "¿No sabes quién soy?" Lo habría sabido ver enseguida y no les habría invitado a bordo. Estuvieron muy aplicados y muy interesados, y realmente fue genial para mí el tenerlos de compañía.»

Con Mutt Lange una vez más en cabeza, AC/DC se embarcó en la grabación de su octavo álbum con su nuevo cantante. Acerca de trabajar con Lange otra vez, Angus le explicó a *Classic Rock*: «Creo que fue muy beneficioso para él y para nosotros. Después de que hiciera *Highway To Hell* estaba muy solicitado, pero creo que le vino bien [grabar otra vez con AC/DC]. Especialmente después de lo que nos había pasado. Hay que alabarle que todavía quisiera involucrarse con nosotros después de la muerte de Bon».

Brian no sólo tenía que adaptarse a la banda, sino que también tenía que enfrentarse al reto de escribir sus propias letras. Brian explicó en el programa de la VH1, *Ultimate Albums*, que estaba paralizado por el miedo. Reveló que, mientras rezaba pidiendo una guía, tuvo una experiencia paranormal relacionada con Bon, de la que no quiso dar más detalles. A juzgar por el futuro éxito de su álbum, creo que podemos afirmar sin miedo a equivocarnos que Bon escuchó sus oraciones.

En homenaje a Bon, la banda se decidió por una portada para el álbum completamente negra y por un título acorde, *Back In Black*. Las diez canciones incluidas en este álbum histórico fueron «Hells Bells», «Shoot To Thrill», «What Do You Do For Money Honey?», «Give The Dog A Bone», «Let Me Put My Love Into You», «Back In Black», «You Shook Me All Night Long», «Have A Drink On Me», «Shake A Leg» y «Rock And Roll Ain't Noise Pollution».

La canción que abre el disco arranca con el tañido de unas campanas, señalando el principio de «Hells Bells». Para crear la atmósfera adecuada para la canción, la banda decidió grabar el sonido original de una campana de iglesia. También encargaron una réplica de 14.000 dólares de la campana Denison de cuatro toneladas para llevársela en las giras. Afortunadamente para los roadies, se conformaron con una versión más ligera de tonelada y media. (La campana Denison se llama así en honor a Edmund Beckett Denison, quien diseñó y construyó la campana que cuelga en Westminster, conocida como «Big Ben».)

El ingeniero Tony Platt se llevó la unidad móvil de grabación Manor Mobile y rodeó el Carillon (la torre de la campana), que se alza en medio del Loughborough's War Memorial en Leicestershire, Inglaterra. Incluso armado con 24 micrófonos la grabación en directo fracasó. La grabación tuvo que ser desechada y la banda decidió capturar el sonido de la campana en la misma forja. Steve Cake fue entrevistado sobre la grabación de *Back In Black*, y afirmó: «En 1980 [mi padre] trabajaba en la forja John Taylor Bell cuando AC/DC llamaron desde las Bahamas. El tráfico y los pájaros cantando hicie-

ron inservible la grabación [original de Tony Platt]. Así que tuvimos que ace-
lerar el trabajo [en la campana de AC/DC], y lo que escuchas en el álbum fue
grabado definitivamente en nuestra fábrica». (La persona que forjó la campana es la misma persona que la hace sonar en el disco).

La letra para «Hells Bells» fue inspirada por un comentario que Lange le
hizo a Brian en el estudio una noche. Brian recordó en *Ultimate Albums*, en
VH-1, que cuando escribió «Hells Bells» había una tormenta terrible en la
isla. Lange sugirió «trueno que retumba», lo que impulsó a Brian a continuar
*«Soy un trueno que retumba, descargando lluvia, vengo como un huracán. Mis ra-
yos iluminan el cielo, todavía eres joven, pero vas a morir*[41]*»*.

La canción que daba título al álbum surgió de un riff de guitarra que Malcolm le estaba tocando a Angus en una habitación de hotel. Angus le contó a
Guitar World abril del 2003: «Recuerdo que durante la gira Highway To Hell,
Malcolm vino y me tocó un par de ideas que había grabado en un radiocasete,
y una de ellas era el riff principal para "Hell's Bells". Y me dijo: "Mira, le he
estado dando vueltas a esta canción. ¿Qué te parece?". Iba a borrarlo y reuti-
lizar la cinta, porque algunas veces nos resultaba difícil conseguirlas, y le dije:
"No la borres. Si no la quieres me la quedo yo"… De hecho nunca conseguí
tocarlo exactamente como estaba grabado en la cinta. ¡Cuando lo escucho sigo
pensando que no lo toco bien!»

En seis semanas, la banda había creado milagrosamente un disco que sería
el heraldo de la nueva etapa de AC/DC. Brian también quedó aliviado cuando
se terminó la grabación. Le dijo a *Classic Rock* en agosto del 2005: «Eran más
o menos las tres de la tarde de un bonito día soleado, y bajé a donde estaban
los toldos. Me senté contra la pared, encendí un cigarrillo y me quedé allí, entre los árboles. Estaba muy contento de haberlo conseguido. Pero en realidad
no había escuchado ni una canción. Entraba y hacía un par de versos, salía y
hacía unos coros. Así es como Mutt mantiene tu interés despierto, ya sabes».
La única queja de Brian fueron las notas agudas de «Shake A Leg», explicando: «Oh, eran jodidamente agudas. Algunas de esas notas nunca volverán
a ser escuchadas por la humanidad».

Por alguna razón, la revista *Creem* no mencionó la muerte de Bon hasta su
número de mayo. «Bon Scott, el cantante de treinta años [sic] de AC/DC ha
sido encontrado muerto en Inglaterra. Hallado en el coche de su amigo Alistair Kinnear, el cantante australiano de "Highway To Hell" y gritos de guerra
similares murió aparentemente de una "intoxicación etílica". Lo que es particularmente irónico es que la carrera de la banda estaba empezando a despegar en América después de su gran éxito en Inglaterra. De momento Atlantic

---

41. En el original: «I'm a rollin' thunder, pourin' rain, I'm comin' on like a hurricane. My lightnin's flashin'
across the sky, you're only young but you're gonna die».

Records no ha hecho ningún comentario sobre el incidente o los futuros planes de la banda, aunque su próximo álbum está siendo mezclado e indudablemente será publicado pronto.»

Pasaron el mes de junio ensayando en Londres antes de iniciar la gira Back In Black con seis conciertos para calentar en Bélgica y Holanda. Brian apareció por primera vez con la banda el 29 de Junio de 1980 en Namur, Bélgica, en el Palais Des Expositions. Inmediatamente, el sucesor de Bon fue recibido con los brazos abiertos por los fans de AC/DC, y particularmente por los de Bon. Se citó a Brian diciendo: «El pobre chico era amado por miles de personas en todo el mundo. Cuando hicimos el concierto de calentamiento en Holanda, se me acercó un chico con un tatuaje de Bon en el brazo y me dijo: "Este tío era mi héroe, pero ahora se ha ido. Te deseo toda la suerte del mundo". Me quedé allí temblando. O sea, ¿Qué puedes decir cuando la gente está lista para depositar su fe en ti de esa manera? Desde entonces siento que canto para ese chico y para todos los demás como él».

Brian también le contó a Tommy Vance, de la BBC: «Creo que Bon Scott era una especie de genio. Me molesta que nadie lo haya reconocido antes. Cantaba genial, escribía canciones fantásticas. Todo lo que decía tenía una pequeña segunda lectura. Nadie le dio su reconocimiento en su momento. Fantástico, cuando el hombre se murió todos empezaron a decir: "Sí, era un genio". Era demasiado tarde; no es justo. Creo que era muy inteligente, y también creo que tenía una voz inimitable. Era brillante».

No todo el mundo estaba tan seguro de que AC/DC pudiera continuar sin Bon. Perry Cooper, de Atlantic, explicó: «Me llamaron y me dijeron: "Tenemos un cantante nuevo y nos vamos de gira. Queremos que vengas a verle». Y agarré un vuelo a algún lugar de Canadá para verlo, y fui con ellos en el bus desde no sé donde a Calgary. Y estaba allí sentado en el bus y también estaba Brian. Vino y me dijo: "Me han dicho que tengo que hacerme amigo tuyo. Eres la llave de acceso a Atlantic". Y pregunté "¿Qué coño estás diciendo? ¡No te entiendo!". Y todo lo que hizo fue contarme chistes todo el viaje, era maravilloso. ¡Es el mejor tipo del mundo!»

A principios de Julio, AC/DC filmaron los vídeos para *Back In Black* en Breda, Holanda. Dieron 11 conciertos en Canadá, del 13 al 28 de julio, antes de regresar a Estados Unidos. El nuevo álbum se publicó en Estados Unidos el 21 de julio, 10 días más tarde que en Inglaterra, y 11 días después en Australia. Al cabo de seis meses, *Back In Black* alcanzó el número 4, permaneciendo en el Top 10 durante cinco meses.

El primer concierto de Brian en Estados Unidos fue el 30 de julio en el County Fieldhouse en Erie, Pennsylvania. Nantucket fueron los teloneros. El guitarrista Tommy Redd lo recordó muy bien, y explicó que Brian estaba tan nervioso esa noche que le temblaban literalmente las rodillas. «Se suponía que la primera noche tocábamos con Humble Pie, pero no se presentaron. La segunda noche se presentaron en el Spectrum [Filadelfia], y se agotaron las entradas. Cuando llegaron empezaron a protestar por las luces y el sonido. Steve Marriott, quien era un gran cantante, estaba bebiendo de mala manera. No podían aceptar que no eran los cabezas de cartel y que no podían decidir sobre las luces y el sonido. Pero ahí es donde se acabó su participación en la gira. Así que Nantucket empezaron tocando sólo media hora y acabaron tocando una hora entera. A medida que continuaba la gira, otras bandas se unieron a ella, como Wet Willie y REO Speedwagon. La mayoría de las veces se trataba sólo de las dos bandas, y eran muy generosos con las luces y el sonido. Algunas bandas sólo te daban uno o dos focos. A ellos [a AC/DC] les daba igual.»

AC/DC fueron cabeza de cartel de un concierto en el Palladium el primero de agosto para el que se agotaron las entradas, con Humble Pie y otra banda inglesa llamada Def Leppard que estaba intentando abrirse camino. El 17, AC/DC darían el último concierto de su carrera como teloneros, junto a ZZ Top, en la Toledo Speedway Jam II en Toledo, Ohio.

Durante las cuatro semanas siguientes, Nantucket tendrían el honor de abrir muchos conciertos para AC/DC a medida que viajaban a través de Virginia, Carolina del Norte, Georgia y Tennessee. Redd se enorgullece de decir que convirtió a AC/DC en aficionados a las barbacoas de Carolina del Norte.

Otra de las aficiones de la banda eran los cócteles en el escenario. Redd recordó riéndose el bar que tenían siempre en el escenario, justo detrás de unas cortinas. Lo llamaban «el bar del infierno». «Tenía dos brazos que se abrían, como puertas —dijo Redd—. En cada puerta había como diez litros de licor en botellas boca abajo para que pudieras servirte un chupito. Tenía una bandeja con hielo y un montón de copas… Todo lo que necesitabas para prepararte un cóctel. Siempre nos quedábamos sin cerveza entre la gente de la radio, los amigos y la gente que venía al backstage. Nos quedábamos sin, y yo acababa mezclando bebidas para Brian en el escenario. Se asomaba por la esquina y me decía: "Tommy, ¿Tienes algo?"»

Redd describió otras medidas anti estrés que usaban en la gira. «Celebrábamos campeonatos de dardos después de las pruebas de sonido, y todo el mundo apostaba. Se podía ganar un dinero interesante. Eran unos ases con los dardos, así que tenías que formar pareja con uno de ellos si querías conseguir algo. Una noche, en Savannah, Georgia, nos metimos en un campeonato de dardos en una happy hour en un bar, y les dieron una paliza a aquellos chicos. Los pijos locales no tenían ni idea de contra quién estaban jugando. Había roadies por ahí, porque AC/DC nunca se separaban del resto del personal.»

Nantucket también tienen el honor de ser la única banda telonera a los que se les concedió una canción para versionarla, nada menos que de mano del

mismo George Young. Acabó convirtiéndose en la primera canción de su tercer álbum, *Long Way To The Top*, el cual fue publicado en 1980. No sólo hicieron la versión de «It's A Long Way To The Top (If You Wanna Rock 'N'
Roll)», sino que de hecho la tocaron en directo cuando actuaban como teloneros de AC/DC. Redd explicó: «Su hermano George llevó la canción a Epic
como idea para un disco. Salió bien, y ellos todavía no habían publicado esa
canción en América. Éramos auténticos fans de AC/DC y todo funcionó. La
única vez que lo pasamos mal tocando esa canción fue en el Cow Palace, en
San Francisco. Ésa fue la peor ocasión. La tocamos el resto de la gira. En una
ocasión Angus vino al camerino y la tocamos para él. Le preguntamos si le parecía bien que la tocáramos, y dijo: "Por mí no hay problema, colega, pero
¡No tenéis gaitas!"»

Una vez que habían recorrido todo el camino hasta California, la banda
voló de nuevo al interior para sus citas en Nebraska, Minnesota y, finalmente,
Wisconsin.

*El domingo 14 de de septiembre de 1980, AC/DC regresaron a Madison, Wisconsin,
para dar un concierto en el que se agotaron los tickets en el Dane County Coliseum,
con Blackfoot como teloneros. El director de gira, Ian Jeffery, me regaló generosamente unas entradas y unos pases para el backstage. Mi novio John y yo acudimos
pronto al Coliseum, para poder visitar a Ian y para estar allí cuando la banda llegara. Más o menos una hora antes de que empezara el concierto, AC/DC entraban
discretamente por la puerta de atrás. Mientras los llevaban a sus respectivos camerinos, pude ver a Angus que estaba dando saltos tratando de saludarme. Me hacía señas para que siguiera a la banda, lo cual hice. Una vez estaban instalados, Angus salió y me dijo que quería que conociera a Ellen, su nueva mujer.*

*Ellen era más alta que Angus, como la mayoría de nosotros, y más o menos de mi
estatura. Era muy guapa, con el pelo rubio y liso y ojos azules. Tuvimos una charla
muy agradable acerca de Angus y de cómo no encajaba para nada con su personaje en
el escenario. Las dos nos reímos cuando me confesó que no le hacía gracia que fuera
enseñando el culo al público. Pareció resignarse mejor a ello cuando le expliqué que
pensaba que a esas alturas era algo que el público ya esperaba. Tras mencionar que
Angus se estaba recuperando de un resfriado, lo agarró del brazo y lo apartó de una
corriente de aire frío. Sonreí para mí misma cuando me di cuenta de que Angus había encontrado finalmente lo que estaba buscando: una esposa rubia que fuera con él
a las giras y que le cuidara.*

*Mientras se preparaban para subir al escenario encontramos un sitio estupendo
para ver la banda actuar, a unos 10 metros detrás de Phil Rudd. Como todavía no
había escuchado nada del nuevo disco no sabía qué esperar. Mientras el público que
había llenado el sitio se impacientaba, las luces se apagaron y la gente empezó a gritar. El doloroso tañido tocando a duelo atravesó la oscuridad, mientras una enorme*

campana de iglesia descendía sobre el escenario. La banda arrancó con los primeros fraseos de «Hell's Bells», y la audiencia explotó literalmente en vítores ensordecedores. ¡Hasta la fecha creo que no he visto nada igual en la vida!

Brian Johnson caminó hasta el centro del escenario vistiendo una camiseta negra, tejanos azules y su clásica boina justo por encima de los ojos. Después de tocar la campana con un mazo, empezó a cantar: «Soy un trueno que retumba, descargando lluvia, vengo como un huracán. Mis rayos iluminan el cielo, todavía eres joven, pero vas a morir...», *con una fuerza meteórica que tenía que ser escuchada para ser apreciada realmente. Para cuando empezaron la segunda canción, mis ojos estaban empapados en lágrimas, y pude sentir a Bon al lado mío. En ese momento estaba segura de que AC/DC acabarían convirtiéndose en una de las bandas de rock más grandes del mundo.*

Con sus alucinantes nuevas canciones, mezcladas con las mejores de Bon, la audiencia les recibió con los brazos y el corazón abiertos. Brian cantaba con cada molécula de su ser, haciendo justicia a la memoria de Bon. No cabía duda de que la banda sonaba más fuerte que nunca, pero la muerte de Bon les había impactado profundamente. Los chicos habían cambiado. Todos lo habíamos hecho.

Por siempre profeta, Bon siempre dijo que no se iría hasta hacerse famoso. *Back In Black*, el álbum que casi no se hizo, acabaría convirtiéndose en uno de los álbumes más vendidos de la historia, y después de tantos años de su muerte, los fans todavía recuerdan a Bon Scott.

13. For Those About To Rock

La gira Black In Black continuó su éxito comercial a través del país. No era sólo que los fans tuvieran curiosidad por ver a Brian, sino que también compartían el duelo con la banda. La divina providencia había sonreído a AC/DC dos veces: la primera cuando Bon se les unió, y otra vez cuando Brian se puso en sus zapatos.

La banda tocó en Rosemon Horizon en Chicago con Blackfoot a la semana siguiente. Una vez más el público se volvió loco cuando la «Campana del Infierno» inició su descenso hacia el escenario. Sus nuevas canciones, «Back In Black», «Hell's Bells» y «You Shook Me» se convirtieron en himnos del rock de forma instantánea. Cualquier duda sobre si Brian era el cantante adecuado para la banda se desvaneció con el rugido de la audiencia.

Perry Cooper tenía sus propias dudas sobre el reemplazo de Bon. «Me dije a mí mismo: "¿Cómo van a reemplazarle?" Tenía una voz muy extraña. Nadie dijo nunca si era buena o era mala, pero era diferente. Y entonces conocí a Brian y me enamoré de él. Es un chico muy agradable. Bon también lo era. Sí, le gustaba beber y salir de juerga. Pero era el hombre más considerado del mundo. En cierto momento le consideré verdaderamente mi mejor amigo. He oído que en su pasaporte, donde se pone a alguien cercano a quien llamar en caso de emergencia, tenía mi teléfono. Eso me dijeron. Lo echo de menos a morir. Brian lo arregló, cuando paticipó en *Back In Black*, sencillamente tomó el testigo. Y no creía que nadie pudiera tomar el testigo. Y lo hizo, vaya si lo hizo. Y ésa ha sido la razón del éxito de la banda durante todos estos años.»

Para Perry y para muchos de sus fans, su música es eterna. Perry declaró: «Angus y Young crearon riffs que ahora son clásicos. Sus canciones son himnos, himnos absolutos. ¿Puedes ver un partido de beisbol o de futbol americano y no escuchar «Hell's Bells» o cualquiera de esas? ¡Son himnos!»

Aunque en ocasiones el ánimo era sombrío, el humor todavía tenía un papel importante en mantener la moral alta. Tommy Redd, de Nantucket, todavía se ríe cuando se acuerda de todas las cosas divertidas que hicieron mientras estaban de gira juntos. «Una noche en San Antonio, fuimos a los camerinos, y escuchamos un correteo, miré por debajo de las estanterías de la habitación y había como unos quince chicos mejicanos escondidos, todos con camisetas de AC/DC. No sabían quiénes éramos. Todavía era primera hora de la tarde y pensaban que iba a echarles. Me los llevé y les conseguí unas cervezas y unos pases. Todos acabaron en primera fila. Molaba verles a todos saltando mientras tocábamos».

La última noche en que tocaron como teloneros de AC/DC acabó siendo uno de los recuerdos favoritos de Redd. «Recuerdo que era el cumpleaños de alguien, así que sabíamos que algo iba a pasar. Mientras actuábamos comprendimos por qué habíamos sido advertidos. Todas las baquetas del batería habían sido cortadas por la mitad, así que en cuanto las golpeabas se rompían inmediatamente. [AC/DC] también habían llenado el charles con espuma de afeitar, así que a la primera que lo usó, la espuma salió disparada por todas partes. Por si no era suficiente, habían rodeado la maza del pedal de bombo de cinta adhesiva por las dos caras, así que de repente se quedó pegada al bombo. ¡Supongo que también había un pastel enorme que tenían preparado para caer en mi cabeza, pero nunca miré hacia arriba!» Mientras Nantucket se esforzaban por terminar su espectáculo, Phil Rudd y demás personal de la gira estaban a un lado del escenario doblados de la risa.

A mediados de octubre, AC/DC volaron de vuelta a Inglaterra para dar 24 conciertos. Las entradas se agotaron en todos ellos. Whitesnake y Maggie Bell tocaban como teloneros.

AC/DC redondeó el año con una gira por Dinamarca, Suecia, Alemania, Francia, Suiza, España y Bélgica. El single «Rock 'N' Roll Ain't Rock Pollution» llegó al número 15 en las listas británicas, y «You Shook Me» al 20. Las ondas de radio en América estaban saturadas con canciones de *Back In Black*, y AC/DC se establecieron con firmeza (y pleno derecho) como una de las mayores bandas de rock del mundo.

Fred William, del *Record Mirror*, escribió: «Las campanas doblan antes de que la banda empiece, y ésa es prácticamente la única memoria a Bon Scott que se permiten. A partir de ahí, es un viaje al borde de la locura dirigido por el vocalista Brian Johnson, que merodea como un marinero borracho y apaleado. No se sabe si es Angus quien agarra la guitarra o la guitarra la que agarra a Angus, se mueve en una especie de histeria demente en la que lo único que puede hacer es tocar la guitarra».

Dos momentos de la gira
Back in Black, en 1980. Arriba, con
el recién incorporado Brian Johnson
(primero por la izquierda),
en Birmingham.

A la izquierda, Angus es depositado
en el escenario del Hammersmith
Odeon, en Londres.

Algunos de sus críticos no eran tan amables. El columnista de *Rock-USA* Andy Seecher, escribió: «AC/DC se han vuelto famosos porque han roto la barrera entre ellos y el público. *Eran* el público subido a un escenario. Bon Scott era genial haciéndolo; tenía conexión, siempre se dirigía a la audiencia con una bebida y les contaba pequeñas historias. Se comunicaba con el público mucho mejor de lo que lo hace Brian Johnson. Lo encuentro triste». Angus respondió: «No pienso en Brian como en el sustituto de Bon. Había gente que podía imitar a Bon, pero no era lo que queríamos. Queríamos alguien que pudiera estar a su nivel, pero no queríamos una fotocopia. Brian es único; tiene su propia personalidad».

La película *Let There Be Rock* se publicó en París el 10 de diciembre. El ominoso año 1980 (que, por cierto, también se llevo, a John Bonham, el batería de Led Zeppelin, y al legendario John Lennon) se acabaría para AC/DC con sus discos publicados en Francia convertidos en oro. Apenas cinco meses después de su debut, *Back In Black* recibía la certificación de disco de platino, vendiendo dos millones de copias sólo en Francia.

Tras unas breves vacaciones, AC/DC tocaron en Francia durante el mes de enero. La última cita de la gira era en el Forest National, en Bruselas, Bélgica, donde la banda invitó a Phil Carson, el ejecutivo de Atlantic Records a subir al escenario a tocar el bajo en la canción «Lucille».

AC/DC llegaron finalmente a Japón para dar cuatro conciertos del 1 al 5 de febrero. El 13 de febrero, casi un año después de la muerte de Bon, AC/DC tocaron en Perth, Australia. Era la primera vez que actuaban allí en tres años. La mayoría de la familia y los amigos de Bon estaban allí, haciendo que el heredero de Bon se sintiera como parte de la familia. Brian se quedó también completamente sorprendido por la reacción de la audiencia. Dijo: «Recuerdo la primera noche que tocamos. No soy una persona emotiva ni por asomo. Pero los chicos tenían una bandera de 15 metros extendida de punta a punta, que decía: "El rey ha muerto; larga vida al rey". Y era aplastante. Era grandioso». Esa noche, Brian dedicó «High Voltage» a Isa, la madre de Bon.

Respecto a cantar las canciones de Bon, Brian comentó: «Lo alucinante de cantar los temas antiguos es que cuando tocamos una canción como "Let There Be Rock" en el escenario, algunas veces sentimos que el fantasma de Bon está allí mismo, con nosotros. Es un sentimiento muy extraño. Pero estoy seguro de que Bon hubiera querido que siguiéramos tocando esos temas, y cuando ves la reacción de los fans sabes que ellos también quieren que sigamos tocándolos».

Angus describió también como era trabajar con un nuevo cantante. «Estaba muy acostumbrado a que Bon estuviera allí, pero Brian es un personaje, y eso nos ha ayudado mucho, porque es una persona muy natural. Algunas veces

Bon se retraía un poco y daba un paso al frente más tarde. Brian es más bien como yo, tiene mucha energía y siempre marcha en cabeza».

Había tanta demanda de su energía de alto voltaje que Atlantic decidió sacar tajada y reeditar *Dirty Deeds Done Dirt Cheap*, su grabación de 1976. El álbum salió el 23 de marzo de 1981, no sólo en Estados Unidos, sino en Canadá y Japón. Como no querían confundir a los fans, AC/DC pidieron que el álbum se vendiera a un precio inferior al del nuevo disco, con una pegatina en la portada que dijera «Todos los temas grabados en 1976 por Bon Scott, Angus Young, Malcolm Young, Phil Rudd y Mark Evans». La revista *Circus* se burló de la banda por sacar dinero de un disco que ya tenía cinco años.

En el número de marzo de *Kerrang!*, la periodista musical Sylvie Simmons había entrevistado a los muchachos en Indianápolis bajo su seudónimo profesional, Laura Canyon. «AC/DC es todavía la mejor banda de rock duro del mundo, y si queréis negarlo, al menos no podréis negar que es la que trabaja más duro. Johnson patea el suelo, saca músculo, convierte las tablas del escenario en papel, adopta poses de macho, se pone las manos en las caderas y grita, da puñetazos en el aire… Es el tipo de hombre que quieres tener cerca si te están atracando. Tienen una sección rítmica firme y sólida. Y Angus, el chiflado Angus, atraviesa como un cohete el escenario mirando hacia abajo, cayendo de rodillas, arrojando su sudor a los locos de las diez primeras filas».

Al visitar a la banda en el backstage, Canyon mencionó la cantidad de chicas que había por ahí. Brian explicó: «La mayoría de la audiencia en América son tíos, pero hay muchas chicas desde que empezamos esta gira. No sé, creo que es porque nos ponen mucho en la radio. ¡No creo que sea porque soy guapo!» Su audiencia esa noche eran 17.000 personas, en comparación con las 4.000 de un año antes.

Dirty Deeds Done Dirt Cheap se convirtió en platino al cabo de 10 semanas, y llegó al número tres de las listas de *Billboard*, permaneciendo allí durante tres semanas consecutivas. La reedición mandó también a la canción que daba título al disco a la cima de las listas. Gracias a la radiodifusión masiva, algunos de sus fans más emprendedores empezaron a llamar al «36-24-36», causando una pesadilla telefónica a una pareja de Illinois que demandó a la banda.

John Doran alabó más adelante el núcleo de esa canción en *Metal Hammer*, diciendo: «…Ese riff asesino tiene más peso que una estatua de Black Sabbath siendo absorbida por un agujero negro». ¡Eso sí que es tener peso!

En el número de junio de *Kerrang!* aparecía «Whole Lotta Rosie» votada como la mejor canción de heavy metal. El resumen del año 1981 publicado entre mayo y junio en *Circus* declaraba: «Si AC/DC han conseguido semejante fama en 1981 sin dar ninguna gira hasta mediados de noviembre y con unas cuantas sobras grabadas, imaginad lo que va a pasar el año que viene cuando salgan de gira presentando su nuevo disco. Incluso Jeanne Dixon[42] habría podido vaticinar lo siguiente para 1982: AC/DC estarán en la cima del rock duro una vez más».

Creem se sacó de la manga un artículo humorístico en julio llamado «El libro de las listas de AC/DC». Una de las mejores era «Los tres significados populares de AC/DC más "reales"». 1. Según ciertos fanáticos religiosos, el rayo del logo simboliza al diablo. O eso o tiene algo que ver con Blue Oyster Cult. 2. En el argot heterosexual americano, AC/DC significa que te gusta tanto la carne como el pescado. 3. Una llamada internacional de socorro, significa «Tócame el pito, colega». *¿Lo ven? Les dije que* Creem *era divertida.*

Obviamente satisfechos por cómo estaban yendo las cosas, Atlantic Records reeditó *High Voltage* en julio. Acabó llegando al número 146 de *Billboard*. Ello era porque todo el mundo se estaba gastando su dinero en *Back In Black*, que por entonces ya llevaba 12 millones de copias vendidas en todo el mundo. Eso significa una media de un millón de discos vendidos cada mes.

AC/DC dieron su único concierto británico de ese año el 22 de agosto, cuando fueron cabeza de cartel en el Monsters Of Rock, ante 65.000 personas, junto a Blackfoot, Slade, Whitesnake y Blue Oyster Cult en el castillo de Donington, en Leicestershire. Una prueba más de que puede que el camino a la cima sea largo, pero si te pasas siete años de gira incesante, puedes llegar.

Durante el verano, la banda regresó al estudio, una vez más con Mutt Lange. Después de tres semanas de ensayos en una vieja fábrica en las afueras de París, fueron a grabar a los estudios EMI-Pathe Marconi, pero no pudieron capturar el sonido que estaban buscando. Después de dos semanas de intentos fútiles, regresaron a la vieja fábrica y se trajeron el Mobile One Studio (una unidad de grabación móvil) desde Inglaterra. Ahí se grabaron la mayoría de las pistas, y la voz se grabó en Paris, en los estudios Family Sound.

Al final, AC/DC grabaron diez canciones para el nuevo álbum, incluyendo «For Those About To Rock (We Salute You)», que le daría título, «Put The Finger On You», «Let´s Get It Up», «Inject The Venom», «Snowballed», «Evil Walks», «C.O.D.», «Breaking The Rules», «Night Of The Long Knives» y «Spellbound».

La portada del noveno álbum mostraba el dibujo de un cañón y las palabras «For Those About To Rock» en negro contra un fondo dorado. Publicado el 23 de noviembre de 1981, vendió de forma inmediata un millón de copias en la primera semana. *Back In Black* necesitó cinco meses para convertirse en disco de platino. Al mismo tiempo, la lista de *Kerrang!* de los mejores 100 álbumes de heavy metal de la historia incluía nada menos que siete discos de AC/DC.

42. Astróloga y adivina estadounidense.

En el único concierto que dieron en el Reino Unido en 1981, AC/DC fueron cabeza de cartel en el Monsters Of Rock del castillo de Donington, en Leicestershire (22 de agosto de 1981).

La gira de la campana y el cañón, si la quieren llamar así, empezó en octubre de 1983 en Seattle. La banda dio 28 conciertos como cabeza de cartel en estadios de todo Estados Unidos y Canadá.

El 2 de diciembre la banda fue cabeza de cartel en el Madison Square Garden en Nueva York, por primera vez. *For Those About To Rock (We Salute You)* había llegado al número uno de las listas de *Billboard*. Ese fue su primer disco en lograrlo, y permaneció allí tres semanas.

Angus explicó de dónde les vino la inspiración para la canción que da título al álbum. «Teníamos ese riff para el estribillo y pensamos "Vaya, suena bastante mortal". Y estábamos intentando encontrar un buen título. Y estaba por ahí ese libro de hace años acerca de los gladiadores romanos que se llamaba *For Those About To Die We Salute You*[43]. Así que pensamos: "For Those About To Rock..."[44]. Quiero decir, suena bastante mejor.»

Después de haber disipado el fantasma de la duda con *Back In Black*, ¿Cómo iban a mejorar una campana de tonelada y media? Presentarse con algo mejor y más grande no era ningún reto para la pandilla. AC/DC sabían que si querían dar un saludo apropiado a aquellos que iban a roquear, iban a necesitar unos cuantos cañones. Unos cañones grandes, muy grandes.

Para deleite de los jefes de bomberos de todo el mundo, AC/DC se presentarían con dos cañones para su interpretación de «For Those About To Rock, We Salute You». Cada noche era una batalla constante para conseguir el permiso para usarlos. Algunas noches los roadies se tenían que quedar con las manos atadas detrás del escenario durante la canción, y en otras ocasiones Ian Jeffery proporcionaba los cañonazos por cortesía de un sintetizador Prophet. Perry Cooper recordó riéndose lo que pasó en Connecticut en septiembre. «Recuerdo que cuando vino el jefe de bomberos dijo que no podíamos disparar los cañones. Bueno, lo hicimos, y esa noche nos arrestaron. Al menos nos dieron conversación. ¡Años más tarde se desplomó el techo del sitio!»

AC/DC fueron grabados y filmados en directo mientras actuaban durante dos noches en el Capital Center, en Largo, Maryland. De la filmación se sacaron vídeos promocionales para «Let's Get It Up», «For Those About To Rock», «Back In Black» y «Put A Finger On You».

Los franceses convirtieron *For Those About To Rock* en platino en cuestión de dos semanas, en cuanto se les dio la oportunidad de comprar una copia. Otra muestra de que AC/DC habían conquistado el mundo era que *Kerrang!* había publicado una encuesta entre los lectores, que habían votado a AC/DC como mejor banda, a Angus como mejor guitarrista y a Cliff como mejor bajista. Brian fue elegido el tercer mejor cantante, Phil el segundo mejor bate-

43. Los que van a morir te saludan.
44. Los que van a roquear...

Brian Johnson en el
primer concierto de AC/DC
como cabeza de cartel en el
Madison Square Garden,
en Nueva York
(2 de diciembre de 1981).

ría, y Angus apareció segundo como el «mejor pin-up masculino». AC/DC
también fueron premiados con el mejor directo, y «For Those About To
Rock» elegido el mejor single.

Después de tomarse su tradicional descanso, AC/DC regresaron para dar
28 conciertos en Estados Unidos, empezando por Birmingham, Alabama, el
17 de enero. El año nuevo también les trajo una nominación a la mejor banda
de rock en los American Music Awards. El premio se lo llevó Air Supply, que
aparentemente se habían disfrazado de banda de rock.

AC/DC se tomó un respiro de febrero a junio, su primer descanso de verdad desde 1974. Malcolm y Phil volvieron a Australia, Angus pasó el tiempo
en su casa en Holanda, Cliff se fue a Haway, y Brian se instaló en Florida.

En una reseña sobre su gira americana, *Circus* escribió: «"For Those About
To Rock (We Salute You)" empieza con unas explosiones de cañones a ambos
lados de un escenario iluminado con luz verde. Angus Young hace el baile del
pato, va hacia atrás como un cangrejo, y se revuelca por todo el escenario vestido con su elegante uniforme granate».

El *Newsweek* escribió: «Los críticos de mediana edad los odian, los papis y
las mamis palidecen, los niños los aplauden. AC/DC son la última arma mu-

Brian Johnson, «tomando el relevo», tal y como dijo Perry Cooper.

Angus y su guitarra, todo en uno, en el Madison Square Garden, Nueva York (2 de diciembre de 1981).

sical en el conflicto generacional. Algunos dicen que no son nadie, pero trata de convencer de ello a tu primo de trece años».

Disfrutando del gran éxito de la banda, Angus le dijo a *Circus*: «Esta popularidad es lo que queríamos desde el principio. Queríamos ser millonarios. Que Mick Jagger se preocupe de la imagen y todo eso. Lo más importante es que los chicos recuerden cuál es la diferencia entre nosotros y un grupo como Styx. ¿Styx? Eso no es rock. Eso es negocio».

AC/DC aparecieron por segunda vez en Japón del 7 al 10 de junio. La banda tardaría 19 años en regresar por tercera vez. Más o menos por entonces, Ian Jeffery, su director de gira, se convertiría en su manager personal después de que la banda dejara de trabajar con Leber-Krebs. Sus conciertos europeos de agosto y septiembre fueron cancelados sin ninguna explicación. Aquellos cercanos a la banda sabían que las cancelaciones estaban relacionadas con los problemas con las drogas de Phil, que estaban agravándose.

A finales de septiembre, AC/DC iniciaron una gira de 19 conciertos a través del Reino Unido e Irlanda, la cual incluyó cuatro conciertos en el Hammersmith Odeon y dos en el Wembley Arena para los que se agotaron las entradas. La mayor parte de diciembre la pasaron dando diez conciertos en Alemania, Francia y Suiza, aunque tres de sus citas en Francia fueron también canceladas abruptamente.

Durante una de las noches de descanso, Angus tocó con algunos de los amigos de Bon en la banda Trust, en el Rose Bonbon Club, en París, antes de regresar a Australia de vacaciones. En Newcastle, *Circus* explicó que Brian y su mujer, Carol, se llevaron a los miembros de Cheetah de copas después del concierto. Cheetah era una banda australiana que estaba representada por George Young y Harry Vanda. Después de una actuación errática, Brian les alegró el día invitándolos a su casa. Lyndsay Hammond, el vocalista de Cheetah, dijo: «El mueble-bar de Brian tiene muchas cosas, pero, tal y como descubrimos, lo que más le gusta es el JB».

A finales de 1982, AC/DC habían conseguido 27 discos de oro y platino en ocho países. *For Those About To Rock* tuvo unas ventas increíbles, pero algunas de las críticas de la propia banda no eran tan favorecedoras. Malcolm le contó a *Metal CD* en 1992: «¡Dios! Nos costó una eternidad grabar ese disco, y suena como si estuviera hecho a trozos, no fluye adecuadamente como debería hacer un álbum de AC/DC. Para cuando tuvimos el disco terminado había pasado mucho tiempo. No creo que nadie de la banda ni el productor pudiera apreciar ya si sonaba bien o no. Todos estábamos hartos del disco».

Tras tomarse un descanso de dos meses, AC/DC planearon reunirse en la isla de Man, en el Reino Unido, en marzo de 1983, para ensayar antes de grabar su siguiente álbum, *Flick Of The Switch*. Lo que no estaba previsto era la inesperada marcha de un miembro más de la banda.

14. Flick Of The Switch

AC/DC empezaron a ensayar en marzo de 1983 en la isla de Man, en el Reino Unido, antes de viajar a las Bahamas para grabar en los estudios Compass Point. Esta vez, Angus y Malcolm decidieron producirlo ellos mismos. Angus explicó en *Guitar Player*: «Lo queríamos básico. Siempre sonábamos básico, sólo que esta vez queríamos deshacernos de *reverbs* y efectos. A la gente le gusta un sonido de batería natural, no quieres un eco enorme retumbando. Mucha gente pregunta "¿Esto qué es?", porque a veces suena como si fueran bidones o algo así. Tendemos a ceñirnos a las ideas básicas, porque así es como se supone que debe sonar el rock... Siempre grabamos los instrumentos juntos (las dos guitarras, el bajo y la batería). Es la única manera de conseguir que suene vivo».

Mientras la banda trabajaba duro en el álbum, los problemas con las drogas de Phil empeoraban de forma progresiva. Perry Cooper confesó que había compartido habitación con Phil durante la gira, justo antes de que dejara la banda. Perry estaba sorprendido por su comportamiento, que incluía esconder cosas por la habitación y ver a gente que no estaba allí. La situación de Phil se complicó con un embarazo no planeado en el que estaba envuelto un familiar de Malcolm. Las cosas acabaron con una pelea a puñetazos entre Phil y Malcolm, y con Phil metido en el primer avión disponible de vuelta a Rotorua, en Nueva Zelanda.

Angus le contó a Mark Putterford en su libro *Shock To The System*, que Phil no había superado la muerte de Bon... que se sentía como si la unidad de la «familia» hubiera muerto con él, y que estaba dispuesto a vivir por todo lo alto sin importarle las consecuencias. «Si no hubiera parado, habría perdido el control y habría acabado haciendo algo drástico, consigo mismo o con alguna otra persona.» Aunque no habían terminado la grabación antes de que Phil abandonara la banda, sus pistas de batería quedaron incluidas en el álbum.

Flick Of The Switch, con su dibujo a lápiz de un diminuto Angus poniéndose de puntillas para bajar un enorme interruptor, incluía «Rising Power», «This House Is On Fire», «Flick Of The Switch», «Nervous Shakedown», «Landslide», «Guns For Hire», «Deep In The Hole», «Bedlam In Belgium», «Badlands» y «Brain Shake». De hecho se grabaron trece temas, pero tres de ellos nunca se publicaron. AC/DC acabaron la grabación grabando algunas pistas de batería con la ayuda de Barry J. Wilson, el batería de Procol Harum… aunque nunca las usaron.

Tony Platt mezcló el álbum que habían producido Malcolm y Angus. Los hermanos Young hicieron un guiño a George y Harry listándolos en los créditos como «Dutch Damager» y «Gorgeous Glaswegian»[45].

La crítica de Mark Putterford en *High Voltage* afirmaba: «Escucha el principio de "Guns For Hire" y escucharás esa mano pálida y huesuda retorcerse por las cuerdas. Visualizarás la cara descompuesta del pequeño gamberro y su siempre presente uniforme escolar. Serás capaz de sentir la creciente energía mientras su piernas tiemblan y su cabeza se balancea cada vez más deprisa».

Tan pronto como la banda regresó a Inglaterra pusieron un anuncio anónimo que decía: «Se busca batería de heavy rock. Si no le das duro, no vengas». Angus bromeó diciendo que el anuncio en realidad decía «Cualquier batería de menos de metro y medio». Después de decenas de audiciones en los estudios Nomi, en Londres, Simon Wright, de veinte años, que había tocado antes con Tytan y A To Z, fue escogido para el puesto. Para el chaval, que había estado entre el público cuando AC/DC tocaron en Manchester junto a Def Leppard en 1979, era como un sueño hecho realidad.

Tal y como Simons recuerda: «Vi un anuncio en una publicación musical británica que decía "Grupo de rock busca batería". Nunca soñé que fueran AC/DC. Hice una llamada de teléfono, y cuando me presenté al ensayo, ahí estaban Brian, Angus, Malcolm y Cliff. No daba crédito a mis ojos. Hicimos un primer ensayo, y las cosas fueron bastante bien. Me volvieron a invitar, y la segunda vez estaba muy nervioso. Pero obviamente les gustó como toqué, así que me dieron el puesto».

Publicado en agosto de 1983, *Flick Of The Switch* acabó llegando al número 4 de las listas británicas, pero sólo llegó al número 15 en Estados Unidos. Malcolm defendió el álbum en *Metal CD*: «Hicimos ese disco muy deprisa, y supongo que fue una reacción a *For Those About To Rock*. Tan sólo pensamos: "¡A la porra! ¡Ya estamos hartos de esta mierda!" Nadie tenía ganas de pasarse otra

---

45. El holandés rompedor y el hermoso de Glasgow.

AC/DC actuando en el Rosemont Horizon, en Chicago, Illinois (9 de noviembre de 1983).

vez un año haciendo un disco, así que decidimos producirlo nosotros mismos y asegurarnos de que sonara tan crudo y tan AC/DC como fuera posible».

Se pospuso su gira de 28 conciertos en Estados Unidos, y en octubre la banda filmó tres vídeos: «Flick Of The Switch», «Guns For Hire» y «Nervous Shakedown». La filmación tuvo lugar en Los Ángeles, con Paul Becher de director. A finales de mes, Simon Wright tomó posesión oficialmente del trono de la batería cuando la banda empezó la gira en Vancouver, Canadá.

El diseño de su escenario, que empezó con solo dos cañones, iba evolucionando con cada gira. Era crucial tener a alguien que supiera manejar el equipo pirotécnico, y fue entonces cuando se contrató a Pete «Pyro» Cappadocia. Pete recordó entusiasmado el momento en que le ofrecieron la oportunidad de trabajar con AC/DC. «Estaba trabajando para Def Leppard, y su manager era Jake Berry, que también era manager de AC/DC por entonces. Querían hacer unos cambios con los cañones de "For Those About To Rock". Creo que Jake estaba libre en aquel momento, y vino a uno de nuestros conciertos y le conocí y charlamos. Me dijo que la próxima vez que salieran de gira, me llamarían. Así que me llamaron, alrededor de 1983. Hicimos algunos cambios en los cañones y salimos a rodar. Para cada gira, desde 1983, me han llamado, y a veces hemos hecho cambios, o simplemente construido cañones nuevos.»

Como fan auténtico de la banda, Pete era un técnico afortunado. «AC/DC era una de las bandas que de verdad admiraba. Me gustaban de verdad, y cuando tuve la oportunidad de trabajar para ellos, eran una de las pocas que me hacían decir: "¡Uau! ¡Esto va a molar!" En aquella época había un montón de bandas británicas. Pasé directamente de Todd Rundgren y Steely Dan a The Clash. Cuando salió el primer álbum de The Clash yo tenía quince años. Tenía un gusto musical ecléctico, por eso no me gustaba lo que ponían en la radio. Siempre buscaba cosas inusuales. Así que en determinado momento estaba escuchando Pink Floyd y Led Zeppelin, cuando descubrí el punk. Y dije: "¡Uau!". Entonces empecé a escuchar The Dead Boys, The Sex Pistols, Gen X, y todo eso. Pero sin importar lo que estuviera escuchando, siempre podía enchufarme a AC/DC porque sencillamente era rock con dos cojones. En cierto modo transgredían con todo lo que yo escuchaba en aquel momento. Por eso estaba verdaderamente intimidado, pero eran unos chicos muy agradables.»

Cappadocia explicó riéndose lo que la banda pensó de él cuando se conocieron por primera vez. «La primera vez que los conocí era la época en que llevaba una cresta, que igual podía ser roja, que azul, que verde o de cualquier otro color. Por entonces, sobre todo roja. Recuerdo que entré al camerino y Jake anunció: "Éste es el chico de pirotecnia". Y me acuerdo perfectamente de Angus y Malcolm mirándome con una cara como diciendo: "¿Estás de broma?". Brian me dijo enseguida "¡Bienvenido a bordo!" Cliff estaba en plan: "A mí me da igual". Y Simon dijo: "¡Encantado de conocerte!" Angus y Malcolm estaban en plan: "Bueno, sí, ya veremos". Pero entonces, sencillamente, empezamos. Me explicaron cuál era la señal y bromeamos un poco, ensayamos un par de veces y dijeron: "Si siempre lo haces así no habrá problemas".»

La revista *People* se reunió con la banda en el Philadelphia Spectrum en noviembre. Describieron a Angus de la siguiente manera: «Vestido con una corbata antigua, gorra, y pantalones cortos, el músico de metro sesenta parece un duende que se haya tomado un ácido cuando se pavonea, hace el baile del pato y se baja los calzones para entusiasmo de la afición». El artículo celebraba el décimo aniversario de la banda y unas ventas en todo el mundo de 25 millones de copias.

La revista *Circus*, dijo en la crítica del mismo concierto: «Se mete a la audiencia en el bolsillo desde el principio. Para la mayoría, Angus Young *es* AC/DC, el hombre al que todos han venido a ver. Con apenas metro sesenta, Young es una de las pocas estrellas realmente auténticas en el rock; el niño espabilado de la clase».

La última noche de la gira americana fue el 5 de diciembre de 1983, cuando fueron cabeza de cartel en el Madison Square Garden. De nuevo, se agotaron las entradas.

La reacción del público a la banda esa noche fue más loca que nunca. Apenas se podía escuchar la música entre el clamor del público. Todas las maniobras clásicas de Angus Young, su striptease, enseñar el culo, el paseo entre el público, eran éxito garantizado en un concierto de AC/DC.

Desde la muerte de Bon, Angus se había convertido en el centro de atención de la banda. Tal y como afirmaría *Guitar Player*: «Puede que Brian Johnson sea la garganta de cuero de AC/DC, pero Angus es el centro absoluto de atención». Sobre el escenario parecía más grande que en persona. Angus explicó una vez cómo la gente pensaba que era mucho más alto viéndole actuar. «Algunas de las mujeres que venían buscándome [después de los conciertos] eran como amazonas. Les abría la puerta y decía: No pasa nada, sólo soy su camarero".»

AC/DC dominó el Madison Square Garden con algo de material de su último disco, pero la mayor parte de su espectáculo consistía en revulsivos a prueba de fuego, que garantizaban tu conversión en un creyente… ¡Si es que no lo eras ya!

Después de las vacaciones, AC/DC se metieron directamente en el estudio, en enero de 1984, pasando varios meses trabajando en las canciones de su decimoprimer álbum. Ian Jeffery se marchó para ir a trabajar con Frankie Goes To Hollywood, y AC/DC contrataron a Crisping Dye, antiguo ejecutivo de Atlantis, como su nuevo manager. Hacia junio, la banda completó una serie de entrevistas promocionales antes de regresar a Inglaterra para ensayar y preparar su próxima gira europea.

Del 11 de agosto a 7 de septiembre, AC/DC encabezaron el cartel de ocho festivales Monsters Of Rock, en España, Suecia, Suiza, Alemania, Italia y Francia. El 18 de agosto de 1984 fueron la primera banda en volver como cabezas de cartel para los cuatro Monsters Of Rock en el castillo de Donington. En el concierto también aparecían Y & T, Accept, Gary Moore, Motley Crue, Van Halen y Ozzy Osbourne. Tal y como *Circus* apuntó: «Incluso el mítico Van Halen tuvo que conformarse con ser la estrella invitada».

Angus le contó a *Guitar World* en 1988: «Recuerdo una ocasión en la que estábamos tocando en el festival de Donington, en Gran Bretaña, y me acerqué el día antes y tenían un montón de juguetes, ¡Parecía una estación espacial! De cualquier manera, creo que Van Halen también había sido contratado, y Eddie Van Halen se acercó y dijo: "¡Joder, qué es todo esto!" Uno de los chicos que lo había montado se lo explicó, y cuando hubo terminado le pregunté a Eddie: "¿Te gusta?" Eddie dijo: "Sí, está bien", así que yo dije "Hazme un favor, colega, ¡Llévate toda esa mierda contigo! Me quedo con mis Marshall. Más sencillo y mejor"».

Angus confirmó su gusto por la música sin adornos superfluos cuando se le citó diciendo: «Siempre me ha gustado la música porque es algo simple y directo. No tienes que pensarlo. Te hace bailar y mover los pies. Nunca me ha impresionado la gente que puede moverse arriba y abajo [del mástil de la guitarra]. Yo también puedo hacerlo, pero eso son ejercicios, no tocar».

Un mini-álbum, *'74 Jailbreak*, fue publicado en Estados Unidos, Canadá, Japón, Argentina y Brasil en octubre. El aperitivo de AC/DC incluía las canciones «Jailbreak», «You Ain't Got A Hold On Me», «Show Business», «Soul Stripper» y «Baby, Please Don't Go», que hasta la fecha sólo habían sido publicadas en Australia. Acabó alcanzando el número 76 de las listas de *Billboard*.

La grabación de su siguiente álbum, *Fly On The Wall*, empezó a finales de mes en los estudios Mountain, en Montreux, Suiza. Con la intención de repetir la simplicidad de su último álbum, Malcolm y Angus decidieron producirlo ellos mismos una vez más.

Por primera vez en la historia, AC/DC no consiguió ganar ninguna categoría en las encuestas de los lectores de la revista *Kerrang!* en 1984, y acabó en la quinta posición como la mejor banda y en la octava como la mayor decepción del año.

A pesar de la falta de apoyo por parte de los lectores de *Kerrang!*, AC/DC arrancó el año siendo cabeza de cartel durante dos días en el festival Rock In Rio, en Barra da Tijuca, en el Rocódromo de Rio De Janeiro, Brasil, el 15 y el 19 de enero. Actuaron ante 400.000 personas con The Scorpions, Whitesnake y Ozzy Osbourne.

Ese mismo mes, Richard Hogan entrevistó a Angus y a Malcolm para la revista *Circus*. Cuando les preguntó cómo había evolucionado AC/DC a lo largo de los últimos 10 años, Malcolm respondió: «Ahora es un grupo distinto, pero la idea sigue siendo la misma. El rock sigue estando ahí». Angus no estuvo de acuerdo: «No ha cambiado. Malcolm lleva puestos los mismos vaqueros desde hace años. Por no mencionar Johnson. No creo que ni lave los suyos».

Cuando Hogan preguntó en qué se apoyaban para experimentar, Malcolm afirmó: «Nos apoyamos en el ritmo. Dime otro tipo de música que haya estado sonando durante tanto tiempo en los últimos 30 años. ¿Dónde está el punk ahora? ¿Dónde están la música disco o *Las seis mujeres de Enrique VIII*, de Rick Wakeman?». Hogan cerró la entrevista preguntando a Angus si todavía se vestiría con el uniforme escolar cuando tuviera cincuenta años. Angus respondió rápidamente: «¡Eso espero!»

Fly On The Wall (con una portada que mostraba eso, una mosca en una pared) se publicó a escala mundial el 28 de junio, y contenía 10 joyas más para los coleccionistas. Las canciones eran: «Shake Your Foundations», «First Blood», «Danger», «Sink The Pink», «Playing With Girls», «Stand Up», «Hell Or High Water», «Back In Business» y «Send For The Man». El álbum alcanzó el número 32 de las listas estadounidenses, y el 7 de las británicas.

El periodista Jim Farber escribió en *Creem*: «Como seguramente habréis escuchado ya, el álbum suena como una horda de perros rabiosos corriendo

Brian, Cliff, Angus, el nuevo batería Simon Wright y Malcolm, luciendo tipo al sol en la playa de Ipanema, Brasil (1985).

por una sala llena de cuchillas, sólo que más pegadizo. En otras palabras, otra obra maestra suprema».

Malcolm explicó sus impresiones respecto al nuevo disco en *Metal CD*: «Quisimos subir un poco el listón para este álbum, así que intentamos producirlo nosotros mismos, pero dedicándole un poco más de tiempo y cuidado a lo que estábamos haciendo, en lugar de grabarnos sencillamente… Nuestro batería, Phil [Rudd], se había ido, y estábamos tocando con Simon Wright. Sabía lo que hacía y sólo tuvimos que guiarlo en la dirección adecuada. Tocar la batería con AC/DC puede ser una cosa muy sencilla, pero a veces lo más difícil es mantener esa sencillez».

Tras haberse percatado del poder de la MTV en los ochenta, la banda se afincó en el World's End Club, en Alphabet City, en Nueva York, para filmar los vídeos promocionales del álbum. No era exactamente como Park Avenue, por lo menos no por entonces. El vídeo, que fue publicado en julio, duraba 28 minutos, e incluía seis canciones del álbum. El concepto estaba basado en la banda dando un concierto en un pequeño club neoyorquino lleno de personajes sospechosos. Una mosca borracha de dibujos animados pasa por ahí mientras están tocando en el escenario. Angus comentó sarcásticamente que le gustaba el vecindario y que planeaba «pasar ahí las próximas vacaciones».

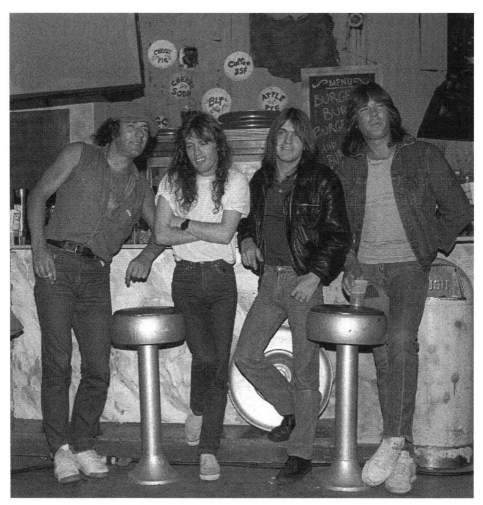

AC/DC en una fiesta en Nueva York el 13 de junio de 1985, mientras estaban en la ciudad rodando el vídeo de *Fly On The Wall*.

Tan pronto como el nuevo álbum fue publicado, AC/DC contrataron a otro manager más, su hermano, Stewart Young que trabajaba en Part Rock Management. Después de dos días de ensayos, la banda se embarcó en una gira de 42 conciertos, empezando en el Broome County Arena, en Binghampton, Nueva York.

El 31 de agosto, el asesino en serie Richard Ramirez fue atrapado en California después de haber cometido 16 crímenes. Ramirez afirmó que las imágenes satánicas en la portada del disco *Highway To Hell* y la canción «Night Prowler» le incitaron a matar. La policía informó de que se había encontrado una gorra de AC/DC en una de las escenas del crimen. Los medios de comunicación, particularmente en Estados Unidos, empezaron a acusar a la banda

Malcolm, Angus y Brian durante el rodaje del vídeo de *Fly On The Wall*, en el World´s End Club, en Alphabet City, Nueva York (1985).

Brian Johnson pasándolo bien con su badajo en el Nassau Coliseum, en Uniondale, Nueva York (21 de noviembre de 1985).

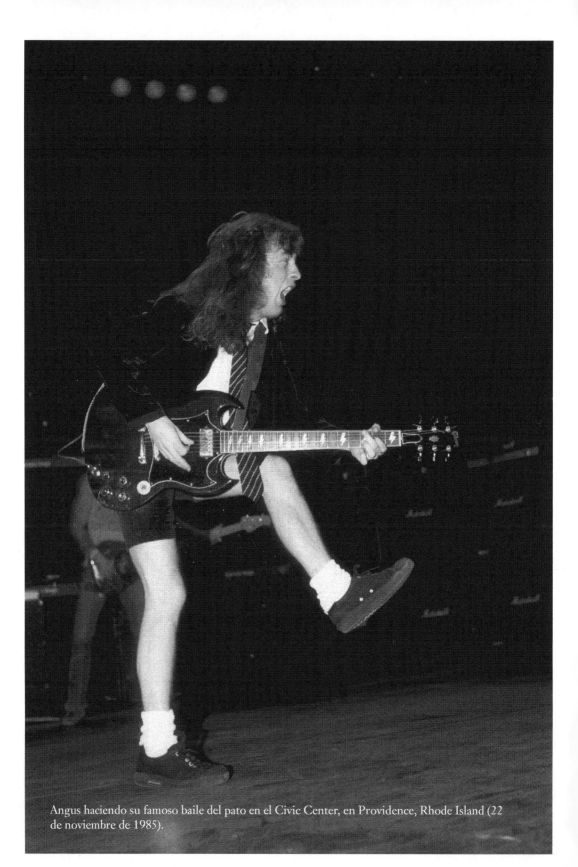

Angus haciendo su famoso baile del pato en el Civic Center, en Providence, Rhode Island (22 de noviembre de 1985).

Brian dando gracias a
que Angus pese tan
poco, en Providence,
Rhode Island (22 de
noviembre de 1985).

de adorar al diablo. A lo cual Angus respondió en *Creem*: «Ni somos satanistas ni hacemos magia negra o como quieras llamarlo. No bebo sangre. De tanto en tanto me pongo ropa interior de color negro, pero hasta ahí». Brian se hizo eco de lo absurdo de las acusaciones: «Bastante tenemos con hacer que cada puta línea rime con la siguiente como para ir metiendo mensajes satánicos en medio». Incluso Barry Taylor escribió más tarde acerca de la banda en su libro, mencionando: «Lo más cerca que han estado de adorar a Satán es ver *La Familia Addams* en la televisión».

Debido a toda esta controversia, la policía en Dallas y Sprinfield, Illinois, intentó que AC/DC no tocaran en su ciudad. 5.000 fans, en lugar de los 8.000 previstos, fueron a ver su concierto en Springfield, ¡pero a la banda se le negó un sitio donde quedarse! ¿Pueden imaginarse cuántos fans les habrían abierto sus puertas de par en par si lo hubieran sabido? En algunos de sus conciertos hubo piquetes, y la actuación del grupo en el Pacific Amphitheater, en Costa Mesa, California, fue cancelada por culpa de unos cerebros de mosquito de miras estrechas.

Se hicieron declaraciones sobre el significado de AC/DC. Ahora significaba Anti-Christ/Devil's Children, o Anti-Christ/Devil's Crusade[46]. Los títulos de sus canciones «Highway To Hell», «C.O.D. (Care Of The Devil)», y «Hell Ain't A Bad Place To Be»[47] también se pusieron bajo sospecha. Angus afirmó en *Los Angeles Times*: «Nos pasamos cuatro años seguidos de gira sin tomar un respiro. Un chico me preguntó cómo describiría nuestras giras. Dijimos: "Una autopista hacia el infierno". La frase se nos pegó. Todo lo que hicimos era describir lo que es pasarse cuatro años seguidos de gira. Cuando estás durmiendo con los calcetines del cantante a un palmo de tu nariz, créeme, se parece mucho al infierno».

Tal y como dijo el escritor Martin Huxley: «La única cosa que AC/DC han adorado siempre es obviamente el rock». En el libro de Huxley, *AC/DC: World's Heaviest Rock*, Richard Harrington, el reportero del *Washington Post*, defiende a la banda: «Puede que el heavy metal sea la música menos respetada, pero no ha tenido ninguna dificultad para atraer la atención durante los últimos seis años. Alguien dijo una vez que el heavy metal se inventó para reafirmar a los adolescentes con poca experiencia con las mujeres en su masculinidad, y ciertamente hay una evidente misoginia en las raíces de esta música, lo que podría explicar por qué los fans de AC/DC son mayoritariamente chicos jóvenes. Pero la fuerza verdadera de AC/DC viene de sus acordes poderosos, de sus coros a gritos y de un nivel de decibelios ensordecedor que parece gustar a millones de adolescentes».

---

46. Anticristo/hijos del demonio o Anticristo/la cruzada del demonio.
47. «Autopista hacia el infierno», «Cuida del diablo» y «El infierno no es mal sitio donde estar».

Angus añadió: «Les da energía. Pueden mover los brazos, golpear sus sillas, dar saltos… Es un modo de desahogarse. Y luego se van a casa felices».

Billboard declaró a AC/DC como uno de los grupos de rock duro con mejores ventas del mundo, con ventas mundiales de entre 25 y 30 millones de álbumes. Eso a pesar de que *Flick Of The Switch* vendió algo menos de un millón de copias y *Fly On The Wall* sólo vendió medio millón.

A medida que la banda iba llenando estadios, muchos de los locales sacaban tajada de ello. Mike Andy (quien ayudó a dirigir cuatro giras mundiales) fue contratado en 1985 como director de seguridad. Andy descubrió enseguida que, debido a la imagen salvaje de la banda, los locales estaban cobrando de más por las reparaciones después de los conciertos. «La banda no tenía el status que tiene ahora —dijo Andy—. Por entonces, los locales hacían sus reparaciones y pasaban los gastos a la banda. Los promotores los adoraban porque siempre llenaban los sitios, pero es que además también se estaban aprovechando de ellos. No tanto los promotores como los dueños de los locales. El Madison Square Garden solía pedir un depósito de 25.000 dólares antes de que tocaran».

Algunas veces las cosas se salen un poco de madre en los conciertos de AC/DC, pero no como para justificar lo que les estaban cobrando. Andy empezó dándose un paseo por el local uno o dos días antes del concierto. Algunas veces tomaba notas o fotografías de daños ya existentes. De ese modo no podían cobrar a AC/DC por cosas que ya estaban rotas antes de que llegaran. Enseguida empezó a ahorrarles miles de dólares a la banda.

Andy también descubrió que los vendedores de cerveza estaban cobrando a la banda por daños, pero que no les daban su parte de los beneficios. «La banda nunca ganó dinero con las ventas de alcohol. No querían ni un penique de ahí. ¡Así que no iban a pagar encima por los daños! Fui uno de los primeros en establecer áreas de bebida en los conciertos. De esta manera no te pueden culpar por daños en otra parte del local. Sólo eso paró en gran medida los pies a los vendedores.» Después de su primera gira con la banda, AC/DC ascendieron a Andy a director de gira.

Mientras estaban promocionando *Fly On The Wall*, Stephen King, el escritor de terror, y fan devoto de AC/DC, les interrogó sobre la posibilidad de usar parte de su material más antiguo como banda sonora de su nueva película, *Maximum Overdrive*. King sugirió también que escribieran algunas canciones nuevas, para ser usadas exclusivamente en la película. Esto significaría la primera intentona de AC/DC de escribir la música de una película. Malcolm comentó en *Metal* CD, acerca de *Who Made Who*: «Nos pidieron que proporcionáramos la banda sonora de la película *Maximum Overdrive*. Pusimos algo del material antiguo, como "Hell's Bells", y, por supuesto, incluimos la canción "Who Made Who". Usamos el viejo equipo, Vanda y Young para producir la canción que daba título al álbum, y creo que era lo que necesitábamos. Para la banda, "Who Made Who" fue como regresar al origen, y se ha convertido en uno de los temas más populares en directo. Incluso la usamos para empezar los conciertos durante ese año».

La banda volvió a los estudios Compass Point, en las Bahamas, esta vez poniendo a los mandos a George y Harry. Era la primera vez que la pareja iba a trabajar con ellos desde *If You Want Blood (You've Got It)*.

15. Who Made Who

Tan pronto como remataron su gira americana, en diciembre, AC/DC empezaron a grabar *Who Made Who*. Este álbum incluía seis canciones publicadas anteriormente: «You Shook Me All Night Long», «Sink The Pink», «Ride On», «Hell's Bells», «Shake Your Foundations», «For Those About To Rock (We Salute You)», y tres nuevas canciones, «Who Made Who», que daba título al album, «D.T.» y «Chase The Ace».

La totalidad del proyecto se completó en tan sólo dos semanas. A mediados de enero de 1986 estaban de gira de nuevo, dando ocho conciertos en el Reino Unido con la banda Fastway como teloneros. La gira continuó por Europa con 17 fechas más en Bélgica, Holanda, Alemania, Suiza, Suecia, Noruega, Finlandia y Dinamarca.

El 27 y el 28 de febrero, la banda tomó la Brixton Academy en el sur de Londres para filmar el vídeo de «Who Made Who», con el director David Mallet. Fueron convocados cientos de fans de AC/DC de todo el Reino Unido para que actuaran como clones de Angus, vistiendo uniformes escolares hechos para la ocasión. El concepto se centraba en Angus y sus esbirros de idéntico aspecto.

Who Made Who fue publicado en mayo de 1986. La portada del álbum mostraba a Angus, con la gorra escolar puesta y la cabeza agachada, de pie con su guitarra, entre dos pilares de piedra, con unos rayos de luz saliendo de detrás suyo. El nuevo álbum se convirtió en el mayor éxito de la banda en años, alcanzando el número 11 en el Reino Unido. El álbum llegó al número 33 en Estados Unidos, convirtiéndose en su primer platino desde *For Those About To Rock* en 1981.

AC/DC llamaron a Mallet una vez más para dirigir su nuevo vídeo de «You Shook Me All Night Long». La filmación tuvo lugar los días 10 y 12 de junio en los estudios Jacob Street, y las escenas exteriores se grabaron en el norte de Inglaterra. Cualquier adicto a la MTV puede acordarse del contenido cómico del vídeo, con una escena en particular que mostraba a Brian regresando a casa para encontrarse una chica cowboy ligera de ropa subida a un toro mecánico en medio de su comedor. ¡La típica fantasía adolescente! Uno de los roadies se enamoró de la chica del vídeo, y acabó casándose con ella. El regalo de bodas de la banda para la pareja fue, naturalmente, un toro mecánico.

Una vez llegó el verano, AC/DC se metieron en el Lakefront Arena, en Nueva Orleans, para ensayar antes de su asalto de 42 días a Estados Unidos. La gira empezó el 31 de julio en el Lakefront Arena, en Nueva Orleans, con Queensryche y Loudness como teloneros. El director de gira, Mike Andy, afirmó que, como la banda había permanecido varios días en el local antes del espectáculo, tuvo tiempo de anotar todos los daños ya existentes. Cuando, después de tocar, quisieron cargar a la banda con una factura de 18.000 dólares por daños, ya lo tenía todo previsto, y la banda acabaría pagando sólo una tercera parte de esa cantidad. Aunque el año 1986 no era el mejor para ganar dinero con los conciertos, se agotaron las entradas para todas sus actuaciones, convirtiendo su gira en una de las más exitosas del año.

Dejando a un lado los cañones y la campana, los conciertos de la gira Who Made Who empezaban con la canción que daba su nombre al disco, en la que aparecían fans locales vestidos de Angus. Uno puede pensar que una campana de tonelada y media puede causar algunas dificultades, pero, según dice Pete «Pyro», los fans disfrazados de Angus eran mucho más peligrosos. Explicó: «Cuando arrancas con el show, se convierte en una máquina que no parar. Es como una de esas imprentas enormes que no puedes apagar porque se rompería… o una locomotora que no hay manera de detener.

»Había un concurso de imitadores de Angus Young en la gira Who Made Who. Empezaba el concierto y agarrábamos a todos los que podíamos conseguir, 10, 20, o hasta 30… Estaban en el escenario, en la parte de atrás, con su guitarras de cartón, imitando a Angus lo mejor que podían. Y entonces el verdadero Angus aparecía de una plataforma elevable en el centro del escenario, llegando a estar más de dos metros por encima de los Angus de imitación. Teníamos una señal acordada, en la que agarrábamos desde atrás al primer Angus de imitación, y entonces ellos se daban la vuelta y se bajaban del escenario por el mismo sitio por el que habían subido. ¡Los chicos no siempre estaban dispuestos a bajarse del escenario!

»Entonces tenías a todos esos Angus de imitación corriendo por ahí, y algunas veces era como intentar atrapar un pollo o algo así. Mientras todo el resto se iban, siempre había un chico que se quedaba ahí, con el brazo en alto. Y estábamos ahí detrás, arrojándole bolas hechas con cinta adhesiva, o pinchándole con un palo, ¡Intentado decirle que se bajara de una puta vez! No

Angus, a punto de revolcarse por el suelo para hacer uno de sus solos.

queríamos arruinarle la ilusión haciendo que alguien de seguridad subiera al escenario, agarrara al muchacho y lo bajara a la fuerza.

»La banda también pensaba del mismo modo. Siempre dijeron que si un fan se subía al escenario no lo placáramos y le diéramos una paliza. De todas formas nunca fue mi proceder. Algunas bandas son así. Si un fan se sube al escenario y estoy en un sitio desde donde puedo verlo, salgo corriendo, le paso una mano por el hombro y lo acompaño a bajarse del escenario. Si empiezan a resistirse, entonces tienes que arrastrarlos. ¡Así que la banda no quería que zurráramos a los Angus de imitación durante el concierto! Aunque en más de una ocasión tuvimos que pincharles bien fuerte para conseguir su atención.

»Recuerdo una ocasión en que agarramos a un chico de los tobillos, y cayó al suelo cuando intentábamos bajarlo del escenario. Así que se puso a revolcarse por el suelo imitando a Angus en sus solos. ¡El resto de la banda ni siquiera sabía lo que estaba pasando! Cliff anda adelante y atrás, adelante y atrás, y mira hacia abajo, o mira el micrófono. Angus corre por todas partes, Brian corre por todas partes… Y Malcolm hace lo mismo que Cliff, camina para acercarse al micrófono y se aparta, en realidad no mira, o mira hacia abajo o mira el micrófono. Así que Simon era el único que veía lo que pasaba, y se estaba riendo de veras mientras nos veía intentar sacar al chico del escenario. Al final llegó un momento en que alguien tuvo que llevárselo a la fuerza, e incluso cuando estábamos sacándolo a rastras del escenario, todavía estaba con el puño en alto. El personal de la gira todavía tiembla cuando escucha las palabras "ganador del concurso".

»Durante una época, la MTV y todas las emisoras locales de radio acostumbraban a hacer concursos. Recuerdo cuando vinieron con lo de "Roadie por un día". Lo cual significaba que pillabas a un chaval que era un auténtico fanático, que estaba loco por la banda. Uno de los "roadies por un día" preguntó qué podía hacer. Normalmente les dábamos un trabajo de limpieza, como limpiar la campana. Y el chico dijo: "Oh, Dios mío, ¡La campana no!" Le explicamos que en realidad no tenía que limpiar toda la campana. Le dimos algo de pulimento y un trapo y le dijimos que limpiara las letras de AC/DC. Tuvo que haber empleado un mondadientes, bastoncitos de limpiarse las orejas y un cepillo de dientes, porque quitó hasta la última molécula de suciedad de la campana. ¡Cuando esa noche las luces enfocaron la campana, tenía un aspecto fantástico!»

En octubre, en Perth, se empezaron a vender las entradas para la próxima gira australiana, originando unos disturbios que acabaron con el arresto de 63 personas. Aunque inicialmente debía haberse acabado en septiembre, la banda estaba tan solicitada que la gira se prolongó hasta noviembre, demostrando a algunos de sus críticos que AC/DC todavía estaban en la cima.

Angus estaba satisfecho con *Who Made Who*, y le explicó a *Guitar World*, en marzo de 1986: «Creemos que hemos hecho un buen trabajo y que hemos conseguido lo que queríamos. Lo único que queríamos era hacer un disco de rock que fuera duro y excitante. Y eso es lo que hemos hecho».

Después de una minuciosa búsqueda del lugar perfecto, la banda escogió los estudios Miraval, en Le Val, Francia, para grabar su próximo álbum. La preproducción estuvo a cargo de George y Harry, en Sydney, de abril a julio de 1987. Ésta sería la primera vez en nueve años que producían un disco entero para AC/DC.

La grabación de *Blow Up Your Video*[48] empezó de manera oficial en agosto. El título reflejaba el aprecio que tenía AC/DC por la todopoderosa MTV. Angus le contó a *Metal Edge* en 1985, refiriéndose a la aceptación de sus primeros vídeos: «Dijeron que no podíamos poner a un tío atravesado por el mástil de una guitarra, escupiendo sangre… ¿Por qué no?... Recuerdo un vídeo en el que yo explotaba. Lo hicimos con el mayor tacto posible».

Se grabaron diecinueve canciones, pero cuando las cintas llegaron a Nueva York para el paso final de mezclarlas, solo 10 llegaron al álbum: «Heatseeker»,

---

48. *Haz explotar tu vídeo.*

Brian y Angus, siempre en movimiento.   Un par de golfos, Brian y Angus (1986).

«That's The Way I Wanna Rock 'N' Roll», «Meanstreak», «Go Zone», «Kissin' Dynamite», «Nick Of Time», «Some Sin For Nothin'», «Ruff Stuff», «Two's Up» y «This Means War». La portada mostraba a Angus, guitarra en ristre, abriéndose paso a través de una pantalla de televisión.

El primer single, «Heatseeker», fue lanzado el 4 de enero de 1988, llegando al número 12 de las listas británicas. (David Mallet dirigió el vídeo del single en los estudios Cannon, en Elstree, Inglaterra). *Blow Up Your Video* fue publicado en enero y alcanzó el número 12 de las listas americanas. El decimotercer álbum de la banda llegó al número 2 de las listas británicas, la posición más alta desde *Back In Black*.

AC/DC pasaron tres días ensayando en el Entertainment Center en Perth, antes de iniciar una «gira de vuelta a casa» el primero de febrero. Dieron 17 conciertos en Australia y Nueva Zelanda. Éstas eran sus primeras apariciones en las antípodas desde 1981. Se citó a Angus diciendo: «Hay toda una expectación nueva con la banda estos días, y hay toda una nueva generación de chicos a los que ganarse».

Las dos noches que tocaron en Perth fueron incluso más especiales por la presencia de los padres de Bon, Chick e Isa. En reconocimiento a su popularidad, la lista de canciones de la banda para ese concierto estuvo dominada por canciones de Bon Scott. Después de sus directos en Perth, Melbourne, Sydney, Brisbane y Auckland, AC/DC habían tocado para 130.000 fans en tres semanas. Su vuelta a Australia fue un éxito rotundo, excepto por el arresto de 60 personas en unos disturbios en Myer Music Bowl, en Melbourne. *Me alegra saber que la banda no decepcionó al parlamento.*

Su gira inglesa de seis conciertos empezó el 7 de marzo, y cubrió sólo dos ciudades, Londres y Birmingham. Mientras tocaban en el National Exhibition Center en Birmingham, se grabó un vídeo en directo de la canción «That's The Way I Wanna Rock 'N' Roll», bajo la dirección de Brian Grant, Peter Sinclaire y Jiff Morrison.

AC/DC continuaron su gira, dando 20 conciertos más en Europa con Dokken como teloneros. Tocaron en Bélgica, Alemania, Suecia, Noruega, Finlandia, Francia y Suiza, antes de volver a Londres para tocar el 13 de abril en el Wembley Arena.

Para la parte americana de la gira Blow Up Your Video, Malcolm prefirió quedarse en casa descansando, alegando agotamiento, y dejar que su sobrino, Stevie Young, le sustituyera. Stevie, quien había estado en la exitosa banda australiana Starfighters, llevaba tocando las canciones de AC/DC desde que era un niño.

Al principio, la razón dada para el cambio fue que Malcolm necesitaba algo de tiempo para podérselo dedicar a su familia. Más adelante la banda admitió que se había dado un respiro para poder tratar su problema con el alcohol. Durante años, cuando se le preguntaba por qué Malcolm no hacía más solos, Angus respondía bromeando que si tocaba solos «no podía beber». Ocho años después de la muerte de Bon, el hábito de Malcolm había dejado de ser una broma.

Angus declaró finalmente que «[Malcolm] quería acabar con su problema con la bebida, y limpiarse. Creo que si lo puedes hacer sólo con tu propia fuerza de voluntad es genial; y después de haber pasado por lo de Bon, no sé si podría soportar una experiencia similar de nuevo».

Mientras estaba en su casa de Australia, Malcolm pasó el tiempo con su mujer, Linda, y sus dos hijos. Incluso se compró un caballo y probó las carreras. Durante su recuperación no abandonó su guitarra mucho tiempo, y enseguida se puso a trabajar en ideas para el nuevo álbum. Afortunadamente, su sobrino Stevie (que era la viva imagen de Malcolm) copiaba tan bien los movimientos de Malcolm en el escenario que la mayoría de los fans no se dio cuenta de que Malcolm se había ido.

Por supuesto, para Angus, ir de gira sin Malcolm era radicalmente distinto. Señaló en *Hit Parader*: «Es un guitarra rítmico increíble y un compositor alucinante. Tocar ese tipo de guitarra requiere una pasta especial, y Malcolm la tiene. Ha aceptado gustoso el estar un poco a mi sombra durante todos estos años, pero estar de gira con él simplemente confirma lo que yo ya sabía. Es un miembro muy importante de la banda».

Blow Up Your Video se convirtió en el álbum de mayor éxito en Estados Unidos desde *For Those About To Rock*. El escritor Kim Farber criticó el álbum para *Rolling Stone* en abril: «Ya es hora de que todo el mundo deje de pensar en AC/DC simplemente como en una banda de heavy metal. Angus y Malcolm Young llevan 13 álbumes creando unos riffs de guitarra por los que moriría cualquier banda de cualquier tipo de rock. Mejor aún, los miembros de AC/DC no hacen ninguna concesión a los productores: cada uno de los irresistibles fraseos de sus guitarras está grabado en piedra… La banda considera el ser fieles a uno mismo como la mayor virtud. Afortunadamente, los hermanos Young continúan creando riffs lo suficientemente inspirados como para que su estrechez de miras esté justificada. De hecho, los riffs de este disco son tan pegadizos como los de su clásico *Back In Black*. Puede que *Blow Up Your Video* sea el disco que convenza finalmente a aquellos que no tienen fe verdadera en AC/DC: son una banda metálica que toca rock 'n' roll sólido y de oro».

Más adelante, Malcolm dijo, refiriéndose a *Blow Up Your Video*: «Queríamos retomar el camino donde lo dejamos con *Who Made Who*, aunque había bastante distancia entre los dos álbumes. Por entonces habíamos perdido un poco el norte, y necesitábamos volver a recuperarlo. Así que de nuevo nos quedamos con Vanda y Young, y regresamos a nuestras raíces. En ese disco había habido más producción que en Fly On The Wall y Flick Of The Switch juntos, e intentábamos capturar el sonido tradicional de rock de 12 compases que teníamos al principio».

A lo largo de los siguientes seis meses (empezando el 3 de mayo de 1988) la banda dio 113 conciertos a través de Estados Unidos. La gira Blow Up Your Video, que se terminó en el Cow Palace, en San Francisco, el 11 de noviembre, acabó siendo una de las de mayor éxito del año.

Una vez se terminó la gira, cada uno se fue por su lado a disfrutar de las vacaciones. Cliff decidió dejar Haway y mudarse a la costa del Golfo de Florida, cerca de Brian, mientras Malcolm regresaba a Londres y Angus volvía a su casa en Holanda.

Para mayor refuerzo de su fama de agitadora, la música de AC/DC ayudó a sacar a Manuel Noriega de su refugio en la embajada del Vaticano en Panamá después de que su país fuera invadido. Aparentemente, bombardear a aquellos amantes de la ópera con «Hell's Bells» y «Highway To Hell» ayudó a sabotear su escondrijo. Este método de tortura mental funcionó tan bien que se ha convertido en una técnica oficial del gobierno de Estados Unidos. *Aunque me da la impresión de que se trata sólo de una excusa para que nuestros soldados escuchen AC/DC mientras dan lo mejor de sí mismos. ¡Y por eso, os saludamos!*

Pasando un rato cada uno en la casa del otro, Angus y Malcolm empezaron a recopilar ideas para su nuevo disco. Debido al estrés que le estaba produciendo a Brian su divorcio con Carol, su primera mujer, eligió no contribuir con las letras en esta ocasión… dejando tanto la composición como las letras plenamente en manos de los hermanos Young. Esto originó una oleada de falsos rumores sobre que Brian había dejado la banda.

Conscientes del surgir de nuevas bandas de rock puro y duro, como Guns 'N' Roses, cosa que señalaba el declinar de las bandas glam de los 80, Angus y Malcolm se preparaban para conquistar la nueva década. No sólo asumirían la tarea de componer la música y escribir las letras, sino que también cambiarían la sección rítmica de la banda. En un principio, Simon se marchó de forma temporal cuando se le invitó a grabar un álbum con Dio. Pero una vez que estuvo en la banda, la oferta de Dio se convirtió en un puesto fijo.

Esa fue la razón oficial dada por Wright y AC/DC, pero años más tarde Malcom admitiría que durante el tiempo en que no participó en la gira tuvo la oportunidad de ver algunos de los conciertos de AC/DC desde otra perspectiva (la de la audiencia). Malcolm decidió que lo primero que tenía que hacer cuando volviera a la banda era «echar a ese batería».

AC/DC empezaron sus ensayos para el nuevo álbum en una nave en las afueras de Brighton, Inglaterra. Por sugerencia de su manager, se mandó al batería Chris Slade para que grabara con ellos temporalmente. Slade había tocado anteriormente con Gary Moore, Manfred Mann, The Firm y con Jimmy Page, de Led Zeppelin. Las cosas fueron tan bien durante la grabación que Slade preguntó si podía unirse a AC/DC.

A principios de 1990, AC/DC habían cambiado de estudio, y realizaron el trabajo de preproducción en los estudios Windmill Road, en Irlanda. Aunque la idea inicial era que Vanda y Young produjeran el álbum, la banda acabó trabajando con el productor canadiense Bruce Fairbairn. Se fueron todos a Vancouver para la grabación propiamente dicha, la cual se realizó en los estudios Little Mountain.

Fairbairn, junto a su protegido, Bob Rock, ayudó a establecer Little Mountain como uno de los estudios de grabación más importantes de Norteamérica. Fairbairn había trabajado con anterioridad con Loverboy, Blue Oyster Cult, Krokus, Aerosmith y Bon Jovi (de cuyo exitoso disco *Slippery When Wet* se vendieron 12 millones de copias).

Tras completar la grabación en tan sólo seis semanas, el decimocuarto álbum de la banda incluiría algunos de los mayores éxitos de la banda en los últimos 10 años. Se llamó *The Razors Edge*.

16. The Razors Edge

AC/DC, una vez más bajo la dirección de David Mallet, filmaron el vídeo para el primer single en la Brixton Academy, en el sur de Londres, el 17 de agosto. Acudieron cerca de mil fans, ayudando a crear un mar de cabezas meciéndose y puños en alto que rodeara a la banda mientras tocaban «Thunderstruck». Durante la grabación, Mallet se gastó unos ocho kilómetros de película. El momento álgido del vídeo era ver a Angus hacer el baile del pato desde debajo de un escenario de plexiglás.

A Angus le vino el título de la canción a la cabeza mientras volaban bajo una tormenta eléctrica. «Estaba sobrevolando Alemania Oriental cuando el avión fue alcanzado por un rayo. Pensé que nos quedábamos ahí. La azafata dijo que nos había alcanzado un rayo, y yo dije: "No, lo que nos ha alcanzado ha sido un trueno, porque ha sido como una explosión"».

The Razors Edge fue publicado en septiembre de 1990, y mostraba una portada roja y plateada que tenía el aspecto de una tela rasgada que revelaba el brillante título. Las fotografías promocionales de la banda para el nuevo álbum eran oscuras y ligeramente terroríficas… Especialmente las de Slade, el nuevo batería, con su cabeza rapada y sus bíceps protuberantes. Ése era exactamente el aspecto que necesitaba la banda, plantando cara a los nuevos grupos de metal de principios de los nsoventa, como Metallica, Faith No More o Jane's Adiction.

El álbum era una inteligente colección de doce temas, incluyendo «Thunderstruck», «Fire Your Guns», «Money Talks», «The Razors Edge», «Mistress For Christmas», «Rock Your Heart Out», «Are You Ready», «Got You By The Balls», «Shot Of Love», «Let's Make It», «Goodbye & Good Riddance To Bad Luck» y «If You Dare». En la canción «Thunderstruck» Angus

toca con todas las cuerdas silenciadas con cinta adhesiva, excepto la segunda…
Un pequeño truco de estudio que le enseñó George. «Money Talks», que
pronto se convertiría en un éxito, se escribió con el divorcio de Brian en
mente. Y las letras con doble sentido de «Mistress For Christmas» demostraron que Angus y Malcolm habían aprendido bien en la escuela de Scott.

«Thunderstruck», el primer single del álbum, fue publicado el 29 de septiembre, y alcanzó el número 13 en las listas del Reino Unido. *The Razors Edge*
entró directamente en el número 4 en Gran Bretaña y el 2 en Estados Unidos. Dejando a un lado el nuevo álbum, las ventas en general daban vértigo.
El 4 de octubre, la RIAA certificó *If You Want Blood (You've Got It)*, *Let There
Be Rock* y *Powerage* como discos de platino. *Dirty Deeds Done Dirt Cheap* fue
certificado triple platino, y hacia octubre de 1990, *Back In Black* llevaba diez
millones de copias vendidas, impulsando las ventas totales de AC/DC por encima de los 60 millones de copias.

Billboard publicó una reseña del nuevo álbum que afirmaba: «Los rockeros
australianos publican su primer lanzamiento con el nuevo sello, Atco, y es algo
extraordinario. Con una de las voces más distintivas del mundo del rock,
Brian Johnson ruge, gruñe, grita y en términos generales arranca a tiras la
pintura de las paredes durante doce canciones incendiarias obra de los hermanos Young… Sabiamente, Farbairn deja que el lado abrasivo de AC/DC bri-
lle con luz propia, y no intenta pulir las rudas aristas que hacen de AC/DC
una de las bandas más imitadas (y nunca igualadas) del mundo».

Mark Putterford escribió en la publicación británica *Select*: «… La guitarra
rítmica de Malcolm Young todavía suena intensa, pegándose como cola de impacto al incesante ritmo de batería, el bajo de Cliff Williams todavía resuena
como un trueno de relojería, y Angus Young (con su guitarra solista, tan gam-
berra como su personaje escolar en el escenario) todavía revolotea por la mezcla como un mosquito enfadado. Y Brian Johnson, el cantante de la banda, todavía no ha devuelto sus amígdalas a la jaula de los loros del Whitley Bay
Zoo».

AC/DC inició la primera parte de su gira con 34 conciertos a lo largo de
Estados Unidos y Canadá, empezando el 2 de noviembre en el Worcester
Centrum en Massachusetts. Cliff, afectado por una infección de riñón, tuvo
que ser reemplazado por el bajista Paul Greg durante varios conciertos.

El 6 de noviembre, Mallet filmó otro vídeo de la banda en el Spectrum, en
Filadelfia, para la canción «Money Talks». El 14 del mismo mes, «Money
Talks» alcanzaría el número 23 de las listas de *Billboard*. Dos semanas después,
el single llegó al número 36 en el Reino Unido. Sería uno de los dos singles,
junto a «Are You ready», que llegaría al Top 40 británico. Tan pronto como
fue publicado, *The Razors Edge* empezó a volar de los estantes en las tiendas,
y la mayoría de las entradas para la gira se agotaron. Justo cuanto parecía que

¿Verdad que tienen cara de buenos? Brian y Angus (1990).

las cosas no podían ir mejor, la mala fortuna se cebó con los fans una vez más en un concierto de AC/DC en Nueva Jersey, el 11 de noviembre.

Durante su actuación en el Brendan Byrne Arena (ahora el Continental Arena), en East Rutherford, Nueva Jersey, David Gregory, un fan de veintiún años, fue atacado y golpeado a las puertas del local. Murió al día siguiente en el hospital Hackensack. Un soldado del estado de Nueva Jersey fue exculpado de cargos al respecto, y la familia recibió una indemnización de 250.000 dólares. Por increíble que parezca, ésta no sería la última vez que una persona perdía la vida en un concierto de AC/DC.

Por las fechas en las que se publicó el álbum, yo estaba trabajando para otra publicación musical, y disfruté de tener que hacer una reseña del álbum. «La totalidad del álbum es cautivadora, recuerda a Back In Black. The Razors Edge *debería encumbrar a AC/DC como una de las bandas más electrizantes.»*

La gira promocional del álbum incluía un escenario completamente nuevo. Junto a los consabidos cañones y la inmensa campana, la banda incluyó algunas sorpresas nuevas: una de ellas era unos dólares de AC/DC con la cara de Angus en ellos. Estos billetes falsos caían sobre la audiencia durante «Money Talks».

Finalmente, tuve la oportunidad de ver a AC/DC en directo otra vez el 1 de diciembre en el Dane County Coliseum en Madison. En esta ocasión tenía que hacer una reseña del concierto para el periódico local Night Sights and Sounds. *Después de muchas discusiones, conseguí un pase para el backstage. No les había visto en directo desde 1986, y no había podido hablar con ellos con calma desde que tocaron en el Madison Square Garden en 1983. Además no había tenido noticias de su antiguo roadie, Barry, desde las Navidades de 1981.*

Las entradas para el Coliseum se habían agotado, y la expectación se podía palpar. Cuando las luces se apagaron, unos tubos de neón rojo, que bordeaban el escenario, rompieron la oscuridad. El efecto se vio acompañado del sonido de truenos, lo cual llevó al inicio de «Thunderstruck». Mientras Brian, Malcolm y Cliff entraban andando en el escenario, los amplificadores y la batería de Chris Slade surgían lentamente del suelo. Un foco reveló a un Angus vestido de terciopelo verde, con su vieja SG, de pie en una rampa, por encima de la cabeza de Chris. Mientras la audiencia gritaba, miró hacia arriba, señaló el cielo con un dedo y despegó, abandonando cualquier posición estática durante el resto del espectáculo.

Después de «Thunderstruck» se nos regaló con «Shoot To Thrill», «Back In Black», «Fire Your Guns» y «Sin City». El público era un mar de cabezas y puños que se agitaban como látigos. Cuando todo el mundo se puso a cantar enérgicamente «Dirty Deeds Done Dirt Cheap», me reí. No podía evitar preguntarme si Bon estaba viendo todo eso. «El abuelo» hubiera estado muy orgulloso.

Angus demostró durante «Jailbreak» que es el guitarrista que se mueve más rápido del mundo. Juro que le saca más provecho a un riff que bandas enteras le sacan a un año. Bañado en multitudes, durante su striptease, en lugar de mostrarnos sus «legendarias credenciales como hombre del espectáculo», esa noche nos mostró unos calzoncillos bóxer de barras y estrellas. No tan provocativo, pero definitivamente patriótico.

En lugar de dar su paseo entre el público, Angus apareció en la parte de detrás del Coliseum, en un escenario más pequeño que se elevó por detrás de la mesa de sonido. Una prueba más de que los chicos estaba empezando a modificar su comportamiento un poco. Nada sorprendente, teniendo en cuenta que habían estado de gira casi sin descanso durante los últimos 17 años. Tuve que resistirme a la tentación de saltar de mi asiento a recoger uno de los billetes de AC/DC que llovieron sobre la audiencia mientras tocaban «Money Talks». ¡Eh, los dólares de AC/DC molan mucho más que las púas!

La banda nos vapuleó durante dos horas y media, antes de terminar su espectáculo con un globo gigantesco de Angus con cuernos durante «Highway To Hell» y cañonazos en «For Those About To Rock, We Salute You». El título de mi reseña fue, AC/DC arrasan el Coliseum. *No exageré.*

Cuando después fui al backstage para ver a la banda, me quedé maravillada con el alcance de su popularidad. ¡No solo tenían como a unas 100 personas trabajando en la gira, sino que los fans que tenían pases para el backstage llenaban el lugar!

Mientras todo el mundo era alineado en una larga fila que serpenteaba por un almacén en la parte de atrás del Coliseum, esperamos pacientemente a que la banda apareciera. Encabezaba la fila un chico que había ganado un concierto en la radio. A lo largo de la fila había gente del negocio de la música, locutores de radio y conductores de limusinas con buenos contactos. Como llevaba unos regalos para la banda, me fui al final del todo de la fila.

El primer miembro de la banda en acudir al «meet and greet» oficial, como lo llaman ahora, fue Angus. Iba acompañado por un director de gira muy alto. Lo primero que hizo Angus fue presentarse al ganador del concurso y darle una gorra. Cuando el chaval le dio la mano y le espetó lo mucho que le gustaba AC/DC, Angus agachó la cabeza y le dio las gracias. Angus se pasó la siguiente media hora dando vueltas por la habitación, dando la mano y posando para las fotografías.

Para cuando llegó al final de la línea, tenía el aspecto de estar harto. Cuando Angus me vio, me dedicó una gran sonrisa y dijo: «¡Sue!» Le sonreí a mi vez y le di un abrazo, lo cual dejó helado al resto de la gente. ¡Incluso los locutores se quedaron con la boca abierta! Angus me devolvió el abrazo y nos quedamos allí poniéndonos al día durante lo que pareció una eternidad. Lo mejor fue poderle felicitar por el espectáculo y por el nuevo álbum.

Angus me contó que seguía casado con Ellen, y luego me preguntó si sabía que Barry se había hecho cura. ¿Se había hecho qué? ¡De ninguna manera! Angus había oído que Barry se había hecho cura y que se encargaba de su propia parroquia, lo cual fue una verdadera sorpresa para toda la banda. Nos reímos pensando en lo raro que tenía que ser ver a Barry dar un sermón. ¡Sobre todo si no era en la iglesia del rock!

Después de que nos pusiéramos al día de lo que había pasado en la última década, saqué unas copias de unas fotografías que nos habíamos hecho en Alpine Valley en agosto de 1978. Llevé copias para Angus y Malcolm, junto a los originales para que los firmaran. Créanme cuando les digo que es la única vez que les he pedido un autógrafo. Cuando Angus vio las fotografías, lo primero que dijo fue: «¡Oh, esas fotos fueron tomadas la última semana!». No olvidaré nunca cómo las miró durante un rato, con lágrimas en los ojos. Entonces levantó la mirada y me dijo: «Bon tenía un aspecto magnífico por entonces, ¿verdad?». Y yo dije «Bon estaba en su mejor momento por entonces, Angus, ¡Tenía un aspecto sensacional!». Lo cual nos hizo sonreír a ambos.

Finalmente, entró Malcolm, y me llevé otro gran abrazo y un montón de risas. Después de habernos puesto al día, pude hacerles algunas preguntas para mi artículo. Recientemente, Guitar Player había hecho una crítica muy favorable del nuevo álbum, afirmando que la mano derecha de Malcolm debería ser declarada patrimonio nacional por el gobierno australiano. Le pregunté a Malcolm qué le parecía, y bromeó: «¡Esa crítica me costó mucho dinero!». Luego le pregunté a Angus qué le parecía que le llamaran el Dios del heavy metal. Rugió y dijo: «No soy el Dios, ¡Soy el monstruo!».

Angus y Malcolm eran claramente estrellas del rock multimillonarias, con toda la parafernalia, pero su sentido del humor no había cambiado un ápice. Mientras nos despedíamos, les deseé toda la suerte del mundo y que tuvieran cuidado en la carretera. Nos prometimos permanecer en contacto y me dijeron que me buscarían cuando

volvieran a Wisconsin el próximo verano. Regresé a casa determinada a encontrar la
pista de Barry, o mejor dicho, del Reverendo Taylor.

Antes de que acabara el año, AC/DC serían galardonados con otro disco de
oro por *'74 Jailbreak*. Era como si todo lo que tocaban se convirtiera en el pre-
ciado metal. Después de su periodo de vacaciones, la banda empezó la segunda parte de su gira norteamericana de 28 conciertos el 9 de enero, en el
Palace, en Auburn Hills, California. Precisamente cuando la banda estaba demostrando que su estilo de rock reinaría una década más, AC/DC se vería
afectada por una nueva tragedia.

La noche del 18 de enero de 1991, AC/DC tenían que actuar en el Salt Palace Arena, en Salt Lake City, Utah. Se vendieron 13.294 entradas generales
al público, lo cual significaba que podías sentarte o permanecer de pie donde
quisieras… Cuanto más cerca del escenario, mejor.

Antes de que la banda subiera al escenario, tres adolescentes (Curtis Child,
Elizabeth Glausi y Jimmie Boyd) murieron aplastados por la multitud que se
agolpaba contra el escenario. Los promotores decidieron no contárselo a la
banda, a sabiendas de que AC/DC no habrían actuado de saber cuáles eran las
circunstancias, y prefirieron que el espectáculo continuara. Tan pronto como
se acabó el concierto, se informó a la banda de las terribles noticias.

Para empeorar las cosas, la prensa de todo el mundo publicó sus fotografías
en el escenario, afirmando que la banda continuó sin importarles el terrible
desastre. Angus habló con *Guitar Player* en febrero de 1984 sobre el riesgo
que implicaban sus paseos por el público: «… Lo más importante es que nadie de la audiencia resulte herido. Muchos de esos chavales están apelotona-
dos, pueden resultar aplastados, y eso es algo muy serio. Si hay demasiado jaleo, demasiado gente junta, entonces no lo hago. Ellos [seguridad] están ahí
sobre todo para proteger a los chicos. Todas las noches hay chicos que suben
al escenario y se enfrentan a la gente de seguridad».

Pete «Pyro» mencionó también su proceder respecto al público. «Usábamos una "formación en cuña" en la que poníamos a un chico grandote en el
medio, con Angus en sus hombros, y un chico a cada lado. Incluso nos hicimos unas camisetas que decían: "Cuña de seguridad de Angus". Se nos dijo
que empujáramos a la gente con cuidado, no que les pasáramos por encima.
La banda dejó muy claro que no querían que lastimáramos a los fans.»

AC/DC acabó siendo exculpada de cualquier relación con la causa de las
muertes. En *Ultimate Albums*, de la VH-1, Brian habló de lo desolados que estaban cuando se enteraron de lo que había pasado… Especialmente cuando la
prensa publicó sus fotografías sonriendo, dando a entender que habían preferido continuar de todas formas con el concierto. Brian declaró que nunca iba
a perdonar a la prensa británica por haberlos tratado tan mal. También aña-

dió que todavía se trataba de un tema extremadamente triste y doloroso para la banda. Es algo de lo que Malcolm, hoy día, prefiere seguir sin hablar.

Durante esa época se publicaron dos vídeos de larga duración. *Who Made Who*, que mostraba filmaciones cubriendo el periodo entre 1980 y 1986, y *Clipped*, una compilación de todos los vídeos de *Blow Up Your Video* y *The Razors Edge*.

Una vez más con David Mallet, AC/DC filmaron el vídeo de «Are You Ready» en los estudios Bray, en Windsor, el 18 de marzo. Dos días después empezaba la vertiente europea de la gira, que recorrería Finlandia, Suecia, Noruega, Alemania y Suiza, a lo largo de 17 conciertos. Luego, AC/DC continuaron su gira por el Reino Unido dando nueve conciertos más antes de regresar a Estados Unidos. Su álbum *Highway To Hell* fue certificado platino por cuarta vez. Si la banda lo celebró, fue en algún lugar de la carretera.

Esa primavera, preguntaron a Angus cómo había mantenido AC/DC su consistencia musical a lo largo de todos esos años. Explicó: «Lo único que de verdad nos afectó fue la muerte de Bon. Eso casi acabó con el grupo. Pero cuando vino Brian nos trajo una energía y una vitalidad nuevas que hicieron que todo evolucionara en la dirección adecuada. Pero mi hermano Malcolm, y Cliff, han estado aquí todo el tiempo, así que el núcleo de la banda no ha cambiado tanto. Ahora tenemos a Chris Slade a la batería, y está funcionando muy bien. ¡Es tan viejo y feo como el resto de nosotros!».

El 23 de mayo la banda inició la segunda parte de su gira americana en el Richfield Coliseum en Cleveland, Ohio. Acerca de la nueva gira, Angus bromeó: «Tocaremos algunos temas nuevos, pero también muchos de los temas habituales, aptos para todos los públicos, ya sabes, ¡Los temas que los reverendos adoran!».

Riéndose de sus críticos, Brian dijo: «Me gustaría encerrarlos [a los críticos] en una celda con el nuevo disco de AC/DC durante una semana. Suplicarían: "¡Sacadme de aquí, sacadme de aquí!". Luego les pondría música disco durante otra semana, y me apuesto una libra contra una mierda a que acabarían colgándose de sus propios cinturones. ¡Con AC/DC al menos saldrían cantando el estribillo!».

Una noche, durante un concierto en Belfast, Angus proporcionó nuevos motivos a los reverendos locales para que lo amaran, sorprendiendo a todo el mundo, incluso a él mismo, durante su striptease. Parece ser que llevaba dos calzoncillos, y no se había dado cuenta de que el de debajo estaba roto por delante. Cuando se bajó los pantalones todos los que le rodeaban parecían bastante alarmados, y Malcolm empezó a señalarle. Angus dijo: «Yo estaba en mi propio mundo, pensando: "¿Y éste qué señala?". Y toda la policía estaba mirándome. Y me giré y vi que la audiencia estaba estupefacta. Y bajé la mirada y me percaté de que mi carnet de padre estaba ahí colgando a la vista de todo el mundo». ¡Es increíble que nadie tomara una fotografía!

Finalmente, el 28 de junio, AC/DC llegaron a Wisconsin, tocando en Alpine Valley, en East Troy. Todavía no había sido capaz de localizar a Barry, y tenía mucha curiosidad por saber si la banda sabía dónde estaba. Ese día de verano era particularmente caluroso. La única diferencia entre ese concierto y el de diciembre era el hecho de que tenían que parar después de cada canción para secar el sudor de las guitarras. Esta vez teníamos unos asientos de fábula bajo la parte cubierta, y justo debajo de donde arrojaban el dinero de mentira. ¡Juro que se abrió la caja y el dinero cayó justo encima de mí! No hace falta decir que nos llevamos un montón de dólares de Angus esa noche, sin contar todos los que repartimos entre los fans que nos rodeaban.

Aunque teníamos pases para el backstage, la inmensa multitud con la que se nos agrupó fue dejada fuera, esperando impaciente bajo el sol. Después de casi una hora, era obvio que la banda no iba a salir del camerino, lo cual hizo que me preguntara si habían sobrevivido a una actuación tan dura. Precisamente cuando la mayoría de los fans estaban empezando a rendirse, agarré a un guardia de seguridad y le dije que entrara y le dijera a Angus que Sue, de Madison, estaba esperando para saludarles. La petición provocó algunos comentarios, por no mencionar un montón de risas. Incluso el fotógrafo con el que estaba me miró y dijo: «Sí, eso debería servir».

Al cabo de 10 minutos, el guardia de seguridad salió y gritó: «¿Está por ahí una tal Sue Masino?».

Levanté la mano al mismo tiempo que otras mujeres, y mi marido y yo fuimos introducidos rápidamente en la parte de atrás de Alpine Valley, en uno de los camerinos.

Mientras entraba, me giré para darle las gracias al agente de seguridad. ¡Cuando la puerta se cerró detrás de nosotros, ambos miramos alrededor y nos dimos cuenta de que éramos las únicas personas en la habitación, junto a los cinco miembros de la banda!

El calor los había agotado tanto que habían decidido quedarse en el camerino. Algo inusual, pues a la banda siempre le encantaba reunirse con sus fans. Estaba tan aturdida que me quejé del calor. La banda sencillamente me miró, hasta que dije: «¡Me sorprende que no hayan tenido que sacaros en camilla del escenario!» Esto provocó unas risas e hizo que todo el mundo empezara a hablar. Malcolm me miró y dijo: «¡Eh, vimos a Barry justo después de haberte visto a ti, el diciembre pasado!». Lo cual condujo a una larga conversación acerca de la profesión que había elegido Barry y sobre el libro que había escrito y que mencionaba a la banda.

Mi marido llevaba una camiseta de nuestro lugar de veraneo preferido en Florida, y tan pronto como Brian la vio gritó: «¡Ahí es donde yo vivo!». Entonces se señaló el ojo y dijo que le habían puesto un ojo morado en un pub local de allí. Aparentemente nadie de la prensa se había enterado. Entonces agarró a John y le dijo que ambos necesitaban una copa. Angus y Malcolm eran ahora estrictamente abstemios, pero Brian viajaba con su propio bar.

Nos quedamos con la banda durante la siguiente hora. Angus y yo acabamos sentados en un banco comparando sus pequeñas manos con las mías. Los dos tenemos los dedos extremadamente pequeños, y me explicó riéndose que esa es la razón por la que toca una Gibson SG. ¡Son las únicas guitarras con un mástil que puede rodear con la mano! Después de disfrutar de una charla sensacional, nos dijimos adiós y me prometieron que de algún modo me conseguirían el número y la dirección de Barry.

Unos días después le escribí una larga carta a Barry y la envié a la última dirección suya que tenía en California. Cuando la carta regresó, la puse en un sobre nuevo y la envié a la última dirección que había tenido en Inglaterra. Unas semanas más tarde la carta regresó también. Me entristeció, y empecé a sentir que no era mi destino que le encontrara, así que hice trizas la carta y la tiré.

Esa misma noche, estaba sentada haciendo zapping cuando escuché que alguien decía «AC/DC». Eso es algo que normalmente hace que me detenga a escuchar, así que volví a buscar ese canal, y ¡Justo delante de mí tenía a Barry Taylor! Estaba en el programa 700 Club del Christian Channel, hablando de abandonar el rock 'n' roll y abrazar la religión. Sólo para asegurarme de que no estaba viendo alucinaciones, puse una cinta de vídeo y grabé el resto del programa. Al día siguiente llamé al 700 Club y dejé un mensaje bastante detallado para Barry. Justo unos días después, el Reverendo Taylor me llamaba directamente.

Habían pasado 10 años desde la última vez que hablamos. ¡No podía creerme que realmente estaba al otro lado del teléfono! Cuando le dije que había visto a AC/DC dos veces en los últimos seis meses, nos reímos acerca de cómo no les hacía mucha gracia lo que decía de ellos en su libro.

Barry y su mujer, Cathy, regentaban su propia parroquia en las montañas de California. No le había dado la espalda completamente al rock 'n' roll. Barry, que tocaba la guitarra, había formado su propia banda en la iglesia, y la mayoría de sus oficios se celebraban con música. También había estado viajando por el mundo propagando la palabra de Dios, particularmente en la Unión Soviética y en Alemania durante la época en que derribaron el Muro de Berlín.

Irónicamente, Barry había pasado por Nueva Zelanda, donde vio a Phil Rudd. Me sentí halagada cuando me comentó que él y Phil habían estado hablando de mí. ¡Ya ven lo que les dije acerca de que el mundo es un pañuelo! Los dos estábamos contentos de poder permanecer en contacto con la banda mientras estaban de gira. ¡Ambos prometimos permanecer en contacto, pero no volveríamos a hablar hasta pasados otros 10 años!

AC/DC dieron 12 conciertos más en Estados Unidos antes de dirigirse a Europa. Tocaron para 72.500 fans en el Castillo de Donington el 17 de agosto, en el primero de siete festivales de rock europeos. Aparecieron al lado de Queensryche, The Black Crowes, Motley Crue y Metallica. La gira cubrió Hungría, Alemania, Suiza y Bélgica. Fueron cabezas de cartel por tercera vez en el Mosters Of Rock, algo de lo que no había precedentes. El escenario de Donington había requerido 250 toneladas de acero, 250 toneladas de equipo y 34 camiones para transportarlo todo… Sin mencionar las 116 personas que hacían falta sólo para atender las necesidades de AC/DC.

David Mallet capturó el evento usando 22 cámaras. Malcolm, que se sentía cómodo filmando con Mallet, le contó a *Metal CD*: «Nunca nos gustó hacer vídeos, pero desde que conocimos a David Mallet, hacerlos se ha vuelto mucho más fácil, y de hecho al final nos gusta vernos».

La gira europea acabó con el concierto más grande que haya dado AC/DC jamás. El 28 de septiembre de 1991 la banda tenía en su agenda dar un concierto gratuito para la juventud rusa en el aeródromo de Tushino, en las afueras de Moscú. El evento fue organizado como un premio para los jóvenes por su resistencia a una reciente intentona de golpe de estado. Se le llamó una «celebración de la democracia y la libertad». Se esperaba una afluencia de medio millón de espectadores, pero se estima que se presentaron un millón de personas. Se invitó a AC/DC debido a que su música, que hasta la fecha sólo podía ser adquirida en el mercado negro ruso, estaba muy solicitada. El concierto también fue filmado por Wayne Ishan por si se hacía un álbum en directo.

Aunque era un día soleado, los organizadores estaban preocupados por el tiempo. Dado que tenían un millón de personas reunidas en el mismo sitio, lo último que querían era que se pusiera a llover. Fue entonces cuando el gobierno ruso usó lo último en tecnología. El director de gira, Mike Andy, recuerda que el gobierno le dijo que se asegurarían de que no lloviera. Explicó: «Moscú tiene un clima similar al del noroeste de Estados Unidos, muy lluvioso, como en Seattle. Bueno, gracias a Dios no tenemos centenares de soldados patrullando Seattle como pasa en la Plaza Roja. Después de decirnos que no llovería, los rusos enviaron rápidamente aviones a reacción para "sembrar" las nubes sobre el aeródromo de Tushino, asegurándose de que no llovería en las próximas seis u ocho horas. Era algo que hacían a menudo para que no lloviera encima de sus tropas. Esa noche no llovió hasta por lo menos una hora después de que se acabara el concierto».

Con un millón de rockeros rusos sueltos pasándolo bien, el evento transcurrió pacíficamente hasta que la banda sacó los cañones en «For Those About To Rock». Angus dijo: «Cuando los militares escucharon los cañones, se asustaron de verdad. Podías verlos con la boca abierta. Casi podías oírles decir: "¡Nos han tendido una trampa! ¡Es un sucio truco imperialista!"».

Mientras estaba en el escenario, Brian afirmó: «La ópera y el ballet no rompieron el hielo en la época de la guerra fría. Acostumbraban a hacer intercambios de compañías de ballet y de ópera, y de circos, pero para acabar con la guerra fría lo que hace falta es rock 'n' roll». Por desgracia el día no acabaría sin su nota amarga, cuando uno de los miembros de producción sufrió un ataque al corazón que resultó fatal. En Estados Unidos, *Newsweek* publicó: «¿En qué se gastan el dinero la gente de Alemania Oriental que cruza al otro lado de las ruinas del Muro de Berlín? Aunque en su momento los artículos más solicitados eran en el champán y la fruta fresca, la compra por excelencia es ahora la música grabada. ¿Wagner y el "Anillo"? ¿Otto Klemperer y Beethoven? No. Los superventas son AC/DC y la banda sonora de *Dirty Dancing*».

AC/DC tocaron en Francia, Luxemburgo y España antes de volar a las antípodas para dar 15 conciertos... Los dos últimos en Nueva Zelanda. Y adivinen a quién se encontraron. Desde que abandonara la banda en 1983, Phil se había retirado a Nueva Zelanda, donde fundó su propio negocio de transporte en helicóptero. Cuando vio de nuevo a la banda, Phil preguntó a Malcolm y a Angus: «Bueno, ¿Me vais a dar otra oportunidad, o qué?». Lo cual originó un nuevo cambio en AC/DC.

Hacia diciembre de 1991, AC/DC llevaban acumulados 70 conciertos a lo largo del año (para la mitad de los cuales se agotaron las entradas) y facturado más de 17 millones de dólares. Otra muestra de que no tenías que ser un metalero para ser un fan de AC/DC: los Atlanta Falcons[49] cambiaron su uniforme por el negro que llevaran originariamente, y declararon «Back In Black» como su nueva banda sonora.

Llegaron más galardones con la nominación a un Grammy en la categoría de rock duro por *The Razors Edge*. Además, el 2 de marzo, la RIAA certificó unas ventas de tres millones de copias.

No se libraron tampoco de la locura de los samples de principios de los noventa. La banda cursó una demanda contra SBK Records y Vanilla Ice por usar samples de «Rag To Riches» sin autorización en su disco *Extremely Live*.

El primer álbum en directo desde *If You Want Blood (You've Got It)*, esta vez con Brian Johnson, fue publicado el 29 de octubre de 1992. Llamado de forma elocuente *Live*, incluía canciones grabadas durante su gira mundial entre 1990 y 1991, y estaba producido por Bruce Faribairn. El álbum se publicó en cuatro formatos distintos, siendo éstos un único CD con 14 temas, una única cinta con 23, un formato especial con dos CD y 23 canciones, y un laser disc con 18.

Live incluía los temas «Thunderstruck», «Shoot To Thrill», «Back In Black», «Sin City», «Who Made Who», «Heat Seeker», «Fire Your Guns», «Jailbreak», «The Jack», «The Razor's Edge», «Dirty Deeds Done Dirt Cheap», «Money Talks», «Hell's Bells», «Are You Ready», «That's The Way I Wanna Rock 'N' Roll», «High Voltage», «You Shook Me All Night Long», «Whole Lotta Rosie», «Let There Be Rock», «Bonny», «Highway To Hell», «T.N.T.» y «For Those About To Rock, We Salute You».

Angus dijo al comentar el álbum: «Queríamos capturarlo antes de que se nos empezaran a caer el pelo y los dientes. No queríamos salir entubados...

49. Equipo de fútbol americano.

Este álbum está pensado en realidad para el coleccionista de AC/DC. Cuando hablas con ellos en los conciertos lo primero que te preguntan siempre es: "¿Cuándo vais a hacer otro disco en directo, chicos?". Probablemente la pregunta que más veces le han hecho a cualquiera de la banda sea: "¿Cuándo tendremos otra dosis de directo?". Pero queríamos esperar a que Brian tuviera muchos discos en su haber, para ser justos con él». Angus le explicó también a *Rolling Stone*: «*Live* es como pedir whisky. Te lo tomas de un trago. Simplemente somos una banda de rock 'n' roll para pasarlo bien. Ni más, ni menos».

La versión de «Highway To Hell» extraída de *Live* llegó al número 14 en el Reino Unido una semana después de que la banda la interpretara en directo en *Top Of The Pops*. La canción sería nominada a los Grammy como mejor actuación en directo.

AC/DC aparecieron más tarde en el programa *In Concert*, de la ABC-TV, en la «Halloween Jam AT Universal Studios», con Ozzy Osbourne, The Black Crows, En Vogue y Slaughter. En noviembre el álbum había llegado al número cinco en Gran Bretaña, y al quince en Estados Unidos. Una edición especial limitada llamada *Live: Special Collector's Edition* hizo su debut entrando en el número 34 en Estados Unidos.

Malcolm explicó en *Metal CD* en 1992: «Todo el mundo decía desde el principio que AC/DC era una banda de directo, y que los discos en estudio no podían compararse con nuestros directos. Después de *If You Want Blood (You've Got It)* y de la muerte de Bon, la gente siempre preguntaba cuándo haríamos otro álbum en directo. Queríamos esperar a tener suficiente material con Brian para hacerle justicia y para que no apareciera cantando solamente las viejas canciones de Bon. El álbum tiene todas las mejores canciones de ambas épocas, y algunas de las viejas canciones, como "Whole Lotta Rosie", todavía tienen mucha pegada».

El álbum *Live*, que usaba canciones extraídas de 153 conciertos en 21 países, llevó la energía de los directos de forma brillante a las casas de los fans. Tal y como escribió Ian Fletcher en el número especial de 2005 de *Classic Rock*: «Puede que el éxito de crítica y comercial de los discos en estudio de AC/DC fluctúe un poco hoy día, pero en directo siempre han sido imparables. Y con *Live* lo demuestran una vez más».

A finales de año se publicó la filmación en directo, en formato de alta calidad de 35 mm., de el Monsters Of Rock de Inglaterra, bajo el título *AC/DC Live At Donington*. Apenas acababa de empezar la década y AC/DC habían arrasado con sus críticos más duros, que los habían transformado de futuros dinosaurios del metal a iconos del rock 'n' roll. Pronto, AC/DC sobrepasarían incluso eso, con un poco de ayuda de un par de metaleros de dibujos animados llamados Beavis y Butthead.

17. Ballbreaker

Beavies y Butthead, una programa de dibujos animados creado por Mike Judge, hizo su debut televisivo en la MTV el marzo de 1993. Mostraba a dos divertidos gamberros metaleros que se pasaban el día criticando vídeos de rock, la mayoría de los cuales siempre eran «una birria, he, he, he». Beavis apareció al principio con una camiseta de Slayer, pero acabó vistiendo una que decía Metallica. Butthead, el par de Beavis con un desorden químico, tuvo el honor de vestir una camiseta que mostraba las sagradas siglas AC/DC. Gracias a un público que iba de los preadolescentes a los veinteañeros, los dibujos fueron un éxito inmediato de la MTV. La vestimenta de Beavis y Butthead eran toda una declaración sobre quiénes eran los auténticos reyes del metal a principios de los noventa… La realeza del rock, ante quien todas las bandas futuras se postrarían.

Ese verano, AC/DC fueron invitados a grabar una nueva canción para la película de Arnold Schwarzenegger, *El último gran héroe*. La canción, «Big Gun», fue producida por Rick Rubin. El vídeo de la canción fue grabado en el aeropuerto Van Nuys de Los Ángeles, en el hangar 104 E, y fue dirigido por David Mallet. En él aparecía el mismo Arnold, vestido de Angus, corriendo por el escenario mientras la banda tocaba. Ver la diferencia de tamaño entre Arnold y Angus es hilarante. *¿Dónde diablos estaba ese vídeo cuando los demócratas se enfrentaban a Arnold por el gobierno de California?*

La banda sonora de *El último gran héroe* (que incluía canciones de Alice In Chains, Anthrax, Queensryche, Def Leppard, Megadeth, Tesla, Fishbone y Cypress Hill) fue publicada en julio por Atco. La película, de altísimo presupuesto, no tuvo mucho éxito, pero la banda sonora se vendió muy bien. El single de AC/DC, «Big Gun», hizo su debut entrando en el número 23 de las listas británicas y en el 65 en Estados Unidos.

A finales de 1993, *Live*, de AC/DC había alcanzado las dos millones de copias vendidas. *High Voltage* había vendido también dos millones de copias y *Who Made Who* acababa de rebasar los tres millones. Además, se publicó un vídeo de larga duración titulado *For Those About To Rock, We Salute You*. Era una grabación de 84 minutos de su famosa aparición en Moscú. La filmación incluía a AC/DC, Metallica, The Black Crows, Pantera y E.S.T. El sello también relanzó, en Europa y en Estados Unidos, el catálogo previo a 1985 de la banda, completamente remasterizado.

Cuando la gira The Razor's Edge estaba tocando a su fin, Phil Rudd vió su directo en Auckland, Nueva Zelanda. Era la primera vez que veía a la banda en directo desde su marcha. Phil pasó varias horas charlando con ellos después del concierto, y en mayo del año siguiente le invitaron a volver al estudio con ellos para grabar las canciones de su nuevo álbum. Después de haber dejado atrás el negocio de la música, tenía que considerar seriamente el volver o no a la vida de rockero. Animado por su mujer, decidió ir a por ello. Empezaron a circular rumores de que había regresado a la banda, pero su retorno no fue anunciado oficialmente hasta que el disco estaba a punto de salir.

AC/DC se reunieron en Nueva York en octubre de 1994 y empezaron a grabar en los estudios Sony con Rick Rubin como productor. Rubin había pedido varias veces trabajar con AC/DC a los managers de la banda, y en vista del éxito que había tenido el single «Big Gun», éstos se decantaron por Rubin y su coproductor, Mike Fraser. Después de pasar varios meses en Nueva York probando varios estudios, no eran capaces de encontrar el sonido que buscaban. Una vez se mudaron a los estudios Ocean, en Los Ángeles, completaron el álbum.

Malcolm y la banda hicieron todo lo posible por recuperar el sonido espartano de su primera época, buscando el sentimiento original. Ello incluía poner a tope sus viejos amplificadores Marshall, válvulas antiguas incluidas. Malcolm pidió incluso que su técnico de guitarra localizara las cuerdas originales Gibson Sonomatics que usaba 20 años antes. Describió a *Guitar World* la grabación de *Ballbreaker* en 1995: «Queríamos recuperar el viejo sentido del ritmo. El sentimiento era lo importante en aquella época. Y en realidad los mejores ritmos son los más simples».

Brian añadió: «Grabamos todas las voces en la misma sala de control, sentados tal y como estamos ahora mismo. Malcolm estaba sentado a un lado mío y Mike Fraser [el técnico de sonido] al otro. Porque no me gusta entrar en la cabina de voces para cantar. Me gusta más cuando se parece a estar en el escenario, con los demás. Tenerlos alrededor como en aquella ocasión».

El regreso a la batería de Rudd garantizaba que AC/DC pudiera capturar su ritmo original. *Guitar School* citaba a Cliff en su número de marzo de 1995, que decía: «¡Sí, Phil ha vuelto! Era el batería original de la banda, pero necesitaba apartarse durante unos años por varias razones. Ahora ha vuelto con más ganas que nunca y estamos trabajando muy bien con él. Tenerlo de nuevo es genial, siempre ha sido la persona adecuada para ese puesto».

Después de todos los problemas que tuvieron para encontrar finalmente el sonido adecuado, el nuevo álbum se tituló, merecidamente, *Ballbreaker*[50]. Incluía 11 joyas, «Hard As A Rock», «Cover You In Oil», «The Furor», «Boogie Man», «The Honey Roll», «Burnin' Alive», «Hail Caesar», «Love Bomb», «Caught With Your Pants Down», «Whiskey On The Rocks» y «Ballbreaker». Los hermanos Young se encargaron otra vez de las letras, que estaban cargadas de contenido sexual.

La banda filmó otro vídeo, en su séptima colaboración con David Mallet, para acompañar su primer single, «Hard As A Rock». Cuatrocientos fans del área de Londres fueron convocados en los estudios Bray, en Windsor, Inglaterra, el 22 de agosto. Durante la filmación, Angus pasó la mayor parte del tiempo en el aire, encima de una gigantesca bola de demolición que acabaría usando para atravesar una ventana, en medio de efectos de pirotecnia y fragmentos voladores de cristal de azúcar.

Andrew «Don» Williams fue uno de los afortunados fans que intervinieron en la filmación. «Me enteré por el club de fans de AC/DC, el cual me parece que ya no está activo. Ese día hacía un calor horroroso, y dentro debíamos estar a más de 40 grados. He visto en una entrevista en vídeo a Brian y a Angus comentar el calor que hacía. Tenían que estar rociándolos con agua todo el rato, pero Brian estaba bromeando como siempre, y todos fumaban como carreteros. Conseguí conocer a toda la banda, y Phil levantó un gran aplauso del público. Era su primera aparición tras su regreso, y fue genial verle aporrear su batería. El director nos dijo que no pidiéramos autógrafos o no acabarían el trabajo nunca. Después firmaron gustosos muchos autógrafos, y me reí un montón cuando un chico le dio a Brian un CD de Led Zeppelin, que era lo único que llevaba encima. Brian dijo: "¡Y una mierda!", e hizo como si lo tirara por ahí, pero luego volvió con el CD firmado por toda la banda.»

La única evidencia de Williams en el vídeo es su rodilla, la cual jura que aparece en la esquina superior izquierda de la pantalla. «Llevo un par de pantalones cortos rojos como Angus, pero no me puedo mover igual que él.» A lo mejor es por eso por lo que sólo aparece su rodilla en el vídeo.

El single «Hard As A Rock» fue publicado en Australia el 15 de septiembre. A ello le siguió el álbum, el 22 en Europa y Australia, y el 26 en Estados Unidos. Marvel Comics diseñó la portada, en la que aparecía Angus, guitarra en ristre, rodeado de rascacielos en medio de rayos de luz, como el superhéroe que en realidad es.

50. Rompepelotas

Usa Today publicó una crítica del álbum el 27 de septiembre de 1995: «Los veteranos rockeros no han madurado, pero, ¿Por qué cambiar una fórmula ganadora? Letras escabrosas y guitarras machacantes nos presentan fantasías adolescentes como "Cover You In Oil" y "The Honey Roll". ¿Posturas políticas? Fíjense en las bofetadas cómicas a Bill Clinton en "Burnin' Alive"». Ésta sería una de las pocas canciones de AC/DC que tocara algún tema distinto al sexo, el rock 'n' roll y las mujeres lujuriosas. Aunque refiriéndose a Clinton, quizás no.

Acerca de *Ballbreaker*, Malcolm afirmó: «La canción que da título al disco es la última que escribimos, y la acabamos realmente rápido. Sencillamente pensamos en algo que fuera lo más duro y pesado que pudiéramos imaginar, y partimos de allí, y parecía que resumía el conjunto del disco». Angus añadió: «Estoy realmente orgulloso de este álbum. Puedo decir honestamente que me encantan todas y cada una de las canciones, y eso es mucho viniendo de una banda que empezó poco después de la Crucifixión».

Publiqué un artículo en la revista musical Rock Central, *en el que comentaba el nuevo álbum, que incluía una fotografía antigua de Bon, con recuerdos de mi primer encuentro con la banda. Como siempre, envié una copia a los publicistas de AC/DC. Unas semanas después me quedé helada al escucharles pedirme más fotografías de Bon Scott. Estaban buscando material para Marvel Comics, que estaba diseñando un cómic de AC/DC. En aquel momento estaban teniendo dificultades para encontrar buenas fotografías de Bon.*

Les envié fotografías de la banda cuando tocaron en el Stone Hearth, cortesía del fotógrafo. Un representante de Marvel Comics se puso en contacto conmigo y me explicó cuál era la idea para el cómic. La historia mostraba a Bon jugando a cartas con Satán y Nixon en el infierno. Bon ganaba el permiso para traerse a la banda al infierno, para conocer a Brian y tocar juntos una vez más. Cuando le dije al chico que no me hacía gracia la idea de que Bon estuviera en el infierno, respondió: «Bueno, ¡Al menos lo ponemos manejando el cotarro!». Gracias a la popularidad de los videojuegos, la industria del cómic estaba yendo a menos, y el cómic de AC/DC nunca se materializó.

El 13 de septiembre, Angus y Brian interpretaron 4 canciones en la radio francesa para el programa *Fun Radio Paris*. Ese mismo mes, Warner Music International rendía honores a AC/DC por unas ventas de 80 millones de copias en todo el mundo, excluyendo Australia y Nueva Zelanda.

Ballbreaker, el decimoquinto álbum de AC/DC (que rápidamente se convirtió en platino), hizo su entrada en las listas británicas en el número seis, el 7 de octubre y apareció en el número 4 de las listas de *Billboard* el 14 de octubre. A finales de mes, Alberts Music relanzó su catálogo posterior a 1985,

La primera imagen de la banda después de que Phil Rudd regresara, promocionando el nuevo álbum Ballbreaker.

completamente remasterizado e incluyendo las letras. También se publicó en Australia ese mes el álbum de tributo a AC/DC *Fuse Box*.

Del 20 de noviembre al 20 de diciembre, la banda estuvo ensayando en Londres, para preparar su gira mundial. David Mallet se unió a ellos durante la última semana de noviembre para filmar dos nuevos vídeos, para las canciones «Hail Caesar» y «Cover You In Oil».

Justo después de las vacaciones, la banda continuó ensayando en San Petersburgo, Florida, del 4 al 10 de enero. La gira Ballbreaker empezó el 12 de enero frente a 15.899 personas en un concierto para el que se agotaron las entradas, en Greensboro, Carolina del Norte. La gira estadounidense consistía en 49 conciertos, con la banda The Poor como teloneros, y por primera vez incluía dos conciertos en Méjico Distrito Federal, el 16 y el 17.

Cuando apenas llevaban 2 semanas de gira, la banda tuvo que cancelar cuatro conciertos para que Brian pudiera tomar un vuelo a Inglaterra y asistir al funeral de su padre, que hacía ya tiempo que estaba enfermo. Abandonó la gira en San Antonio, el 28 de enero, y volvió a tiempo para su concierto en Oakland, California, el 3 de febrero.

Por primera vez la gira de AC/DC no incluía Madison. Lo más cerca que pasaron fue un concierto en Milwaukee, en el Bradley Center, el 5 de marzo. Como estaba publicando mi propia revista musical, los tickets y los pases para el backstage eran mucho más fáciles de conseguir. Como yo también había cumplido 40 el mismo año que Angus, la cifra mágica me motivó para empezar a escribir mi primer libro. Eran las memorias de mi época como escritora a finales de los setenta, incluyendo todas las bandas con las que estuve de fiesta por entonces. Era algo de lo que quería hablar con la banda, ¡Sobre todo después de haber escuchado lo que tenían que decir acerca del libro de Barry!

Cada vez que AC/DC empieza una nueva gira, hacen un esfuerzo por hacer del espectáculo algo nuevo y emocionante para los fans. El escenario de la gira Ballbreaker incluía un edificio gris enorme de aspecto industrial que atravesaba el escenario de punta a punta. A lo largo de su parte superior había unas estrechas ventanas rectangulares y varias puertas de garaje en la parte inferior. El concierto empezaba con un vídeo en unas gigantescas pantallas que colgaban por encima del escenario. Eran unos dibujos animados de Beavies y Butthead, en el backstage, buscando ligue. Después de golpear la puerta del camerino de AC/DC, Angus responde, y les regala una infernal chica roquera despampanante que hace chasquear su látigo. Entonces una gigantesca bola de demolición baja desde el techo. Acompañada de destellos de luz y el sonido de motores rugiendo y metal, la bola procede a mecerse hacia delante y hacia atrás, demoliendo el edificio. Mientras los escombros salen volando, las puertas de garaje se abren para revelar a la banda, que arranca inmediatamente con «Back In Black». La lista de canciones, completamente nueva, incluía canciones grabadas originalmente con Bon Scott, como «Dog Eat Dog», «Shot Down In Flames», «Girl's Got Rhythm» y «Down Payment Blues», además de dos canciones que no habían tocado desde 1978, «Gone Shootin'» y «Riff Raff».

El concierto de esa noche de AC/DC fue sensacional, ¡Por no mencionar la maravilla de ver la bola de demolición arrasar el edificio! Por supuesto, tener a Phil de nuevo a la batería era para mí como un sueño hecho realidad. Siempre tuve la esperanza de que algún día volvería a tocar con ellos. Lo que hizo este concierto muy distinto es que no vendieran cerveza en el local, y que no hubiera moshpit (la zona del público al pie del escenario, donde se hace el pogo). La mayoría de la audiencia eran fans de toda la vida, algunos ya canosos. De todas formas había muchos jóvenes y adolescentes coreando las canciones. Era algo que subía la moral, que resultaba divertido, y después de escuchar la segunda o tercera canción de Bon Scott, mientras el público la cantaba a la per-

fección, algo que me emocionó profundamente. Es algo que siempre me hace llorar, y esa noche recé para que, de algún modo, Bon supiera cuánto le querían.

Después de dos buenas horas en el escenario, la banda salió de nuevo para dar un bis de tres canciones: «Highway To Hell», «Hail Caesar» y una versión de «For Those About To Rock» capaz de levantar un muerto, respaldada por 6 cañones atronadores.

Ya en el backstage, me lo pasé estupendamente viendo a la banda de nuevo. Especialmente cuando le di un gran abrazo a Phil y le felicité por su regreso. Cuando le pregunté a Angus qué había pasado con la cerveza y el moshpit, contestó: «¡Ah, todo lo que hacen es emborracharse y entonces no me prestan atención!». Razón no le faltaba.

Por desgracia, el pase para mi fotógrafa no pareció funcionar, y se enfadó tanto que se marchó sin ver el concierto. Cuando se lo expliqué a Angus, insistió en que la trajera a su concierto en Chicago dentro de cuatro días. Cuando me reí y le dije que no me tomara el pelo: «Al fin y al cabo no es como si fuéramos la Rolling Stone*», se encogió de hombros y dijo: «Nos vemos en Chicago».*

Esa noche también les di a cada uno una copia de la grabación de la entrevista que hicimos en Milwaukee allá en 1977. ¡Malcolm se rió de veras cuando se acordó de cómo se burlaron de mí cuando por entonces declaré que algún día iban a ser muy grandes!

Todavía no había decidido cómo iba a acabar mi libro, Rock 'N' Roll Fantasy*, en el cual estaba trabajando. Cubre el ascenso de AC/DC al estrellato entre 1977 y 1980. Pero esa noche en el camerino el fin del libro se escribió solo. Mientras estaba charlando con la banda, conocimos un fan suyo de Inglaterra llamado Carl Allen. Normalmente seguía a la banda cuando estaban de gira, y sabía muchas cosas acerca de ellos. Mientras se les apremiaba a irse en dirección a la siguiente ciudad, Carl intentó parar a Malcolm y preguntarle qué había pasado con el cómic de Marvel que se supone que tenía que salir. Cuando Malcolm se detuvo, me señaló y dijo: «Pregúntale a Sue, ella lo sabe todo, ¡Está con nosotros desde el principio!». Supe que había encontrado la frase final del libro.*

Cuatro días más tarde, el 9 de marzo, mi amiga y fotógrafa, Erin Proctor, y yo, fuimos en coche al United Center, en Chicago, para ver a AC/DC. Ver el concierto inmediatamente posterior al del Bradley Center era algo que me encantaba. ¡Echarme a la carretera otra vez para seguir a la banda me hacía sentir como en los viejos tiempos! Excepto por el hecho de que el director de gira pensaba que no necesitaba ver otra vez a la banda, ya que acababa de hablar con ellos en Milwaukee. Después de quedarnos a la puerta del camerino con otras 100 personas que intentaban conseguir lo mismo que yo, me di cuenta de que tenía que agarrar el toro por los cuernos.

Por alguna razón sabía que se estaban preparando para abandonar el edificio, y, sabiendo que pasarían años luz antes de que volviera a verlos, salí de donde estábamos y empecé a pasar por delante de todos los puntos de seguridad. A cada guardia de seguridad le dije que iba a ver a la banda, y que si no le parecía bien mejor que pi-

diera refuerzos. Obviamente no parecía una amenaza muy seria, ya que nadie intentó pararme.

Según iba acercándome a los camerinos, vi al jefe de seguridad dirigiéndose hacia mí con una cara muy seria. Algo que en realidad no quieres ver en ningún sitio, y menos en el backstage. Tan pronto como estuvo lo suficientemente cerca, en lugar de sacarme a empujones, sonrió y dijo: «¿Has visto ya a los chicos?». Cuando dije que no, abrió la puerta frente a la que estaba y me indicó que entrara. Entré y me quedé sorprendida al ver a Angus, sólo, haciendo todavía las maletas. Levantó la mirada hacia mí y dijo: «Bueno, ahí estás». Ante lo cual me enfurecí y le pregunté si sabía la clase de circo que había montado alrededor de la banda. Supongo que pueden imaginar que después de haberme pasado una hora encerrada en una habitación, todavía sin ni una cerveza, estaba un poco de mala uva. Esperando dulcemente a que le dejara abrir la boca, Angus empezó a partirse de la risa cuando le miré y le dije «¿Crees que puedes hacerte más famoso? ¡Juro que ver al Papa ha de ser más fácil que verte a ti!».

Afortunadamente no me echó, e incluso saludó a Erin y le hizo señas para que entrara a conocerle y pedirle un autógrafo. También le dije que planeaba darle una copia de mi libro tan pronto como estuviera acabado. Me quería asegurar de que no iban a tener ninguna queja al respecto.

Cuando vino el jefe de seguridad para escoltarle hasta el bus, Angus me lo presentó y me explicó lo que había pasado. Entonces dijo: «Nos conocemos desde hace 23 años, así que, por favor, asegúrate de que no vuelve a pasar algo así». El chico nos miró y dijo: «Tú sí que pareces lo suficientemente viejo para conocerla desde hace tanto, ¡Pero ella no!». Riéndonos, nos despedimos con un abrazo. Todavía tenía por delante un largo viaje a Wisconsin, y Angus se dirigía a Kentucky.

La primera mitad de la gira americana acabó en Dallas el 4 de Abril, y 16 días después, AC/DC empezaban una ruta de 48 conciertos por Europa, con la banda británica The Wildhearts como teloneros. Hasta finales de mayo, AC/DC actuaron en Noruega, Suecia, Alemania, Suiza, Italia, Austria, Francia, España y Portugal.

Cuando se empezaron a vender las entradas para Madrid, había programado un concierto único para el 4 de julio. Dos semanas después no quedaban entradas en ningún sitio. Esto impulsó a la banda a posponer el concierto para el día 9 y añadir un segundo concierto el día 10. Varias semanas después se añadió un tercer concierto. El segundo concierto, en la plaza de toros de Las Ventas, fue filmado para un futuro vídeo. David Mallet se trajo el estudio Manor Mobile y usó 14 cámaras para no perderse un detalle.

En su concierto en Portugal, la banda mostró por primera vez desde 1991 una Rosie gigante inflable. Rosie siempre ha sido uno de los elementos más divertidos en sus conciertos. Pete «Pyro» siempre se lo pasa genial con ella, pero algunas veces las cosas no salían como estaban planeadas. «Les encantan

Angus sudando a mares durante un concierto en el Festival Hall, en Frankfurt, Alemania (mayo de 1996).

sus juguetes, ¡Y todo el mundo adora a Rosie! Casi nunca había espacio suficiente. Los locales tienen tamaños distintos, y he visto a Rosie tirar timbalas y cosas por los suelos. Y luego caer encima del batería. La inflábamos, y luego teníamos que desinflarla mientras la recogíamos. Si no la recogíamos a tiempo, caía encima de la batería, y tiraba todo por los suelos, batería incluido. En una ocasión todavía podía escuchar el bombo, pero eso era lo único que podía tocar. Los baterías están clavados, no pueden escapar. Si eres el guitarrista y ves que Rosie te está cayendo encima, ¡Puedes correr! ¡Definitivamente, Rosie nos ha causado más de un problema!»

Los globos descontrolados no eran el único problema al que tenían que enfrentarse. Pete recuerda: «La gira Ballbreaker tenía esas plataformas, que *se suponía que tenían que subir y bajar*. Eso se suponía. He visto a Angus atascado en un ascensor, y a Brian a medio subir. Una vez más, sin perderse ni medio compás, sencillamente actuaban desde ahí. Siempre que pasaba algo con AC/DC acababa convirtiéndose en algo divertido. La banda siempre preguntaba qué había pasado y qué podíamos hacer para evitar que sucediera de nuevo».

La banda voló a Londres por un día para grabar un concierto en exclusiva para VH1 U.K., el cual incluyó 14 temas, algunos de los cuales no habían sido interpretados por Brian antes. También tocaron tres canciones que no habían tocado nunca antes: «Go Down» y dos versiones: «I feel Good», de James Brown y «Very Superstition», de Stevie Wonder.

Los primeros 30 minutos de *Take It To The Bridge* fueron emitidos el 4 de agosto. La retransmisión incluía cuatro canciones: «Gone Shootin'», «Riff Raff», «Go Down» y «Down Payment Blues», con entrevistas con Malcolm y Angus intercaladas. En septiembre, la VH1 emitió *AC/DC Uncut*, que incluía «Riff Raff», «Go Down», «You Shook Me All Night Long», «Shoot To Thrill», «Rock And Roll Ain't Noise Pollution», «Down Payment Blues», «The Jack» y «Whole Lotta Rosie». El programa terminó con el vídeo clip de «For Those About To Rock, We Salute You».

Su gira europea de tres meses acabó en Burdeos, Francia, el 13 de julio, en un pequeño festival al aire libre con la banda francesa Silmarils y los brasileños metaleros Sepultura.

Ballbreaker, con Phil Rudd de nuevo en la banda, encantó a los viejos fans y les ganó nuevos seguidores allá donde fueron. Angus explicó animado en *Hit Parader*: «Cuando nos juntamos y nos ponemos a trabajar siempre pasa algo especial. No importa el tiempo que hayamos pasado separados, una vez que nos juntamos en un lugar, nos convertimos en AC/DC». *Benditos sean.*

Por entonces circulaban rumores acerca de que *Ballbreaker* iba a ser el último disco de AC/DC. Cuando se le preguntó sobre el futuro, Angus respondió: «Intento no planear nunca las cosas a muy largo plazo. Cuando haces eso corres el riesgo de pasar por alto cosas más inmediatas… Hace mucho tiempo que aprendí de Bon Scott que sólo tienes que preocuparte de acabar bien el día. Espero que en un futuro la gente mire hacia atrás y recuerde a AC/DC con cariño. Realmente es todo lo que puedo pedir». *Por eso no te preocupes, Angus.*

AC/DC fueron filmados en vivo en el Bryant Park, en Nueva York, el 27 de julio, interpretando «You Shook Me All Night Long», «The Jack» y «Highway To Hell» para la película de Howard Stern *Private Parts*. Dos días después Brian aparecía en el programa de radio de Stern. («You Shook Me All Night Long» fue la única canción que apareció en la película.)

La segunda mitad de la gira americana, con 30 conciertos, empezó el 29 de julio en Albany, Nueva York, y se prologó hasta septiembre.

El single «Hard As A Rock» alcanzó el número 33 en el Reino Unido el 30 de septiembre. Once días después, su gira por Sudamérica, con 5 conciertos, incluiría Brasil, y por primera vez, Chile y Argentina. Las dos noches en Brasil actuaron ante 65.000 personas en estadios de futbol, en Curitiba y Sao Paulo. Su actuación en Chile originó la banda de tributo Ballbreaker.

Malcolm explicó de forma muy elocuente su popularidad a *Guitar World* el noviembre de 1995, diciendo: «La gente puede ir y escuchar R.E.M. si quieren letras profundas. Pero al final de la noche, lo que quieren es volver a casa y echar un polvo. Y ahí es donde entra AC/DC. Creo que eso es lo que nos ha hecho permanecer tanto tiempo. Porque la gente lo que quiere es follar». *Por mí, perfecto.*

Brian y Angus,
nunca lo dirías si no
lo supieras (1992)

El vídeo que había sido grabado anteriormente en España, en julio, fue publicado en todo el mundo el 18 de noviembre, bajo el título *No Bull–Live Plaza de Toros de Las Ventas, Madrid*. Incluía 20 canciones, y a veces un CD single de edición limitada con «Hard As A Rock», «Dog Eat Dog» y «Hail Caesar».

Como era tradición, la banda cerró la gira en Australia, con 14 conciertos, incluídos 2 conciertos en Nueva Zelanda. Empezaron en Perth el 2 de noviembre y acabaron con dos conciertos al aire libre en Auckland y Christchurch, en Nueva Zelanda, el 27 y el 30 de noviembre.

Durante muchos años, los fans habían seguido pidiendo a AC/DC que publicaran cualquier grabación inédita de Bon Scott. Como le debían a la compañía una caja de coleccionista, la banda solicitó a sus devotos seguidores en todo el mundo que contribuyeran con material para que fuera incluido en ella. Ello inspiraría a AC/DC para, 17 años después de su muerte, crear el álbum de tributo a Bon Scott definitivo. Incluso el título lo pondría el mismo Bon. Siempre dijo que un día, «cuando sea jodidamente famoso, llamaré a mi álbum en solitario *Bonfire*».

18. Ride On

Cuando la banda empezó a recopilar material para la caja de coleccionista *Bonfire*, no había canciones inéditas con Bon. Todo lo que tenían para trabajar eran demos, grabaciones de justo antes de que se hiciera la mezcla final. Angus y Malcolm empezaron a trabajar con ellas en marzo de 1997, y se pasaron horas en el estudio escuchando las cintas, escogiendo aquellas en las que Bon sonaba mejor. Con la ayuda de George, remezclaron los temas a partir de las cintas máster, y acabaron el paquete en verano.

La caja de cinco CD incluía en el disco uno *Live At The Atlantic Studios*, grabado en diciembre de 1977 en los estudios Atlantic de Nueva York. Esta grabación sólo había estado disponible hasta la fecha como un álbum de promoción. Los temas incluidos eran: «Live Wire», «Problem Child», «High Voltage», «Hell Ain't A Bad Place To Be», «Dog Eat Dog», «The Jack», «Whole Lotta Rosie» y «Rocker».

Los discos dos y tres, *Let There Be Rock: The movie* y *Live In Paris* incluían la grabación del 9 de diciembre de 1979. La lista de temas consistía en: «Live Wire», «Shot Down In Flames», «Hell Ain't A Bad Place To Be», «Sin City», «Walk All Over You», «Bad Boy Boogie», «The Jack», «Highway To Hell», «Girl's Got Rhythm», «High Voltage», «Whole Lotta Rosie», «Rocker», «T.N.T.» y «Let There Be Rock». Algunos de los extras eran una versión completa de «Walk All Over You», y «T.N.T.», que había sido excluida de la película.

El disco cuatro, *Volts*, incluía versiones alternativas y válidas de algunos de sus clásicos: «Dirty Eyes» (que se transformaría en «Whole Lotta Rosie»), «Touch Too Much», «If You Want Blood (You've Got It)», «Backseat confidential» (que acabaría siendo «Beating Around The Bush»), «Get It Hot», «Sin City» (en directo, en el *The Midnight Special* de septiembre de 1978), «She's Got

Balls» (en directo en el concierto Bondi Lifesaver de 1977), «School Days», «It's A Long Way To The Top (If You Wanna Rock 'N' Roll)», «Ride On» y un montaje de voz de Bon. El CD incluía un solo de guitarra de Angus tocado en una prueba de sonido en Metz, Francia, el 6 de diciembre de 1979.

El disco cinco era una copia de *Back In Black*, publicado con una funda de cartón con todos los componentes originales de la edición en vinilo. Esta edición de *Back In Black* es exclusiva de *Bonfire*. Angus explicó por qué era parte del paquete: «Era nuestro tributo a Bon, así que nos parecía que tenía que incluirse. El álbum estaba dedicado a él en su totalidad. Y también para mostrar cómo continuó AC/DC después.»

Bonfire incluía un libro de 48 páginas, un poster a dos caras, una pegatina de AC/DC, una calcomanía, una púa de guitarra y un llavero con un abridor de botellas (*que, permítanme que les diga, puede ser muy útil llegado el momento*). El libro, incluía, junto a una breve historia de la banda, algunas de las letras de Bon, escritas a mano por él mismo, y fotos poco conocidas de la banda. La portada de *Bonfire* mostraba una fotografía de Angus subido a hombros de Bon, y justo en el interior estaba la mejor fotografía de todas: una fotografía en blanco y negro de un jovencito Bon Scott, con su falda escocesa, henchido de orgullo, exhibiendo un premio. Tal y como decía la promoción de *Bonfire*, la caja tenía un montón de regalos que «Bon hubiera querido que tuvieras».

Ese octubre se publicó el single «Dirty Eyes», aunque no se puso a la venta. En Halloween, se radió por primera vez *Bonfire* en Album Network. Para promocionar el nuevo disco, la banda añadió una nueva faceta a su perfil. Por primera vez, Angus y Brian se sentaron a chatear en America Online. La parte más cómica de la conversación fue cuando alguien le preguntó a Angus, quien ya tenía más de cuarenta, si no era demasiado viejo para el rock 'n' roll. Sin dudarlo un segundo, Angus disparó la respuesta: «Mi nombre es Young[51], siempre lo fue y siempre lo será».

Justo antes de que *Bonfire* saliera a la luz pública, Bernie, el amigo de Bon de la banda francesa Trust, apareció en el programa de radio *Zig Mag* el 13 de noviembre. Esa noche pusieron la versión de «Ride On» que fue grabada en Londres en febrero de 1980, cuando Bon se sumó a ellos en el estudio justo seis días antes de morir. Ésta sería la primera vez que el público la oía.

Bonfire se publicó el 17 de noviembre de 1997 en Europa y Australia, y al día siguiente en Estados Unidos. En menos de un mes, la caja ya había sido certificada oro por la RIAA. Respecto a esperar 17 años para compilar *Bonfire*, Angus le contó a Mick Wall, en *Record Collector*: «Como banda, era algo que queríamos hacer desde hace mucho tiempo, pero no sabíamos cuándo. De ninguna manera íbamos a hacer algo así justo después de la muerte de Bon,

---

51. En español, Joven.

porque hubiera parecido que estábamos sacando provecho de su muerte. Y éramos muy conscientes de que no debíamos permitir que algo así sucediera. Por respeto a Brian, teníamos que dejar pasar el tiempo y permitir que Brian diera lo mejor de sí mismo. Al mismo tiempo, era algo que no podíamos manejar emocionalmente en aquel momento. Para Malcolm y para mí, la única manera de sobreponernos a ello era agachar la cabeza y continuar trabajando. Si hubiéramos intentado estudiar las cintas de Bon justo después de su muerte no lo habríamos conseguido».

Angus le contó a Wall qué era lo que más echaba de menos de Bon: «Creo que su perspicacia y su sentido del humor. Era un salvaje, pero no era ningún estúpido. Y tenerlo en la banda fue una época fantástica de nuestras vidas. Después de que muriera, es como si nos hubiéramos visto obligados a madurar un poco. Está claro que cambió las cosas. No tanto musicalmente, porque siempre supimos qué era lo que hacíamos, como en lo personal, en la manera de mirar las cosas. Pero, nada dura para siempre, ¿verdad?»

Comentando la pérdida de Bon, Tony Platt, quien trabajó en *Back In Black*, dijo: «[Bon] era el alma de AC/DC, la cola que mantenía toda la banda unida. Fue una gran tragedia, porque tenía toda la vida por delante… Lo curioso es que alguien me comentó que [Bon] visitó a una clarividente poco antes [de su muerte], y le dijo que moriría antes de cumplir los cuarenta. No puedo recordar dónde lo escuché… De todas formas, creo que el mejor cumplido acerca de Bon que he escuchado provino de Malcolm. Me dijo: "Algunas veces Bon desaparecía justo después del concierto y no le volvías a ver hasta justo antes de subir al escenario en el siguiente concierto. Pero aunque no se presentara hasta el último minuto, sabías que iba a venir, sabías que siempre podías confiar en él. Acostumbrarse a que no esté será lo más difícil de todo"».

Angus añadió: «Podíamos ir a algún sitio donde nunca esperarías que hubiera nadie que lo conociera, y alguien se acercaba y decía: "Bon Scott", y siempre tenían una cerveza lista para él. Era increíble. En una ocasión estábamos en un bus averiado en las afueras de un pequeño pueblo australiano, y un chico vino acarreando una tabla de surf y una caja de cervezas entera. Y hacía mucho calor, y estábamos muertos de sed. El chico pasó por delante del bus y miró en el interior y gritó: "¡Bon Scott!", y vino corriendo repartiendo todas sus cervezas, y todo el mundo estuvo de fiesta mientras arreglaban el bus. Hizo muchos amigos en todas partes, y siempre permanecía en contacto con ellos. Semanas antes de que empezaran las Navidades, ya tenía un montón de postales y de cosas, y siempre escribía a todos sus conocidos para mantenerlos al día. Creo que hasta a sus enemigos».

AC/DC mantuvo atareada a la RIAA recertificando su catálogo. *Let There Be Rock* había vendido dos millones de copias, y *Dirty Deeds Done Dirt Cheap* había rebasado la cifra de cinco millones. Se certificaron unas ventas de *Back*

In Black que superaron los 16 millones de copias, convirtiéndolo en el segundo álbum más vendido de todos los tiempos en aquel momento, después de *IV*, de Led Zeppelin. ¡La ambición de Malcolm de «ser los próximos Led Zeppelin» no parecía tan descabellada!

Bonfire fue publicado en el Reino Unido bajo el sello EMI. AC/DC acababa de firmar un contrato con EMI en exclusiva para el Reino Unido. En enero de 1998, EMI relanzaba *Highway To Hell*, *For Those About To Rock*, *Flick Of The Switch* y *Fly On The Wall*. Al mes siguiente, Angus y Malcolm empezaban en Londres la preproducción de su siguiente álbum.

Brian y Cliff se mantuvieron ocupados tocando en un concierto benéfico para la Opera House en Sarasota, Florida, el 28 de marzo. Junto a Billy Leverty, a la guitarra, y Jesse Dupree, de Jackyl, tocaron «You Shook Me All Night Long», «Back In Black», «Long Tall Sally» y «I Saw Her Standing There».

Mientras Angus y Malcolm trabajaban en el estudio, a cargo una vez más de las letras, Brian decidió producir Neurotica, una banda de Saratosa que descubrió una noche de copas. «Son la única banda que me hizo levantar mi mirada de la cerveza. Y era una Guiness de las buenas.» Eso dijo Brian, quien se encargó de la producción mientras Mike Fraser se encargaba de la mezcla. También ayudó a escribir el tema que abría el disco, «Deadly Sin», y le hizo los coros a Kelly Shaefer, el cantante.

Shaefer recuerda la primera vez que escuchó AC/DC. «Mi padre me convirtió en un fan cuando tenía ocho años. Es fan de AC/DC de toda la vida, y tenía un todoterreno, y recuerdo ir de viaje con él escuchando "Let There Be Rock", y recuerdo que era genial.»

Que Brian produjera el primer álbum de Neurotica, *Seed*, era para Shaefer como un sueño hecho realidad. «Brian llevaba viviendo aquí unos años antes de que esto sucediera, y siempre pensábamos lo que molaría que un día viniera a vernos tocar. El club en el que estábamos tocando la primera vez que nos vio solo tenía capacidad para unas 50 o 60 personas, y se llamaba Monterey Deli. De día hacían bocadillos, y de noche sacaban las mesas y nos dejaban tocar. Así que montamos un concierto con nuestros temas e invitamos a nuestros amigos. Era un concierto de aficionados, y Brian estaba en un club al doblar la esquina. El camarero sugirió a Brian y a Doug Kaye, un promotor local que estaba con él, que fueran a echarle un vistazo a la banda que estaba tocando en el bar de al lado. Doug no quería venir porque me conocía de la época en que tocaba en una banda de death metal que se llamaba Atheist. Así que vino a regañadientes con Brian, y le vimos entrar. Estábamos en el piso superior observando al público y le vimos entrar y dijimos "¡Oh, Dios mío! ¡Tenemos que bajar pitando!".

»Así que bajamos y nos pusimos a tocar y el club era tan pequeño que Brian estaba sentado justo enfrente de nuestros amplificadores. Maldición, estaba tan cerca nuestro que casi le salpico con mi sudor. Así que dimos lo mejor de nosotros mismos, y dijo: "Joder, págale una ronda de cervezas a estos chicos". Así que nos pagó a todos una ronda de Old Speckled Hen. Un amigo nuestro le dio a Brian una demo nuestra según se iba. Dos días después recibí una llamada de Doug Kaye diciendo que Brian estaba entusiasmado con nuestra actuación y que quería escuchar más canciones nuestras.» El CD de Neurotica, *Seed*, fue publicado el 14 de abril de 1998 bajo el sello independiente NMG Entertainment.

En homenaje al rock australiano, el Australian Post publicó 12 sellos postales en los que aparecían varios artistas. AC/DC fueron escogidos, junto a Easybeats, Billy Thorpe, Skyhooks y The Masters Apprentices. Angus aparece en uno de los sellos, con la frase «It's A Long Way To The Top» escrita en su mochila escolar. ¡Supongo que podemos decir que hay que recorrer un largo trayecto entre ser seguido a todas partes por la brigada antivicio y aparecer en los sellos de correos!

EMI relanzó *High Volatage*, *Dirty Deeds Done Dirt Cheap*, *Powerage* y *If You Want Blood (You've Got It)* en mayo, seguidos de *Back In Black*, *The Razors Edge*, *Live (Special Collectors Edition)* y *Ballbreaker* en julio, y *Let There Be Rock*, *Who Made Who* y *Blow Up Your Video* ese otoño.

La revista *Kerrang!* honró a AC/DC el 26 de septiembre de 1998, cuando les hicieron un sitio en su Hall Of Fame. Angus y Brian, que raramente se presentaban a este tipo de eventos, lo hicieron esta vez. Al recibir su premio, Brian se quitó la gorra, y Angus los pantalones.

La siguiente primavera, esta vez sin quitarse nada, Brian y Cliff acudieron a la entrega de premios en el Roselan Ballroom, en Nueva York, el 16 de marzo de 1999, para recibir un disco de diamante por *Back In Black*. Se lo concedió la RIAA por unas ventas en estados unidos por encima de los 10 millones de copias. *¡Me gustaría ver el cheque por los derechos de autor!*

El hermano mayor, George, fue, junto a Malcolm y Angus, a los estudios Warehouse en Vancouver, Canadá, que pertenecían a Bryan Adams, confirmando los rumores acerca de quién produciría su próximo álbum. George no había producido un disco entero de AC/DC desde *Blow Up Your Video*, y ésta sería su primera experiencia como productor sin Harry Vanda. Para alarma de los cabalistas de todo el mundo, se metieron en el estudio el 17 de julio de 1999, y grabaron 17 canciones para su decimoséptimo álbum, lo cual les llevó 3 meses.

La banda estaba muy orgullosa de *Bonfire*, pues era un auténtico homenaje al tiempo que habían pasado con Bon. Angus comentó a *Guitar World*: «De todas formas debo admitir que, mientras estábamos escarbando en el material, unas cuantas veces, incluso nosotros mismos nos quedábamos sorprendidos de lo que salía de las cintas. Nos vimos abrumados por nuestro propio material».

Malcolm dijo en una ocasión: «Bon fue la mayor influencia en la banda. Cuando vino nos unió a todos. Tenía esa actitud de "dadles en los morros". Todos teníamos algo dentro, pero hizo falta que viniera Bon para sacarlo». Angus estuvo más acertado diciendo: «Creo que si no hubiera sido por Bon, no hubiera existido AC/DC».

Sin lugar a dudas, muchos fans de AC/DC recuerdan los años con Bon como pura magia del rock 'n' roll. Su buen amigo Vince Lovegrove describió el atractivo de Bon en el DVD *Life Before Brian*, en noviembre de 2005: «Creo que la contribución de Bon al rock 'n' roll es que apartó todo el espectáculo de él. Aunque sí que era un chico del espectáculo, por el mero hecho de estar en el escenario, añadió algo ordinario, un leve toque de "aficionado" al rock 'n' roll. Algo que no era elegante. Ciertamente, Bon no era elegante, era un diamante en bruto, y aportó eso a AC/DC, aportó eso al rock 'n' roll, y creo que ésa es una de las razones por las que sigue presente hoy día».

Descrito a menudo como un «larrikin» (una expresión que en el argot australiano se refiere a los gamberros), su antiguo manager, Michael Browning, le contó a *Classic Rock* en 2005: «[Bon] aportó una gran presencia y personalidad al grupo. Y considero a Bon un gran letrista, a la altura de los más grandes, como Jim Morrison y similares. Bon era primero poeta y luego letrista. Llevó el arquetipo del larrikin australiano a un nivel completamente nuevo. Bon sabía exactamente por qué gustaban tanto a la audiencia, cuando dijo: "El rock 'n' roll es el canal que nos permite ventilar todas nuestras frustraciones. La falta de dinero, la falta de alcohol, la falta de mujeres, o lo que sea. El rock 'n' roll es una válvula de escape malditamente buena para lo que nos duele en el interior"».

Rick Brewster, de The Angels, me contó: «Bon era uno de los auténticos caballeros del rock (con modales, la mayor parte del tiempo tranquilo, normalmente callado). Y divertido (siempre tenía un montón de ocurrencias que mantenían riendo a la banda). Parece que Bon también tenía su lado serio. Era un músico con mucha dedicación, orgulloso de su banda, entregado en directo y preocupado por la gente. Manejó el éxito con elegancia, dignidad y perspectiva».

Raymond Windlow, roadie en su momento, dijo acerca de él: «Cuando me enteré de la muerte de Bon en Londres me quedé helado. Aunque ya no estábamos en contacto y no nos habíamos visto desde hacía muchos años, todavía formaba parte de mi progresión en la industria musical y de mi aprendizaje en la vida. Era un triste día para el hombre con una voz única en el rock, al que, hace mucho tiempo, podía llamar amigo».

Angry Anderson, cantante de Rose Tatoo, redactó una conmovedora elegía a Bon en el número de febrero de 2005 de *Classic Rock*. Anderson escribió: «[Bon] era el único cantante al que invité a cantar con los Tatts siempre que le apeteciera: hablábamos bajo, reíamos fuerte, y bebíamos a lo bruto; íbamos en la misma dirección a distintas velocidades, durante unos instantes estábamos codo con codo, y entonces se fue».

No hay palabras para describir el impacto que tuvo Bon Scott en AC/DC, entonces y ahora. Su espíritu fortaleció el alma y el corazón rockeros de los hermanos Young, y sus letras moldearon su imagen hasta nuestros días. Bon fue un personaje único cuya actitud fuera de lo común en la vida otorgó a su música con dos cojones y sin barreras una voz que todavía incita a cientos de miles a alzar su puño hacia el cielo.

Angus solía decir: «Bon no se preguntaba demasiado cuál era el sentido de la vida. Vivía al día». También disfrutaba esos días al máximo, tal y como Angus comentó en *Sounds* en julio de 1986: «Bon se nos unió en una etapa tardía de su vida, pero ese chico era más joven que la mayoría de la gente con la mitad de años. Así era como pensaba, y aprendí de él. Sal y sé un niño grande».

Robin Zander, de Cheap Trick, bromeó: «Me gustaba desayunar con Bon porque siempre se pedía un cruasán o algo con su vaso de whisky». Kirk Dyer, el director de gira de Cheap Trick, estuvo de acuerdo: «¡Oh, sí, eso es porque a Bon le importaba una mierda lo que dijeran! Su actitud era: "No me importa si me conoces o no; a ver, ¿Dónde está la fiesta?". Así es como lo recuerdo la mayor parte del tiempo».

La última fotografía que se le tomó fue en el backstage del Hammersmith Odeon, en Londres, con su amigos, el bajista Pete Way, en un concierto de UFO en febrero de 1980. En la fotografía, Bon tenía una gran sonrisa en su cara. Precisamente como todo el mundo le recuerda.

Casi una década después, *Bonfire* ha vendido más de un millón de copias y continúa siendo indispensable en la colección de cualquier fan de AC/DC. La voz de Bon Scott suena en la radio todos los días, y todos los días hay un chico cuya llama del rock 'n' roll es encendida gracias a él. Sigue así, Bon.

19. Stiff Upper Lip

El título con el que se estaba trabajando para el decimoséptimo álbum de AC/DC era *Smokin'*, pero la banda acabó decantándose por una idea que se le había ocurrido a Angus. Un día, mientras estaba atascado en el tráfico, estaba repasando las primeras imágenes del rock 'n' roll. Cuando Angus pensó en Elvis y en su famoso rugido, le vino a la mente la frase «labio superior rígido»[52]. Grabaron 17 canciones para *Stiff Upper Lip*, pero sólo 12 fueron incluidas en el álbum. Las canciones que se excluyeron fueron «Rave On», «Let It Go», «The Cock Crows», «Whistle Blower» y «Cyberspace».

Stiff Upper Lip fue publicado el 25 de febrero de 2005 en Europa, y en el resto del mundo unos pocos días después. Era el primer lanzamiento de nuevo material en cinco años, y su tercer álbum en estudio desde 1990. La portada del álbum mostraba el dibujo de una enorme estatua de bronce de Angus, con pinta de poseso (igual que en el escenario). Los 12 temas incluidos fueron «Stiff Upper Lip», «Meltdown», «House Of Jazz», «Hold Me Back», «Safe In New York City», «Can't Stand Still», «Can't Stop Rock 'N' Roll», «Satellite Blues», «Damned», «Come and Get It», «All Screwed Up» y «Give It Up».

El nuevo álbum de AC/DC debutó en el número siete de *Billboard 200*, y alcanzó el número uno en las listas de rock no alternativo de *Billboard*. Angus, que trabajaba para conseguir regresar a su sonido original, explicó: «Apostamos por la consistencia. Pasamos mucho tiempo trabajando en ello. La música rock es sencillez en sí misma, pero tienes que presentarte con algo que sea distinto a lo que ya has hecho antes. No quieres parecer un clon de ti mismo en

---

52. *Stiff upper lip* en inglés.

el pasado. Pero también sabes que has de presentarte con algo que suene a AC/DC. Así que investigamos mucho con lo que hacemos.

»En el nuevo álbum tenemos una canción que se llama "Can't Stop Rock 'N' Roll"[53]. No creo que nadie quiera detenerlo hoy día, pero cuando sacamos el álbum, al principio la prensa nos preguntaba: "Sí, pero, ¿Creéis que lo que hacéis se corresponde con lo busca la juventud de hoy día?". Creo que siempre será de este modo. Sabemos qué es lo que hacemos mejor, que es tocar rock. Creo que siempre hay pequeñas barreras que hay que romper».

Brian, quien afirma que disfrutó haciendo el nuevo álbum, dijo: «Éste fue un álbum de 135.000 cigarrillos. Siempre me doy cuenta cuando estamos haciendo algo bueno porque estamos fumando antes, durante y después de la toma». Esto explica el título alternativo para el disco.

El día antes de su lanzamiento, *Stiff Upper Lip* fue emitido por satélite en primicia en Estados Unidos. La banda protagonizó el programa de radio de dos horas, en directo, desde el Hard Rock Café de Nueva York. El grupo hizo varias apariciones en programas de televisión y radio para promocionar el disco. Tocaron «Stiff Upper Lip», y «Back In Black» en directo en la MTV. Angus, Malcolm y Brian tocaron una versión acústica de «You Shook Me All Night Long» en la emisora neoyorquina de rock K-ROCK. Su aparición en *Saturday Night Live*, de la NBC, tocando «You Shook Me All Night Long» y «Stiff Upper Lip» tuvo los mayores índices de audiencia de la temporada. Sin duda, AC/DC habían regresado, y estaban listos para el rock.

Spyder Darling escribió en abril del año 2000, en *New York Rock*: «¡Han regresado! El Trueno de las antípodas, los Magos de Oz, la central del rock que hace temblar los cimientos, conocidos también por dos generaciones de gamberros y chicos problemáticos como AC/DC…»

Para el vídeo de la canción que daba título al álbum, la banda filmó, el mayo del 2000, en el área de Tribeca, en Nueva York, con el director Andy Morehand. Angus apareció en el número de junio de *Playboy* en Alemania, que incluía una entrevista y un montón de fotografías. *Debe haber sido un artículo muy discreto, de lo contrario todavía estaríamos viendo fotografías de Angus desnudo dando vueltas por internet. Las únicas que pude encontrar eran de su culo, y ¿Quién no lo ha visto ya?*

Stiff Upper Lip fue certificado oro en Estados Unidos y platino en Europa antes de que hubieran pasado tres meses desde su lanzamiento. El 18 de junio, la VH-1 dedicó a la banda un episodio de su exitosa y adictiva serie *Behind The Music*. Después del estreno, el *Boston Globe* entrevistó a Brian, quien aprovechó para machacar a la VH-1 por su sensacionalismo mostrando la parte oscura de la historia del grupo. Debido a sus quejas, el programa fue reeditado,

53. No puedes parar el rock 'n' roll.

ésta vez incluyendo entrevistas con Cliff Williams, y retransmitido el 12 de agosto del 2000. *Que me explique alguien cómo es posible haber dejado fuera a Cliff. ¡Sólo eso es razón de sobras para la reedición!*

El cantante original, Dave Evans, fue invitado a aparecer con la banda de tributo Thunderstruck en un memorial organizado en la Edwards Tavern, en Prahran, Melbourne, para conmemorar el vigésimo aniversario de la muerte de Bon Scott. El CD que recogió el evento, *A Hell Of A Night*, incluía versiones de ocho canciones de AC/DC, entre ellas «Can I Sit Next To You Girl».

Angus habló con la revista *Request*, en junio, sobre qué pensaría Bon de la banda ahora. Angus dijo: «Conociendo el tipo de persona que era, creo que habría estado orgulloso. De hecho, el mayor ídolo de Bon era George, de la época de Easybeats. Y cuando vino a vernos por primera vez, dijo: "Bien, resulta que me pongo a trabajar con estos dos chicos y me pongo a trabajar con su hermano". Así que siempre pienso que miraría con buenos ojos lo que hemos hecho, y creo que de algún modo lo sabe.»

A finales de julio, AC/DC se fueron a los estudios River City, en Grand Rapids, Michigan, para ensayar y preparar la próxima gira. Se trasladaron al DeltaPLex[54] para los ensayos de producción, para los cuales eran necesarios 13 camiones y un personal de 68 personas.

El diseño del escenario para la nueva gira incluía una estatua de bronce de Angus de 12 metros de alto que incluso echaba humo y tenía unos cuernos que brillaban. Como dijo Angus: «Hay muchas sorpresas. Es un gran espectáculo. ¡Lo sé porque pago las facturas!». Añadir nuevas atracciones visuales (junto a los cañones y la campana) no estuvo exento de retos. Pete «Pyro» explicó cómo habían cambiado las giras a lo largo de los años: «Cuando empecé teníamos dos cañones que usamos en un par de giras. Y entonces cambiaron a un escenario nuevo e incluyeron los cañones en el escenario, que tenía toda una hilera de cañones, como en un barco de guerra. Asomaban por las troneras. Ese fue uno de los primeros cambios respecto a los cañones originales. Y luego hicimos el Monsters Of Rock de 1991, donde usábamos 21 cañones. Teníamos siete a cada lado cuando tocábamos en el exterior, y otros siete en la parte central, en total 21. De hecho teníamos un camión entero sólo para los cañones de fibra de vidrio, pero tuvimos que acortarlos y achatarlos un poco para que cupieran todos en él.

»La campana sufrió tantos cambios como los cañones. En cada gira empezábamos: "¿Qué le podemos hacer a la campana esta vez, cómo podemos hacer que tenga un aspecto distinto?". En una gira, a Brian le gustaba que la campana bajara, y entonces agarraba un badajo enorme. De hecho era el badajo de la misma campana, que debería haber estado dentro de ella, pero le

54. Gran estadio en Michigan

pusimos un mango de madera, de la medida de un martillo pilón. Pero estaba hecho específicamente para golpear la campana, así que no iba a romperse. Brian golpeaba la campana con ese invento, y se lo pasaba en grande, realmente le gustaba. Pero un año decidimos construir un mecanismo que hiciera mecerse la campana, para que tuviera el aspecto de una campana meciéndose dentro de un campanario. Brian tenía un botón al final de la soga que activaba el badajo. Así que bajábamos una gran estructura de metal negra, que era como una especie de marco, aunque nadie podía verla porque estaba pintada de negro. Alguien de atrezo ponía en marcha el mecanismo para mecer la campana cuando Brian tiraba de la soga.

»Brian tenía un poco de soga por encima, así que parecía que tiraba de la campana. Lo cual hacía, así que la campana empezaba a mecerse adelante y atrás, y cuando apretaba el botón la campana empezaba a sonar. Un día lo teníamos todo en marcha, y sale Brian, y la campana se está meciendo, y se lo está pasando bien con ello, decide que le gusta, y da un gran salto y agarra la soga, ¡Y tira de ella con todo su peso! ¡La cuerda se rompe, y Brian cae de espaldas! Y toda la soga, los 15 metros, aterrizan en su pecho. Inmediatamente se levanta y se pone a recorrer el escenario con pose chulesca, y todo lo que dice es: "¡Jodidas sogas baratas!". ¡No se perdió ni un compás!

»En otra ocasión teníamos los cañones en unos elevadores eléctricos, y sólo uno de los lados subió, porque en el otro lado se había desconectado algo, o había saltado algún fusible, o cualquiera del millón de cosas que pueden ir mal en un directo. Estamos intentando elevarlos manualmente mientras Brian está cantando, mirando al lado que no funciona, y justo al compás con la música nos canta "¡Venga cabrones!". Es tan divertido cuando las cosas fallan, no es como cuando a alguien le entra una pataleta, o como cuando hay una reunión y sabes que van a rodar cabezas… lo cual no pasa casi nunca. Cualquier otra estrella del rock hubiera preguntado quién era el responsable cuando se rompió la soga.»

«Pyro» prosiguió para explicarnos las dificultades de disparar los cañones todas las noches: «Fuera de Estados Unidos, preparaba los cañones y me iba a la siguiente ciudad. Algunas veces no teníamos exactamente permiso para usarlos, y yo era el único que sabía cómo prepararlos. Disparar los cañones requiere un interruptor. Un botón en un mando que está conectado a un mecanismo de disparo. Cuando aprietas el botón, dispara un explosivo que hay en el backstage y simultáneamente dispara un dispositivo de luces en el cañón. Así que el cañón produce un destello y una nube de humo, pero la explosión de verdad proviene de un dispositivo que está cerca del cañón.

»Ésta es una de las cosas geniales de esta banda. Saben que son una banda de rock, y saben que podrían salir sin nada de ese equipo, y sencillamente tocar, y la gente estaría satisfecha. Pero quieren hacer algo distinto, sin pasarse de teatro. Como mínimo quieren que cada vez que salen de gira el escenario imite la portada del disco. Aunque no necesitan nada de eso. Al contrario que muchas bandas que necesitan la producción porque su directo o su música no son tan buenos. Algunos artistas necesitan la producción para disimular los defectos. Estos chicos no necesitan ninguna producción, pero creen que a los fans les gusta. Te llevas dos por el precio de uno: una banda excelente y también una producción que vale la pena ver.

»Cuando empezamos a usar la estatua para la gira Stiff Upper Lip, no se desmoronaba como queríamos. Se supone que tenía que derrumbarse durante el espectáculo, y había unas guías para que los trozos cayeran en el lugar adecuado. Recuerdo que, durante uno de los ensayos, la cabeza se cayó y casi aterrizó encima de Phil. Cayó al lado de la batería como un plomo. Y todo el mundo se quedó ahí de pié y dijo: "¡Eh, eso sí que está bien!". Entonces tuvimos que ralentizar la caída. Le añadimos pirotecnia, así que parecía como si explotara. Normalmente echaba humo por la boca, se encendían los cuernos y entonces se desmoronaba. Pusimos toda la pirotecnia en las junturas, de tal manera que cuando el brazo se caía empezaban a saltar chispas. Salían chispas, humo y destellos. De ese modo podíamos usar una soga para hacer caer el brazo un poco más lentamente. De hecho había unos colchones de aire para que aterrizaran las piezas. La auténtica razón para las sogas era que si llegaba a ser necesario, podías usarlas para detener las piezas. Aunque tenían donde aterrizar, las piezas pesaban casi 100 kilos entre la espuma expandida, la fibra de vidrio y el recubrimiento anti incendios. Costó un poco hacerlo funcionar correctamente. La parte divertida era estar en el backstage cuando la estatua se desmoronaba. ¡Ahí era donde había que estar!»

La primera mitad de la gira americana Stiff Upper Lip, con 34 conciertos, empezó el 1 de agosto del 2000 en Grand Rapids, Michigan, en el Van Andel Arena. Un mes más tarde aterrizaron en el Bradley Center, en Milwaukee, el 30 de agosto. La lista de canciones para ese concierto incluía «You Shook Me All Night Long», «Stiff Upper Lip», «Shot Down In Flames», «Thunderstruck», «Hell Ain't A Bad Place To Be», «Hard As A Rock», «Shoot To Thrill», «Rock 'N' Roll Ain't Noise Pollution», «Sin City» (o «Safe In New York City»), «Bad Boy Boogie», «Hell's Bells», «Meltdown» (o «Get It Hot»), «The Jack», «Dirty Deeds Done Dirt Cheap», «Back In Black», «Highway To Hell», «Whole Lotta Rosie», «Let There Be Rock», «T.N.T.» y «For Those About To Rock».

Se agotaron las entradas para el concierto de Milwaukee y la audiencia no podía estar más contenta de ver a la banda. Una vez más, mis ojos se llenaron de lágrimas con la segunda o tercera canción de Bon. Su recuerdo era tan tangible que a veces casi podías oírle cantando con Brian. Y no soy la única que se da cuenta de ello. Brian me dijo una vez: «Siento que está ahí cuando canto las canciones antiguas. Unas noches lo sientes más que otras, especialmente si lo estás pasando bien cantándolas.»

Todo el mundo disfrutó de las atracciones de rigor: los cañones, la campana, un Rosie gigantesca, y la amenazadora Torre Angus, como me gusta llamarla… Lo cual explica por qué Angus es tan pequeño en la vida real. Si su tamaño fuera a la medida de su energía vital, ¡No cabría en el edificio! Ver cómo la estatua se «deconstruía» fue toda una experiencia.

Después del concierto la banda celebró un meet and greet, *al cual mi marido y yo tuvimos la suerte de acceder. Había como unas 20 o 30 personas en una habitación del backstage esperando tranquilamente a que la banda hiciera acto de presencia. Las cámaras desechables y los pijos estaban dispuestos. Siempre me llevo algo para la banda, y esta vez les traje unas fotos en blanco y negro de cuanto tocaron en el Stone Hearth, en 1977.*

De repente la banda empezó a entrar en la habitación y me llevé una gran alegría cuando apareció Phil. Miró por toda la sala, y tan pronto como me vio me saludó nervioso. Estaba muy orgullosa y muy contenta de que hubiera vuelto a la banda.

En esta ocasión singular pude saludar a los cinco miembros de la banda y charlar con todos ellos. Cuando le di a Angus una copia de las fotos que le había traído, refunfuñó al ver una de mis favoritas. Es un primer plano de su cara retorcida, bajo un foco, imitando el grito que sale de su guitarra. Los dos suspiramos, y dije «¡Oh, mira lo joven que estás en esta foto! ¡Eras un niño!». Angus se rió y me dijo «¡Oh, mi mujer se va a poner celosa!»

Le pregunté qué le parecía el manuscrito de mi libro, Rock 'N' Roll Fantasy. *Sonrió y dijo «¡Has de poner más guarrerías! ¡Faltan guarrerías!». Nos reímos con la broma y le mencioné que todavía no había encontrado quién lo publicara. Lo habían rechazado un par de veces, lo cual me hizo volverlo a poner en la estantería. Angus me animó: «Publícalo tú misma, como Stephen King. ¡Puedes hacerlo!». Así que debo agradecerle a Angus su consejo. Sin su apoyo no habría publicado* Rock 'N' Roll Fantasy *en formato electrónico por cuenta propia. Después de sacarnos unas fotos juntos, llegó el momento de que la banda partiera. Sabíamos que iban a regresar en primavera, así que nos despedimos hasta entonces.*

Una semana después, su actuación en el Compaq Center, en Houston, fue comentada por Greg Barr: «Ésta es una banda que apenas ha cambiado su fórmula durante los últimos 25 años, consistente en unos acordes potentes, líneas de bajo explosivas, batería a lo bruto y letras con dobles sentidos, junto a títulos de canciones que parecen el sueño húmedo de un adolescente… [Malcolm] Young, de cuarenta y siete años, y su hermano menor, Angus, de cuarenta y cuatro (los élficos fumadores compulsivos de piel pálida que son la mente de AC/DC) forman parte de una fuerza que todavía puede patear unos cuantos culos».

Por esas fechas, AC/DC parecían estar siempre en las noticias, por una u otra razón. Bun E. Carlos, el batería de Cheap Trick, desenterró una rareza del rock 'n' roll y publicó un vídeo de una de las famosas jams de AC/DC con Cheap Trick. Tuvo lugar en el Sioux Falls Arena, en Sioux Falls, Dakota del Sur, el 7 de julio de 1979, e incluye una versión de «Johnny B. Goode».

Las palmas de las manos de los AC/DC fueron inmortalizadas en hormigón el 16 de septiembre, en el Rock Walk, en Los Ángeles, frente al Guitar Center, en Hollywood Boulevard. A finales de mes, la SFX Radio Network emitió un concierto de AC/DC de dos horas mediante 175 emisoras de radio esparcidas por todo Estados Unidos. El concierto había sido grabado en Fénix, Arizona, el 13 de septiembre.

La banda empezó la parte europea de la gira Stiff Upper Lip el 14 de octubre del 2000 tocando en el Flanders Expo, en Ghent, Bélgica. Durante la actuación de AC/DC, un fan de uno de los palcos se puso de pie en su silla y se cayó encima de la baranda. Isidoor Thenissen, de treinta y ocho años, murió al día siguiente en el hospital. Fue una noticia muy triste para la banda, que se preocupaba genuinamente por sus fans.

AC/DC aparecieron en el programa francés de televisión *Nulle Part Ailleurs on Canal*, el 30 de octubre, tocando «Stiff Upper Lip», «Back In Black», «Highway To Hell», «Satellite Blues» y «T.N.T.». En Halloween, la banda publicó una caja que contenía 17 álbums. No incluía *Stiff Upper Lip*, pero contenía *Live From The Atlantic Studios*.

Cubriendo un total de 39 conciertos, AC/DC pasaron por Bélgica, Francia, Alemania, Noruega, Suecia, Finlandia, Holanda, Suiza, Austria, Gran Bretaña y España. El concierto de clausura era el 14 de diciembre del 2000 en Barcelona, España (coincidiendo con el cumpleaños de Cliff).

Para demostrar la teoría de George acerca de la construcción de una canción de AC/DC, la banda de bluegrass[55] Hayseed Dixie publicó un álbum con únicamente versiones de AC/DC llamado *A Hillbilly Tribute To AC/DC*. Entre los miembros de la banda estaban «Einus Younger» y «Barley Scotch». El CD tuvo bastante éxito, impresionando de tal manera a Cliff que contrató a los Hayseeds para la fiesta de inauguración en una de sus casas en los Montes Apalaches.

Más evidencias de las influencias de AC/DC en géneros muy dispares, el varias veces platino *Dookie*, de la banda Green Day, incluye un dibujo de Angus en la portada. Busquen al guitarrista en el tejado del edificio de la esquina inferior derecha: ahí está Angus, pantalones cortos incluidos.

La banda apareció también en un anuncio de Budweiser que incluía dos lagartos y un hurón. El hurón está cantando mientras uno de los lagartos sos-

---

55. Country americano tocado sólo con instrumentos acústicos.

Dos imágenes del concierto de AC/DC en el Thomas & Mack Center en Las Vegas, al pie de la estatua de doce metros de Angus (14 de septiembre de 2000).

tiene un encendedor, mientras suena «Back In Black» de fondo. Esto le da un nuevo sentido a llamar «animales» a sus fans.

La parte australiana de la gira Stiff Upper Lip empezó el 19 de enero de 2001 en Perth. Tuvo que posponerse una de las noches en Adelaida debido a una infección renal de Phil. AC/DC dieron 25 conciertos en Australia, rompiendo el récord de actuaciones consecutivas en el Entertainment Center de Sydney. La banda apareció en Japón dando tres conciertos entre el 19 y el 22, antes de volar de nuevo a Adelaida para dar el 24 el concierto que se había pospuesto.

Anteriormente, ese mismo mes, el 7 de febrero, la RIAA anunció que 14 de los álbumes de AC/DC sumaban unas ventas totales de 70 millones de copias, situándolos en el noveno puesto de su lista de artistas más vendidos. Esto convirtió a la banda en la quinta banda con más certificaciones de la historia en Estados Unidos, detrás de The Beatles, Led Zeppelin, Pink Floyd y The Eagles. Hilary Rosen, jefe ejecutiva de la RIAA, dijo: «AC/DC es uno de los mayores valores del rock 'n' roll, y se han ganado el derecho a ser considerados una leyenda».

A mediados de marzo, AC/DC estaban de nuevo en Estados Unidos para cumplir con la segunda mitad de su gira americana, que empezó el 18 de marzo en el National Car Rental Center en Ft. Lauderdale, Florida. La banda tenía que tocar en Madison, Wisconsin, el 1 de mayo, pero tuvo que posponerse por un dolor de garganta de Brian.

«Pyro» mencionó que sólo posponían un concierto cuando no había absolutamente más remedio. «He visto a Brian enfermo salir y cantar, volver, sentarse y tomarse su medicina para la tos. Se tomaba una taza de té con miel y salía al escenario otra vez y se entregaba al 110%. Y nadie se enteraba de que justo después del concierto se tenía que pasar dos días en la cama. Son unos trabajadores. Fichan, es su trabajo. Si han vendido entradas en tu ciudad, su trabajo es venir y tocar en tu ciudad. Si están enfermos y no pueden venir vuelven lo antes posible, tan pronto como pueden acordar otra fecha.»

AC/DC volvieron a la ciudad el 11 de mayo, y lo primero que hizo Brian al salir al escenario fue disculparse por haber aplazado el concierto. Nadie hubiera podido darse cuenta de que había estado enfermo por el modo en que actuaba. Durante dos horas, la banda no bajó el listón.

Después de sólo un par de semanas, el grupo retomó la segunda parte de la gira europea, con 15 conciertos en estadios, empezando el 8 de junio en el National Bowl en Milton Keynes, Gran Bretaña. Las bandas teloneras fueron, entre otras, Offspring, Queens Of The Stone Age, Rammstein, Buddy Guy y Megadeth. Offspring han incluído una version de «Sin City» en su álbum *Million Miles*. Otras bandas que aparecieron con AC/DC en Europa fueron George Thorogood, The Black Crowes y Krokus.

Arriba, Brian, con el «labio superior rígido»,
en el N.E.C. Arena en Birmingham,
el 28 de noviembre de 2000.
A la derecha, Angus y la autora de este libro,
Susan Masino, en el Kohl Center, en Madison,
Wisconsin (11 de mayo de 2001)

Para no ser menos que sus enormemente famosos hermanos, George Young y Easybeats fueron honrados cuando su éxito «Friday On My Mind» fue votado como la mejor canción de todos los tiempos en Australia, el 29 de mayo de 2001. Sus hermanos menores, Angus y Malcolm, entraron en el número 9 de la lista con «It's A Long Way To The Top».

En su concierto en París el 22 de junio, AC/DC incluyeron una puesta en escena especial de «Ride On», camisetas de la selección francesa de fútbol incluidas. La canción era un homenaje a John Lee Hooker, quien había fallecido el día anterior. Si escuchan a John Lee Hooker con atención podrán darse cuenta de lo mucho que su música influenció a AC/DC.

Después de que la gira Stiff Upper Lip acabara el 8 de julio en Koln, Alemania, AC/DC regaló el «adorno para el césped más grande del mundo». Un fan afortunado ganó una réplica a escala real de uno de sus cañones. Los cañones restantes, junto a la campana, descansan en un almacén de algún lugar de Inglaterra cuando no hay gira.

A tiempo para el aniversario de su nacimiento, el 9 de julio, Bon Scott fue honrado en la Kirriemuir Gateway, en el Glens Museum, en Escocia. En la exposición conmemorando la vida de Bon, había viejas fotografías y una copia de su partida de nacimiento.

Angus alcanzó un hito de la fama a su vez, cuando McFarlane Toys lanzó un muñeco de Angus Young en octubre de 2001. Llegó justo a tiempo de rendir cumplido a la gigantesca estatua de Angus que había dominado el escenario en la gira Stiff Upper Lip. El muñeco, que medía medio metro, inspiró algunas bromas que lo describían como «casi de tamaño natural».

Por primera vez en 21 años, Brian volvió a unir a sus viejos amigos e hizo una breve gira con su antigua banda, Geordie. Tocaron en la Newcastle Opera House, y también grabaron dos temas: «Biker Hill» y «Wor Geordie's Lost His Liggy».

Después de la gira con Geordie, Brian apareció en el concierto de homenaje a Sammy Johnson en el City Hall de Newcastle. Cantó con la banda de la casa, que incluía a Jimmy Nail y Tim Healey.

Se publicó un nuevo DVD de la gira Stiff Upper Lip, en el que aparecía la banda tocando en Múnich, Alemania, el 41 de junio de 2001. El vídeo incluía 21 canciones, filmaciones en el backstage y entrevistas en exclusiva.

Siguiendo posiblemente los pasos de Hayseed Dixie, y por llamar la atención, la famosa cantante de los sesenta Lesley Gore (conocida por «It's My Party») hizo una versión de «Dirty Deeds Done Dirt Cheap» para el CD *When Pigs Fly–Songs You Never Thought You'd Hear*[56]. Debería haberse llamado *Canciones que Nunca Quisiste Escuchar*.

Mientras estaba de gira con Elton John, Billy Joel se agarró una rabieta en el escenario en Tampa, en marzo de 2002, porque AC/DC no habían sido incluidos en el Hall Of Fame del rock 'n' roll. Al final de su discurso, sorprendió a todo el mundo haciendo subir a Brian Johnson y a Cliff Williams al escenario donde interpretaron «Highway To Hell». A la noche siguiente, Joel tuvo que cancelar su concierto por una laringitis. *¿Lo ves, Billy? Brian hace que parezca fácil.*

En abril, anunciaron en las noticias de la MTV que Brian estaba trabajando con el compositor Brendan Healy y con Robert de Warren, director del ba-

---

56. *Cuando los cerdos vuelan - Canciones que nunca pensaste que escucharías.*

llet artístico de Saratosa, en un musical llamado *Helen Of Troy*... una historia de amor llena de acción basada en la mitología griega. Escribió 14 canciones para el espectáculo, cuya inauguración debía celebrarse en la Van Wezel Performing Arts Hall, en Sarasota, Florida, en marzo de 2003. La obra incluía 5 cantantes, un coro de 15 personas, un grupo de 15 bailarines, acróbatas, malabaristas y faquires, y el coste de su producción ascendía a 1,2 millones de dólares. El actor Malcolm McDowell (*La Naranja Mecánica*), amigo de Brian, fue escogido para el papel de Zeus. También hacía de narrador.

Robert de Warren fue citado en las noticias de la MTV en abril de 2002, hablando sobre la creatividad de Brian: «No está todo basado en el rock. Es un poco como Gilbert y Sullivan. De hecho es muy británico. Hay muchas melodías bonitas, y es increíble la cultura que tiene [Brian], algo inusual en una estrella del rock».

Mientras no estaban de gira con AC/DC, Brian y Cliff disfrutaban con proyectos paralelos. De nuevo con Jesse Dupree, Brian coescribió la canción «Kill The Sunshine» para el nuevo álbum de Jackyl, *Relentless*. Cliff apareció como estrella invitada en el álbum *San*, del músico bosnio-americano Emir Bukovica y su banda Frozen Camel. También dio cuatro conciertos con ellos en Bosnia, Croacia y Eslovenia.

Cuando los Scorpions tocaron en Tampa, Florida, Brian sorprendió a la audiencia sumándose a ellos en el escenario. El batería de Scorpions, James Kottack, recordó: «Hace unos dos años, íbamos a dar un concierto en Florida y Brian Johnson se presentó en el camerino justo antes del espectáculo. Por supuesto, le preguntamos si quería cantar una, así que subió para "Rock You Like An Hurricane". No sólo se dedicaron a transformar la canción entre él y Klaus, llegado cierto punto Klaus saltó a la tarima de la batería. Brian entonces se situó delante de la tarima y Klaus subió a sus hombros. Por si no era suficiente, Brian bajó las escaleras como si fuera un tanque en misión de combate, con Klaus a hombros, y procedió a dar un par de vueltas corriendo al estadio durante los siguientes 10 minutos, mientras nosotros tocábamos la versión de "Hurricane" más larga de la historia. Finalmente, Brian trajo a Klaus de vuelta para acabar la canción. Estuvimos riendo hasta que nos salieron las lágrimas. ¡Y luego nos tomamos unos cuantos miles de cervezas en el camerino!».

Angus y Malcolm aparecieron en el escenario cuando los Rolling Stones tocaron en Sydney en el Enmore Theater, tocando «Rock Me Baby», de B. B. King. Siempre fueron grandes fans de los Stones, y estas actuaciones eran motivo de orgullo para los hermanos Young. «Pyro» explicó: «Recuerdo cuando estábamos haciendo la gira europea del 2003 con los Stones y Angus y Malcolm vinieron a tocar unas canciones con ellos. Y todo el mundo salió a mirar, pero Angus y Malcolm eran los únicos que iban a tocar. Estaban de pie a un lado del escenario, y se comportaban exactamente igual que los amigos de los técnicos, ¡Excepto por el hecho de que ellos iban a salir a tocar! Estaba hablando con Malcolm cuando vino su técnico de guitarra y le dijo que salía justo después de la siguiente canción. Y Malcolm dijo sencillamente: "Muy bien, gracias por la charla, Pyro", y ya está. Como si pasara todos los días. Después podías verlos con el resto del personal, en el catering, sentados tranquilamente. Es una de las cosas que más mola de ellos».

Con ánimo de ayudar a una buena causa, AC/DC y Elektra Records reunieron más de 43.000 dólares para Save The Music, de la VH-1 y la fundación Nordoff Robins, subastando varios objetos de AC/DC, incluídas una de las gorras escolares de Angus y una de la características boinas de Brian, y una sesión de jam con Angus. ¡La jam de una hora se la llevó el mejor postor por 28.100 dólares!

Tras algo de controversia, se anunció finalmente que AC/DC tendrían su lugar en el Hall Of Fame del rock, junto a The Clash, The Police, Elvis Costello y The Attractions. Se dijo al principio que también se incluiría al bajista original, Mark Evans. Esta decisión fue revocada sin explicaciones. Justo después de la noticia, AC/DC firmaron un trato para varios álbumes con Epic/Sony Music, después de haber pasado 26 años con WEA (Warner/Elektra/Atlantic). El nuevo trato volvió a reunir a la banda con Dave Glew, quien había trabajado con ellos en Atlantic, y Steve Barnett, que había sido su manager. Epic hizo planes para relanzar 15 de los 17 álbumes de su catálogo.

La entrada en el Hall Of Fame, en la que ganaron a Black Sabbath y a Sex Pistols por dos años, era merecida para una banda que había estado años seguidos de gira. O, tal y como lo describiría Malcolm: «¡Se pareció más a una abducción!». La ceremonia tuvo lugar en el Waldorf Astoria de Nueva York, el 10 de marzo de 2003, y el premio les fue entregado por Steve Tyler, de Aerosmith. Daniel y Paul Scott, sobrinos de Bon, acudieron en su nombre, uniéndose a la banda en el escenario. Tyler declaró en su discurso de entrega: «AC/DC se han convertido en un referente respecto a los efectos del rock. ¿Te hace cerrar el puño mientras lo cantas? ¿Asusta a tus padres y molesta a tus vecinos? ¿Te hace bailar tan cerca del fuego que te quemas los pies y aun así te importa un comino? ¿Te hace levantarte y gritar por alguna razón de la que todavía no estás seguro? ¿Hace que te entren ganas de poner tus zapatillas a hervir y hacer sopa con las medias de tu novia? ¡Si no lo hace, entonces no es AC/DC!».

La banda agradeció brevemente a los fans su apoyo y Brian dijo: «Al principio, en 1955, el hombre no conocía el rock 'n' roll y todo eso. Los blancos tenían el schmaltz, los negros tenían el blues, nadie sabía qué es lo que iban a hacer, pero Tchaicovsky trajo las noticias, dijo "¡Hágase el rock!". Esto lo escribió Bon Scott. Y es un auténtico privilegio aceptar este premio esta noche».

Nunca estaban contentos en los eventos de traje y corbata. Malcolm comentó: «Cuando llegamos allí fue como tocar frente a un puñado de jodidos pingüinos en un restaurante. Los chicos de The Clash iban delante de nosotros, y The Edge, de U2, subió a presentarlos. Joder, dio un discurso de 40 minutos [sobre Joe Strummer, el desaparecido miembro de The Clash]. Fue el tío más aburrido que he tenido la desgracia de presenciar. Nosotros estábamos a un lado [del escenario], esperando y poniéndonos más y más nerviosos, aunque sentíamos simpatía [por el resto de The Clash]. Así que cuando nos dijeron que entráramos lo hicimos a lo bestia. Fue una actuación alimentada por la rabia. Hicimos trizas el local. Estaban bailando en los palcos, todos trajeados. Fue un gran momento para nosotros. El resto de las bandas fueron unos blandengues comparados con nosotros».

La banda interpretó «Highway To Hell» y «You Shook Me All Night Long», acompañados por Steve Tyler, quien se esforzaba todo lo que podía para estar a la altura de Brian. La última canción tiene el mérito de ser la canción que más suena en los clubes de striptease… algo de que lo que enorgullecerse.

Poco después de su aparición en el Rock 'N' Roll Hall Of Fame, Angus, Malcolm y Brian tocaron versiones acústicas de «The Jack» y «You Shook Me All Night Long» en el programa de radio de Howard Stern. La noche del 11 de marzo, la banda premió a un número selecto de fans con un concierto gratuito en el Roseland Ballroom, con Vendetta Red como teloneros. Sería su único concierto en América el 2003.

Angus y Malcolm fueron premiados con el Ted Albert Music Achievement Award en los premios APRA 2003, en Sydney, el 26 de marzo. Malcolm envió un mensaje grabado desde Londres diciendo: «En nombre de AC/DC y de Bon Scott, especialmente de Bon, porque es una parte importante de esto, estamos orgullosos de ser honrados con este premio». (Ted Albert, el hombre que fue el origen de todo al contratar a Easybeats, había muerto de un ataque al corazón en 1990, y este premio llevaba su nombre en su honor.)

La cantante Celine Dion cantó una versión de «You Shook Me All Night Long» en el programa especial de la VH-1, *Divas Las Vegas*. Malcolm le contó a *Guitar World* en abril de 2003: «Alguien me envió un vídeo de aquello. Me quedé impresionado, no necesariamente con cómo cantaba, ¡Sino con el hecho de que fuera capaz de hacer el baile del pato de Angus con los jodidos zapatos que llevaba! ¡Joder, hay que tener cojones para hacer algo así!».

La VH-1, la única cadena musical de televisión por cable con buen gusto, mostró a AC/DC en *Ultimate Albums*, en un especial de una hora centrado en su creación fundamental, *Back In Black*. El espectáculo incluía filmaciones inéditas y entrevistas con la banda.

Durante el verano, AC/DC dieron cinco conciertos en Alemania: dos como cabeza de cartel y dos como teloneros de los Rolling Stones. Con ellos también

Arriba, Malcolm, Brian y
Angus en el Roseland Ballroom
en Nueva York. A la izquierda,
Angus dirigiéndose al público,
y a la derecha, Cliff Williams
dejándose la piel, en el único
concierto que darían en
Norteamérica ese año
(11 de marzo de 2003).

aparecieron The Pretenders. Hubo rumores sobre que las entradas para los Stones no se estaban vendiendo demasiado bien en Europa hasta que añadieron a AC/DC. Era la primera vez desde 1980 en que AC/DC eran contratados como teloneros.

Tanto AC/DC como los Stones hicieron historia en Canadá cuando tocaron frente a 490.000 personas en Downsview Park, en Toronto, el 30 de julio de 2003. «Molson Canadian Rocks For Toronto», un concierto benéfico a favor de los afectados por la gripe aviar, fue presentado por Dan Akroyd y Jim Belushi. También participaron Rush, The Guess Who, The Isley Brothers, Sass Jordan y Justin Timberlake.

AC/DC sumieron a la audiencia en la locura y acabaron su espectáculo con «Let There be Rock» y «Highway To Hell». Más tarde, Angus y Malcolm se unieron a los Rolling Stones en el escenario para improvisar sobre la canción «Rock Me Baby». También sacaron un montón de fotografías de Justin Timberlake cantando con ellos. A Brian le pidieron que subiera a cantar también con él, pero prefirió no hacerlo. Algo acerca de cantar con un Backstreet Boy. Hay que poner los límites en algún sitio.

Martin Popoff escribió en el especial de *Metal Hammer* del 2005: «Un momento importante en la carrera de AC/DC tuvo lugar el 30 de julio del 2003, cuando AC/DC dio un incendiario concierto de 70 minutos al lado de unos Rolling Stones que habían de cerrar el espectáculo, en el festival Toronto Rocks, ante una multitud de 450.000 personas. Hay amplio acuerdo en reconocer que la banda robó el protagonismo a los Stones esa noche. Después, Angus tocaría con los Stones durante su concierto, poniendo punto y final a un evento cuyo resultado fue que se estuviera hablando de AC/DC durante meses. Fue un final adecuado, ya que ahora estamos todos esperando al nuevo álbum y a nuevos conciertos de masas enfebrecidas».

Cinco días más tarde, mientras estaba disfrutando de mis vacaciones anuales en Florida, me tropecé con Brian, que acababa de regresar a casa desde Canadá. Decidí darle una copia de mi libro, que acababa de ser publicado en papel. Se partió de risa mientras miraba todas las fotografías. Cuando llegó a aquella en la que salgo yo vestida de Dororthy, de El Mago De Oz, para promocionar el periódico en el que trabajaba, llamado Emerald City Chronicle, *me miró y dijo: «¡Oh, mira lo que te hacían hacer!»*

Brian nos invitó a reunirnos con él a tomar una copa esa tarde en un pub local. Llegó con su Aston Martin, entró, pidió una Guiness, y nos regaló historias de los Stones, entre otros, durante más de una hora. Sin darse cuenta de lo inmensa que era la multitud frente a la que habían tocado en Toronto, Brian comentó el ruido que hicieron. ¡Me quedé de piedra cuando llegué a casa y leí en la prensa cuánta gente acudió al concierto! Habló con mucha naturalidad de ello, como si fuera algo que uno hace

Brian conectando con medio millón de personas en el Molson Canadian Rocks For Toronto, (30 de julio de 2003).

todos los días. Durante nuestra charla, Brian nos mató de la risa con sus imitaciones de los Rolling Stones, sus amigos sureños y cualquiera que se le cruzara por la cabeza. Nos contó que Keith Richards viajaba con un baúl con cuatro cajones que estaban etiquetados como: «armas, munición, drogas y cuerdas de guitarra». Le dije a Brian: «¡Al menos Keith tiene claras sus prioridades!».

Brian es tan divertido que podría hacer de humorista con facilidad. Bueno, eso si eres capaz de entender qué demonios está diciendo. Perry Cooper, quien se convirtió en uno de sus mejores amigos, contó riéndose: «Para empezar, ¡Cuenta los mejores chistes! Es hilarante; es muy divertido. Ha escrito alguna de las mejores letras de la banda, sencillamente encajó en el puesto, es como si lo hubieran hecho para estar ahí. ¡Era increíble, genial! Si querías encontrar un recambio y que la banda siguiera adelante, Brian era perfecto».

Angus y Malcolm tocaron una vez más con los Rolling Stones sobre el escenario en su concierto en el Twickenham Stadium en Londres, el 20 de septiembre. De nuevo tocaron «Rock Me Baby». Ronney Wood incluso consiguió que Malcolm hiciera un solo durante la canción.

El 21 de octubre de 2003, AC/DC dieron un único concierto en el Hammersmith Odeon, en Londres. Las 4.000 entradas disponibles se vendieron en menos de cuatro minutos. La película *Escuela del rock*, protagonizada por Jack

Black, confirmó la posición de la banda como iconos del rock 'n' roll. Especialmente cuando Black aparece en el escenario vestido con un uniforme de cartero alterado para que parezca un uniforme escolar. La comedia fue un éxito de taquilla, e incluía la canción de AC/DC «It's A Long Way To The Top (If You Wanna Rock 'N' Roll)».

Entonces empezó la filmación de la película *Thunderstruck* en las antípodas. La historia se centraba en un grupo de fanáticos de AC/DC que hacía un pacto: si alguno moría antes de cumplir cuarenta, el resto lo enterraría al lado de su héroe, Bon Scott. Fue la primera película publicada por la productora de Mel Gibson, Icon Films. La banda sonora incluía versiones de tres canciones de AC/DC: «Thunderstruck», «T.N.T», «It's A Long Way To The Top (If You Wanna Rock 'N' Roll)», y una canción que Bon grabó con la banda Fraternity, «Jupiter's Landscape».

Dan 139 conciertos en 17 países, tocan con los Stones, son incluidos en el Rock and Roll Hall Of Fame y AC/DC continúan conquistando nuevos territorios. Angus le contó a Gene Stout, en el *Wisconsin State Journal* del 26 de abril de 2001: «Hay un viejo dicho que explica que el camino más corto entre dos puntos es una línea recta. Y así hemos enfocado la música siempre. Siempre nos ha parecido que nuestra música debería ser para la gente a la que de verdad le gusta el rock. Siempre nos hemos esforzado al máximo. Siempre hemos tenido esta actitud de "hazlo o muere"».

Kirk Dyer, antiguo director de gira de Cheap Trick, siempre estuvo impresionado con la manera como se comportaban. «Siempre tenían un objetivo en mente, no importaba cuál fuera. Nunca perdían de vista lo que querían conseguir; creo que eso era lo que más me impresionó. Cuando hablabas con los chicos siempre te decían que querían ser algo grande, que querían ser los mejores. No hay 5 chicos más unidos en el mundo. La sección rítmica es, en mi opinión, la mejor del mundo. Sencillamente me dejaron de una pieza. No se duermen en los laureles, o se sientan a vivir de viejas glorias. Claro, todo el mundo saca un "grandes éxitos" de tanto en tanto, cuando no consiguen poner sus temas a punto, pero estos chicos siempre se las apañan para aparecer [con algo nuevo]. Agarran tres acordes y juegan con ellos de tal manera que uno nunca se aburre. Eso es lo que me gusta de ellos, ¡Son geniales! Nunca, nunca me canso de escucharlos.»

O, como dijo Spyder Darling de modo muy expresivo en el *New York Star*: «Estos chicos no perderían su granítico ritmo de cuatro por cuatro aunque el estudio de grabación estuviera en llamas en medio de un terremoto, mientras caen bombas atómicas de un cielo lleno de invasores alienígenas». Eso es porque, con el volumen al que tocan, ¿Quién demonios iba a enterarse?.

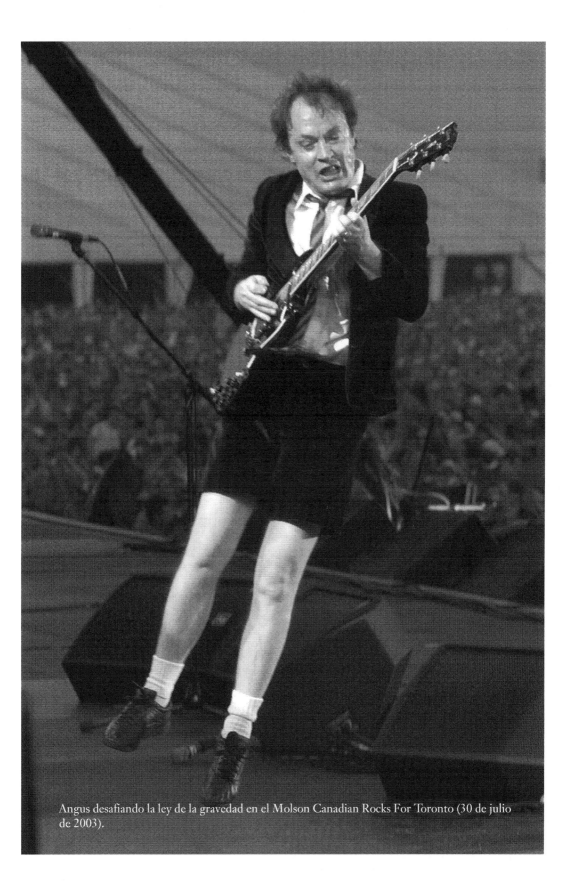

Angus desafiando la ley de la gravedad en el Molson Canadian Rocks For Toronto (30 de julio de 2003).

20. Can't Stop Rock 'N'Roll

Toronto Rocks, el DVD que captura el concierto más grande de la historia de Canadá, fue publicado en junio de 2004. Ahora pueden darse cuenta de por qué Brian dijo que la audiencia era tan ruidosa. ¡Medio millón de personas suelen hacer bastante ruido! Sobre todo si Angus y Malcolm comparten escenario con los Rolling Stones.

Veinticuatro años después del lanzamiento de *Back In Black*, la RIAA premió el álbum con un doble diamante, lo cual significaba ventas superiores a 20 millones de copias sólo en Estados Unidos. *Back In Black* ha vendido ya más de 42 millones de copias en todo el mundo, situándose en quinto lugar en la lista de los 10 discos más vendidos de todos los tiempos. También fue incluido en los records Guiness. Además, «Back In Black» fue votado en octavo lugar como el mejor riff en una encuesta sobre los 100 mejores riffs de la historia en la revista *Total Guitar*.

Bon Scott también recibió honores, cuando *Classic Rock* lo votó como el mejor cantante de todos los tiempos, desplazando del primer lugar a Freddie Mercury, de Queen, y a Robert Plant, de Led Zeppelin. La chaqueta de cuero de Bon reside ahora, junto a las guitarras de Angus, en un museo australiano, y las letras manuscritas de Bon pueden costar miles de dólares en las subastas.

El 3 de julio, mientras todavía estaba en Inglaterra, Brian apareció como invitado en Penrich Derbyshire. Se unió a Twisted Sister durante su concierto para interpretar una versión de «Whole Lotta Rosie» en el Rock And Blues Custom Show. Brian prestó su estrellato en varios conciertos benéficos en el estado de Florida, y se unió a Velvet Revolver el 6 de septiembre en el Hard Rock Cafe, en Orlando, para ayudar a recaudar fondos para las víctimas del huracán Katrina. Interpretaron una versión de «Rock And Roll», de Led Zeppelin. Dos días después, tanto Bon como Cliff aparecieron en el Germain Arena, en Estero, Florida, donde recaudaron fondos para la American Red Cross Hurricane Charley Disaster Relief.

Rick Derringer, el famoso guitarrista de Florida, organizó el Musicians 4 Disaster Relief, que tuvo lugar en Orlando, el 5 de febrero de 2005. El evento se hizo con la colaboración de la fundación John Entwistle, la Cruz Roja americana y la Florida Hurricane Relief Fund. Actuaron Brian y Cliff, junto a Michael Bolton, Dickey Betts de The Allman Brothers, Chuck Negron de Three Dog Night, Loverboy, Robin Zander, Eddie Money, Mark Farner de Grand Funk Railroad y Dee Snider de Twisted Sister. El concierto fue grabado en CD por DiscLive y se puso a la venta inmediatamente después del espectáculo.

Brian ayudó también a recaudar fondos para la Expedition Inspiration Fund, la cual trabaja a favor de la investigación del cáncer de mama, donando una guitarra firmada especialmente para la «Designer Gibson Guitar Auction».

Cuando se le pidió que prestara su voz al juego de Play Station 2, *Call Of Duty: Finest Hour*, Brian se inspiró en su padre. El anciano Johnson sirvió en una ocasión en la Infantería Ligera Durham del Ejército Británico, y sus experiencias motivaron el retrato perfecto de Brian de una «rata del desierto».

AC/DC fueron honrados en España cuando una calle de las afueras de Madrid fue nombrada en su honor. Malcolm y Angus, ataviado con su uniforme escolar, estuvieron presentes en la inauguración de la Calle de AC/DC. Los fans australianos también solicitaron con éxito una calle en honor a la banda en Melbourne. La anteriormente llamada Corporation Lane fue renombrada como AC/DC Lane el 1 de octubre de 2004. La calle discurre paralela a Swanson Street, donde se filmó, en 1976, el vídeo de «It's A Long Way To The Top».

Cuando el gobierno de la ciudad no permitió que un rayo separara las letras, el artista local «Knifeyard» hizo un rayo del mismo metal del que estaba hecha la placa de la calle, y con ayuda de un taladro percutor, lo clavó por encima y por debajo de ella. Decir que los fans de AC/DC son apasionados es quedarse corto.

Casi 1.000 fans conmemoraron el 25 aniversario de la muerte de Bon en la ceremonia celebrada en Fremantle, Australia. La banda de tributo Riff Raff paseó por las calles en un camión descubierto tocando «It's A Long Way To The Top», recreando su famoso viaje por Melbourne. Gaiteros vestidos de luto marcharon hacia el cementerio tocando las canciones que Bon aprendió a tocar de niño. Después, esa misma noche, Riff Raff dio un concierto en el Leopold Hotel. El 22 de febrero, la Western Australian Music Industry (WAMI) reconoció los logros y la contribución de Bon Scott al rock 'n' roll cuando lo incluyó en el West Australian Music Hall Of Fame.

Justo a tiempo para la celebración, AC/DC publicaron un doble DVD llamado *Family Jewels*. El nuevo vídeo mostraba 40 actuaciones (20 con Bon y 20
con Brian) cubriendo el periodo entre 1975 y 1993. Este valioso título de
AC/DC debutó en el número uno en las listas de ventas de vídeos musicales. Por
el precio, es el chollo del siglo de AC/DC. Lo más divertido del vídeo es cómo
muestra lo que mejoraban sus dientes a medida que mejoraban sus ingresos.

Uno de los momentos álgidos de los años de Bon: «Baby Please Don't Go»,
cuando Bon aparece en la televisión con un vestido, coletas y maquillaje. Ese
fue el espectáculo en el que nadie sabía lo que había planeado Bon, y lo mejor
es ver cómo Phil Rudd se ríe de él.

También adoro «Jailbreak», de la cual Bon pensaba que era su mejor canción. Su muerte fingida, que tiene cierta ironía, muestra su potencial como actor. ¡Realmente pone empeño en dar vueltas por el suelo!

Otra de mis favoritas es «Dog Eat Dog», que tiene una letra muy inteligente. Bon resume sumariamente la simple lección de la vida en esa canción.
Su mejor instantánea es cuando arruga su nariz ante la cámara. Es la perfecta
imagen de la magia élfica de Bon y de cómo los fans lo recuerdan mejor.

«Let There Be Rock» muestra, de modo cómico, a Bon vestido de sacer-
dote, a Angus de Ángel, y al resto de la banda disfrazados de coro. Pueden
apostar que por primera y última vez. *Aunque en realidad creo que la inspiración
para esta canción llegó desde el cielo.*

Las primeras cuatro canciones del segundo DVD, con Brian, están extraídas de *Back In Black*, y verlas puede resultar un poco duro para algunos fans.
Estas canciones fueron filmadas apenas 5 meses después de la muerte de Bon,
y aunque la banda toca de forma impecable, se les ve desolados. Bon ya no
está, y se les nota en la cara. Eso no quita el mérito a Brian por su duro trabajo. Asumió un papel muy difícil, y nunca defraudó a los chicos.

El DVD completo muestra vívidamente la evolución de AC/DC. Si nunca
han tenido el placer de verlos en vivo (y esperemos que no sea ése el caso),
pueden ponerlo en su reproductor, subir el volumen al máximo, apartar los
muebles y volverse locos. A los seis meses de su publicación, *Classic Rock* votó
a *Family Jewels* como DVD del año.

Malcolm fue votado como el «guitarrista más infravalorado» en el número
de junio de *Guitar World*, y Angus obtuvo la primera posición como «con
quién te gustaría tomarte una copa». ¡Eso si les gusta el té!

Sin bajar el ritmo, Brian actuó con dos bandas en el Khrome Club, en Saratosa, Florida. Cantó «Dirty Deeds Done Dirt Cheap» y «Back In Black»
con Big Machine y «Rock And Roll Ain't Noise Pollution» con la Greg Bi-
llings Band.

Big Machine es la banda que Brian organizó para interpretar las canciones
que él y el productor Doug Kaye habían escrito juntos. Después de que Neu-

rotica se disolvieran, Brian contrató el cantante Kelly Shaefer para que se encargara de las voces. Shaefer explicó por qué Brian le escogió para cantar los temas: «Brian me dijo en una ocasión: "Llegado cierto punto tu voz siempre me hace recordar la de Bon. Tienes un timbre parecido al de Bon, y siempre me lo haces recordar". Ésa fue mi mejor experiencia con Brian. Siempre me pregunté por qué se tomó la molestia de producirnos. Sintió que había visto una luz y la persiguió, y por eso lo querré a morir, siempre».

Mientras estábamos de vacaciones en Florida, en 2005, mi marido y yo charlamos con Big Machine. Estaban trabajando en los estudios Southern Sound, que habían pertenecido a The Allman Brothers. Kelly y su banda nos invitaron generosamente a asistir a su ensayo mientras se preparaban para volar a Nueva York y tocar en el legendario DBGB. ¡Después de que me dejaran los pelos de punta, pude entender por qué Brian estaba tan satisfecho con la banda!

En septiembre, Chrone Dreams publicó un DVD no autorizado (*And then There Was Rock, Life Before Brian*). Incluía muchas entrevistas con amigos y antiguos miembros de la banda.

Brian debutó como actor en la película *Goal*. Aparece en dos escenas como un fan del Newcastle United, sentado en un pub, mirando un partido. Afortunadamente no tuvo que esforzarse mucho para el papel. Angus hizo también una inusual aparición pública presentando a la banda de Ozzy Osbourne en solitario antes de su actuación en la ceremonia de los United Kingdom Music Hall Of Fame Awards. Angus también recibió sus propios laureles y fue votado en primera posición en la lista de los «25 tíos bajitos más grandes de todos los tiempos». Con una estatura oficial de un metro cincuenta y siete, apareció a sólo 5 posiciones de Yoda.

Brian y Cliff aparecieron en el 96-K Rock For Relief II para echar una mano una vez más en su propio estado recaudando fondos para las víctimas del huracán Wilma. El concierto tuvo lugar en el Germain Arena, en Estero, Florida, el 5 diciembre. También actuaron Robin Zander de Cheap Trick (otro vecino de Brian), Joe Lynn Turner de Deep Purple, Eddie Money, Loverboy, Mark Farner de Grand Funk Railroad y Buck Dharma de Blue Oyster Cult. Dharma es el único guitarrista de rock que puede vérselas con Angus.

Para señalar el vigésimo aniversario de la muerte de Bon, Max TV (un canal de cable australiano), emitió vídeos de AC/DC durante 8 horas consecutivas en conmemoración de su fallecimiento y del trigésimo aniversario de la publicación del álbum *T.N.T.* Al mismo tiempo, *Arena TV* volvió a emitir el episodio de *Saturday Night Live* en que actuaron AC/DC, y Gavin Miller, en el 96 de la FM, mimó las ondas de radio haciendo sonar el álbum *T.N.T.* completo durante su turno de 3 horas.

También en febrero, el National Trust de Australia declaró que la tumba de Bon en Freemantle se incluiría en la lista del patrimonio nacional. La lista se reserva normalmente a edificios, pero, debido a la gran cantidad de fans que visitaban el cementerio todos los años, se incluyó su lugar de descanso.

Doug Thorncroft, quien inició el club de fans de Bon Scott de Australia occidental, solicitó que se erigiera una estatua de bronce de Bon a tiempo para celebrar su sesenta aniversario el julio de 2006. La banda de tributo Thunderstruck tocó en el Hi Fi Bar, de Melbourne, para conmemorar su muerte. En el escenario se les unió Mark Evans, el antiguo bajista. La ex mujer de Bon, Irene, también estuvo entre los asistentes.

Thorncroft trabaja ahora en algo parecido al Paseo de la Fama de Hollywood, y está intentando que la cercana Short Street sea renombrada como Bon Scott Place. También se anunció en febrero que Irene había llegado a un acuerdo con una casa de subastas de Melbourne para vender las cartas de amor y las postales de Bon, lo cual enfadó a algunos de sus fans. Sus palabras son un ejemplo conmovedor de lo atento y cariñoso que era. La subasta se celebró en abril, y las cartas y fotografías personales de Bon no se vendieron al no alcanzarse la cifra deseada. Pero un espejo de afeitarse personalizado (regalado por su madre) se vendió por 12.540 dólares, y un test de impresión de *High Voltage* con su funda original costó 8.655 dólares.

Se instaló un recuerdo a Bon en Cumberland Close, en Kirriemur, donde nació Bon Scott, el 6 de mayo. Es una placa donde se puede leer: «Ronald Belford "Bon" Scott, nacido en Kirriemuir el 9 de julio de 1946, murió el 19 de febrero de 1980, Let There Be Rock, escritor y cantante con AC/DC, la mayor leyenda del rock del mundo».

La presencia de AC/DC, que entra en su tercera década, se puede sentir en todo el mundo. Perry Cooper, quien todavía era un fan aunque hacía mucho tiempo que no trabaja con ellos, dijo en una entrevista, poco antes de morir: «Quién hubiera pensado que la banda duraría 8 o 9 años, y aquí están, 30 años después. Siempre que me subo al coche, no puedo ir a ningún sitio sin escuchar dos o tres canciones de AC/DC en la radio. A Angus y Malcolm se les ocurren unos riffs muy clásicos. [Las canciones] son himnos, son auténticos himnos. Hoy día, cuando ves un partido de fútbol americano o de beisbol, siempre puedes escuchar "Hells Bells" o "For Those About To Rock", o cualquiera de ellas. ¡Son himnos! Construyen canciones que son himnos, con las que es fácil identificarse, y la gente los adora. ¡AC/DC son los reyes de los himnos! ¡Eso sí que es éxito, y se lo merecen absolutamente!».

También puedes encontrar anuncios de Shopko, Sears y JC Penney en tu periódico de los domingos, y todos ofrecen camisetas y sudaderas de AC/DC. Justo antes de la temporada de Navidades de 2005, AC/DC firmó un acuerdo con la compañía de teléfono Cingular para que su canción «Back In Black» estuviera disponible como tono en su nuevo y finísimo teléfono, el Razor.

Todos los años se reúnen fans de AC/DC de todo el mundo para asistir a convenciones. La mayor de todas, llamada The Big Call, incluía a Hayseed Dixie y a Simon Wright tocando en la banda de tributo Dirty/DC en 2005. Algunos de los nombres más divertidos de las bandas de tributo a AC/DC son Seedy DC, Fat Angus Band, Hell's Balls, y *(mi favorita)* la banda femenina de San Francisco llamada AC/DSHE[57]. Los miembros de la banda son Agnes y Mallory Young, Riff Williams, Pyllis Rudd y Bonny Scott. ¡Pueden apostar a que Bon se lo habría pasado en grande con esa pandilla!

Mat Croft dijo en el especial de *Metal Hammer* de 2005 que dos de las mejores versiones de AC/DC son el «Highway To Hell» de Quiet Riot y el «It's A Long Way To The Top» de Motorhead, en la que Lemmy «suena tan áspero que parece que va salir un trozo sangriento de pulmón de los altavoces».

AC/DC definieron los ochenta, del mismo modo que The Beatles hicieron en los sesenta y Led Zeppelin los setenta, influenciando a cientos de bandas en todo el mundo, como los australianos Rose Tatoo, Silvertide, Jet, Midnight Oil y The Angels; en Europa: los suizos Krokus, los españoles Barón Rojo, los franceses Trust y los alemanes TNT; en América y el Reino Unido la lista incluye a Guns 'N' Roses, Motley Crue, Def Leppard, Quiet Riot, Twisted Sister, Kix, Danger Danger, The Cult, Buckcherry y The Darkness. Sin olvidar al clon más descarado de AC/DC de todos, Rhino Bucket… quien, durante una temporada, tuvo sentado a la batería a Simon Wright, antiguo miembro de AC/DC.

Hay también unos pocos artistas de country cuya música tiene un toque de AC/DC. Escuchen simplemente a Garth Brooks, a Montgomery Gentry y a Big and Rich.

Shania Twain calienta motores con AC/DC, del mismo modo que Chuck Garrick, el bajista de la banda de Alice Cooper. El batería de Gretchen Wilson llevaba una camiseta de AC/DC en el escenario. Y se cuenta que, después de que el director de gira de Metallica le diera al batería Lars Ulrich una chaqueta de la gira de AC/DC, éste la llevó durante años.

Angus y Malcolm han pasado el principio de 2006 trabajando en su nuevo álbum, en casa de uno o del otro, alternativamente. Se rumorea que Mutt Lange colaborará en los arreglos de las canciones, y que el título será *Strap It On*.

Puede que recientemente hayan adquirido nuevo equipo de grabación, pero no les verán tocar nada en el estudio que no toquen en directo. Malcolm pre-

57. Hayseed Dixie y Seedy DC se pronuncian en inglés muy parecido a como se pronuncia AC/DC. El resto de los nombres se pueden traducir como La banda de Angus el gordo, Las pelotas del infierno y, finalmente, AC/DSHE se pronuncia muy parecido a AC/DC, jugando con el pronombre femenino «she».

AC/DC en marzo del 2003, cuando entraron en el Rock And Roll Hall Of Fame.

fiere su Gretsch Jet Firebird original del 63, y Angus tiene a su antigua Gibson SG del 68 como su favorita. Todo conectado a sus torres Marshall, con el único adminículo de sus transmisores inalámbricos. Nada de pedales de wahwah para estos chicos.

La única canción que Malcolm ha tocado con algo que no fuera su Gretsch Jet Firebird ha sido «High Voltage». Como su guitarra estaba rota, Malcolm tuvo que usar una Gibson L-5 en esa canción, algo que todavía le molesta cada vez que la escucha. Angus tuvo que hacer lo mismo en «Live Wire», tocando una Les Paul. Pero no lo oirán, porque tan pronto como repararon su SG, ¡Volvió a grabar la canción!

Malcolm pidió otra campana recientemente a John Taylor Bell Founders. Era una copia de la «Campana del infierno», aunque ésta se llama «Home Bell[58]», y cuelga al final de una escalera de caracol en su casa en Hertfordshire. Como prueba de que no existe ninguna rivalidad entre los miembros de AC/DC, Malcom respondió en una ocasión, cuando *Guitar Player* le preguntó si no le mo-

58. Campana de casa.

lestaba que Angus recibiera más atención que él: «No, porque todos ganamos el mismo dinero. Si él ganara más, entonces sí que nos molestaría». Habló como un auténtico profesional.

Cuando no está rompiendo récords de velocidad, Angus se distrae pintando. Perry Cooper habló con entusiasmo de su talento sobre el lienzo. «Angus es un pintor brillante. Me quedé sorprendido, porque he visto algo de su trabajo y es absolutamente brillante. Hace acuarelas y cosas así, y sencillamente es un gran pintor. En una ocasión hizo un puñado de caricaturas de nosotros como unos pequeños diablos y me las envió a Atlantic».

Los hermanos también disfrutan de la distinción de que se haya nombrado a un par de fósiles en su honor. En noviembre de 1998, el Australian Museum informó de que los fósiles eran dos «artrópodos extraños» relacionados con los ciempiés o los cangrejos. *Me parece más que apropiado que se relacione a AC/DC con un trozo de roca prehistórica, esto, fósil, bueno, ya saben a qué me refiero.*

Brian es todo un gourmet y un ávido conductor de coches de carreras. Posee varios coches, y corrió en Daytona en el 2003. Su mujer, Brenda, comparte su pasión y también se pone al volante. En su casa disfrutan de una réplica exacta del pub de Newcastle al que Brian solía ir, llamado Queen's Head, al cual han reproducido a escala natural dentro de su casa.

Cliff, que vive a pocas millas al sur de Brian, toca ocasionalmente con la banda de ryhthm and blues The Juice. La contribución de Cliff al sonido de AC/DC no debe ser subestimada. Se le conoce como el maestro de las corcheas, atacando cada nota, tal y como escribió Guitar School: «con el furor de un adolescente enfadado». Cliff explicó: «Nunca me aburro de tocar corcheas.
En esta banda tôco lo que es mejor para la canción en cada momento. Toco lo que hace falta tocar, y me gusta que sea así. ¿Me entiendes?».

Las canciones de AC/DC favoritas de Cliff son «Let There Be Rock», «Live Wire», «Gimme A Bullet», «Gone Shootin'» y «Down Payment Blues». Cuando toca en directo, lleva una muñequera de cuero en su brazo derecho para no desollárselo.

Phil, «el Charlie Watts del heavy metal», tal y como en una ocasión lo llamó Martin Popoff en *Metal Hammer*, sigue viviendo en Nueva Zelanda. En enero del 2005 Phil patrocinó al piloto de carreras Jared Carlyle, que conducía un Ford Falcon propiedad del equipo de Phil, Mountain Recording. Empezó tocando baterías Ludwig, pero durante años ha preferido su Sonor. Tal y como dijo Cliff en *Guitar School* cuando Phil regresó a la banda: «Phil siempre sintió de forma natural lo que hace la banda… Phil encaja como un guante. No puedes explicar por qué, sencillamente encaja».

En el verano de 2007, Brian y Cliff volvieron a echar una mano con el fin de recaudar dinero para la Fundación John Entwistle, uniéndose a la gira Classic Rock Cares. Los conciertos recaudaron dinero para proporcionar educación musical gratuita e instrumentos a los niños necesitados a través del sistema de bibliotecas públicas.

La banda de Classic Rock Cares también contó con el baterista Steve Luongo, el guitarrista Mark Hitt, los vocalistas Mark Farner de Grand Funk Railroad, Joe Lynn Turner de Deep Purple y Rainbow, Robin Zander de Cheap Trick y Eddie Money. Tocaron en Florida, Las Vegas, Chicago, Atlantic City y Nueva York. Brian y Cliff incluso escribieron un par de canciones originales para interpretarlas junto con muchos de sus éxitos de AC/DC.

El destino quiso que mis vacaciones anuales en Florida coincidieran con su espectáculo en Clearwater, Florida, el 3 de julio de 2007. Después de disfrutar de las actuaciones de Turner, Money y Zander, los 2000 espectadores esperaron pacientemente durante un intermedio antes de que Brian y Cliff subieran al escenario. A juzgar por la cantidad de gente del público que llevaba camisetas de AC/DC, estaba claro a quién habían venido a ver. Cuando ambos salieron al escenario, el público estalló.

Durante la siguiente hora, Brian y Cliff deleitaron a todos con clásicos de AC/DC como «Hells Bells», «Sin City», «Dirty Deeds Done Dirt Cheap» y «Givin' The Dog A Bone», cerrando el espectáculo con «Highway To Hell». Turner, Money y Zander volvieron para compartir el escenario con Brian. Teniendo en cuenta que la banda no había salido de gira desde 2001, esta fue una rara ocasión para cualquier fan de ver a los AC/DC.

Después del concierto pude hablar con Brian y Cliff sobre los planes futuros de AC/DC. Aunque se rumoreaba que Angus y Malcolm estaban trabajando en nuevas canciones, ambos se mostraron reacios a prometer nada. Después de todo, se había hablado de un nuevo álbum durante varios años y no había nada que indicase que volverían a salir de gira. Definitivamente no eran las noticias que yo esperaba escuchar. Por suerte, en la primavera del año siguiente, todo esto estaba a punto de cambiar.

21. Rock 'N' Roll Train

En marzo de 2008 AC/DC, que había conseguido mantener en secreto su regreso al estudio, se reunió discretamente en The Warehouse Studio de Vancouver con el productor Brendan O'Brien y el ingeniero Mike Fraser para trabajar en el nuevo álbum. Entre los clientes de O'Brien estaban Pearl Jam, Soundgarden, Bruce Springsteen y Rage Against The Machine. Fraser ya había trabajado con la banda en *Back In Black*, *Razors Edge*, *Ballbreaker* y *Stiff Upper Lip*.

Durante su parón, AC/DC había dejado su antigua discográfica, Atlantic Records, y había firmado un nuevo contrato con Sony Music. En octubre de 2007, para ir abriendo boca a sus fans, publicaron un DVD en versión doble o triple llamado *Plug Me In*. El DVD incluía respectivamente cinco y siete horas de material inédito de sus conciertos, incluidos «School Days», «T.N.T», «She's Got Balls» y It's A Long Way To The Top (If You Wanna Rock 'n' Roll) en el St. Alban High School, en Australia, en marzo de 1976.

La banda anunció asimismo la aparición del videojuego *Rock Band 2*, que ofrecía «Let´There Be Rock» como pista reproducible. Le siguió *AC/DC Live: Rock Band Track Pack*, que incluía la lista completa del álbum *Live At Donington*. El juego ofrecía 18 temas y fue especialmente remezclado por Mike Fraser.

Para celebrar el inminente lanzamiento del nuevo álbum SiriusXM Satellite Radio creó AC/DC Radio, un canal que emitiría la música de AC/DC 24/7 desde septiembre de 2008 hasta enero de 2009. Reproducía temas clásicos destacados, como «You Shook Me All Night Long» y «Back in Black», junto con canciones del nuevo álbum.

Con 15 temas creados en tan solo seis semanas, *Black Ice*, el decimoctavo álbum de estudio de AC/DC, se publicó en Australia el 17 de octubre y en los Estados Unidos el 20 de ese mismo mes. Cuando se anunció el regreso de AC/DC a la primera línea del rock estaban «Rock 'n' roll Train», «Skies On Fire», «Big Jack», «Anything Goes», «War Machine», «Smash 'N' Grab», «Spoilin' For A Fight», «Wheels», «Decibel», «Stormy May Day», «She Likes Rock 'N' Roll», «Money Made», «Rock 'n' roll Dream», «Rocking All The Way» y «Black Ice».

El álbum se colocó de inmediato en el puesto número uno de las listas de *Billboard* y vendió 1.762.000 copias en todo el mundo, de ellas 784.000 en EE.UU. El *L.A. Times* publicó: «AC/DC ha alcanzado el millón de discos vendidos de su nuevo álbum Black Ice durante la segunda semana de su lanzamiento, y se mantiene en el Número Uno en 31 países». *Black Ice* vendería ocho millones de copias durante los cuatro años siguientes.

El vídeo de su primer single, «Rock 'n' roll Train», se grabó en Londres el 15 de agosto, delante de varios miles de fans que tuvieron la suerte de poder participar como parte del público. El 28 de agosto la canción fue lanzada en la radio y tres meses después «Rock 'n' roll Train» fue nominada a la mejor interpretación de rock de un dúo o grupo con vocalista en los premios Grammy.

A pesar de ser una de las pocas bandas del planeta que se han negado a descargar sus canciones *online*, el nuevo álbum de AC/DC se filtró misteriosamente en internet antes de su debut oficial. Para sorpresa de algunos, la banda firmó un contrato en los Estados Unidos con Walmart y Sam's Club para vender *Black Ice* en exclusiva. El nuevo álbum también estaría a la venta en la web oficial de AC/DC. Para arrojar algo de luz sobre la lógica de dicha decisión, Malcolm explicó que Walmart no solo había comprado por adelantado 2,5 millones de copias, sino que además el contrato en exclusiva había eliminado los costes de distribución.

Para satisfacer los deseos de millones de fans fieles, tras el lanzamiento de su nuevo single AC/DC anunció una gira mundial que les mantendría en la carretera hasta otoño de 2010. La gira, que se iniciaría el 28 de octubre de 2008 en Wilkes-Barre, Pensilvania, incluía 42 fechas en Norteamérica. La primera etapa terminaría en Nashville, Tennessee, el 31 de enero. Tras un breve descanso, AC/DC seguiría con su asalto global por Europa, Sudamérica, Asia y Australia.

Coincidiendo con la aparición de *Black Ice* en Estados Unidos, Columbia Records (Sony Music) y Walmart crearon las «Rock Again AC/DC Stores». Era la primera vez en su historia que Walmart dedicaba una superficie tan grande al lanzamiento de un nuevo álbum. Cualquier fan devoto de AC/DC sabía que los reyes del rock 'n' roll hacía mucho que se merecían ser tratados como tales. Columbia Records se asoció con la MTV para abrir una «AC/DC Rock Band Stores» en Times Square, Nueva York, y otra en Los Ángeles. Para anunciar el evento, los camiones de *Black Ice* se pasearon por ambas ciudades poniendo la música de AC/DC y parando en distintos lugares para vender sus productos.

Cuando finalmente el álbum hizo su esperada aparición, *Black Ice* se colocó en el número uno en 31 países, convirtiéndose en disco de platino en pocos días. En Estados Unidos se vendieron más de 780.000 copias la primera semana, y también fue la primera vez que la banda ocupaba el primer puesto de las listas con un álbum allí. No está mal para una banda que según muchos no iba a grabar ningún otro álbum.

También batieron récords con la venta de entradas para la nueva gira. Las localidades para verlos en el Allstate Arena de Chicago se agotaron en pocos minutos, lo que les obligó a añadir un segundo concierto. Las entradas para las dos actuaciones en el Madison Square Garden de Nueva York se vendieron igual de rápido y el concierto en el General Motors Place de Vancouver consiguió otro récord de ventas, ya que las entradas se agotaron en tan solo cuatro minutos.

En cuanto la banda salió a la carretera e inició su primera gira en siete años, hubo una avalancha de críticas favorables en la prensa. El *Boston Globe* declaró: «AC/DC es la mejor banda de todos los tiempos», el *Chicago Tribune* proclamó, «AC/DC: el rock 'n' roll que sobrevive el paso del tiempo» y la *Associated Press* constató: «Han escapado a los elogios de la crítica… hasta ahora».

La revista *Rolling Stones*, que hasta entonces nunca había elogiado la banda legendaria, finalmente sacó a AC/DC en la portada del 13 de noviembre de 2008. El editor ejecutivo Jason Fine, a pesar de que en los últimos 30 años apenas había dado cobertura a la banda, fue citado afirmando: «Es su mejor disco desde *Back in Black*, desde 1980. A diferencia de algunos de los discos de los últimos 20 años, este suena realmente vivo.»

Brian Johnson dijo a la Associated Press: «La crítica siempre ha sido un poco frívola con AC/DC, que si Angus y su uniforme del colegio, es muy fácil hacer un chiste o lanzar una pulla sobre ello, que si los riffs más sencillos, que si eso y lo otro, pero están completamente equivocados. Los riffs más fáciles del mundo son los más difíciles de escribir, porque hay muy pocos.»

Habían pasado siete años alejados de la carretera y el protocolo para esta gira iba a ser muy distinto. No solo no pensaban conceder muchas entrevistas, sino que además tras los conciertos no habría Meet and Greet. Eso, sin embargo, no impidió que yo solicitara una entrevista con Angus y que pidiera saludar a los chicos cuando recalaron en Chicago el 1 de noviembre de 2008.

El *road manager* de AC/DC me honró con una de las mejores sorpresas rocanroleras de toda mi vida. Me llamó el día antes de que empezara la gira para decirme que Angus estaría encantado de concederme una entrevista, pero que además en Chicago me estaban esperando unas entradas para el concierto y unos pases para después del concierto. A pesar de que pensaban limitar el acceso a la prensa, Angus había dicho: «si Sue quiere una entrevista, tendrá una entrevista». ¡Supongo que podría decirse que conocer a la banda desde 1977 tiene sus ventajas!

Llevaba siete años esperando para ver actuar de nuevo a AC/DC, así que mis expectativas ante el viaje a Chicago eran desmesuradas. Cuando salieron al escenario del Allstate Arena, me quedó claro que una de las bandas más exitosas del mundo había sabido conservar su toque de Midas en el rock 'n' roll. Ante 17.000

fans que no paraban de vociferar, AC/DC empezó su concierto con un corto de dibujos animados en el que aparecían los miembros de la banda viajando en un tren del rock 'n' roll, como no. El tren era rodeado por un montón de chicas diabólicas que intentaban dominarlos: los chicos a duras penas conseguían deshacerse de ellas. Entonces Angus lograba escapar, justo segundos antes de que el tren descarrilara.

En cuanto el corto terminó, apareció sobre el escenario una locomotora negra de tamaño real que se detuvo justo encima de la tarima del batería, en medio de fuegos artificiales y del estruendo ensordecedor del público. De repente, Phil estaba sentado a la batería, y Brian, Malcolm, Cliff y Angus aparecieron sobre el escenario. Como si fuera un sueño desarrollándose delante de nuestros ojos, la banda se puso a tocar «Rock 'n' roll Train», anunciando así que la mejor banda de rock 'n' roll del mundo había regresado.

Durante la hora y 45 minutos que siguieron, la banda tocó cinco canciones de *Black Ice*, la que daba el título al álbum y «Big Jack», «War Machine», «Anything Goes» y, por supuesto, «Rock 'n' roll Train». El resto del concierto se dedicaron a clavar una serie de grandes temas de rock, como «Hell Ain't A Bad Place To Be», «Dirty Deeds», «Thunderstruck», «The Jack», «Hells Bells», «Shoot To Thrill», «You Shook Me», «T.N.T.», «Whole Lotta Rosie», y «Let There Be Rock», Su actuación fue sencillamente increíble. Nunca habían sonado tan bien.

Tras concluir el concierto con «Let There Be Rock», Angus se subió a una pasarela que llevaba hasta una plataforma circular. La plataforma se erigía por encima de la multitud y desde esa posición elevada se marcó un solo desgarrador alucinante. Angus, 34 años después, demostró que todavía era capaz de generar energía suficiente como para iluminar una ciudad entera. Todos los presentes, muchos de ellos luciendo cuernos de demonio que se iluminaban de rojo, enloquecieron por completo ante el minúsculo colegial que no llegaba ni al 1,60 m. Ese es Angus Young, el verdadero héroe de la guitarra en vivo.

A los pocos minutos de haber abandonado el escenario, AC/DC regresó para un bis de dos canciones: «Highway To Hell» y «For Those About To Rock.» Mientras tocaban «Highway To Hell», empezaron a proyectar imágenes de tiempos pasados, con el cantante Bon Scott como líder de la banda. Siempre que el público canta las canciones junto con Bon, rindiendo homenaje a este líder legendario, se me llenan los ojos de lágrimas. Bon tuvo una gran repercusión en la música de la banda e influyó enormemente en la creación de su imagen. El recuerdo de Bon, que fue un bromista y un hombre que amaba profundamente la vida, siempre está presente en la banda.

Tras el concierto, mi hijo Jamey, de 14 años, y yo tuvimos el privilegio de ver a Angus y Malcolm en su camerino, en el sótano del Allstate Arena. Estaban sentados tomando té y fumando cigarrillos. Fue sorprendente ver lo relajados y lo centrados que estaban ambos, teniendo en cuenta que acababan de arrasar en el escenario delante de miles de personas.

Lo primero que Malcolm me había dicho la noche antes había sido: «¡Mi mujer ha comprado tu libro!». Como era de esperar, ni Angus ni Malcolm dejaron traslucir lo que pensaban, así que hecha un manojo de nervios le pregunté a Malcolm si le había gustado. Entonces los dos se echaron a reír y Malcolm me dijo que le había encantado. Hablando como si nos hubiéramos visto la semana anterior, bromeamos sobre su capacidad para aguantar el concierto. ¡Yo estaba agotada y sudorosa con solo mirarlos! Le pregunté a Malcolm si a mitad del concierto se paraba a contar las canciones que les quedaban. Se echó a reír y confesó, «¡Sí, claro!»

Cuando saqué el tema de que sus fans tenían miedo de que nunca volvieran a hacer una gira, Malcolm me aseguró que siempre habían tenido la intención de volver a la carretera. Luego miró a Angus y dijo: «Bueno, esta ha sido la primera oportunidad real que hemos tenido desde 1974, ¿no?».

También le pregunté a Angus si alguna vez se había planteado hacer una exposición para exponer sus cuadros, y me respondió que no sin pensarlo. Malcolm se rio y dijo, «¡Lo deja para cuando sea viejo!».

Durante el resto del encuentro hablamos de lo fieles que eran sus fans y de lo bien que estaba siendo recibido el nuevo álbum. Una vez más, no pude evitar sacar a relucir la noche en la que conocí a AC/DC en 1977, cuando pronostiqué que algún día serían tan grandes como los Rolling Stone. En ese momento, la banda se rio a mandíbula batiente de mí, pero cuando se lo recordé a Malcolm, sonrió y afirmó, «¡Bueno, yo solo sé que los echamos del escenario en el Concierto Benéfico contra el SARS de Toronto!».

'Pyro' Pete mencionó lo frío y contenido que estaba Malcolm cuando tocaron con los Rolling. Después de que cada grupo tocara sus canciones, se juntaron para interpretar un tema de B.B. King, «Rock Me Baby»; Malcolm estuvo charlando todo el rato con Pete junto al escenario hasta que tuvo que volver a salir. En las fotos en las que están las dos bandas juntas se puede ver a AC/DC dándolo todo, aunque su admiración por los Rolling Stones resulta evidente.

Durante nuestra visita, Angus y Malcolm estuvieron especialmente pendientes de mi hijo, y le preguntaron qué tal le iba en la escuela y qué aficiones tenía. Cuando Angus mencionó que por la edad que tenía le parecía muy alto, y en seguida añadió: «Bueno, en realidad todo el mundo es más alto que yo.»

Antes de despedirnos, le dieron a Jamey algunos pósteres firmados y nos hicimos unas fotos. Por si todo eso no fuera suficiente como para que mi hijo tuviera los mejores recuerdos de su vida, Angus metió la mano en el bolsillo (se lo sugirió Ellen, su mujer) y le regaló a Jamey la púa de la guitarra que había usado esa noche. ¡La púa del destino!

Al día siguiente me presenté en el hotel donde se alojaba la banda en el centro de Chicago con dos ejemplares de mi libro. Los dos se habían burlado de mí diciendo que podían permitirse comprarlo, pero que querían un ejemplar firmado por mí. Mientras esperaba en el vestíbulo para dárselos a su *tour manager*, que no paraba de darnos largas, apareció Angus, que para mi sorpresa había bajado para recogerlos en persona. Tras acompañar a Ellen a coger un taxi y despedirse de ella, volvió a entrar y nos dedicó unos minutos. Le preguntó a Jamey si le había gustado el concierto de la noche anterior. Se lo presenté a mis dos amigas, pero estaban tan impactadas que no le pidieron ni un autógrafo ni una foto.

Al cabo de unos días, Angus tuvo el detalle de llamarme para hablar de *Black Ice* y la increíble longevidad de AC/DC. Debido a su decisión de no conceder entrevistas, tan solo pudimos hablar durante 30 minutos. Estuvo tan agradable como siempre.

- *Ha pasado mucho tiempo desde vuestro último álbum; ¿cuánto tiempo os ha llevado componer las canciones de* Black Ice*?*
- Todo empieza con la última gira, en ella se te ocurren algunas ideas. Puede ser el título de una canción u otra cosa, o un riff que te sale en una prueba de sonido, o entre bastidores, y del que decides guardar un registro. Y esa «especie de» se convierte en «la base de» cuando te pones a escribir. Y también escribes mucho en casa, cuando te tomas un respiro para descansar un poco.
- *Bueno, no creo que deba preocuparos. ¡Creo que lo tenéis controlado!*
- Sí, pero a veces me gustaría poder escribir como cuando era joven. Siempre quieres escribir algo que le toque la fibra a mucha gente. Creo que en eso reside la magia.
- *Francamente, creo que eso es lo que habéis logrado con el nuevo álbum. Creo que incluye algunos temas memorables.*
- ¡De acuerdo, vale! (risas)
- *He oído por ahí que queríais que el nuevo álbum tuviera un título duro, algo que sonara fuerte. ¿A quién se le ocurrió el título,* Black Ice*?*
- Bueno, fui yo quien lo propuso. Pero ya habíamos compuesto una canción llamada «Black Ice», y al final pensamos que podía ser un buen título para un álbum.
- *¿Tienes alguna canción favorita en el álbum?*
- Me gustan muchas de ellas. Pero cuando las estás escribiendo y tocando, todas se convierten en tus bebés. Normalmente haces muchas demos de las canciones, e intentas quedarte con las que mejor captan el espíritu de la banda.
- *Lo habéis escrito todo Malcolm y tú. ¿Escribís las letras juntos o tú escribes una canción y Malcolm escribe otra?*
- Bueno, más bien nos complementamos. Igual a mí se me ocurre un verso o a él se le ocurre un estribillo.
- *¿Quién decide el diseño del álbum y la puesta en escena de la gira?*
- Nosotros proponemos el título del álbum y luego los artistas te proponen sus ideas. Ellos proponen cosas intentando ver qué encaja mejor con tus ideas.

- Me encanta el aspecto que tiene el escenario con la enorme locomotora. ¡Queda súper guay!

- ¡Sí! Para muchas cosas, como te decía, tuvimos bastante tiempo, pero a veces vas muy apurado. Son muchas las cosas que tienen que encajar y a veces tienes que sacrificar algunas cosas a causa del factor tiempo. Esta vez tuvimos mucha suerte porque ya teníamos todas las canciones que íbamos a incluir en el álbum. Y de nuevo ellos (los artistas) cogieron las canciones y regresaron con distintas ideas.

-Soy consciente de que hasta la fecha solo habéis realizado unos cuatro conciertos, ¿pero cuál es tu parte favorita del espectáculo y por qué?

-¿Mi parte favorita? Creo que para mí, probablemente, sea la anticipación. Te preparas y entonces piensas, «Ojalá ya estuviera sobre el escenario. ¡Estoy listo para empezar!» Supongo que para mí sería cuando estoy esperando para salir ahí fuera y empezar a desmadrarme.

- ¿Te han sorprendido los fans y lo mucho que deseaban que la banda volviera a salir de gira?

- Supongo, te llegan muchas cosas. La gente que rodea la banda nos cuenta lo que está pasando. Siempre hay mucha gente comentando cosas, pero nadie dedica tiempo a preguntarnos esas cosas a la banda. A veces somos los últimos en enterarnos. Cuando fuimos a Vancouver a grabar, pasaron varias semanas hasta que se supo.

- Cuando nos conocimos por primera vez, algunos miembros de la banda hablaban de hacerse ricos y famosos. ¿Echas de menos esos tiempos, cuando podías salir a la calle y que nadie te parara?

- Creo que nunca he pensado en hacerme rico y famoso. Pienso que cuando eres joven, todo es una aventura. Cuando lo estás viviendo, no piensas a tan largo plazo. Incluso ahora, trato de vivir al día. Si alguien me pregunta qué tengo previsto para dentro de seis meses, no lo sé, no pienso a tan largo plazo. Creo que entonces estaba contento de poder hacer lo que hacía. De algún modo, fue un aprendizaje.

- Cuando vi el concierto la otra noche, no pude evitar pensar en Bon y en lo mucho que aportó a la banda. ¿Qué crees que diría Bon sobre el éxito que tiene AC/DC en la actualidad?

- ¡Estaría encantado! Lo estaría viviendo a tope. Era su forma de ser. Siempre solía decirme, «¡No hagas nunca lo que yo haga!»

- Cuando estás en el escenario tocando alguna de las viejas canciones, ¿sientes su presencia?

- Sí, por supuesto. A veces, mientras deambulo por el escenario, pienso incluso: «¿Estoy andando como él?». Esa forma de andar que tenía Bon, como si se pavoneara. (risas)

- Es increíble lo bien que encajó Brian en la banda.

- Brian tiene su propia personalidad. Disfruta mucho. Era fan de nuestra música y le aporta algo completamente distinto a lo que le aportaba Bon. No hay duda de que tiene su propia personalidad.

- *Es muy divertido, siempre está bromeando.*

- Sí. Para nosotros, bueno siempre nos entretiene. Y muchas veces nos hace poner los pies en el suelo.

- *Cuando entrevisté al ya fallecido Perry Cooper, que había estado en Atlantic Records y conocía muy bien a Bon, me dijo que no creía que pudierais remplazarle. Luego salió de gira con vosotros, después de que publicarais* Back In Black, *y se quedó sorprendido de lo divertido que era Brian. ¡Supongo que cuando grabasteis el disco, con todo ese dolor, no os podíais imaginar que iba a ser uno de los diez álbumes más vendidos de la historia!*

- Creo que en ese momento es imposible saberlo. Pero teníamos algunas canciones muy potentes y queríamos terminarlas. En cierto sentido, la grabación fue muy terapéutica para nosotros, porque si esperas demasiado, puedes acabar recreándote. Siempre es más duro para los que se quedan. La parte más dura, cuando pierdes a alguien muy cercano a ti, es cómo lo haces, cómo sigues adelante.

- *Volviendo a Brian, hay que reconocer que lo ha hecho muy bien, y que siempre se ha mostrado cariñoso y respetuoso con el recuerdo de Bon.*

- ¡Tienes razón! Es un fan de esas canciones y siempre que nos juntamos para salir de gira quiere que interpretemos alguna de las viejas canciones: «¡Probemos con esta!» Y siempre lo hace a su manera.

- *Es curioso que hablemos de él como el nuevo cuando lleva en la banda 28 años.*

- ¡Sí, bueno, yo siempre seré el más joven! ¡Siempre digo que no hay que celebrar los cumpleaños!

- *¡Habré visto a la banda cerca de 20 veces a lo largo de los años, y creo que nunca habíais sonado tan bien! ¡Era tal la perfección que era como estar escuchando el álbum!*

- Es bueno saberlo. ¡Entonces ha valido la pena invertir en el equipo de sonido! (risas)

- *¿Qué opinas de cómo está tocando la banda? ¿Te ha sorprendido?*

- Pues sí, lo ha hecho. ¡Me quedé impactado cuando vi que habían hecho el álbum! (risas) No, en serio, me ha sorprendido cómo sonaba todo el mundo y que lo hiciéramos en tan poco tiempo. Además, fue una buena experiencia volver a trabajar con Mike Fraser. También fue fantástico trabajar con Brendan O'Brien, que tiene experiencia como músico. Trabajar con alguien como él es fantástico, porque sabe exactamente lo que necesitas. Sabe de lo que hablas. Es muy, pero que muy listo.

- *No tardasteis mucho tiempo en grabar el nuevo álbum. ¿Cuánto tiempo estuvisteis realmente en Vancouver?*

- Unas seis semanas. Pero antes tienes que hacer los deberes. Tenerlo todo listo antes de ponerte a ello. Luego, cuando te pones a ello, es cuestión de conseguir que suene correctamente. Y tiene que ver más con capturar el momento.

- *¿Si tuvieras que decir de qué te sientes más orgulloso con respecto a AC/DC, qué sería?*

- Creo que es simplemente el hecho de que la banda continúe. Es sobrevivir tanto tiempo. Y poder tocar lo que siempre hemos tocado. Desde el momento en

Concierto de AC/DC el 14 de mayo de 2015 en Zeltweg (Austria).

que me uní a la banda, Malcolm me pidió que fuera el segundo guitarra. Yo le pregunté qué íbamos a tocar, y me dijo, «Está claro. ¡Solo vamos a tocar rock 'n' roll!»

 - *Algunos describen a AC/DC como una banda de heavy metal, pero a mí me encanta*
que digáis siempre que sois una banda de rock 'n' roll.

 - ¡Eso es lo que somos (una banda de rock 'n' roll) y eso es lo que mejor sabemos hacer!

AC/DC había estado fuera del foco mediático desde su gira de Stiff Upper
Lip, que había finalizado en 2001, y estaba claro que en la gira de Black Ice los
fans no iban a obtener todo lo que querían de la banda. Durante los 19 meses
siguientes, AC/DC seguiría haciendo lo que mejor se le daba.

'Pyro' Pete explicó el concepto del tren atronador: «Trabajé codo con codo
con el escenógrafo de la gira de Black Ice. La idea era que la noche del estreno
el tren pareciera amenazante y peligroso. Así que usamos con todas esas llamas
y ese humo y esas chispas y esos fuegos artificiales que salían disparados de él,

para que se pareciera al tren del vídeo inicial. Y la descomunal traca final llegaba cuando el tren estallaba en el escenario.»

«Luego quisimos que hubiera llamas y humo durante todo el concierto, así que usamos los fuegos artificiales y las llamas para hacer que el tren (pareciera) una criatura viva humeante y llameante del decorado.»

Darren Goulden, un viejo amigo y fan, recuerda que estaba allí al principio de la gira de Black Ice: «Estuve en la grabación del vídeo de "Rock 'n' roll Train" y llegué unas horas antes de que aparecieran los autobuses con los fans. Tuve tiempo de charlar con la banda y le pregunté a Mal si tenía ganas de pasar todo el año en la carretera. Mal dijo, "Vamos a estar dos años…" y una gran sonrisa le iluminó la cara cuando añadió… "¡Y tenemos avión propio!"».

«Mal me invitó a la sesión de fotos para el álbum, que estaba prevista para el día siguiente. Hubo muchos tiempos de espera, y mientras charlaba con Mal, éste llamó al manager de la banda, Alvin Handwerker, y le dijo: "¡Háblale de la gira!". Alvin se mostró reacio a darme información, pero Mal insistió y me hizo el mayor cumplido que me han hecho en la vida al decirle a Alvin, "¡Vamos, puedes fiarte de él!" Alvin me contó que pensaban hacer los ensayos generales en Wilkes-Barre el 26 de octubre, y que pocos días después empezarían la gira.

«Por desgracia, tenía previsto un viaje al extranjero para celebrar el cumpleaños de mi pareja, así que me perdí el comienzo de la gira, y el primer concierto al que pude asistir fue el de Chicago. A mi llegada al aeropuerto de Chicago tuve algunos problemas con los de inmigración y apenas cinco horas después de llegar a EE.UU. estaba volando de vuelta a casa. Más tarde recibí un mensaje de Brian preguntándome dónde estaba, y le conté lo de mis problemas con los de inmigración. Unas semanas más tarde, recibí por correo una caja bastante grande. Dentro había una nota que decía: "Siento que te perdieras los conciertos", y junto a ella un artículo de cada de todo el *merchandising* de la gira.»

Tras completar la primera etapa de la gira de Black Ice por América –que había incluido 28 fechas por Estados Unidos y Canadá, con conciertos consecutivos en Chicago, el Madison Square Garden de Nueva York, Oakland, California y Los Ángeles– la banda hizo un breve parón para tomarse unas vacaciones.

AC/DC empezó la gira europea el 18 de febrero de 2009 en Oslo, Noruega. Ofreció 29 conciertos y puso el broche final el 23 de abril en el LG Arena de Birmingham, Inglaterra. Darren Goulden recuerda que coincidió con ellos en Europa en febrero: «Fui al inicio de la gira europea y tras el concierto de Estocolmo la banda se estuvo burlando de mí por haber sido expulsado de los Estados Unidos».

En verano de 2009, AC/DC actuó en 21 festivales al aire libre. Empezó el 13 de mayo en Alemania para seguir luego en Francia, Austria, España, Portugal, Grecia, Finlandia, Dinamarca, Suecia, Noruega, Inglaterra, Irlanda y Holanda. El 26 de mayo debutó en Belgrado, Serbia, y la gira terminó en Glasgow, Escocia, el 30 de junio.

Cuando la banda regresó a EE.UU. para iniciar la segunda etapa de la gira por Norteamérica, tuve la suerte de conseguir entradas para el concierto que daban el 14 de agosto en el United Center de Chicago. ¡Esta vez tenía además pases para el *backstage*, para mí y para mi hermana Lori, que estaba emocionadísima! Llevaban casi un año de gira, y esa noche su actuación fue más impecable que nunca. El público estuvo completamente entregado desde que pusieron un pie en el escenario hasta que se marcharon. Los fans fieles a AC/DC saben que seguirles el ritmo como público es todo un reto.

Tras el concierto, en el *backstage* había un montón de familiares y amigos de la banda, y la atmósfera era de absoluta felicidad; hice fotos y mi hermana consiguió sus autógrafos. Como la mujer de Brian Johnson, Brenda, es de Chicago, en esa ciudad muchas veces el *backstage* había estado reservado solo a familiares, así que nos sentimos muy afortunadas de poder estar allí. Conseguimos que nos hicieran fotos con todos los miembros de la banda, incluido Phil Rudd –¡lo que era todo un lujo, ya que no me había hecho una foto con él desde 1978! El hecho de que Phil volviera a estar en la banda hizo que la parte rítmica letal fuera perfecta (sin ofender al resto de baterías).

Ross, el hijo de Malcolm, tuvo el detalle de hacer fotos para nosotras, y luego, cuando papá y el tío Angus nos invitaron a un camerino aparte, nos acompañó. No podría haber estado más amable. Fue un verdadero placer estar con él.

Tanto Angus como Malcolm se alegraron de verme, aunque me di cuenta de que Malcolm no estaba tan parlanchín como de costumbre, lo que atribuí a que estaba exhausto. Mi hermana consiguió muchísimos autógrafos. Después de que le firmaran varios, le dije: «¿Has firmado también mi hipoteca y un préstamo para un coche nuevo?» Lo que hizo que ambos se partieran de risa. Estuve en otros dos conciertos de la gira, pero esa fue la última vez que hablé con Malcolm.

El 10 de noviembre, la banda publicó *Backtracks*, una edición especial para coleccionistas que venía dentro de un amplificador de guitarra que funcionaba y que contenía 2 CD y un DVD con la música de los últimos 35 años. La edición incluía 12 rarezas de estudio y 15 actuaciones en vivo poco conocidas, el anteriormente inédito «Guns For Hire» y vídeos alternativos de cuatro canciones, junto con un libro de tapa dura con fotos de la primera época de la banda de 164 páginas.

La gira de AC/DC terminó en Sudamérica. El 27 de noviembre de 2009 tocaron en Sao Paulo, Brasil, tras haber cancelado dos conciertos en Chile y Perú debido a problemas de logística. Las noches siguientes –el 2, 4 y 6 de diciembre– la banda dio tres conciertos memorables en el estadio del River Plate de Buenos Aires, en Argentina. Grabaron a la banda actuando delante de más de 200.000 personas, y como puedes ver en las imágenes, estaban en su apogeo. La película del concierto *Live At River Plate* captó perfectamente tanto la pasión del público como el poder absoluto de la música. A esas alturas, AC/DC lo había visto todo, lo había tocado todo y lo había hecho todo.

Como Brian Johnson contó en *Rolling Stone*: «Nos veréis darlo todo en Argentina. Aunque estés cansado o lo que sea, al pisar el escenario estás ahí y todo cambia. Si al abandonar el escenario no estás sudando, es que algo no va bien. La peor parte es cuando Angus tiene que hacer algo y yo estoy ahí esperando todo sudado y el aire frío me golpea y me pongo en plan (se estremece). Pero esos fans ya no volverán a verte hasta la próxima vez. Tienes que ser genial».

Angus se limitó a añadir: «Los fans quieren ver que todavía eres capaz de hacerlo. No quieren tener que decir, "esos tipos solían ser buenos"». Dudo que nadie que los viera en la gira de Black Ice pueda decir eso, aunque dicho comentario nos permite ver que Angus tenía una visión sumamente modesta.

Darren Goulden, que estuvo con ellos al final de la gira, recuerda: «Estuve en España y al día siguiente del concierto de Sevilla, Brian me invitó al hotel donde estaba la banda en Madrid. Estábamos bebiendo sangría y Cliff y su hija (Erin Lucas) se unieron a nosotros. Al cabo de unas horas, apareció el resto de la banda. Fue la última vez que pude hablar con Malcolm y me quedó claro que no se encontraba demasiado bien. La tarde siguiente vi el concierto de Bilbao y Malcolm me dejó totalmente flipado. El tío es lo más parecido a una leyenda que conozco y siempre será mi mayor héroe».

Eso explica porque Malcolm estaba tan callado la noche que le vi en el United Center de Chicago, en agosto de 2009. A juzgar por la actuación de esa noche, parecía que la banda estaba en la cima del mundo y no mostraba signos de que fuera a parar. Que consiguiera terminar la gira de Black Ice es una muestra de la increíble fortaleza y perseverancia de Malcolm, que se mantuvo firme en todos los conciertos.

La sincronicidad con la que tocaban Angus y Malcolm es uno de los grandes triunfos del rock. Estuviera en la parte que estuviera del escenario, Angus siempre tenía un ojo puesto en Malcolm, que era quien dirigía el espectáculo. El trato afable y el pelo en la cara, la forma de tocar la guitarra con su sólido ritmo de rock y el comportamiento tranquilo parecían desmentir que Malcolm fuera una auténtica leyenda del rock 'n' roll, pero casualmente había escrito algunos de los mejores riffs de la historia del rock. Nadie lo ha hecho jamás mejor que él.

El 28 de enero de 2010, AC/DC retomó su gira en Wellington, Nueva Zelanda, con 14 actuaciones programadas. La etapa australiana incluía conciertos en Sidney, Auckland, Melbourne, Brisbane y Adelaida. La gira finalizaba en Perth, la ciudad natal de Bon, donde iban a actuar dos noches, el 6 y el 8 de marzo. Al concierto iba a asistir su madre, Isa, que siempre había estado orgullosa del legado de Bon, y que falleció el 30 de agosto de 2011 a los 94 años de edad.

Tras cuatro conciertos en Japón, concretamente en Tokio y Osaka, el 12 y el 16 de marzo, AC/DC regresó a EE.UU. para dar cinco conciertos en Las Vegas, Kansas City, Louisville (Kentucky), Milwaukee (Wisconsin) y Des Moines (Iowa).

Cuando Black Ice se anunció por primera vez, nunca creí que fueran a hacer una gira tan larga y que los vería por tercera vez en Milwaukee el 15 de abril de 2010. Esa noche tenían que irse en seguida al aeropuerto porque volaban a Europa, pero pude charlar con Ross, el hijo de Malcolm, junto a la caja de resonancia. Fue muy amable y me dio recuerdos de parte de su madre. (Me dijo que a su madre le encantaba este libro y que se lo había leído varias veces, lo que es todo un cumplido.)

La banda volvió a tocar en el Bradley Center de Milwaukee y el 16 de abril de 2010 Eric Ernst escribió una crítica del concierto para JS Online: «Decir que el exitoso concierto de la banda australiana fue un espectáculo desmesurado se queda corto. No obstante, detrás de toda esa chulería, pirotecnia y atrezo había un grupo que todavía es capaz de ofrecer un concierto de rock 'n' roll atemporal… Angus Young, el principal guitarrista, engalanado con su característico uniforme escolar, apareció en el escenario con los acordes iniciales de "Rock 'n' roll Train", y no dejó de moverse hasta las últimas notas tras dos horas de concierto».

A lo largo del concierto, el público aparecía de vez en cuando en la pantalla gigante y conseguí salir en esa gran pantalla mientras cantaban «You Shock Me». Podéis encontrarlo en YouTube e hizo realidad un sueño que llevaba mucho tiempo deseando: ¡tener una imagen mía rocanroleando con mi banda favorita para la posteridad! Tras disfrutar de un asalto de dos horas sin parar con todos sus grandes éxitos mezclados con temas del nuevo álbum, hice llegar mis felicitaciones a la banda a través de Ross. Ellos estaban saliendo apresuradamente por detrás para coger su vuelo en O'Hare a tiempo, pero acabaron atrapados en el aeropuerto a causa de un volcán de Islandia. Los aviones no podían despegar hasta que la ceniza desapareciera del cielo. Solo eso puede detener a AC/DC, un volcán. Nada más funcionaría.

La banda se instaló en Viena y desde allí volaban en un avión privado a las distintas ciudades europeas. El primer concierto fue el 14 de mayo en Bulgaria y le siguieron otros 20 conciertos en Francia, España, Polonia, Rumanía, Austria, Alemania, Noruega, Finlandia, Suecia, Dinamarca e Italia. En Italia, AC/DC decidió actuar solo en Udine, pasando de Roma y las otras ciudades principales, que, debido a sus conjuntos históricos, tenían unas restricciones de sonido muy estrictas. Los promotores de Udine se quedaron atónitos cuando se agotaron las 47.000 entradas, que acabaron en manos de fans extasiados.

Gracias a un asombroso giro de los acontecimientos, el 19 de mayo de 2010, el día que Phil Rudd cumplía 56 años, yo estaba en Udine para ver a AC/DC. Varios meses antes, un fan llamado Mario Rimati se había acercado a mí y me había dicho que creía que debería ir a un acto que habían organizado el día antes de que tocara la banda para firmar ejemplares de la edición de 2006 de este libro. Una idea dio paso a otra y con la ayuda del promotor, el gobernador del norte de Italia, en nombre de la Oficina de Turismo, acabó pagándome el vuelo a Udine, lo organizó todo para que pudiera firmar, me hizo un tour por la localidad y me consiguió entradas para el concierto de AC/DC. Llevaba años viendo en vídeo ese festival europeo, pero jamás pensé que podría verlo en persona.

Menos mal que tenía el pasaporte en regla, porque apenas un mes después de haberlos visto en Milwaukee, estaba viéndoles actuar en Udine y pude ser testigo de lo mucho que amaban en otros países a AC/DC. En Europa no tienen las mismas restricciones en cuanto a lo que puedes llevar a un concierto que en EE.UU., así que cuando cantaron «Shot Down in Flames», ¡parte del público se las arregló para hacer una fogata en medio de la multitud!

A lo largo de los años he visto muchos conciertos de AC/DC, pero esa noche tenía que ser la mejor. La multitud estaba enloquecida, y tras casi 19 meses de gira, la banda se había convertido en el tren del rock 'n' roll y rugía entre la multitud con soltura. No se puede estar más cerca del AC/DC celestial que en ese momento, con la banda electrizando a 47.000 personas bajo las estrellas a los pies de las Dolomitas.

La noche antes, había oído decir a una de las hijas de Phil que pensaba que deberían dejarme ir al *backstage* para desearle a su padre un feliz cumpleaños –aunque yo no tenía la más mínima intención de quejarme. La banda y su piadoso *tour manager* siempre me habían tratado muy bien y estaba encantada de estar allí. Pedí que le felicitaran de mi parte y le dije a su hija que por favor le hiciera saber que estaba fuera brindando por ellos.

Habían pasado casi dos años desde que los viera actuar su cuarta noche en Chicago durante la gira de Black Ice y allí estaban, a todo gas sobre el escenario, sin dar muestras de fatiga. Mientras tocaban «Hells Bells», Brian recorrió corriendo toda la pasarela, agarró la cuerda que hacía sonar la campana y empezó a moverla adelante y atrás mientras la multitud enloquecía. Entonces la cámara mostró a Phil Rudd y me sorprendió gratamente ver que llevaba puesta una camiseta de Harley Davidson. Las Harley se fabrican en Milwaukee, Wisconsin, y fue su forma de saludar. Siempre será uno de mis recuerdos preferidos. ¡Gracias, Phil!

AC/DC hizo otros 18 conciertos. El 30 de mayo tuvieron que acortar su actuación en Oslo, Noruega, a causa de un problema con su avión. Oficialmente concluyeron la gira de Black Ice el 28 de junio en Bilbao, España.

En julio de 2010 se confirmó que la gira de Black Ice había sido la segunda gira musical que más había recaudado de la historia. AC/DC hizo 168 conciertos delante de casi 4,9 millones de personas y recaudó unos 441,1 millones de dólares. Cuando pienso en la de veces que Malcolm había dicho que todo lo que quería en la vida era ser «asquerosamente rico»… Está claro que lo consiguió, incluso más de lo que nunca imaginó.

En 2010, Angus y Malcolm fueron galardonados con el premio al Mejor Compositor del Año por la Asociación Australiana por los Derechos Musicales (APRA), evento que tuvo lugar en el Sydney Convention Center el 21 de junio.

Además, su single «Rock 'n' roll Train» fue distinguido como el single australiano más reproducido en el extranjero. En la 51ª edición de los Premios Grammy, «Rock 'n' roll Train» fue nominado a la mejor interpretación de rock de un dúo o grupo con vocalista y el álbum fue nominado al mejor álbum de rock. Por primera vez en toda su carrera, AC/DC ganó un Grammy a la mejor interpretación de hard rock por «Hard Machine».

La banda había vuelto más fuerte que nunca, haciendo rugir a las multitudes y acumulando buenas críticas. Se comentaba que había material de sobra para un nuevo álbum y de que los fans seguirían allí cuando la banda estuviera dispuesta. Pero lo que nadie sabía aparte de los miembros de la banda y sus familias era algo que estaba a punto de cambiar los cimientos de AC/DC para siempre.

22. Hell or High Water

Durante los tres años siguientes, AC/DC se tomó un merecido descanso de las giras y se dedicó a lanzar una serie de material que era un verdadero tesoro. En mayo de 2011 HarpersCollins publicó la autobiografía de Brian Johnson, *Rockets and Rollers: a Full Throttle Memoir*. Es una recopilación de anécdotas personales que habla de la pasión de Brian por los coches, los coches de carreras y cualquier cosa sobre ruedas. Algunas de las historias son para morirse de la risa y muestran su afilado sentido del humor.

Brian, que era un ávido coleccionista de coches y al que le encantaba pilotar coches de carrera, cuenta de un modo desternillante que en una ocasión, de camino a un concierto, Cliff se compró un coche. Pero el coche se averiaba continuamente y al final tuvo que coger un taxi y pagar una carrera de más de 150 km para llegar a tiempo. En otra de las historias explica que en una ocasión casi convence a Malcolm para que se comprara un Bentley y renunciara a su viejo Nissan. Pero Malcolm, siempre práctico, decidió esperar hasta que acabara la gira de Black Ice para ponerse a ver coches.

El sentido del humor de Brian estaba presente en todo lo que hacía. En eso se parecía a Bon, y de hecho influyó mucho en el hecho de que le contrataran. Malcolm reconoció que Brian había sido el primero que les había hecho reír en una prueba desde la muerte de Bon. Como ya he comentado, creo que Brian estaba predestinado a ocupar el sitio de Bon y su longevidad con la banda así lo demuestra.

Let There Be Rock, la película sobre el concierto que AC/DC dio en el Pavillon de París en 1979, se reeditó en junio de 2011. Para mí la película, que recoge interpretaciones magistrales de «Let There Be Rock», «Whole Lotta Rosie» y «Highway To Hell», resulta un tanto agridulce, porque esa es justo la pinta que tenían cuando los veía varias veces al año. También fue una de las últimas actuaciones de Bon con la banda.

Un año antes, en febrero de 2010, la Warner Brothers me había enviado a Nueva York para hacer una entrevista. El productor de la película me contó que para la reedición habían usado este libro (la edición de 2006) a modo de guía. De hecho, incluye una sección entera llamada «Monster Of Rock», expresión que viene de una frase que Angus me dijo en la gira de Razors Edge. En diciembre de 1990, tras el concierto de Madison, en Wisconsin, le dije a Angus que era el dios del Rock. Él se rio y dijo, «¡No, soy el Monstruo del Rock!» Tres décadas después, Angus sigue siendo el Monstruo del Rock.

La reedición de junio de 2011 incluye entrevistas a Lemmy de Motörhead, Matt Sorum de Guns N' Roses, Scott Ian de Anthrax, Billy Corgan de The Smashing Pumpkins, Rick Allen de Def Leppard, Eddie Trunk, The Donnas y una servidora. Fue todo un honor que me incluyeran. Ver tu nombre junto al de Lemmy en los títulos de crédito es un puntazo.

En agosto, la banda aunó fuerzas con Warburn Estate, una bodega australiana, para lanzar un Shiraz «Back in Black», un Sauvignon Blanc «Hells Bells», un Cabernet Sauvignon «Highway To Hell» y un Moscato «You Shook Me», los vinos de AC/DC, perfectos para tomarlos mientras juegas a la nueva edición limitada especial de AC/DC del Monopoly. La primavera siguiente, anunciarían una Lager Premium de AC/DC, que llenó las estanterías de Alemania. Angus aseguró a sus fans: «Esperamos ofrecer a los amantes de la cerveza las mismas garantías que a nuestros fieles seguidores. Ellos saben lo que pueden esperar de nosotros. ¡Nunca les defraudamos!»

Justo a tiempo para la Navidad, la banda publicó su primera grabación en directo en 20 años. El DVD Live At River Plate, que fue grabado con 32 cámaras, salió en noviembre de 2011; su regreso triunfal a Argentina animó al periódico *Página 12* a declarar: «Nadie está a su nivel cuando se trata de hacer rock 'n' roll puro y duro». Demostrando que AC/DC estaba en lo más alto del negocio, el DVD incluía otro extra, «The Fan, The Roadie, The GuitarTech & The Meat», con entrevistas a la banda, al equipo y a los fans de Buenos Aires. El pack de dos CDs venía con un librito de 24 páginas y sacaron también una versión con tres discos de vinilo rojos.

Record Collector declaró: «Con los parámetros de producción propios de una película de acción de Hollywood de presupuesto medio, y con una factura eléctrica propia de un país insular modesto, AC/DC es perfectamente consciente de la grandilocuencia de lo que hace, y se siente más que cómodo con ello. Quizás hace ya algunos álbumes desde la última vez que grabaron algo que pueda considerarse una aportación al rock duro, pero como artistas polifacéticos de tres acordes, siguen siendo los mejores del planeta».

Coincidiendo con la aparición de *River Plate*, AC/DC –una de las últimas bandas que seguían sin vender sus canciones en iTunes– cambió de opinión y pasó a distribuir su catálogo completo, ofreciendo tanto álbumes como temas sueltos o en packs. Ello llevó a un periodista a decir que el infierno se había congelado. Hacía menos de un año, Angus había declarado en *The Guardian*: «Sé que los Beatles han cambiado, pero nosotros vamos a seguir así», dijo. «Para nosotros es la mejor manera. Somos una banda que empezó publicando álbumes y siempre ha sido así. Siempre fuimos una banda de la que, si oías algo en la radio, bueno, eran solo tres minutos. Normalmente los mejores temas estaban en los álbumes.»

Sus recelos se esfumaron a los pocos días de que su música estuviera disponible en iTunes, ya que empezaron a vender casi 100.000 singles al día. Según *Billboard*, la primera semana vendieron 696.000 singles y 49.000 álbumes. AC/DC siempre había sido fiel a su idea de cómo debía hacerse y consumirse la música, pero me apuesto lo que sea a que no se arrepienten de su decisión de incorporarse a la era digital.

Mientras la banda estaba en la cresta de la ola tras la gira de Black Ice, Matt Waller, agente de viajes de Neptune Bay, en el sur de Australia, descubrió que a los tiburones blancos les gustaba la música de AC/DC, sobre todo «You Shook Me» y «Back In Black». Según parece el ritmo primitivo de su música alteraba el comportamiento de los tiburones, hasta el punto que estas criaturas monstruosas se acercaban a la jaula de inmersión y frotaban su hocico contra la fuente de donde salía la música. ¡Deberías pensártelo dos veces antes de poner según qué canciones mientras navegas por el océano!

Visto desde fuera, AC/DC no podía haber tenido más éxito. El álbum y la gira de Black Ice habían batido récords en todo el mundo, y a los fans que estaban entre el público les parecía que todo iba bien. Pero como 'Pyro' Pete recuerda: «Malcolm ya había tenido problemas en el pasado. (Su sobrino) Stevie Young le había sustituido una o dos veces cuando había tenido que tomarse un descanso. Pero (en ese momento) nunca nos contó cuál era exactamente su estado de salud.»

Brian había hablado de reunirse para trabajar en un nuevo álbum, pero los más cercanos a la banda sabían por lo que estaba pasando Malcolm. Más adelante, Angus contaría que durante la gira de Black Ice, Malcolm, que siempre era de los más organizados, había empezado a confundirse o a olvidarse de las cosas, incluso de cómo se tocaban sus propias canciones. Había veces que Angus incluso tenía que repasar las partes de guitarra con Malcolm justo antes de salir al escenario.

Como Darren Goulden explica: «Yo creía que la gira de Black Ice era todo un éxito, sobre todo porque Malcolm, a pesar de estar enfermo, seguía subiendo al escenario noche tras noche, a pesar de que tenía que aprender de nuevo partes de la guitarra que no solo había escrito él mismo, si no que llevaba décadas tocando. El público no tenía ni idea de lo que estaba pasando y el hecho de que la gira se prolongara durante 20 meses y de que Mal estuviera allí hasta el final demuestra la tenacidad de AC/DC y, sobre todo, del propio Mal».

El 16 de abril de 2014, *Billboard* anunció que Malcolm Young se iba a «tomar un descanso» de la banda para tratar una enfermedad que, según había dicho Brian Johnson una semana antes, le estaba «debilitando». La banda declaró: «A Malcolm le gustaría agradecer a las legiones de fans de todo el mundo su amor y su apoyo incondicional. A la luz de los acontecimientos, AC/DC pide que durante este tiempo se respete la privacidad de Malcolm y su familia». El comunicado decía asimismo que la banda seguiría haciendo música.

En una entrevista con el *Daily Telegraph* del Reino Unido, Brian Johnson confirmó que la banda seguía pensando en volver al estudio. «Vamos a coger unas guitarras, puntearemos un poco y veremos si a alguien se le ha ocurrido alguna melodía o idea», dijo. «Si surge algo, lo grabaremos.» Sin mencionar el nombre de Malcolm, en esa misma entrevista comentó que uno de los miembros de la banda no se encontraba bien. «Uno de los chicos tiene una enfermedad que lo debilita, pero no me apetece demasiado hablar de ello. Es muy orgulloso y muy celoso de su intimidad, un buen tipo. Somos amigos desde hace 35 años y le admiro enormemente.»

Al poco tiempo se supo que Malcolm había sido tratado de un cáncer de pulmón pero que además había sufrido un infarto y llevaba un marcapasos. También le habían diagnosticado demencia. Darren Goulden recuerda: «Yo ya conocía los problemas de salud de Mal, incluso lo de la demencia, el cáncer de pulmón y el marcapasos, así que no me sorprendió cuando anunciaron que se retiraba. Lo que me sorprendió fue que la banda siguiera sin él. Sabía que ya habían tocado antes sin Mal, pero esta vez era diferente porque quedaba claro que Mal no iba a regresar.»

Para disgusto de sus fans, estaba claro que Malcolm no iba a regresar, por muy duro que fuera hacerse a la idea entonces. Malcolm y Angus formaban una máquina bien engrasada que nunca se detenía, y que Malcolm pudiera no volver a tocar nunca más era algo inconcebible.

El ingeniero Mike Fraser lo expresaba así: «Está de pie, junto a la batería, pero desde allí lidera la banda, todos están pendientes de sus gestos, basta con que asienta con la cabeza o haga una rápida señal con la mano. Incluso Angus, que no para de moverse por el escenario, está pendiente de él».

En septiembre de 2014, Michael Ahann escribió para *The Guardian*: «Con la marcha de su cofundador Malcolm Young, AC/DC no ha perdido solo un guitarrista rítmico, sino también a uno de los grandes forjadores del sonido del rock… Malcolm Young comprendió que un buen riff no necesita 427 componentes para ser fantástico, que lo que precisa para ser bueno es claridad. Eso significaba que había que simplificarlos, en vez de ampliarlos, y que había que comprender el volumen… Malcolm tocaba con los amplificadores a poca potencia, pero súper cerca del micrófono. Por eso en los grandes álbumes de AC/DC no solo puedes oír los acordes de los riffs, sino que puedes captar su textura, su sonido bruñido y redondo».

Ha habido otras bandas formadas por hermanos, pero la conexión entre Angus y Malcolm era realmente extraordinaria. Aunque el foco de atención recayera sobre Angus, Malcolm siempre fue el jefe, el capataz, el maestro y el corazón de AC/DC. Se hacía lo que él decía. La recuperación de la banda tras la muerte de Bon Scott en 1980 fue todo un milagro, pero ahora, con todo el mundo pendiente, sin su hermano a su lado, el diablillo vestido con el uniforme escolar, decidió dar un paso adelante y seguir haciendo rock. Tal y como su hermano mayor Malcolm le había enseñado a hacer.

23. Rock or Bust

En primavera de 2014, Angus, su sobrino Stevie y Cliff volaron a The Warehouse, en Vancouver, para empezar a trabajar en los temas de su próximo álbum. El plan era empezar a grabar, lo que les llevaría de mayo a julio. Pero por si el anuncio de la retirada de Malcolm no hubiera sido ya suficientemente duro, Phil Rudd, el batería, también empezó a tener problemas.

En octubre de 2010, Phil había sido acusado por posesión de cannabis mientras estaba a bordo de su barco, aunque finalmente dichos cargos fueron desestimados y eliminados de su expediente en abril de 2011. Sin embargo, en marzo de 2014 fue acusado de mentir al solicitar un permiso para pilotar aviones en Nueva Zelanda y no mencionar que en 2010 había sido arrestado. Dicho cargo también fue retirado por falta de pruebas. A pesar de sus problemas legales, Phil grabó un álbum en solitario. *Head Job*, que se publicó el 29 de agosto.

El 5 de septiembre de 2014, Jakam Kourasanis escribió para *Medium*, «*Head Job* es un álbum de rock 'n' roll desafiante, que reúne distintos estilos de rock en sus canciones. Solo tocan tres músicos, pero nadie lo diría, porque el sonido del álbum es fantástico… El único single del álbum, "Repo Man", fue increíblemente ben recibido por los fans. Consiguió que estuvieran pendientes de la aparición del álbum. No es un álbum con el sonido de AC/DC, pero tiene sus momentos AC/DC».

El 6 de noviembre de 2014, Rudd fue acusado de cargos múltiples: intento de asesinato; posesión de cannabis y metanfetaminas; y amenaza de muerte a un agente de policía que había registrado su casa de Matua, en Nueva Zelanda.

Más adelante, Angus Young le contaría a Howard Stern en su programa de radio matinal Sirius XM que cuando apareció en las noticias: «me caí de la cama, literalmente. Mi mujer me despertó y dijeron "Phil no andaba metido en nada bueno"». Y añadió: «Alguien dijo, "¿A quién intentaba golpear?" Era su camello».

Brian le explicó a Stern: «Yo me estaba preparando para regresar a los Estados Unidos y tenía una taza de café en la mano, dije: "Mierda, voy a ver las noticias". Vi que estaban ayudando a salir del coche a un tipo, iba descalzo, y tenía aspecto de haber sido arrastrado por un jodido seto marcha atrás.» Cuando les preguntaron si Phil Rudd seguía siendo miembro de AC/DC, Angus contestó, «Tenemos que darle una vuelta». Brian añadió, «Vamos a salir de gira. Nada nos va a detener.»

El 7 de agosto de 2014 se supo que en 2009-2010, unos hackers habían conseguido entrar en el sistema informático del programa nuclear iraní y habían hecho que sonara en plena noche y a todo volumen el tema de AC/DC «Thunderstruck». Posteriormente, el presidente Obama se pronunció en contra del uso de armas cibernéticas en otros países, aunque se abstuvo de comentar nada sobre el poder de convocatoria de AC/DC.

Mientras Angus estaba en Vancouver, contactó conmigo un buen amigo que se dedicaba a estudiar la música de AC/DC, Filippo Olivieri. Olivieri, que había nacido en Dallas pero se había criado en Roma, era el fundador de SoloDallas y llevaba años intentando descubrir que usaba Angus en su estudio. En una entrevista de 1984 le llamó la atención un comentario que había hecho Angus, «Solo uso un (sistema de diversidad) Schaffer-Vega». Más adelante detalló en *Guitar World* que lo había estado usando desde 1977.

La primera vez que vi a la banda, en agosto de 1977, un roadie tenía que seguir a Angus a todas partes para evitar que el cable de su guitarra acabara atascándose en algo o en alguien. Cuando vi a la banda unos meses más tarde, en diciembre de ese mismo año, en el Electric Ballroom de Milwaukee, estaba probando un nuevo sistema inalámbrico que había inventado Ken Schaffer. Era lo último en tecnología y gracias a él Angus podía moverse libremente entre la multitud sin un cable enchufado a la guitarra. Este invento no solo fue revolucionario, sino que se convirtió en algo imprescindible para los músicos de todo el mundo.

Finalmente, Fil contactó con Ken Schaffer y le suplicó que le mandara un aparato original. Impresionado por los 30 años de dedicación y perseverancia de Fil, Ken cogió los dos últimos aparatos de «recuerdo» que tenía en el fondo del armario y los mandó a un «hogar mejor», el de Fil en Roma. Fil sigue con sus explicaciones, «Ken fue quien lo hizo posible. La idea cobró fuerza cuando alguien a quien considero una amiga, Susan Masino, una conocida periodista musical y amiga de la banda desde hace muchos años, me pidió que escribiera una pequeña colaboración para su libro, AC/DC FAQ, que se publicó en primavera de 2015».

Franz Banane, director del proyecto Schaffer Replica, me envió otro gold tag para reemplazar el GT 001. También recibí una bonita funda de viaje Anvil, así que guardé dentro todas las piezas. Una de las razones por las que AC/DC trabaja en este estudio (The Warehouse de Vancouver) es por su famosa consola Neve, que siempre les ha encantado y que vienen usando desde que grababan en el Albert Studios.

«Angus me había contado que había sido Malcolm quien se había encariñado con Ken cuando éste había llevado unos cuantos aparatos de su nuevo sistema de diversidad Schaffer-Vega a una prueba de sonido que hicimos una tarde en el Palladium de la ciudad de Nueva York. Fueron Malcolm y Ken los que hablaron de las propiedades y el potencial del Schaffer-Vega, no Angus. Angus estaba en el camerino concediendo una entrevista tras otra. Angus me contó asimismo que a menudo era Malcolm el que "ajustaba el sonido" para él. Porque él "la mayoría de las veces se pasaba". También fue Malcolm el que le explicó a Angus que con el sistema de diversidad Schaffer-Vega podría potenciar los amplificadores.

«Eso fue cuando le di a Angus su Schaffer Replica Gold Tag Edition S/N 001. Angus lo cogió, lo acarició, sonrió y comentó lo mucho que se parecía a su SVDS original. La Sra. Ellen dijo: "Ya sabes, Filippo, Angus había oído hablar de él y había preguntado por ahí dónde podía conseguir uno, así que nadie puede tocarlo"».

«*Eso* era mágico».

Cuando visitó a solas a Angus y Ellen, le quedó claro que el estrés provocado por la enfermedad de Malcolm les había pasado factura. Ellen le confesó a Filippo que le preocupaba la salud de Angus, ya que la mitad de sus hermanos habían muerto y varios estaban luchando contra alguna enfermedad. Por aquel entonces, no le habían contado a nadie por lo que estaba pasando realmente Malcolm y, como siempre, Angus seguía adelante.

Angus había hecho todo lo posible por dejar de fumar, pero Ellen le contó a su invitado la anécdota de una vez que Angus desapareció en un avión. Estaban de gira y viajaban en su jet privado cuando de repente Angus desapareció. Todo el mundo estaba fumando, y era una de esas veces en las que se suponía que lo había dejado del todo. Ellen estaba aterrada, ya que no conseguían encontrarle. Se dirigió hacia el baño, pero él no abría la puerta. Tenía miedo de que hubiera sufrido un infarto, así que con ayuda del resto, forzó la puerta. Cuando consiguió abrirla, salió de dentro una enorme nube de humo.

«Cuando Ellen se fue a la cocina, tras preparar la cena para todos, dije, "AC/DC es mi religión,"» explica Filippo. «Angus me miró y exclamó, "Podrían encerrarte por eso, amigo." Y yo le respondí, "No Angus, hoy en día ya no." Y sonreímos.»

Angus usaría su nuevo y codiciado Schaffer Replica en su nuevo álbum. Brian Johnson, Cliff Williams y Stevie Young se reunieron con Angus en el estudio, y finalmente Phil Rudd consiguió llegar a Vancouver para encargarse de las pistas de batería. Justo después de que terminaran de grabar, la Universidad Northumbria de Newcastle concedió a Brian el título de doctor honorífico en música, justamente el 9 de julio, que era la fecha del aniversario de Bon Scott. Ahora podéis llamarlo Doctor Johnson, profesor de música.

El nuevo álbum, *Rock Or Bust*, se publicó en Australia el 28 de noviembre de 2014 y en el resto del mundo el 2 de diciembre. Fue producido por Brendan O'Brien e incluía los temas «Rock Or Bust», «Play Ball», «Rock The Blues Away», «Miss Adveture»»Dogs Of War», «Got Some Rock 'n' roll Thunder», «Hard Times», «Baptism By Fire», «Rock The House», «Sweet Candy» y «Emission Control». Tras su lanzamiento, el álbum se situó en el Número Uno en 12 países.

El primer single, «Play Ball», apareció en una campaña televisiva promocional de los playoffs de la Major League de Béisbol. En la portada del nuevo álbum aparecía el logo de AC/DC esculpido en piedra delante de un altavoz negro, con el título en letras doradas. El logo era un diseño especial en 3D lenticular; al mover la portada, el logo explota y luego vuelve a ensamblarse, muy apropiado para una banda que había tenido que reconstruirse sin su líder y guía.

Era el primer álbum en el que no tocaba Malcolm y es el más corto, ya que no llega a los 35 minutos. En lugar de las seis semanas habituales, tardaron solo 10 días en grabar este álbum. Con respecto a la grabación de *Black Ice* y *Rock Or Bust*, el productor O'Brien declaró en *Ultimate Classic Rock*: «Ambas fueron bastante bien. Estos chicos trabajan muy duro; nadie baja el ritmo. Cuando se trata de trabajar en el estudio, son de lo más profesionales. Siempre llegan a la hora, listos para empezar, y eso tiene bastante que ver con que fueran bien». El 4 de octubre de 2014 grabaron los videos de los singles «Play Ball» y «Rock Or Bust» en Londres, delante de cientos de fans ganadores de un concurso. Cuando resultó obvio que los problemas legales de Phil Rudd le iban a impedir salir de Nueva Zelanda, la banda propuso al batería Bob Richards, antiguo miembro de la banda Shogun, que ocupara su lugar.

Como explica el propio Richards: «Todo empezó con una llamada de Ray Jones, un músico amigo mío cuyo hermano, Dick Jones, había trabajado para AC/DC desde 1980. Ray me dijo que la banda iba a pasar el fin de semana en Londres grabando unos vídeos. Me preguntó si, en el caso de que Phil no pudiera unirse a ellos, podría sustituirle en el último momento. Yo naturalmente le dije: "¿Hablas en serio?" Diez minutos más tarde, Dick, el hermano de Ray, me llamó para confirmarlo. Así que allí estaba yo, la mañana siguiente a las 7.30, conduciendo de camino a Londres».

«Nos instalamos y escuché la primera canción varias veces con los auriculares, y luego conocí a la banda. Eran geniales, muy normales, y me trataron muy bien. Cuando abordamos la primera canción, "Play Ball", fue como si estuviera tocando en una sesión improvisada con unos amigos, por extraño que pueda parecer, así de normal fue todo. Y al día siguiente tenía que volver a hacer lo mismo. Mientras estábamos en el camerino preparándonos para la grabación del primer vídeo, todos allí juntos, recuerdo que pensé, "Soy el único batería de la habitación… ¡Estoy con AC/DC!". Entonces vino a buscarnos el director y allí estaba yo, bajando las escaleras detrás de Angus. ¡Parecía irreal! También recuerdo que, mientras rodábamos el vídeo de "Rock Or Bush", le comenté a Brian que, cuando me vieran, se preguntarían quién diablos era. Él se rio».

Más tarde, durante la grabación, me presentó a los fans. Esa noche Brian nos invitó a cenar por ahí a mí y a algunos del equipo, y los pasamos genial. Hablamos de coches y él tarareó la meodia de *Champion The Wonder Horse*.

«Angus había comentado lo grande que era mi bombo. Pensaba que era de 24" y cuando le dije que era de 26", contestó, "¡Seguro que suena potente!"… También recibí el mensaje de un amigo con una foto en la que salía mi batería junto a los instrumentos de AC/DC y en el que me preguntaba si estaba tocando con AC/DC. Alguien había filtrado esa foto, él la había visto y había reconocido mi equipo.» ¡Ahora tiene una historia cojonuda que contar a sus nietos algún día!

En julio Phil fue condenado a ocho meses de arresto domiciliario. Como no iba a poder salir de gira, Chris Slade recibió una llamada. Habían pasado 20 años desde que le habían dicho que Phil iba a volver a la banda para grabar y salir de gira con el álbum *Ballbreaker*. En 1995, cuando Phil había vuelto, Slade se había deprimido tanto que se tiró tres años sin tocar la batería. Pero ahora, en 2015, recibía una invitación de AC/DC para unirse a la banda durante la gira de Rock Or Bust. Recuerda que se quedó conmocionado, pero afirma, «fue fantástico… Siempre ha sido un honor tocar en esta banda.»

Brian Johnson contó en *Classic Rock*: «Echábamos de menos a Malcolm, evidentemente, Stevie estuvo magnífico en su lugar, pero cuando grabas con ese peso sobre ti, y tu colega no está bien, no es fácil. Estoy convencido de que estuvo colaborando con nosotros todo el tiempo que estuvimos en Canadá». Confirmando que los fans se sentían igual, *Rock Or Bust* se situó en el Número Uno en 42 países. *Rolling Stone* declaró: «Confirmado… AC/DC siguen siendo los reyes del rock duro».

Stevie Young, hijo de Stephen, el hermano mayor de Malcolm y Angus, ya había sustituido a Malcolm antes y pudo demostrar una vez más que era la persona ideal para hacerlo. Stevie dijo: «Pruebo cosas continuamente. Sigo trabajando por mi cuenta. Todos los días escucho y trato de encontrar lo que se me ha pasado, o algo que Malcolm hacía que pueda ayudar con las melodías. No trato de imitarlo ni de copiarle, sino que intento conservar el espíritu de lo que él hacía en la banda».

Darren Goulden estaba de acuerdo, «Stevie hizo un trabajo formidable durante la gira y la mayoría de la gente probablemente no notó la diferencia, pero yo eché de menos a Mal, no solo en el escenario, sino también durante las conversaciones en el *backstage* tras los conciertos. Había determinadas canciones que no sonaban exactamente como antes, me vienen a la mente "T.N.T." y "Thunderstruck." Teniendo en cuenta lo genial que es Stevie, eso solo puede significar que Malcolm era un guitarrista asombroso».

El 8 de febrero de 2015, AC/DC actuó en la edición 57 de los Premios Grammy, reivindicando su lugar entre los reyes del rock. Inauguraron el espectáculo con «Rock Or Bust», y lo hicieron tan rápido que el presentador LL Cool J apenas tuvo tiempo de anunciarlos. Le dije a mis amigos que prepararan el grabador de vídeo digital porque AC/DC iba a inaugurar el espectáculo. Imaginaba que saldrían al principio porque sabía que la banda odiaba tener que esperar para actuar. Recuerdo lo frustrado que se sintió Malcolm cuando fueron incluidos en el Salón de la Fama del Rock and Roll en el 2003 y tuvieron que esperar más de una hora.

AC/DC tocó una segunda canción, «Highway To Hell», y logró que todo el mundo, entre ellos Paul McCartney, Lady Gaga, Blake Shelton y Katy Perry, bailara entregado; algunos incluso llevaban cuernos de diablo iluminados. ¡Fue una presentación excelente para «Rock Or Bust» y los Premios Grammy nunca volverán a ser tan excitantes!

El 16 de abril de 2014 habían anunciado que Malcolm se iba a tomar un descanso, pero a medida que el tiempo pasaba Angus y Brian fueron desvelando la verdadera naturaleza de sus problemas. En una entrevista en NBC News, a finales de ese mismo año, Angus habló de los cambios que había empezado a observar antes de que grabaran *Black Ice*: «...Simplemente cosas raras, Malcolm siempre había sido muy organizado, y fue la primera vez que le vi desorganizado, confundiéndose con un montón de cosas. Fue entonces cuando me di cuenta de que algo no iba bien. Cuando estábamos haciendo ese álbum, tuvo más problemas. Se sentía confuso y entonces le diagnosticaron. Resultó ser encogimiento del cerebro (de Malcolm). Empezó a medicarse y recibió asistencia médica, y fue entonces cuando le pregunté si quería seguir haciendo esto. No tenía por qué, pero dijo que sí, que quería seguir hasta que ya no pudiera.»

Teniendo en cuenta lo meticuloso que era Malcolm con todo lo que hacía, para Angus ser testigo de todo eso debió resultar desgarrador. Explicó que tenía que repasar con Malcolm las partes de guitarra antes de salir al escenario. Brian añadió, «Malcolm necesitaba ensayar antes de los conciertos, así que lo hacíamos.», y de un modo u otro Malcolm lo logró.

Angus le contó a Al di Perna de *Guitar World*, «De algún modo pensábamos que Malcolm se recuperaría… De algún modo lo íbamos demorando, no queríamos saberlo.»

Comprender «la forma en que iba a hacerlo Mal» fue fundamental para que el tren del rock 'n' roll de AC/DC siguiera por el buen camino. «Malcolm siempre

Malcolm Young en el Sydney Stadium en febrero de 2010.

había tenido una fuerte presencia en la banda», dice Angus. «Formó la banda. Fue gracias a su ingenio que todo encajó. De algún modo fue él quien nos guió desde el principio. Así que es importante intentar seguir adelante. Y mientras pudo hacer que su voz se escuchara, Malcolm siempre decía: "Bueno, vosotros colegas seguir adelante"».

Al tratar de describir cómo era eso de estar de gira sin Malcolm, 'Pyro' Pete comentaba: «En los ensayos de *Rock Or Bust* las vibraciones eran distintas. Fue guay ver a Stevie ya que llevaba varios años sin verle, pero era muy extraño que Mal no estuviera allí. Era algo que siempre se había dado por sentado, Mal era el alma de AC/DC. Era como si la máquina perfectamente engrasada que es AC/DC no aprovechara sus ocho cilindros de potencia. Por favor, no me malinterpretes, Stevie hizo un gran trabajo y encajó perfectamente… Pero no era lo mismo que tener a Malcolm».

AC/DC, que inició la gira de *Rock Or Bust* el 10 de abril de 2015 en Indio, California, fue la cabeza de cartel de la primera noche del Festival de Coachella. *The Desert Sun* publicó: «Su actuación del viernes empezó con una explosión. Angus Young salió al escenario con su característico uniforme escolar de terciopelo rojo y el resto de la banda apareció dispuesta a cumplir una misión: hacer saber a esos jóvenes quiénes eran. Pero quizá no hiciera falta. Estaba rodeado de veinteañeros que se sabían las letras de "Dirty Deeds" y qué sabían qué hacer cuando empezaban los riffs de guitarra. Manos cornutas levantadas, las cabezas en movimiento y la multitud gritaba siempre que debía hacerlo».

Una semana después, el 17 de abril, la banda tocó una segunda noche en Coachella, antes de iniciar una gira de 28 conciertos por Europa. El primero fue el 15 de mayo en Arnhem, Holanda, y luego actuaron en Dinamarca, Austria, Noruega, Finlandia, el Reino Unido, Irlanda, Bélgica e Italia, así como dos noches en Múnich, París, Madrid y Zúrich. La banda batiría un récord de venta de entradas en Alemania, donde vendieron 300.000 entradas en 77 minutos, y en Suiza, con más de 40.000 entradas vendidas en seis minutos.

AC/DC concluyó la primera etapa de la gira de Rock Or Bust en Varsovia, Polonia, el 25 de julio. Su actuación en el estadio de Wembley de Londres, el 4 de julio, fue elogiada por *The Independent* en el artículo «Unadulterated, Unapologetic Rock», que en buena medida resume toda su carrera. David Taylor escribió: «Desde el primer riff de "Rock Or Bust" hasta que los cañones empezaron a lanzar confeti durante los últimos compases de "For Those About To Rock", AC/DC llevó a cabo una actuación sencillamente espectacular que eclipsa a cualquier otra banda que esté de gira en la actualidad. 70.000 fans extasiados disfrutaron con cada uno de los acordes. No llevan coros, ni guitarristas ocultos, ni cantantes de góspel, son tan solo cinco tipos dándolo todo a lo largo de 20 canciones, que dan a sus fans, que van desde adolescentes grandullones a abuelos de setenta y pico, exactamente lo que esperan. ¿Por qué cambiar con una fórmula que funciona desde hace más de 40 años?» ¡Eso mismo pienso yo!

La banda era fiel a su estilo y daban a sus fans justo lo que estos pedían, algo con lo que se habían acostumbrado a contar durante más de cuatro décadas. El 22 de agosto de 2015, AC/DC inició la segunda etapa de la gira, que incluía 14 conciertos en EE.UU. y Canadá, y empezaba en Foxboro, Maine.

Hablando en *Hit Parader*, Angus dijo de su hermano: «Es un compositor increíble y un guitarrista rítmico asombroso. Para tocar esa clase de guitarra hay que ser alguien especial, y Malcolm tiene justo el talento adecuado para ello. A lo largo de todos estos años, ha aceptado vivir un poco a la sombra de mi persona, pero (salir de gira) sin él ha servido para constatar lo que ya sabía, que es un miembro muy importante para la banda».

Durante la gira de Rock Or Bust, Ken Schaffer vio a AC/DC en East Rutherford, Nueva Jersey, en el concierto que realizaron en el Metlife Stadium el 26 de agosto. Había tenido el privilegio de pasar tiempo con la banda durante la etapa de Bon Scott. Una noche salió de copas con Bon y Angus por Glasgow y tras tomarse dos lingotazos de lo que fuera que sirvieran por allí, lo siguiente que recordaba era despertarse en la habitación del hotel.

Schaffer vivió otra interesante experiencia en Nueva Jersey: «Fui al concierto y me senté junto a la tabla de mezclas, donde Rick St. Pierre (técnico de guitarra) me informó de que esa noche iban a usar medio millón de vatios de potencia. En realidad, cada vez que Cliff tocaba una nota en el bajo, podía sentir el viento rozándome la nariz. Me había destrozado los oídos asistiendo a varios conciertos de los Rolling Stones y Who, así que de vez en cuando me ponía unos audífonos invisibles. Como soy un poco estúpido, los llevaba puestos esa noche, con ese medio millón de vatios, y el nivel de presión sonora era tan grande que hizo estallar la parte delantera de uno de mis audífonos».

Por si eso no fuera suficiente, la mañana siguiente el gato de Schaffer se comió su audífono y tuvo que pagar 3.500 dólares al veterinario para poder recuperarlo de condiciones. Ante lo que Schaffer exclamó: «¡Ha sido el concierto de AC/DC más caro de toda mi vida!».

El 9 de septiembre de 2015, Brian McCollum declaró en el *Detroit Free Press*: «AC/DC aviva el ritual de rock en un abarrotado Ford Field. Con las manos recorriendo todo el diapasón, Young iba de un lado a otro moviéndose como un poseso, convirtiendo la corbata en un lazo para tocar "Sin City", rasgando el relámpago sónico de "Whole Lotta Rosie" mientras correteaba desenfrenado por el escenario. Eso ocurría cuando el espectáculo alcanzó su punto álgido, un frenesí que incluyó "Have A Drink On Me", "T.N.T." y "Let There Be Rock", con la que empezó el lanzamiento de confeti. El repertorio habitual se cerró con un solo prolongado, imparablemente indulgente, de un Young empapado en sudor. Un bis con dos temas, "Highway To Hell" y "For Those About To Rock" le puso el broche final».

El 15 de septiembre la banda tocó en Chicago con todas las entradas agotadas. Tracy Swartz escribió en el *Chicago Tribune*: «Este martes la banda debutará en el Wringley Field con un zambombazo. Durante el concierto se usarán fuegos artificiales en tres de las canciones y se captarán imágenes aéreas del concierto desde varios helicópteros que se incluirán luego en un DVD de la actuación».

Angus tuvo el increíble detalle de conseguirme cuatro entradas para Wrigley Field. Iba a ser la primera vez que viera a la banda sin Malcolm. Estaba celebrando que quedaba poco para mi cumpleaños y que me mudaba de Wisconsin a Savannah, Georgia. Invité a tres amigas, y nos dieron la entrada y un pase que nos autorizaba a estar delante de la barrera, a pocos metros de la banda. Hacía años que no estaba tan cerca del escenario, así que fue un auténtico privilegio. Me entró la risa tonta al ver todos esos letreros que decían que si no querías salir en la grabación debías abandonar la zona de inmediato. ¡Ni en broma, guapo! ¡Gracias por el ofrecimiento, pero va a ser que no!

Estábamos justo debajo de una de las cámaras, que no paraba de moverse sobre nosotras. La lista de canciones para esa noche era «Rock Or Bust», «Shoot

To Thrill», «Hell Ain't A Bad Place To Be», «Back Is Black», «Play Ball», «Dirty Dees Done Dirt Cheap», «Thunderstruck», «High Voltage», «Rock 'n' roll Train», «Hells Bells», «Baptism By Fire», «You Shoock Me All Night Long», «Sin City», «Shot Down In Flames», «Have A Drink On Me», «T.N.T.», «Whole Lotta Rosie», y «Let There Be Rock». Los dos temas del bis eran «Highway To Hell» y «For Those About To Rock (We Salute You)».

Estábamos tan cerca del escenario, que mientras tocaban «Highway To Hell», las llamaradas de fuego nos pusieron las mejillas coloradas. ¡Y si no llevabas tapones cuando terminaron a cañonazo limpio con «For Those About To Rock», es muy posible que todavía te piten los oídos! El público estuvo increíble, cantaba con ellos la mayoría de las canciones, podía palparse la euforia. Fue triste verles tocar sin Malcolm, pero no pude evitar alegrarme por ellos; sobre todo por Angus, que seguía adelante y haciendo conciertos con todas las localidades vendidas por todo el mundo, algo que habría hecho que Malcolm se sintiera orgulloso de él.

Pero a la banda le reprocharon que hubieran estropeado el terreno de juego de Wrigley. El entrenador de los Chicago Cubs, Joe Maddon, declaró en el *Chicago Tribune*: «Con AC/DC hemos tenido algunos problemas. No sé si salieron ahí a recoger bolas del suelo con tacones de veinte centímetros y picos, pero han destrozado por completo nuestro terreno de juego». Me pregunto por qué les sorprendió tanto que el césped se estropeara un poco tras ceder el estadio a 50.000 fans para ver un concierto de AC/DC en vivo. ¡Al menos el lugar seguía en pie!

Dado que al día siguiente había colegio, la banda terminó el concierto una hora antes de lo previsto para que los vecinos de los alrededores del estadio no se quejaran del ruido. Pero fue un concierto magnífico y por muchas veces que lo hayas vivido, ver a más de 50.000 fans cantando las canciones con la banda y haciendo brillar los cuernos con orgullo bajo las estrellas, es algo difícil de superar.

Bueno, pues pasó.

Íbamos a pasar la noche en Chicago y durante el concierto me había tropezado con Tim, su *tour manager*. Le pregunté si al día siguiente podía llevar al hotel algunos ejemplares de mi libro, *AC/DC FAQ*, y me dijo que le enviara un mensaje…. ¡pero no antes del mediodía! Al día siguiente, tras confundirme de hotel y tener que perseguir a un aparcacoches para recuperar mi coche, estábamos sentadas en el vestíbulo de un hotel extremadamente pretencioso al lado de la avenida Michigan esperando a Angus.

Mientras disfrutábamos de nuestros refrescos, Brian y sus amigos entraron en el bar. No podía desperdiciar la oportunidad. Cogí un ejemplar de mi nuevo libro y me acerqué al grupo que estaba con Brian. Se me quedaron mirando sorprendidos, así que me disculpé por la interrupción. Pero cuando Brian me reconoció, me pidió que le ayudara a levantarse y bromeó sobre lo mucho que había bailado sobre el escenario la noche antes, y todo el mundo se echó a reír.

Rápidamente le pasé una copia de mi libro. Él siempre mira las fotos primero, lo que despertó el interés de todo el grupo, y luego dijo una de esas frases que solo Brian Johnson puede decir: «¡Bueno, parece una enciclopedia sobre la banda!». Cuando le dije que estaba de acuerdo, añadió, «¡Entonces, supongo que voy a leer algo sobre mí que no sabía!» Tras unas risas, un beso y un abrazo, le dejé allí con sus amigos.

Mientras esperábamos, Tim me había escrito para decirme que habían salido a comprar y que no tardarían en volver. Al cabo de una hora, apareció con una bolsa del tamaño de Angus, y con el propio Angus. Era genial verle de nuevo, aunque era la primera vez que hablaba con Angus desde que Malcolm se había retirado. Comentamos el concierto de la noche anterior y lo increíble que había sido. Fui completamente sincera cuando le dije que su solo de guitarra en «Let There Be Rock» me había hecho llorar. Él bromeó, «Sí, a mí también».

Tras entregar los libros para Angus, Tim, Cliff y Chris, nos hicimos unas cuantas fotos fuera y nos despedimos. No pude evitar preguntarle a Angus si ahora por fin ya podía decir que eran tan grandes como los Rolling Stones, a lo que él contestó cómicamente: «No, Mike y Keith dicen que ellos siempre serán más altos». Nos despedimos riendo, nos abrazamos y pude pedirle en privado que le diera recuerdos de mi parte a Malcolm y a su familia. La expresión de su cara lo dijo todo. Le di otro abrazo y luego aterricé de nuevo en el mundo real.

AC/DC estaba de camino a Canadá, donde iban a actuar en Winnipeg el 17 de septiembre, en Edmonton el 20 de septiembre y en Vancouver el 22 de septiembre. La segunda etapa de la gira de Rock Or Bust terminaba tras una noche en San Francisco, el 25, y otra en el Dodger Stadium de Los Ángeles, el 28 de septiembre.

La noche que tocaron en Edmonton estaba lloviendo; nunca habían dejado que eso los detuviera, así que actuaron, para deleite de 55.000 fans. La periodista canadiense Jane Stevenson hizo un comentario curioso en el *Toronto Sun*: «¿Por qué son tan buenos AC/DC?» ¡Pues son buenos porque son buenos, idiota! Refiriéndose al hecho de que la banda siempre era fiel a su estilo, la periodista decía: «Esto es rock 'n' roll en el sentido más puro y auténtico; sacado del blues americano y de un tiempo en el que el rock 'n' roll significaba una única cosa… tener sexo». No pienso llevarle la contraria, y seguro que Bon estaría de acuerdo.

Antes de regresar, AC/DC inició la tercera etapa de la gira de Rock Or Bust en Sidney, donde tocaron el 4 y el 7 de noviembre. Le siguieron dos conciertos en Brisbane, en Perth y en Melbourne, una parada en Adelaide y dos últimas actuaciones, una en Auckland, Nueva Zelanda, el 12 de diciembre, y otra en Wellington, el 15 de ese mismo mes. Epic Rights informó de que en Sidney se habían juntado 60.000 personas para el inicio de la etapa australiana de la gira de Rock Or Bust.

Kathy McCabe del *Courier Mail* escribió, «Un concierto de AC/DC es simplemente más impactante y mejor que un concierto del resto… La iluminación y el decorado resultan hipnóticos, pero en el centro de todo están los cinco hombres que brindan cada fibra de su ser al rock para sus fans».

«Es una experiencia excitante, que evidencia el poder del rock para transformar un día normal en un recuerdo para toda la vida».

Andrew P. Street escribió en *The Guardian*: «AC/DC es una singularidad del rock 'n' roll en la que las reglas habituales de la física de los conciertos no son aplicables».

Reflexionando sobre la gira, Darren Goulden cuenta: «Cuando Phil tuvo sus problemas y quedó claro que no podría unirse a la gira, yo era totalmente partidario de que Chris (Slade) le sustituyera. Había ido a muchos conciertos de la gira de Razor Edge y pensaba que Chris había hecho un trabajo increíble. En la gira de Rock Or Bust, Chris hizo un trabajo admirable, pero opino que no se sentía igual que la otra vez que había estado en la banda. No sé si fue por el paso del tiempo, porque estaba sustituyendo a Phil y no a Simon Wright como la vez anterior, o porque la sección rítmica había sufrido un doble golpe con la sustitución de Mal y de Phil. La actuación seguía siendo fantástica… pero distinta».

El periodista y guitarrista australiano Joe Matera tenía su propia opinión sobre el hecho de que Mal no estuviera en la gira, «Stevie Young hizo un gran trabajo sustituyendo a Malcolm, pero entre Malcolm y Angus había una química que era esencial en su forma de tocar y que nadie más pudo ni podrá reproducir. Malcolm tenía ese matiz en su forma de tocar que un guitarrista era capaz de apreciar. Yo noté que ese matiz no estaba presente en el álbum *Rock Or Bust* que publicaron en 2014. No sé muy bien cómo explicarlo, pero era como si hubiera un gran agujero y por mucho que hiciera Stevie por llenarlo, el agujero seguía allí. Dicho esto, creo que es genial que Stevie pudiera subirse al tren para que la banda pudiera seguir adelante y sacar temas nuevos, especialmente porque las letras de Malcolm estarán presentes en cada canción del álbum».

El fotógrafo australiano Philip Morris, que conoció a la banda en 1974, vio sus dos últimas giras y explica: «Cuando vi las giras de Black Ice y Rock Or Bust no me dedicaba a hacer fotos: era un simple fan que estaba ansioso por asistir al concierto ya que había oído que los álbumes eran geniales. Los riffs son algo exclusivo de Malcolm y de ese sonido que creaba, pero Stevie Young tiene ese vínculo familiar que hace que resulte muy natural. Stevie tenía solo un par de años menos que Malcolm y emulaba su forma de tocar. La banda lo había acogido como a un hermano, así que sonaba genial y creo que Malcolm quería que la banda siguiera adelante, así que Stevie encajó a la perfección».

Al día siguiente de su fantástica actuación en el Wrigley Field de Chicago, al hablar con Angus y Brian pude sentir su alegría y su sentimiento de triunfo, así que parecía que la gira de Rock Or Bust iba bien encarrilada. Pero iban de una ciudad a otra en avión, la noche que actuaron en Edmonton estaba lloviendo y todo ello acabó pasando factura al oído de Brian.

'Pyro' Pete señaló: «Brian había tenido problemas con los oídos. Había rumores».

Todo el mundo sabe que no es aconsejable viajar en avión cuando se tienen los senos nasales congestionados, pero en ese momento nadie era consciente de las graves repercusiones que eso tendría para la banda. Especialmente para Brian.

24. Miss Adventure

El 2 de febrero AC/DC inició la cuarta etapa de la gira Rock Or Bust en Tacoma, Washington. Tenía previstos 20 conciertos en EE.UU., concretamente en Las Vegas, Denver, Fargo, St. Paul, Chicago, St. Louis, Dallas, Houston y Kansas City. La lista de canciones había sido revisada y se habían incluido «Rock Or Bust,» «Shoot To Thrill», «Hell Ain"t A Bad Place To Be», «Back In Black», «Got Some Rock & Roll Thunder», «Dirty Deeds Done Dirt Cheap». «Rock 'n' roll Damnation», «Thunderstruck», «High Voltage», «Rock 'n' roll Train», «Hells Bells», «Givin' The Dog A Bone», «Sin City», «You Shook Me All Night Long», «Shot Down In Flames», «Have A Drink On Me», «T.N.T.», «Whole Lotta Rosie», y «Let There Be Rock». A modo de regalo especial, incluyeron un bis con tres canciones: «Highway To Hell», «Riff Raff» y «For Those About To Rock (We Salute You)».

El 26 de febrero, Nathan Smith publicó en el *Houston Press*: «Mientras miles de cuernos rojos parpadeaban, los australianos del Salón de la Fama se desgañitaron con el que se ha convertido en su repertorio habitual. ¿Por qué jugársela con algo que es perfecto? "You Shook Me All Night Long" estuvo en su lugar, justo donde tenía que estar, y también "Hells Bells" y "Whole Lotta Rosie", con sus descomunales decorados. "Thunderstruck" se diluyó en "High Voltage", martilleando el diseño eléctrico mientras la multitud entregada cantaba a pleno pulmón. Angus se marcó uno de sus prolongados solos marca de la casa durante "Let There Be Rock" subido a un elevador neumático en medio del estadio. Y, en el clímax, empezó a llover confeti por todas partes… Fue sencillamente espectacular».

En plena gira, tras cambiar el batería en el último momento y tener que seguir adelante sin Malcolm, la banda continuaba triunfando en todas y cada una de las ciudades donde actuaba. El 26 de febrero, Daniel Durchholz habló en el *St. Louis Post-Dispatch* sobre las pérdidas que había tenido que afrontar el grupo y su increíble tenacidad: «Han tenido que afrontar más intrigas y tragedias de las que la mayoría de bandas podrían soportar. Sin embargo, a juzgar por su actuación del sábado por la noche en un Scottrade Center con todas las localidades vendidas, sencillamente no hay quien pueda con AC/DC. Durante la actuación, Angus Young deleitó al público con potentes riffs y solos fragmentados, incluido un prolongado solo al final del concierto que fue toda una prueba de resistencia (tanto para Angus como para el público), comparado con las canciones breves y contundentes que lo precedieron. Pero Young merece estar bajo los focos todo el tiempo que quiera. Mientras él continúe, el extenso y dilatado legado de AC/DC sobrevivirá».

Más tarde, Angus hablaría en la página web oficial de su capacidad para seguir actuando tantos años después: «En cuanto te subes al escenario, ya no me puedo bajar, el mundo real desaparece, y tienes que entrar en otro mundo, entras y sales, eso es todo», decía el hombre de las mil palabras. Eso es lo que siempre me ha gustado de Angus y Malcolm, que no tenían mucho que decir, pero desde luego sabían cómo hacerse oír.

En esta etapa la banda tenía contratados 20 conciertos. Tras tocar el décimo en Kansas City, el 28 de febrero, se suponía que iban a actuar en el Philips Arena de Atlanta el 8 de marzo. Pero tanto el concierto de Atlanta como los nueve siguientes tuvieron que ser aplazados, porque Brian Johnson dejaba la banda.

La noticia se propagó rápidamente. En un artículo publicado el 16 de marzo en *Rolling Stone*, Brian le contaba a Brian Kreps lo que había ocurrido. Empezó a tener problemas para escuchar las guitarras en el escenario y cuando fue a ver al médico, le dijo que debía dejar de actuar de inmediato ya que de lo contrario se arriesgaba a quedarse completamente sordo, algo que Brian describió como «el peor día de toda mi carrera profesional».

Brian siempre había dicho que solo actuaría mientras fuera capaz de cantar bien y que no soportaría decepcionar a sus fans o a la banda. Cuando el resto de la banda se enteró del diagnóstico, todos le animaron a hacer lo que tuviera que hacer para cuidar de su salud. Como le contó a Kreps: «Lo que siento ahora mismo a nivel emocional es peor que cualquier cosa que haya experimentado antes en mi vida».

Que Brian abandonara la banda en medio de una gira tan exitosa era un hecho sin precedentes y un golpe durísimo que conmocionó a los fans de todo el mundo. Le prohibieron seguir tocando conciertos en vivo, pero le aseguraron que podría seguir grabando e inició una serie de tratamientos médicos destinados a mejorar su audición. Brian le dijo a todo el mundo que no se había retirado de la música y que se sentía optimista.

El comunicado oficial se hizo el 19 de abril de 2016:

Como muchos fans de AC/DC ya saben, los conciertos pendientes de la gira de Rock Or Bust de 2016, incluidos los diez pospuestos en los Estados Unidos, van a llevarse a cabo con un cantante invitado.

Quiero explicar personalmente los motivos, porque no creo que el comunicado de prensa previo expresara todo lo que deseaba decir a mis fans ni que lo hiciera de la forma adecuada.

El 7 de marzo, después de que varios médicos especializados en la pérdida de audición me realizaran una serie de reconocimientos médicos, me comunicaron que si seguía actuando en grandes recintos, corría el riesgo de acabar completamente sordo. Aunque la noticia me dejó horrorizado, debo admitir que hacía ya algún tiempo que venía notando que mi pérdida de audición interfería en mi trabajo sobre el escenario.

Me costaba escuchar las guitarras en el escenario y como tenía problemas para oír a los otros músicos con claridad, temía que la calidad de mis interpretaciones se viera afectada. Para ser completamente sincero, eso era algo que no podía permitir si quería tener la conciencia tranquila. Nuestros fans se merecen una actuación al máximo nivel, y si por cualquier motivo no puedo llegar a dicho nivel, no estoy dispuesto a decepcionar a los fans ni a dejar en ridículo a los otros miembros de AC/DC. No me apetece tirar la toalla, y me gusta terminar lo que empiezo, pero los médicos me han dejado claro a mí y a mis compañeros que no podía actuar en los conciertos que quedaban y que posiblemente tampoco podría hacerlo en un futuro. Fue el peor día de toda mi carrera profesional.

Desde ese día, he consultado con varios médicos y parece que, a corto plazo, no voy a poder actuar en recintos del tamaño de un estadio, en los que los niveles de sonido son superiores a los que puedo tolerar en la actualidad. De lo contrario correría el riesgo de sufrir una pérdida auditiva sustancial y posiblemente de quedarme totalmente sordo. Hasta ese momento, hice todo lo que pude por seguir, a pesar del dolor y de la pérdida auditiva, pero las cosas se han complicado demasiado como para seguir soportándolo y el riesgo es demasiado grande.

Estoy destrozado por lo que ha ocurrido, mucho más de lo que nadie pueda imaginar. Lo que siento ahora mismo a nivel emocional es peor que cualquier cosa que haya experimentado antes en mi vida. He dedicado toda mi vida a formar parte de AC/DC, a grabar discos y a actuar para los millones de fans que nos han seguido fielmente durante estos 36 años.

No me puedo ni imaginar cómo voy a seguir adelante sin formar parte de esto, pero por ahora no tengo elección. Pero hay una cosa de la que podéis estar seguros, a lo mejor no puedo estar en persona en los conciertos de AC/DC, pero os garantizo que estaré en todos ellos en espíritu.

Lo peor de todo es que me siento fatal por tener que decepcionar a los fans que habían comprado entradas para los conciertos que cancelamos en EE.UU., esos fans que durante todos estos años siempre nos han apoyado, tanto a mí como a AC/DC. No puedo expre-

sar con palabras la profunda y sincera gratitud que siento, no solo por la avalancha de palabras amables y buenos deseos hacia mí, sino por todos los años de lealtad a AC/DC. También quiero dar las gracias a Angus y Cliff por su apoyo.

Finalmente, quiero asegurar a mis fans que no voy a retirarme. Los médicos me han dicho que puedo seguir grabando discos en el estudio y eso es lo que pienso hacer. Ahora mismo, mi prioridad es seguir con el tratamiento médico para mejorar mi capacidad auditiva. Espero que con el tiempo mejore y pueda volver a actuar en directo. No sé lo que va a pasar, pero soy optimista. El tiempo lo dirá.

Una vez más, os deseo lo mejor y gracias a todos por vuestro apoyo y comprensión.

Os quiere,

Brian

El 21 de mayo de 2014, y para satisfacción de sus fans, Brian apareció en el Madison Square Garden de Nueva York como invitado de Billy Joel e interpretó «You Shook Me» ante la multitud que abarrotaba el lugar. Fue su forma de demostrar a todo el mundo que seguía en la brecha. Tenía que encontrar la forma de poder seguir actuando en el escenario sin poner en riesgo su salud y, con un poco de suerte, volver a salir de gira.

AC/DC sufría un nuevo revés. «Rock Or Bust» cada vez estaba más cerca de ser una realidad y la sola mención de que habría un cantante invitado causaba verdadero pavor entre sus fans más fieles. ¿Quién podía reemplazar a Brian Johnson con tan poco tiempo? Se barajaron muchos nombres, entre ellos los de Rob Halford, Lenny Kravitz, Joan Jett, Ann Wilson, David Draiman de los Disturbed, Joel O'Keeffe de Airbourne, Jimmy Barnes, Angry Anderson y Axl Rose.

Cliff Williams descubrió en You Tube a Lee Robinson, el líder de Thnderstruck, una banda tributo a AC/DC de Raleigh, Carolina del Norte, y le convocó en Atlanta para hacerle una audición. Tal y como contó en *Blabbermouth* el 22 de abril de 2016: «La banda quedó impresionada con mi forma de cantar las canciones de AC/DC, justo en la clave en la que habían sido escritas, y no en una clave más baja… Stevie (Young), cuando pregunté si podíamos hacer la audición con los temas clásicos, dijo: "Sí señor, así es como hay que hacerla"».

La audición consistió en que Robinson estuvo cantando con la banda durante casi dos horas. Cantó todas las canciones del repertorio de la gira menos dos, así como otros temas que no estaban incluidos en dicho repertorio. Angus Young, según parece, quedó impresionado. «Pase lo que pase –me dijo–, tienes una voz cojonuda» dijo Robinson.

El 16 de abril de 2016 se anunció oficialmente el sustituto en *Ultimate Classic Rock*: «Un representante del grupo confirma que Axl Rose va a sustituir a Brian Johnson cuando AC/DC reanude la gira de Rock Or Bust. Los conciertos europeos de AC/DC empezarán el 7 de mayo en Lisboa, Portugal, y se prolongarán hasta el 12 de junio, fecha en la que llegarán a Aarhus, Dinamarca.

Las ciudades y las fechas se detallan más abajo. Después de esto, Axl Rose se marchará para realizar la gira estival previamente anunciada con los Guns N' Roses, denominada "Not In This Lifetime"... Los diez conciertos estivales de AC/DC que fueron pospuestos en EE.UU. también se llevarán a cabo con Rose como líder.»

Pues sí, Axl Rose. Lo sé, yo me sentí igual cuando me enteré. ¿El pelirrojo rey de los disturbios que solía ser el líder de una gran banda llamada Guns N' Roses de vuelta? ¿El tío que tardó 20 años en reunirse con su propia banda? AC/DC no suele hacer concesiones, pero la simple idea de que Axl Rose pudiera compartir escenario con nuestros héroes hizo que millones de seguidores se cuestionaran la decisión.

Aun así, la banda estaba dispuesta a hacer lo que hiciera falta para poder llevar a cabo los conciertos, especialmente los 10 consecutivos, que pueden ser un enorme coñazo a nivel de logística. Todo el equipo tenía que volver al lugar de donde había salido y había que volver a programar las fechas de EE.UU., lo que significaba que cuando regresaran de Europa tendrían que trazar un nuevo plan de batalla. Porque AC/DC siempre dejaba para el final de la gira los conciertos que posponía.

En 2001, durante la etapa norteamericana de la gira de Stiff Upper Lip, tuvieron que reprogramar dos conciertos en Madison, Wisconsin, y en Detroit, Michigan. Habían tenido que cancelarlos porque Brian tenía la garganta inflamada y regresaron 10 días más tarde, petándolo en un concierto con todas las localidades vendidas en el Kohl Center de Madison. La noche que recuperaron el concierto estuve conversando con su *tour manager* sobre lo de cancelar y reprogramar conciertos. La mayoría de las veces no consigues los mismos autocares ni el mismo montaje que cuando la gira fluye sin interrupciones.

En ese momento, las familias de los miembros de la banda los estaban esperando en Sarasota, Florida, para disfrutar de unas merecidas vacaciones. Evidentemente, no hubo Meet and Greet tras el concierto, pero esa fue la noche que Angus detuvo el autocar, se bajó y se puso a firmar autógrafos a aquellos de nosotros que estábamos esperando fuera para decirles adiós.

Cuando les preguntaron cómo iba a llamarse su último álbum, el primero sin Malcolm, Brian contestó: «*Man Down*, pero nos pareció que era demasiado deprimente». Ahora que se les había «caído» otro miembro del grupo, todo el mundo estaba pendiente para ver si Axl Rose conseguía encajar en la banda.

Pero para que Axl Rose pudiera tocar con AC/DC, antes había mucho papeleo que hacer. Rose era famoso por llegar tarde, o por ni siquiera aparecer -o si aparecía, por no ofrecer lo que se esperaba de él en el concierto-, así que la banda preparó una serie de contratos en los que se detallaba que podían sancionarlo por todo lo mencionado más arriba y por dios sabe cuántas cosas más. No tengo nada contra Axl, pero había que tener en cuenta su historial.

El 17 de abril, Scott Berstein declaró en *Jam Base*: «A las pocas horas de que AC/DC confirmara que Axl Rose iba a unirse a ellos para poder reanudar la gira de Rock Or Bust, el guitarrista de la banda, Angus Young, se reunió con Guns N' Roses en Coachella. Angus tocó con Guns N' Roses un par de temas clásicos de AC/DC, "Whole Lotta Rosie" y "Riff Raff", al final del concierto de Indio, California».

La elección de Rose fue una sorpresa para algunos, pero no para otros. 'Pyro' Pete recordaba: «He trabajado con Guns N' Roses durante más de 20 años y les había oído tocar "Whole Lotta Rosie" y algunas canciones más. Así que sabía que Axl podía hacerlo. Solo que él no es Brian».

Todos los fans acérrimos de AC/DC pensaban lo mismo, pero lo cierto es que el público de Guns N' Roses había crecido con AC/DC. Acabó funcionando para ambas bandas y sin duda hizo que Axl Rose consiguiera prestigio de verdad en la calle (aunque él pensaba que ya lo tenía).

Meterse en la piel de Brian Johnson era como andar por terreno pantanoso. No habría margen de error. Justo antes de reanudar su gira por España, Angus dijo: «Esta banda tiene una tonelada de energía y vais a ver toda esa química increíble que no hemos dejado de sentir desde los ensayos en Lisboa. Quiero volver a salir al escenario en EE.UU. con esos tíos para que nuestro público también pueda verla y sentirla».

La gira de AC/DC por Europa incluía 14 conciertos. Empezaron en Lisboa el 7 de mayo, siguieron en España, Francia, Bélgica, Austria, la República Checa, Suiza, Londres, Manchester, y finalizaron en Alemania, donde actuaron tres noches: el 26 de mayo en Hamburgo, el 1 de junio el Leipzig y el 15 de junio en Düsseldorf, donde pusieron punto final a la gira. Antes de actuar por primera vez con la banda en Lisboa, Rose explicó a BBC 6 Music: «No puedo decir nada de su (Brian Johnson) forma de cantar. Es un cantante fantástico y es todo un desafío sustituirle. Tan solo intento hacerle justicia por los fans».

El mejor amigo de la banda, Darren Goulden, recuerda: «Vi seis conciertos con Axl Rose, incluido el primero de Portugal. Antes había visto 134 actuaciones de AC/DC, todas ellas con Brian. Al principio pensaba que Axl no iba a encajar en AC/DC; yo no era demasiado fan de Guns N' Roses, dada su reputación de que era un poco diva, así que era un poco reticente. Debo admitir, sin embargo, que pocos cantantes podrían haberlo hecho mejor. Axl era un fan de la banda que tenía la oportunidad de cantar con ellos, y supo estar realmente a la altura. En mi humilde opinión, estuvo increíble como en un tercio de las canciones, estuvo bien en otro tercio y al resto no consiguió hacerle justicia.

The Independent fue un poco más generoso y publicó: «Varios medios de comunicación han calificado el concierto de "triunfo"». *The Guardian* ya había dejado claro que la actuación había sido un éxito al darle una calificación de cinco estrellas, algo que también hizo *Rolling Stone*, que publicó: «El potencial de la nueva fusión (va) a ser uno de los éxitos del verano».

Hablando con los fans tras un concierto, *Sky News* se encontró también con una acogida claramente positiva. «Axl Rose siente un gran respeto por el grupo y tiene la voz adecuada para hacerlo», dijo un tal Paulo Dias al locutor.

El periodista y guitarrista australiano Joe Matera fue más ambivalente: «Aunque Axl hizo un buen trabajo, yo desde luego no estaba a favor de su elección. Para mí fue como un batiburrillo de AC/DC y Guns N' Roses. Y dado que Axl es un gran fan, me dio la sensación de que era un fan que se ponía al frente a la banda. Axl es sinónimo de Guns N' Roses, así que es difícil verle o oírle como algo distinto a Guns N' Roses. Pero le doy las gracias a Axl por asumir esa difícil tarea, se merece todo mi respeto por ello».

La noche que tocaron en el estadio olímpico de Londres, se encontraban entre el público Slash y Duff McKagan, el guitarrista y el bajo de Guns N' Roses. Slash tuiteó a sus 3,4 millones de seguidores en Twitter: «¡El concierto de AC/DC/Axl de anoche en el estadio olímpico fue sencillamente impresionante!» «Una experiencia realmente épica», añadió McKagan. Michael Hann señaló en *The Guardian* que Rose había llevado a otro nivel las canciones legendarias de la banda: "Dirty Deeds Done Dirt Cheap" pierde su aspecto caricaturesco y se convierte en la cháchara de cantina de un psicópata». Quizá por eso, cuando empezaron la gira, Ellen, la mujer de Angus, le dijo a Axl que se deshiciera de los pañuelos y las gafas de sol, porque «el público quiere verte la cara».

El 7 de junio, Ebony Bowden escribió en el *Sydney Morning Herald*: «Tras las dudas iniciales, los fans de AC/DC están exultantes con el trabajo de Axl en la banda. Asistentes al concierto de Londres describieron su actuación como una de las mejores que habían visto, y dijeron que lo sentían por los fans que habían pedido que les devolvieran el dinero tras la retirada de Johnson».

Axl Rose no solo había estado a la altura, sino que se dejó la piel en el escenario. Parecía un niño en una tienda de golosinas. Vamos, ¿qué cantante no habría querido sustituir a Brian Johnson?

Mientras la gira continuaba, Brian seguía consultando a los especialistas para ver cómo podían tratar su pérdida de audición. *Loudwire* publicó la entrevista que le hizo Doron Levin en SiriusXM radio: «Estábamos tocando en Winnipeg, en ese enorme estadio al aire libre, y estaba diluviando. Hacía muchísimo frío y me dio fiebre. Al terminar el concierto, tuvimos que subirnos directamente a un avión y volar a Vancouver. Por desgracia, los fluidos se subieron a mis senos y desde allí a mis oídos, pero teníamos que seguir. Hicimos un concierto en Vancouver, otro en San Francisco y otro en Los Ángeles, y luego regresamos a casa un par o tres de semanas. Después fuimos a Australia y seguía con el oído tapado». Los médicos descubrieron que los fluidos se habían cristalizado y le estaban desgastando el tímpano, lo que podía causarle sordera permanente.

Brian le explicó a Jo Scrimshire del *Daily Mail Australia*: «Los chicos vieron las pruebas. Me había estado haciendo controles periódicamente y vieron que cada vez oía menos y que si seguía adelante existía la posibilidad de que me quedara sordo para siempre. Angus y Cliff me dijeron, "Johnno, tienes que pensar en tu salud,"… Y el resto dijeron, "Brian, la salud es lo primero. Llevas un año entero de gira. Has hecho todo lo que has podido. Queremos parar." Y eso es lo que hicieron. Así de simple. Lo que la gente no entiende es que las cosas son como son».

Tras nueve cirugías, Brian se puso en contacto con el experto en audición Stephen Ambrose, creador de un dispositivo revolucionario que se insertaba en el canal auditivo. Se quedó alucinado al ver el resultado, «FUNCIONA. Simplemente funciona a la perfección, no hay ninguna duda al respecto. Tras varios años sin poder oír la música, el hecho de ser capaz de volver a oírla me emocionó mucho y me dejó completamente maravillado. Me muero de ganas de que lo miniaturicen para poder usarlo en cualquier situación, desde para comunicarme con normalidad o para ir a un restaurante ruidoso, hasta para tocar en vivo sobre un escenario».

AC/DC consiguió que el concierto de Düsseldorf fuese todo un éxito ante sus fans alemanes. Axl Rose cantó canciones como «Touch Too Much», «If You Want Blood» y «Rock 'n' roll Damnation», que la banda llevaba décadas sin tocar.

Tras 150 minutos, la actuación terminó como tenía que terminar: con cañonazos acompañando «For Those About To Rock.» La gira tuvo tanto éxito como siempre: entre los 12 conciertos de Alemania y los 2 de Austria se vendieron más de un millón de entradas.

Tras unas semanas de descanso, AC/DC regresó a los Estados Unidos para dar los diez conciertos que se habían pospuesto. El calendario era Greensboro, en Carolina del Norte, el 27 de agosto de 2016, Fort Lauderdale, en Florida, el 30 de agosto, Atlanta, en Georgia, el 1 de septiembre, Columbus, en Ohio, el 4 de septiembre, Cleveland, también en Ohio, el 5 de septiembre, Detroit, en Michigan, el 9 de septiembre, Búfalo, en Nueva York, el 11 de septiembre, el Madison Square Garden de Nueva york el 14 de septiembre, Washington D.C. el 17 de septiembre y Filadelfia, en Pensilvania, el 20 de septiembre.

Mike Fraser, el ingeniero de sonido de los álbumes de AC/DC, pensaba que contratar a Axl no era una buena idea, pero tuvo que acabar admitiendo que su incorporación había proporcionado a Angus la energía que necesitaba para terminar la gira. Personalmente, pienso que para Angus fue la ocasión perfecta para ver lo mucho que lo veneraban los músicos más jóvenes.

El 1 de septiembre, cuando AC/DC actuó en el Philips Arena de Atlanta, Georgia, yo era tan escéptica como el resto. La sola idea de ver a la banda sin Bon o Brian me resultaba dolorosa, pero el concierto de esa noche hizo que acabara sintiendo un enorme respeto por Axl.

Dos días después, Valerie King escribió en *Rock Revolt*: «Sin intención de ofender a nadie, a mí me pareció que Rose tocaba mucho más relajado con AC/DC que con Guns N' Roses… estaba sonriendo. Se sentía en la gloria y estuvo prácticamente todo el rato sobre el escenario; ¡prefería estar en cubierta delante de los amplificadores Marshall, bailando como un poseso, viendo a su ídolo, Angus Young, reinar con supremacía! No intentó quitarle protagonismo. No intentó cantar como Bon Scott o Brian Johnson. Cantó como el jodido Axl Rose las canciones más icónicas de AC/DC. Y las clavó».

No habría podido expresarlo mejor. Axl lo clavó y demostró sentir un gran respeto por la banda, sobre todo por Angus. Me reí como una boba cuando empezaron el concierto con «Rock Or Bust» y Axl se puso a bailar y de repente se dio cuenta de que Angus iba a salir de detrás suyo. Paró, se giró hacia el otro lado y siguió tocando. «Es más difícil de lo que parece, ¿no?» Actuar cerca de Angus es todo un reto; y me impresionó ver que Axl daba un paso atrás y dejaba que fuera él quien destacara. Claro que bien mirado, qué otra cosa podía hacer.

La banda sonó genial, pero sin Malcolm, Phil y Brian, sin duda fue distinto. Como siempre, hicieron un concierto increíble, y me sentí muy orgullosa de Angus por su perseverancia. Malcolm le habría dicho que reprogramara las actuaciones postpuestas y, a pesar de las críticas que recibió por hacerlo, estoy segura de que Angus sabía perfectamente lo que hacía. ¡Por algo le llaman el Monstruo del Rock!

El 14 de septiembre, AC/DC actuó en el Madison Square Garden de Nueva York; la noche antes, la banda había organizado una fiesta de fin de gira en el Homestead Steakhouse. Durante la cena, que reunió a la banda, sus familias y sus amigos, Angus y Axl se sentaron juntos. Axl estaba exultante. Llevaba una cadena de plata con una guitarra que le había regalado Angus. Sin AC/DC no existiría Guns N' Roses, y ahora se estaban echando una mano. Todo es posible, ¿no?

Habían agotado las entradas para el Garden, y Angus, Stevie, Cliff y Chris Slade recibieron una buena crítica de Jon Pareles de *The New York Times*: «Que nadie se confunda, AC/DC es sinónimo de perseverancia, la del Señor Young, que se apoderó del escenario durante un maratoniano "Let There Be Rock," una canción que sitúa el origen del rock en 1955, que casualmente es el año en que nació el Señor Young… toco riffs de blues y primeras voces zigzagueantes y trinos acuciantes y maníacos crescendos trémolos, moviéndose de un lado a otro por todo el escenario, para terminar en una plataforma elevada en medio de una lluvia de confeti. Fue una actuación basada en la resistencia y en la persistencia de un rock 'n' roll puro e irascible.» ¡AC/DC descrito en pocas palabras!

No hubo pases para el *backstage* cuando los vi en Atlanta, algo perfectamente comprensible. Tim me dio cuatro entradas, pero me dijo que el *backstage* iba a ser una locura. Supongo que si tienes en cuenta al personal que fue a verlos esa noche –incluidos varios miembros de Sevedust and Collective Soul y el actor Norman Reedus de la serie televisiva *The Walking Dead*— es normal que fuera una locura. Nuestras localidades eran fantásticas y el concierto fue increíble, así que yo estaba más que feliz de hacerme a un lado para dejar paso a la realeza del rock. Me hacía feliz pensar en todas esas estrellas de la música, la televisión y el cine que habían ido a rendir homenaje a Angus y al resto de la banda. Después de todas las cosas por las que había pasado, se merecía el reconocimiento de sus colegas.

El 20 de septiembre de 2016, a pesar del éxito de la gira de Rock Or Bust, Cliff Williams anunció oficialmente que se retiraba en la revista *Guitar World*: «Ha sido todo lo que he conocido durante los últimos 40 años, pero después de esta gira dejaré atrás las giras y las grabaciones… La pérdida de Malcolm, el asunto de Phil y ahora lo de Brian, es un cambio brutal y siento sinceramente que hago lo correcto».

En el vídeo de AC/DC.com, no obstante, deja claro que su decisión no se debe solo a dichas ausencias. «Cuando murió Bon, todo cambió entonces», afirma. «Todo cambia, así que no es eso. Es solo que… estoy listo para dejar la carretera, de verdad, y hacer lo que hago.»

El 20 de septiembre, la última noche de la gira Rock Or Bust, en Filadelfia, en el Wells Fargo Center, Angus rindió un homenaje especial a Cliff. Mientras sonaban los últimos cañonazos al compás de «For Those About To Rock.» Angus arrastró a Cliff hasta la parte delantera del escenario. Una vez allí, le aplaudió y le hizo una reverencia, mientras Axl exclamaba: «¡Rendiros ante Cliff William!» Mientras la multitud le aclamaba, Axl presentó al resto de la banda. Angus hizo su salto característico en el aire y cayó justo en el instante que sonaba la última nota de la noche.

Una vez finalizada la gira, Cliff declaró en la web oficial de AC/DC que «tocar con AC/DC había sido muy divertido. Siempre ha sido el sonido de AC/DC. Y Angus, la dinamo, ha sido fantástico tocar con él. Llevo 40 años intentando esquivar a Angus. ¡Es como un torbellino ahí fuera! Y Stevie es un gran músico rítmico igual que su tío, el mismo estilo con el que creció y que heredó, lo lleva en los genes».

Rock Or Bust fue un auténtico éxito, pero varios años después Andy Greene comentaría en *Rolling Stone*: «Dentro de varias décadas, los historiadores considerarán que 2016 fue el año en el que el universo entero se derrumbó y empezó a reinar el caos. No fue solo el año en el que murieron David Bowie, Glenn Frey, Merle Haggard, Prince y Leonard Cohen… Fue también el año en que AC/DC se separó de Brian Johnson bajo extrañas circunstancias y contrató a Axl Rose para llenar su vacío».

Contra todo pronóstico, Angus y los chicos habían conseguido llevar a cabo la gira, cambiando de batería en el último momento e incorporando a Axl tras la repentina despedida de Brian. Sin embargo, había razones de sobra para creer que este era inevitablemente el final de AC/DC. O al menos eso era lo que algunos pensaban.

25. The End of an Era

Unas semanas después de que terminara la gira de Rock Or Bust, Brian Johnson se encontraba en Savannah, Georgia, donde iba a tener lugar el Savannah Speed Classic, en el que ya había participado antes. La noche después de la carrera fui al hotel en el que Brian, su mujer Brenda y un grupo de amigos disfrutaban de la velada. Esperé a que la mayoría se hubieran marchado y entonces me acerqué a saludarle. En cuanto me vio, hizo girar el taburete para quedar de cara a mí, me cogió de las muñecas y se inclinó hacia mí para poder oírme.

Sabía que seguía con sus problemas de audición, pero no le pregunté por ello. Me hizo mucha ilusión volver a verle tras enterarme de que tenía que dejar la banda. Creo que se alegró de ver a alguien que le recordaba de sus tiempos con AC/DC y estuvo tan amable como de costumbre.

Pasamos un buen rato, pero no mencionó a la banda en ningún momento, y yo tampoco dije nada al respecto. Me acompañaba un amigo que hace un espectáculo de revista una vez al mes en el centro de Savannah. Se lo presenté a Brian y le conté que iba a debutar en la comedia una semana más tarde en su competición anual. Brian, que siempre ha sido el mejor sentenciando, al oír que iba a actuar, me apretó las muñecas y me sacudió mientras exclamaba: «¡Oh, Suzy! ¡Va a ser lo más aterrador que hayas hecho en tu vida!». Los dos nos reímos y le di las gracias por los ánimos. Fue todo un placer volver a verle, pero mientras me marchaba no pude evitar preguntarme si volvería a verle alguna vez con AC/DC.

La nueva alianza entre Angus y Axl Rose se prolongó más allá de la gira de Rock Or Bust. Al terminar la gira con AC/DC, Axl Rose se marchó a hacer su propia gira con Guns N' Roses, Not In This Lifetime. El 9 de febrero de 2017, Guns N' Roses voló a Sidney para una actuación. En cuanto aterrizaron, les dijeron que no podían bajar del avión hasta recibir autorización.

Como explicó David Finelli en *Guitar World*: «El bajo de Guns N' Roses, Duff McKagan, explicó en Instagram que Young les había gastado una broma pesada cuando aterrizaron en el aeropuerto de Sidney para iniciar la última etapa de su ridículamente exitosa gira… Not In This Lifetime. Según parece, el grupo fue retenido en el avión durante muchísimo rato, a causa de lo que la tripulación de la aerolínea denominaba "controles de seguridad." Así que Axl, Slash, Duff, Richard Fortus y el resto esperaron… y esperaron… y esperaron… hasta que de repente apareció Angus con un chaleco naranja como si fuera un trabajador del aeropuerto».

Justo lo que había deseado para Angus; trabajar con Axl y pasar tiempo con los miembros de Guns N' Roses le sentaba bien. Había finalizado su gira y ahora se dedicaba a hacer bromas a otra banda. Había pasado mucho tiempo desde que los componentes de AC/DC se gastaban bromas entre sí, había que remontarse a cuando Bon Scott todavía estaba vivo. Bon siempre le decía a Angus que «saliera ahí fuera y se comportara como un niño grande» y me alegró ver que volvía a disfrutar. El 23 de junio, Angus volvió a sorprender a los componentes de Guns N' Roses en Hannover, Alemania, tocando «Whole Lotta Rosie», y el 13 de julio de 2017 se unió a ellos en su concierto de Nijmegen, Países Bajos, y tocó «Riff Raff».

El 20 de julio *Blabbermouth* publicó que Rufus Publications iba a lanzar *Rock Or Bust: The Official Photographic Tour Book* en octubre. Incluía una introducción escrita por el propio Angus y era el primer libro oficial de AC/DC. El libro, que incluye fotografías del fotógrafo musical Ralph Larmann, recoge un increíble viaje fotográfico sobre la banda y sus fans, y sobre el increíble vínculo que existe entre ambos.

El 31 de julio, Brian Johnson sufrió un accidente de coche. Dio varias vueltas de campana con su Austin A-35 durante las carreras clasificatorias de Silverstone, en el Reino Unido. Seguía con su pasión por los coches de carreras y fue un milagro que saliera ileso. Los fans se alegraron de que Brian estuviera bien, pero se sintieron decepcionados al ver que trataba de quitarle importancia proclamando: «¡Era una máquina muy rápida!»

Según parece, el accidente no consiguió que se tomara las cosas con más calma, porque apenas un mes más tarde, el 27 de agosto, Brian apareció por sorpresa en el Festival de Reading, en Inglaterra, con la banda Muse cantando «Back In Black». Ese mismo año también había aparecido junto a Robert Plant y Paul Rodgers.

Para los fans fieles a AC/DC, este periodo fue probablemente el más deprimente y confuso de la historia de la banda. Al terminar la gira de Rock Or Bust, se habían separado y cada uno había tirado por su lado, y durante todo el año siguiente hubo rumores de que Angus estaba trabajando con Axl Rose en un nuevo álbum. Por lo que a mí respecta, apoyaría a Angus hiciera lo que hiciera, aunque vendiera entradas para ver cómo afina sus guitarras, pero hay gente que es mucho más estricta. Creo que es su vida, su legado y que tiene todo el derecho del mundo a seguir adelante, y a tocar con quien quiera.

El 22 de octubre de 2017, mientras Malcolm luchaba contra su enfermedad, su hermano mayor, George Young, que era también su coproductor, mentor y colaborador, falleció a la edad de 70 años en Sidney, Australia, de un cáncer de pulmón. George había estado en la banda The Easybeats, que fue muy popular en los años sesenta del siglo XX, y había escrito el éxito «Friday On My Mind.» Sin él, AC/DC no existiría. Fue precisamente ver cómo George se convertía en estrella del pop, la fama, el reconocimiento y las chicas, lo que llevó a Angus y a Malcolm a seguir sus pasos.

Cuando George se dio cuenta de que sus hermanitos tenían talento, hizo todo lo que estuvo en su mano para ayudarles. La primera vez que estuvieron en un estudio fue con él y junto con Harry Vanda fue el coproductor de los cinco primeros álbumes de AC/DC. Enseñó a Malcolm y a Angus a escribir canciones, y cuando estaban empezando, tocaba la batería o el bajo siempre que hacía falta. George Young fue incluido junto a Harry Vanda en el Salón de la Fama de la Industria Musical Australiana en 1988.

Angus, en su propio nombre y en el de Malcolm, rindió un homenaje a George en Facebook: «Con todo el dolor de nuestro corazón, tenemos que comunicar la muerte de nuestro querido hermano y mentor George Young. Sin su ayuda y asesoramiento, AC/DC nunca habría existido».

«Era músico, compositor, productor, asesor y muchas, muchísimas cosas más; no es fácil encontrar a un hombre más profesional y entregado.» Su hermano pequeño añadió: «Ni a un hermano mejor. Por todo lo que hizo y nos dio a lo largo de su vida, le recordaremos siempre con gratitud y siempre lo llevaremos en el corazón».

«Albert confirma con gran pesar el fallecimiento de George Young», dijo David Albert, el CEO de Alberts Music; según *Billboard* afirmó: «George, un consumado compositor, productor pionero, artista, mentor y músico extraordinario, era sobre todo un caballero modesto, entrañable, inteligente y leal, un hombre con un maravilloso sentido del humor». Y añadía: «George fue todo un pionero que, junto a sus buenos amigos Harry Vanda y Ted Albert, creó un nuevo sonido para la industria musical australiana».

Rick Brewster de The Angels contó en *The Music Network*: «George era sin duda un músico increíble, pero era mucho más que eso… Fue un mentor para nosotros y para muchos otros. Tenía una capacidad instintiva para guiarnos con comentarios sutiles, que nos servían de inspiración y que al final sacaban lo mejor de nosotros. Alentaba la originalidad y conseguía que se nos ocurrieran buenas ideas. El ambiente era muy importante para George. Y cuando cogía una guitarra acústica, era como escuchar a un hombre orquesta. Su meñique se convertía en el tambor repicador, su pulgar tocaba la línea de bajo, los otros dedos tocaban los acordes y él cantaba la melodía». El *New Daily* de Australia definió a George como «el arquitecto del rock» y Harry Vanda dijo: «Descansa en paz mi querido amigo».

Era una familia celosa de su intimidad, así que el público no sabía nada de la enfermedad de George. Pero para la familia debió ser terrible, ya que coincidió con la dolencia de Malcolm. Angus había tenido que superar muchos obstáculos para sacar el último álbum y terminar la gira, y entonces falleció George. Perder a un hermano siempre es algo muy duro, pero para Angus y Malcolm George era mucho más que eso. Era su maestro, su asesor y su productor, y también el verdadero abanderado de la familia. En menos de un mes, sin embargo, Angus perdería a otro hermano, uno que siempre había estado a su lado, hasta el final.

El fin de semana del 18 de noviembre de 2017 me encontraba en Charleston celebrando el cumpleaños de mi hermana. La noche antes habíamos salido todos a cenar por ahí y de compras. Mientras volvíamos a casa, pusieron «T.N.T» en la radio, así que como era de esperar nos pusimos a cantarla. Yo dije a grito pelado para que me oyeran que me encantaba esa canción, porque podías distinguir claramente la voz de Malcolm haciendo los coros. Cuando llegamos a casa, seguimos con la fiesta. Nos pusimos a ver algunos vídeos de AC/DC en la tele y estuvimos bailando hasta que no pudimos dar ni un paso más.

Bajamos el volumen. Entonces me quedé mirando la pantalla y dije: «Sabéis, Malcolm no va a estar mucho más tiempo en el hospital, porque su hermano George no lo va a permitir». Sabía que Malcolm llevaba mucho tiempo enfermo. Hacía años que no sabía quién era y que no podía recordar las canciones que había escrito, así que no puedo ni imaginarme lo doloroso que debió ser para la familia.

Esa noche, antes de meterme en la cama, miré el móvil y vi que tenía un correo de un buen amigo mío que vive en Australia. Me contaba que Malcolm había muerto y que quería que lo supiera antes de que saliera en las noticias. Llevaba años temiendo recibir ese mensaje, pero a la vez me sentí aliviada porque Malcolm por fin era libre. Esa noche lloré hasta que me quedé dormida y seguí llorando muchos días más. Siempre le agradeceré a mi amigo que me lo contara y me evitara así descubrirlo en las noticias. Cuando me desperté la mañana siguiente, todas las cadenas de EE.UU. estaban dando la noticia.

Tras luchar contra la demencia durante más de tres años, Malcolm falleció a la edad de 64 años en Lulworth House, Elizabeth Bay, rodeado de sus seres queridos. Me gusta pensar que, con todo el consuelo y la felicidad que su música proporcionó a millones de personas, en su último viaje pudo sentir la enorme oleada de amor que se derramó por él en todo el mundo. Malcolm era un gigante de la industria, a pesar de que nunca se comportó como tal. Millones de personas sintieron profundamente su muerte.

AC/DC hizo un comunicado oficial el 18 de noviembre de 2017: «Hoy con toda la pena de nuestro corazón los miembros de AC/DC tenemos que anunciar que Malcolm Young ha muerto. Malcolm, junto con Angus, fue el fundador y creador de AC/DC. Con su enorme dedicación y compromiso, fue siempre la fuerza que impulsó a la banda. Como guitarrista, compositor y visionario, fue un perfeccionista, alguien único. Siempre fue fiel a sí mismo, e hizo y dijo lo que quería. Estaba orgulloso de todo lo que había conseguido. Su lealtad para con sus fans no tiene parangón».

Angus Young añadió: «Como hermano suyo que soy, me resulta imposible explicar con palabras lo que ha significado para mí a lo largo de mi vida, teníamos una conexión única y muy especial. Deja tras de sí un enorme legado que perdurará para siempre. Bien hecho, Malcolm».

En un segundo comunicado, la banda declaró que Malcolm había muerto ese sábado, en paz y rodeado de sus seres queridos. «Malcolm, famoso por su gran talento musical, fue un compositor, guitarrista, intérprete, productor y visionario que sirvió de inspiración a muchos. Supo desde el primer momento lo que quería conseguir y, junto a su hermano Angus, se adueñó de la escena mundial dándolo todo en cada concierto. Sus fans se merecían eso y más. Malcolm deja a su cariñosa esposa, Olinda, a sus hijos, Cara y Ross, a su yerno Josh, a tres nietos, a una hermana y a un hermano. La familia agradece todo vuestro apoyo y vuestras sinceras condolencias, pero os piden que respetéis su privacidad en estos momentos de dolor y tristeza.»

Brian Johnson escribió en su página web: «Durante 32 años estuvimos uno al lado del otro sobre el escenario. Estoy enormemente apenado por la muerte de mi amigo Malcolm Young. No puedo creer que se haya ido. Lo pasamos genial en las giras. Siempre supe que era un genio con la guitarra, sus riffs se han convertido en toda una leyenda, como él mismo… Ha dejado un legado que pocos pueden igualar. Nunca le gustó la notoriedad propia de la fama; era demasiado modesto para eso. Fue el artífice de AC/DC, porque como bien dijo: "Ahí fuera no había rock 'n' roll". Estoy orgulloso de haberlo conocido y de ser su amigo, y voy a echarle muchísimo de menos. Yo te saludo, Malcolm Young».

El guitarrista australiano Joe Matera rememora cómo se enteró de la muerte de Malcolm: «Iba conduciendo y oí la noticia por la radio. Me quedé en shock, no me lo podía creer. Me sentí como si acabara de perder a un amigo. No conocía personalmente a Malcolm ni le había entrevistado nunca, pero había crecido con la música de AC/DC y Malcolm formaba parte de la historia de la música australiana. De alguna manera, era como si formara parte de nuestras vidas. Fue un día muy triste para todos. Recuerdo que una emisora de radio de Melbourne canceló la programación habitual y se pasó 24 horas poniendo música de AC/DC y sacando en antena a oyentes que llamaban para compartir sus anécdotas sobre la banda y sobre Malcolm».

Slash de Guns N' Roses dijo en *Rolling Stone*: «Malcolm Young era unos de los mejores guitarristas rítmicos de rock 'n' roll que han existido. Era un compositor fantástico y además tenía un gran sentido de la ética del trabajo. Toqué con AC/

DC en su gira de Stiff Upper Lip. Y me di cuenta de que Malcolm era un tipo realmente genial y centrado. Todo el mundo del rock 'n' roll está destrozado por su muerte». Nancy Wilson del grupo Heart añadió: «Malcolm Young era la personificación misma del rock. Su forma de tocar la guitarra rítmica no precisaba ningún adorno. Estableció la verdad pura y dura sobre la guitarra, y nos enseñó a todos la "ética de que menos es más"».

Ozzy Osbourne tuiteó: «Muy triste tras enterarme de la muerte de otro amigo, Malcolm Young. Le recordaremos siempre. Dios bendiga a AC/DC». Disturbed declaró, «No tengo palabras… solo lágrimas. Descansa empoderado Malcolm Young». Nikki Sixx de Mötley Crüe dijo: «Tengo el corazón roto por la muerte de Malcolm Young. No solo fue cofundador de una de las bandas más grandes que han existido, sino que además co-escribió las canciones que a muchos de nosotros nos sirvieron de inspiración para acabar en una banda. Mis condolencias a toda su familia, a los miembros de la banda y a sus fans. RIP fenómeno».

Malcolm fue un verdadero fenómeno que luchaba por aquello en lo que creía: insistió en grabar a la banda en vivo en el estudio, en que el grupo nunca iba a tocar baladas, y en que nadie, ni siquiera el famoso productor Eddie Kramer, iba a añadir teclados a sus canciones. Pero Malcolm no fue solo un genio, un pionero y un icono del rock; también fue una de las personas más buenas que he conocido. Siempre fue súper agradable conmigo, desde que nos conocimos en agosto de 1977 hasta la última vez que hablamos durante la gira de Black Ice. Siempre acabábamos charlando de los viejos tiempos y de Bon. Fueran cuales fuesen las circunstancias, Malcolm siempre tenía tiempo para saludar y charlar un rato.

El 1 de noviembre de 2008, la noche que mi hijo y yo visitamos a Malcolm y Angus en el *backstage* del Allstate Arena de Chicago, ocurrió algo muy gracioso. Estábamos solo nosotros cuatro conversando tranquilamente, cuando llamaron a la puerta. Tim, su *tour manager*, entró de mala gana y pidió perdón por la interrupción. Nos dijo que el director de Guitarras Gibson estaba fuera y que quería pasar a saludarles. Como es natural, pensé que eso ponía fin a nuestra visita, pero Malcolm nos miró a mi hijo, a mí y a Angus, y luego levantó la vista hacia Tim y dijo: «No». Tim salió apresuradamente de la habitación y nosotros seguimos charlando como si nada. Tras la muerte de Malcolm, le recordé a mi hijo lo increíblemente especial que había sido. Será siempre uno de mis mejores recuerdos de él.

Los sentidos homenajes se sucedían. El escritor Stephen King dijo: «RIP Malcolm Young. El hombre amable y tranquilo. Solo hacía ruido con la guitarra. AC/DC por la noche en mi casa, y alto. El rock 'n' roll no es contaminación acústica».

Dave Mustaine de Megadeth tuiteó: «Tengo que irme… Me estoy perdiendo que Malcolm nos ha dejado. Lo odio…». Tom Morello afirmó que Malcolm era el

Malcolm Young, Cliff Williams, Angus Young y Brian Johnson el 6 de Mayo de 2011.

número uno, el guitarrista rítmico más grande de toda la historia del rock "n" roll. Paul Stanley de Kiss dijo: «El motor que impulsaba a AC/DC ha muerto. Un final trágico para un icono a veces olvidado. Sin duda uno de los más grandes. R.I.P.».

El guitarrista legendario Eddie Van Halen escribió: «Es un día triste para el rock 'n' roll. Malcolm Young era mi amigo, y el corazón y el alma de AC/DC. En nuestra gira europea de 1984 pasé algunos de los mejores momentos de mi vida junto a él. Le echaré de menos. Mis más sinceras condolencias para los miembros de la banda y para su familia y amigos».

Malcolm Young fue enterrado el 28 de noviembre de 2017 a las 11.00 am en una ceremonia privada en la catedral de St. Mary, en Sidney. Al funeral, además de los familiares de Malcolm, su esposa Olinda, su hijo Ross, su hija Cara y su yerno Josh, asistieron Brian y Brenda Johnson, Cliff Williams, Phil Rudd, Fifa Riccobono, Mark Evans, Jimmy Barnes, el promotor Michael Chugg, Angry Anderson, Harry Vanda, John y Rick Brewster, Denis Handlin de Sony, el director de Alberts Records David Albert y el sobrino de Malcolm, Bradley Horsburgh, que dio un panegírico.

Todos los asistentes recibieron un recordatorio con una púa de guitarra negra; por una cara tenía las letras M e Y separadas por el rayo de AC/DC y por la otra la fecha de su nacimiento y de su muerte. El recordatorio decía: «La familia de Malcolm te da las gracias por tu amor, tu apoyo y tu inmenso derroche de cariño durante todo este tiempo. Os pide que recordéis a Malcolm como un hombre generoso y de inmenso talento. El enorme legado que deja a su familia y a la industria de la música perdurará para siempre».

Antes de la ceremonia, Angus colocó sobre el féretro la guitarra de Malcolm, una Gretch de 1963 apodada «la Bestia.» Mientras cientos de fans le lloraban fuera, el coro cantó «Sublime Gracia», «El señor es mi pastor» y «Jerusalén».

Con la intención de homenajear a ese hombre humilde y generoso, monseñor Toni Doherty dijo a los asistentes: «De vez en cuando, solo muy de vez en cuando, aparece alguien que es capaz de comprender de verdad, que tiene el don de transmitir todas esas necesidades y emociones a través de la música. Este genio de la música y el canto ha sido cruelmente silenciado», y añadió, «su ritmo conseguía conmover le ritmo de nuestros corazones».

Lance Mitchell, fan de AC/DC, y Jack, su hijo de seis años, estaban esperando fuera y Margaret Young les invitó a entrar a la iglesia. Después, presentó a todos los miembros de la banda a Jack; que apareciera un fan de seis años con una camiseta de AC/DC resultaba de lo más apropiado, si lo piensas. Mitchell dijo: «Como es habitual con los Young, no se habló para nada de fama ni de dinero».

Durante la ceremonia, se dijo que Malcolm era «uno de los mejores guitarristas rítmicos de todos los tiempos cuyos riffs legendarios y cuya determinación para crear la mejor música de rock de todos los tiempos… perdurará como legado para las generaciones futuras». Pero, sobre todo, en la ceremonia se habló de su carácter humilde y tranquilo, de que no le iban nada la fanfarria ni la fama, de que siempre anteponía a la familia, de su gran dedicación al trabajo y de lo mucho que quería a sus amigos.

Bradley, el sobrino de Malcolm, dijo en la BBC: «Casi podríamos culparle personalmente del aumento del nivel del mar provocado por el exceso de anclas perdidas en el mar… Malcolm nos ha dejado demasiado pronto, pero la chispa de su talento perdurará para siempre». Otro miembro de la familia recordó una vez que habían salido de compras, salida que terminó en cuanto Malcolm se hubo comprado dos tejanos y seis camisetas negras.

Fue una reunión íntima teniendo en cuenta la enorme fama de Malcolm, pero fue un homenaje precioso. Tras la ceremonia, Angus cogió la guitarra de Malcolm y con Ross a su lado bajó las escalinatas de la catedral detrás de la banda Scots College Pipes and Drums Band, mientras tocaban con la gaita el solo de «It's A Long Way To The Top». Angus esperó a que metieran el féretro en el coche fúnebre y luego dejó la guitarra junto a él. Mientras se alejaban en coche para ir a celebrar un entierro íntimo, los gaiteros tocaron «It's A Long Way To The Top», «Waltzing Matilda» y «Along The Road To Gundagai».

Ver la cara de los miembros de la banda mientras salían de la iglesia resultaba desgarrador, sobre todo la de Cilff. Fue muy doloroso ver como Brian Johnson rompía a llorar y cómo Angus se esforzaba en mantenerse sereno delante de la familia. Era evidente que todos los miembros del grupo estaban desolados. La foto en la que se ve a Angus delante de la iglesia sujetando la guitarra de Malcolm se ha convertido en una de las imágenes más tristes de la historia del rock 'n' roll.

Los homenajes a Malcolm en forma de canciones, dedicatorias, murales y vallas publicitarias se sucedieron en todo el mundo; quedó claro que su muerte había impactado a millones de seguidores. No solo dentro de la industria de la música, sino también entre los fans de a pie que conectaban con AC/DC, algo que Malcolm no olvidó jamás. De hecho, consideraba que la música era el trabajo para el que había nacido. Tenía los medios para llevar una vida lujosa, pero optó por dedicar su tiempo a la familia; todo lo que necesitaba eran unos tejanos y una camiseta negra.

El fotógrafo Philip Morris, que conocía a Malcolm desde los inicios de su carrera, dijo: «Malcolm estaba enteramente dedicado a sus fans y aunque se le conoce por ser un hombre de negocios duro, creo sinceramente que el éxito de AC/DC no era su objetivo principal. Opino que desde el primer momento estuvo convencido de que estaba en la mejor banda del mundo, así que no tenía nada que demostrar en este sentido. Solo quería que los fans vivieran la mejor experiencia posible y nunca olvidó gracias a quién estaban donde estaban él y la banda».

Darren Goulden recuerda: «Conocí a Mal en el bar del hotel Britannia, en Manchester, Inglaterra, y me trató como si nos conociéramos de toda la vida. En 1988 fui a Holanda para ver a AC/DC y tras el concierto me esperé delante de la entrada del *backstage* con la esperanza de ver a la banda cuando salieran. Estaba diluviando y uno de los de seguridad se acercó a mí y me dijo que le siguiera. Me llevó hasta donde se encontraba Malcolm. Mal dijo: "¿Qué demonios estás haciendo aquí, con la que está cayendo?" A lo que yo respondí: "Esperándote". Malcolm dijo: "El mes que viene vamos a tocar en Londres", y yo dije: "Sí, ya lo sé". Creo sinceramente que Malcolm apreciaba esta clase de entrega, porque desde ese momento siempre se preocupó de que yo estuviera bien atendido».

'Pyro' Pete, que había trabajado para la banda desde 1982, tenía esto que decir: «Malcolm era un tipo muy, muy frío y tranquilo. Era intenso cuando tocaba. Pero antes o después del concierto era un tipo muy normal. Estaba eso de saberse el nombre de todo el mundo. Si no se acordaba de tu nombre, se lo preguntaba a alguien. Siempre saludaba y siempre te preguntaba cómo te iban las cosas y escuchaba lo que le decías. En los ochenta me lesioné cuando un mortero que estaba cargando en los cañones explotó. Pasé unos días en el hospital y luego tuve que tomarme un descanso. Me llamaron todos los miembros de la banda para preguntarme cómo estaba y cuándo iba a regresar».

«Cuando volví a unirme a la gira, todos se acercaron para ver cómo estaba. Me dijeron que fuera al camerino y Malcolm me dijo que se alegraba de que estuviera bien y que estaba encantado de que estuviera de vuelta. Fue realmente sincero. Estaba claro que lo decía de corazón. Todavía conservo un enorme cráneo de plástico de Halloween, de los que se cuelgan en la pared, firmado por todos los miembros de la banda y del equipo. Es una de mis posesiones más preciadas.»

Al preguntarle qué había sentido cuando se enteró de la muerte de Malcolm, 'Pyro' contestó: «Me quedé realmente triste cuando oí las noticias. Estaba triste a muchos niveles: porque el mundo del rock 'n' roll acababa de perder a un gigante, porque el mundo había perdido a una persona realmente agradable y auténtica, pero sobre todo porque Angus había perdido a un hermano. Adoro todo el tiempo que he pasado con AC/DC. Son las personas más realistas para las que he trabajado. Personas realmente increíbles, cariñosas, que amaban su música y que amaban sinceramente a sus fans».

Darren Goulden recuerda: «En la gira de Razors Edge, cuando la banda tocó en el Wembley Arena, esperé fuera para saludar a la banda cuando llegaran para el concierto. Poco después de que entraran, un miembro del equipo se asomó a la puerta y me preguntó si tenía entrada para el concierto. Le dije que sí y me dijo que Malcolm lo había enviado para asegurarse de que estaba bien y de que, en el caso de que no tuviera entrada, me daban una». Es tan solo un ejemplo de cómo se preocupaba Malcolm por sus fans.

En una ocasión, un fan había recorrido cientos de kilómetros haciendo autostop para ir a uno de sus conciertos, pero no había podido conseguir una entrada. Malcolm salió y se disculpó porque no había podido conseguirle una entrada, pero cuando se enteró de lo lejos que venía, le dio dinero suficiente para que pudiera comprarse un billete de avión para regresar a casa. También estuvo lo de aquella noche, durante la gira de Ballbreaker, en la que un fan llamado Peter Lewis fue al *backstage* para conocer a los chicos y les pidió que le firmaran *Back In Black* y una copia pirata de *Live At Atlantic Studios*, por la que había pagado 110 dólares. Cuando Malcolm se enteró, fue a buscar a Fifa Riccobono, que trabajaba para Alberts Music y había trabajado con la banda desde el principio. Malcolm le dijo que todo ese tema de la piratería tenía que acabar, que era inaceptable que los fans pagaran esas cantidades de dinero. Lewis añade: «No había pasado ni un año de eso cuando sacaron a la venta la caja recopilatoria *Bonfire*, en la que daban las gracias a los fans por haberles dado la idea. Me quedé flipado y siempre me pregunté si todo había empezado aquella noche».

Philips Morris añade: «La forma de tocar de Malcolm influyó en muchos músicos destacados. Eddie Van Halen describe a Malcolm como el corazón y el alma de AC/DC. Los Rolling Stones le consideraban un igual. Y era el líder de AC/DC, dentro y fuera del escenario. Hace 45 años yo no tenía ni idea de la extraordinaria banda que iba a llegar a ser AC/DC; pero supe desde el primer momento que tenían algo que los diferenciaba de la mayoría de bandas de aquel entonces: los riff únicos y potentes de Malcolm, la forma de tocar la guitarra que tenía Angus como un maníaco mientras se contorneaba frenéticamente por el escenario, las letras de Bon que eran las de un hombre del pueblo convertido en poeta callejero… con todo eso, con el respaldo de Alberts Music y con el extraordinario talento de su hermano George, estaba claro que estaban predestinados a triunfar en todo el mundo, como había dicho el propio Malcolm justo cuando les conocí».

«Han seguido adelante gracias a la determinación de Malcolm; pertenecía a una gran familia de músicos y Malcolm se inspiraba en muchos de los grandes músicos de rock 'n' roll. AC/DC no se desvió nunca de aquello en lo que creían, que no era otra cosa que tocar un rock 'n' roll puro y bueno. Se convirtieron en el espectáculo más grande del mundo y la lucidez de Malcolm fue la clave para conseguir un gran riff, (pero) a pesar de su riqueza nunca olvidó sus raíces humildes, nunca sintió que era una estrella de rock, para él era un trabajo de nueve a cinco. Era un genio, pero de lo más humilde. Rocanrolea en paz, Malcolm».

Es un hecho que Malcolm Young, junto con sus hermanos, transformó el sonido del rock 'n' roll y dejó un rico legado musical que perdurará para siempre jamás. Qué extraordinario que incluso tras la muerte de Malcolm, el hombre que consiguió reunir a AC/DC por primera vez, consiguiera hacerlo de nuevo.

26. 21-Gun Salute

¡Tras la muerte de Malcolm, muchos fans y críticos pensaban que Angus debía tirar la toalla o cambiarle el nombre a la banda! Después de la gira de Rock Or Bust, por internet circulaban decenas de rumores sobre si estaba grabando un álbum nuevo con Axl Rose y sobre si algunos miembros de Guns N' Roses podrían unirse a ellos en el caso de que decidieran salir de gira. En internet había un montón de suposiciones disparatadas y de comentarios incendiarios afirmando que AC/DC estaba acabado. ¿Perdón? ¿Le dijo alguien a Picasso que dejara de pintar al llegar a cierta edad? ¡Pues eso!

Los fans leales sabían que Angus no iba a tirar la toalla. Y tras ver la cara de los miembros de la banda en el funeral de Malcolm, yo sabía que los tíos que conocían a Malcolm casi tan bien como a Angus no permitirían que este último se viniera abajo. Unos meses más tarde de que todos se reunieran para homenajear a Malcolm, Angus y Ellen fueron vistos cenando con Brian y Brenda Johnson en Florida. En cuanto me enteré, supe que estaba pasando. Las especulaciones seguían, pero era evidente que algo se estaba cociendo en AC/DC y todo el mundo estaba ansioso por saber de qué se trataba.

A partir de agosto de 2018, además de los rumores sobre que Angus había vuelto al estudio, empezaron a aparecer en internet fotografías de AC/DC en el estudio de Bryan Adams, The Warehouse de Vancouver. El 8 de agosto, Brian Johnson y Phil Rudd fueron fotografiados en la terraza de The Warehouse fumando y riendo. Al día siguiente apareció otra foto, esta vez de Angus y Stevie. Al parecer, un vecino que vivía en un edificio cercano a The Warehouse estaba haciendo fotos que luego colgaba en internet, lo que obligó al estudio a poner una sombrilla en la terraza.

El 22 de agosto Paul Cashmere escribió un artículo para el *Vancouver Noise 11* titulado: «AC/DC cabreado al ser descubierto en Vancouver»: «La cadena de acontecimientos empezó cuando Phil Rudd y Stevie Young fueron vistos por las calles del centro de Vancouver. Rudd a todos los efectos había sido destituido tras el último álbum. El mero hecho de que hubiera salido de Nueva Zelanda ya era todo un notición, pero todavía lo era más que anduviera por ahí con el sustituto de Malcolm, su sobrino Stevie. Unos días después, Brian Johnson también fue fotografiado en Vancouver.»

El presentador de radio Eddie Trunk, basándose «en una fuente muy fiable y bien informada», que le tenía al día sobre la banda, dijo: «Me contó que le habían dicho que el álbum era… cosa hecha, que habían ido a ese estudio de Canadá y lo habían grabado». También se especulaba sobre si el disco iba a ser un homenaje a Malcolm y sobre si incluiría algunas de sus pistas de guitarra. Trunk afirmó: «Malcolm tenía un montón de cosas grabadas con las que estuvieron trabajando y que de algún modo incorporaron en la grabación».

Finalmente publicaron una fotografía en la que aparecían Brian Johnson y Cliff Williams en un ascensor con su entrenador en Vancouver. Eso confirmaba que Williams se había unido al grupo, a pesar de haber anunciado que se retiraba dos años antes. Estaban todos los miembros de la gira de Black Ice y además Stevie, lo que significa que los chicos iban a regresar a lo grande. Y era un hecho probado que estaban trabajando de nuevo con el productor Brendan O'Brien y el ingeniero Mike Fraser.

El 30 de enero de 2019, el *JAM Magazine* publicó que, según sus fuentes, el nuevo álbum de AC/DC iba a estar dedicado a la memoria de Malcolm Young y que incluiría fragmentos tocados con su guitarra rítmica de sesiones de grabación de varios años antes de que grabaran *Black Ice*.

Tan solo unos días antes, Brian Johnson había coincidido con el grupo Terrorizer en el aparcamiento del aeropuerto de Los Ángeles. Según los miembros de dicha banda, cuando le preguntaron si había nuevo álbum, Brian les dijo: «Que sí, y que estaba harto de negarlo». Teniendo en cuenta lo hermética que era toda la organización de AC/DC, se trataba de una primicia de lo más emocionante.

Otras fuentes publicaron que cinco años antes de *Black Ice*, Malcolm y Angus vivían juntos y habían escrito literalmente cientos de canciones; muchas habían sido grabadas y luego descartadas. Se dijo que Angus había seleccionado los mejores temas y los había incorporado a la grabación.

Finalmente, el 13 de abril de 2019, Joe Divita publicó en *Loud Wire*: «A principios de esta semana Mike Fraser, el ingeniero de AC/DC, confirmó que las leyendas del rock habían estado grabando en el estudio, poniendo fin así a una serie de rumores que circulaban». Cuando le preguntaron si Brian Johnson era el cantante, Fraser se rio y dijo: «Eso creo». Las palabras de alguien que había trabajado en los últimos cuatro álbumes de AC/DC eran la mejor opción después de las de los propios miembros de la banda, así que dieron pie a un montón de especulaciones sobre cuándo saldría el nuevo álbum y si volverían a salir de gira.

Durante el mes de julio, las emisoras de radio no paraban de repetir que la aparición del nuevo álbum era inminente. Y entonces AC/DC rompió su silencio en las redes sociales para anunciar el 49 aniversario de *Highway To Hell*. El 17 de julio, Scott Munro escribió en *Classic Rock*: «La cuenta de Facebook de la banda había permanecido inactiva desde la muerte del guitarrista Malcolm Young en noviembre de 2017, mientras que su cuenta de Twitter no había sido actualizada desde marzo de ese mismo año. Pero acaban de subir un vídeo en el que aparece el logo de AC/DC y *Highway To Hell*: 1979-2019 con la leyenda: "¡Celébralo con nosotros a lo largo de todo el mes! ≠H2H40." De fondo suena el famoso riff del tema. También han actualizado la portada de su Facebook: han puesto la foto de la banda que usaron para la portada del disco».

Una semana antes, Andy Greene había dicho en *Rolling Stone*: «La serie musical *Life On The Road* dirigida por Brian Johnson, el cantante de AC/DC, que se emitió en el Reino Unido y en Irlanda en 2017, será emitida por America's AXS TV en septiembre. En ella Johnson viaja por todo el globo para entrevistar a estrellas de rock como Roger Daltrey, Robert Plant, Sting, Billy Joel, Nick Mason, Lars Ulrich, Paul Rodgers y otros muchos, y preguntarles por los años de formación, por su música y sus aficiones actuales». «Sentarme y charlar con mis amigos y héroes mientras rodábamos *On The Road* fue ridículamente divertido», dijo Brian.

Cada mes de mayo se celebra un «Bonfest» en Kirriemuir, la ciudad natal de Bon Scott, en Escocia, en el que los fans se reúnen alrededor de su estatua y le rinden homenaje. El International Bon Scott Rock Festival celebrado en mayo de 2020 se prolongó durante tres días y fue todo un éxito de asistencia. Casi 40 años después de que Bon Scott dejará este planeta, su legado sigue adelante. No es fácil encontrar otro cantante que haya perdurado tanto tiempo, al que se haya homenajeado tanto y que haya servido de inspiración a tantos fans.

En Perth, Australia, también se organiza un homenaje anual a Bon Scott y el 1 de marzo de 2020, para conmemorar el cuadragésimo aniversario de su muerte, cerraron 10 kilómetros de la carretera principal para que 10 camiones en los que viajaban distintas bandas pudieran desplazarse lentamente en dirección a Canning Highway. El concierto reunió a varios artistas, que interpretaron distintos temas de AC/DC subidos en la parte de atrás de dichos camiones, así como en distintos puntos a lo largo del recorrido.

Como Steph Harmon publicó en *The Guardian*: «El propio evento es un homenaje al videoclip de un éxito de AC/DC anterior, "It's A Long Way To The Top" en el que aparecía la banda tocando en el remolque de un camión que circulaba por la calle Swanston de Melbourne».

Hablando de la longevidad de AC/DC, John Doran escribió en el número especial de 2005 de *Metal Hammer*: «Ellos (Angus y Malcolm) supieron ver lo que no funcionaba en el rock y lo eliminaron, dejando solo un rock primitivo basado en riffs y propio del hombre de las cavernas, un rock que era tan simple y eficaz que durante las tres décadas siguientes se convirtió en un estilo fácilmente reconocible y muy copiado».

Rick Brewster de The Angels dijo: «Son el mejor ejemplo de una banda que empezó con una idea muy clara y que se negó a desviarse de ella. AC/DC llevó el "elemento circense" del rock 'n' roll a un nuevo nivel. Se apropiaron de las excentricidades de Jerry Lee Lewis, Chuck Berry, Jimi Hendrix…y las convirtieron en un gran espectáculo cuya verdadera fuerza siempre ha estado en la música, en las canciones y el talento musical.»

Rick Rubin, uno de sus principales fans y el productor de *Ballbreaker*, dijo en *Classic Rock*: «Me gustaría hacer constar que son la mejor banda de rock 'n' roll de todos los tiempos. No escribían letras emotivas. No tocaban canciones emotivas. Toda la emoción está en el ritmo. Y ese ritmo es atemporal».

Eran unos músicos increíbles, pero muchos de sus fans no son conscientes de lo asombrosamente centrados que están realmente sus miembros. Su roadie 'Pyro' Pete no tenía ningún trapo sucio que airear: «Resultaron ser justo como había esperado que fueran. Porque cuando los ves en las portadas de los álbumes no son más que unos tíos normales. Unos tipos que podrías encontrarte en un bar, tomando unas copas, o en un partido de fútbol, o en cualquier parte… ¡Y eso es justo lo que eran! Dejando aparte a Angus, que iba con el uniforme escolar, el resto salía al escenario con la misma ropa que llevaba puesta por la calle. Era realmente genial, porque en los ensayos podías encontrártelos por ahí, y si no sabías quiénes eran, podías confundirlos con los que se encargaban de descargar los camiones, o con los técnicos de iluminación o con cualquiera. Con alguien que pasaba por ahí.

¡He conocido a otras «estrellas de rock» que iban vestidas con cuero y licra de arriba abajo, pero estos tíos eran *tíos corrientes*! Si hablabas con ellos acerca de la banda, te contaban que habían creado la banda y habían empezado a tocar en bares; ¡Oyéndolos hablar parecía que habían formado la banda hacía una semana, que habían tocado en un bareto el día antes y que ese día iban a tocar en un estadio!»

'Pyro' siguió hablando sobre lo que otras estrellas de rock pensaban de la banda: «Podías ser cualquiera. Podías ser Eddie van Halen o el tío que tocaba con los teloneros a las dos del mediodía. Y de repente somos tipos que han sido despojados de todo y estamos todos al mismo nivel. Y ese nivel consiste en estar junto al escenario intentando ver tocar a Angus. Recuerdo que pedí a Eddie van Halen y a Valerie Bertinelli que no se separaran de mí. Solía haber tanta gente al lado del escenario que había que acordonar zonas para poder trabajar. Daba igual quién inaugurara el acto, incluso los tíos de Metallica querían conseguir un buen sitio para poder ver a Angus. En muchas ocasiones oías que había una estrella de rock en la mesa de mezclas, tomándose una copa, viendo el concierto y esforzándose por ser visto. Cuando la gente iba a un concierto de AC/DC, quería estar junto al escenario. Los tíos de Scorpions, ZZ Top… dime una banda y seguro que la he visto junto al escenario, con los ojos bien atentos, mirando a Angus».

Como declaró James Kottak, el batería de Scorpions: «¡AC/DC es el Ford, el béisbol y la tarta de manzana del rock 'n' roll!». Rudolf Schenker, guitarrista legendario por derecho propio, añadió: «¡(Su poder de permanencia se debe) a que son fieles a su estilo único y a que son unos grandes músicos!».

Sony Music decidió celebrar el cuadragésimo aniversario del álbum *Back In Black* en julio de 2020. Dicho álbum sigue siendo uno de los diez más vendidos de la historia de la música y también está considerado como un «estándar de la industria sonora», que usan muchos estudios de grabación de Nashville para comprobar la acústica de una habitación; Motörhead lo usaba para ajustar el equipo de sonido. Los fans seguían esperando pacientemente noticias sobre el nuevo álbum y sobre una posible gira, así que en cuanto AC/DC lanzó el álbum homenaje a Malcolm, las ventas volvieron a dispararse. El amor de sus fans y el amor por su música nunca dejará de crecer. AC/DC será siempre la banda proletaria que nunca se desvió de su camino. Malcolm fue quien mejor supo expresarlo: «Siempre hemos sido una banda auténtica. No encontraréis otra más auténtica. AC/DC siempre será AC/DC».

Tras vender más de 200 millones de discos y sumando, AC/DC sigue siendo una de las bandas de rock 'n' roll más puras y con más éxito. ¡Se mantuvieron fieles a su estilo y se dedicaron a hacer aquello que mejor se les daba, que es el rock! Supe desde el día que los conocí que AC/DC se convertiría algún día en una de las bandas de rock 'n' roll más grandes del mundo. ¿Que si me di cuenta realmente en ese momento de la gran repercusión que tendrían algún día en todo el mundo? Probablemente no. Pero Bon sí…

Así fue como sucedió, el rock 'n' rol había nacido, en toda la tierra cada banda de rock producía una tormenta, el guitarrista se hizo famoso, el hombre de negocios se hizo rico, en cada bar había una estrella, presa de una tremenda ansiedad, había quince millones de dedos aprendiendo a tocar, y podías oír los dedos rascando las cuerdas, y esto es lo que tenían que decir. Que se haga la luz…el sonido…la batería…la guitarra… ¡que se haga el rock!

Let There Be Rock

Discografía

Singles en Estados Unidos

It's A Long Way To The Top (If You Wanna Rock 'N' Roll) / High Voltage.
Noviembre de 1976. Atco Records.

Problem Child / Let There Be Rock. *Septiembre de 1977. Atco Records.*

Rock 'N' Roll Damnation / Kicked In The Teeth. *Julio de 1978.*
Atlantic Records.

Whole Lotta Rosie. / Hel Ain't A Bad Place To Be (Live). *Enero de 1979.*
Atlantic Records.

Highway To Hell / Night Prowler. *Septiembre de 1979. Atlantic Records.*

Touch Too Much / Walk All Over You. *Diciembre de 1979. Atlantic Records.*

You Shook Me All Night Long / Have A Drink On Me. *Agosto de 1980.*
Atlantic Records.

Back In Black / What Do You Do For Money Honey. *Diciembre de 1980.*
Atlantic Records.

Let´s Get It Up / Snowballed. *Diciembre de 1981. Atlantic Records.*

Those About To Rock (We Salute You) / T.N.T (Live). *Marzo de 1982.*
Atlantic Records.

Guns For Hire / Landslide. *Septiembre de 1983. Atlantic Records.*

Flick Of The Switch / Badlands. *Noviembre de 1983. Atlantic Records.*

Jailbreak / Show Business. *Octubre de 1984. Atlantic Records.*

Danger / Back In Business. *Julio de 1985. Atlantic Records.*

Shake Your Foundation / Send For The Man.
Octubre de 1985. Atlantic Records.

Who Made Who / Guns For Hire (Live). *Mayo de 1986. Atlantic Records.*

You Shook Me All Night / She's Got Balls (Live). *Julio de 1986. Atlantic Records.*

That's The Way I Wanna Rock 'N' Roll / Kissin' Dynamite. *Mayo de 1988. Atlantic Records.*

Moneytalks / Borrowed Time. *Noviembre de 1990. Atlantic Records.*

Highway To Hell (Live) / Hells Bells (Live). *Diciembre de 1992. Atlantic Records.*

Dirty Deeds Done Dirt Cheap (Live). *Diciembre de 1992. Atlantic Records.*

Big Gun / Back In Black (Live). *Mayo de 1993. Atlantic Records.*

Cover You In Oil (No disponible en venta). *Noviembre de 1995. EastWest Records.*

Dirty Eyes (No disponible en venta). *Octubre de 1997. EastWest Records.*

Rock 'n' roll Train. *Agosto de 2008. Columbia Records.*

Big Jack. *Diciembre de 2008. Columbia Records.*

Anything Goes. *Abril de 2009. Columbia Records.*

Play Ball. *Octubre de 2014. Albert/Columbia.*

Rock Or Bust. *Noviembre de 2014. Albert/Columbia.*

Singles en Australia

Can I Sit Next To You Girl / Rockin' In The Parlour. Julio de 1974. *Albert/EMI Records. Julio de 1974. Polydor Records. (Nueva Zelanda)*

Love Story (Oh Jene) / Baby, Please Don't Go. *Marzo de 1975. Albert/EMI Records.*

High Voltage / Soul Stripper. *Junio de 1976. Albert/EMI Records.*

It's A Long Way To The Top (If You Wanna Rock 'N' Roll) / Can I Sit Next To You Girl. *Diciembre de 1975. Albert/EMI Records.*

T.N.T. / Rocker. *Marzo de 1976. Albert/EMI Records.*

Jailbreak / Fling Thing (cara B no incluída en ningún album). *Julio de 1976. Albert/EMI Records.*

Dirty Deeds Done Dirt Cheap / R.I.P. *Octubre de 1976. Albert/EMI Records.*

Love At First Feel / Problem Child. *Enero de 1977. Albert/EMI Records.*

Dog Eat Dog / Carry Me Home (Cara B no incluida en ningún álbum). *Marzo de 1977. Albert/EMI Records.*

Let There Be Rock (Part 1) / Let There Be Rock (part 2). *Octubre de 1977. Albert/EMI Records.*

Rock 'N' Roll Damnation / Cold Hearted Man. *Junio de 1978. Albert/EMI Records.*

Whole Lotta Rosie (Live) / Dog Eat Dog (Live). *Noviembre de 1978. Albert/EMI Records.*

Highway To Hell / If You Want Blood. *Agosto de 1979. Albert/EMI Records.*

You Shook Me All Night Long / What Do You Do For Money Honey. *Agosto de 1980. Albert/EMI Records.*

Rock And Roll Ain't Noise Pollution / Hells Bells. *Enero de 1981. Albert/EMI Records.*

Let's Get It Up / Snowballed. *Febrero de 1982. Albert/EMI Records.*

For Those About To Rock (We Salute You) / Let There Be Rock. *Agosto de 1982. Albert/EMI Records.*

Nervous Shakedown / Brain Shake. *Octubre de 1983. Albert/EMI Records.*

Flick Of The Switch / Badlands. *Noviembre de 1983. Albert/EMI Records.*

Danger / Hell Or High Water. *Agosto de 1985. Albert/EMI Records.*

Sink The Pink / Back In Business. *Septiembre de 1985. Albert/EMI Records.*

Shake Your Foundations / Stand Up. *Febrero de 1986. Albert/EMI Records.*

Who Made Who / Guns For Hire (Live). *Mayo de 1986. Albert/EMI Records.*

You Shook Me All Night Long / She's Got Balls (Live). *Octubre de 1986. Albert/EMI Records.*

Heatseeker / Go Zone. *Enero de 1988. Albert/EMI Records.*

That's The Way I Wanna Rock 'N' Roll / Kissin' Dynamite. *Abril de 1988. Albert/EMI Records.*

Thunderstruck / Fire Your Guns. *Septiembre de 1990. Albert/EMI Records.*

Moneytalks / Down On The Borderline. *Diciembre de 1990. Albert/EMI Records.*

Are You Ready / Got You By The Balls. DT / Chase The Ace. *Abril de 1991. Albert/EMI Records.*

Rock Your Heart Out / Shot Of Love. *Julio de 1991. Albert/EMI Records.*

Highway To Hell (Live) / High Voltage (Live) / Hell Ain't A Bad Place To Be (Live). *Octubre de 1992. Albert/EMI Records.*

Dirty Deeds Done Dirt Cheap (Live) / Shoot To Thrill (Live). *Febrero de 1993. Albert/EMI Records.*

Big Gun / Back In Black (Live) / For Those About To Rock (We Salute You) (Live). *Julio de 1993. Albert/EMI Records.*

Hard As A Rock / Caught With Your Pants Down. *Septiembre de 1995. Albert/EMI Records.*

Hail Caesar / Whiskey On The Rocks / Whole Lotta Rosie (Live) *Febrero de 1996. Albert/EMI Records.*

Ballbreaker / You Shook Me All Night Long / Back In Black / Thunderstruck (Live). *Agosto de1996. Albert/EMI Records.*

Stiff Upper Lip / Hard A A Rock (Live) / Ballbreaker (Live). *Abril de 2000. Albert/EMI Records.*

Safe In New York / Cyberspace / Back In Black (Live). *Julio de 2000. Albert/EMI Records.*

Satellite Blues / Let There Be Rock (Live). *Enero de 2001. Albert/EMI Records.*

Rock 'n' roll Train. *Agosto de 2008. Columbia Records.*

Money Made. *Julio de 2009. Columbia Records.*

Play Ball. *Octubre de 2014. Albert/Columbia.*

Rock Or Bust. *Noviembre de 2014. Albert/Columbia.*

Singles en Reino Unido

It's A Long Way To The Top (If You Wanna Rock 'N' Roll) / Can I Sit Next To You Girl. *Abril de 1976. Atlantic Records.*

Jailbreak / Fling Thing. *Julio de 1976. Atlantic Records.*

High Voltage / Live Wire. *Octubre de 1976. Atlantic Records.*

Dirty Deeds Done Dirt Cheap / Big Balls / The Jack. *Febrero de 1977. Atlantic Records.*

Let There Be Rock / Problem Child. *Septiembre de 1977. Atlantic Records.*

Rock 'N' Roll Damnation / Sin City. *Mayo de 1978. Atlantic Records.*

Whole Lotta Rosie (Live) / Hell Ain's A Bad Place To Be (Live). *Octubre de 1978. Atlantic Records.*

Highway To Hell / If You Want Blood. *Agosto de 1979. Atlantic Records.*

Girl's Got Rhythm / If You Want Blood You've Got It / Hell Ain't A Bad Place To Be (Live) / Rock 'N' Roll Damnation (Live). *Noviembre de 1979. Atlantic Records.*

You Shook Me All Night Long / Have A Drink On Me. *Agosto de 1980. Atlantic Records.*

Rock And Roll Ain't Noise Pollution / Hells Bells. *Noviembre de 1981. Atlantic Records.*

Let's Get It Up / Back In Black (Live). *Enero de 1982. Atlantic Records.*

For Those About To Rock (We Salute You) / Let There Be Rock (Live). *Abril de 1982. Atlantic Records.*

Dirty Deeds Done Dirt Cheap / Big Balls / The Jack. *Febrero de 1977. Atlantic Records.*

Let There Be Rock / Problem Child. *Septiembre de 1977. Atlantic Records.*

Rock 'N' Roll Dammnation / Sin City. *Mayo de 1978. Atlantic Records.*

Highway To Hell / If You Want Blood. *Agosto de 1979. Atlantic Records.*

Girl's Got Rhythm / If You Want Blood You've Got It / Hell Ain't A Bad Place To Be (Live) / Rock 'N' Roll Damnation (Live). *Enero de 1979. Atlantic Records.*

Touch Too Much / Live Wire (Live) / Shot Down In Flames (Live). *Enero de 1980. Atlantic Records.*

You Shook Me All Night Long / Have A Drink On Me. *Agosto de 1980. Atlantic Records.*

Rock And Roll Ain't Noise Pollution / Hells Bells. *Noviembre de 1981. Atlantic Records.*

Let's Get It Up / Back In Black (Live). *Enero de 1982. Atlantic Records.*

For Those About To Rock (We Salute You) / Let There Be Rock (Live). *Abril de 1982. Atlantic Records.*

Guns For Hire / Landslide. *Septiembre de 1983. Atlantic Records.*

Nervous Shakedown / Rock And Roll Ain't Noise Pollution (Live). *Julio de 1984. Atlantic Records.*

Danger / Back In Business. *Junio de 1985. Atlantic Records.*

Shake Your Found / Stand Up. *Enero de 1986. Atlantic Records.*

Who Made Who / Guns For Hire (Live). *Mayo de 1986. Atlantic Records.*

You Shook Me All Night Long / She's Get Balls (Live). *Agosto de 1986. Atlantic Records.*

Heatseeker / Go Zone. *Enero de 1988. Atlantic Records.*

That's The Way I Wanna Rock 'N' Roll / Kissin' Dynamite. *Marzo de 1988. Atlantic Records.*

Thunderstruck / Fire Your Guns. *Septiembre de 1990. Atco Records.*

Moneytalks / Mistress For Christmas. *Noviembre de 1990. Atco Records.*

Are Your Ready / Got You By The Balls. *Abril de 1991. Atco Records.*

Highway To Hell (Live) / Hells Bells (Live). *Octubre de 1992. Atlantic Records.*

Big Guns / Back In Black (Live). *Junio de 1993. Atco Records.*

Hard As A Rock / Caught With Your Pants Down. *Septiembre de 1995. East-West Records.*

Cover You In Oil / Love Bomb / Ballbreaker. *Marzo de 1996. EastWest Records.*

Stiff Upper Lip / Hard As A Rock (Live) / Ballbreaker (Live). *Marzo de 2000. EastWest Records.*

Satellite Blues / Whole Lotta Rosie (Live) / Let There Be Rock (Live). *Octubre de 2000. EastWest Records.*

Rock 'n' roll Train. *Agosto de 2008. Columbia Records.*

Money Made/War Machine. *Octubre de 2009. Columbia/Sony.*

Rock Or Bust. *Febrero de 2015. Albert/Columbia.*

Rock The Blues Away. *Abril de 2015. Columbia/Sony.*

Miss Adventure. *Julio de 2015. Columbia/Sony.*

Álbumes de AC/DC

High Voltage

Baby, Please Don't Go – She's Got Balls – Little Love – Stick Around – Soul Stripper – You Ain't Got a Hold On Me – Love Song – Show Business. *17 de febrero de 1975. Albert/EMI Records (sólo en Australia y Nueva Zelanda).*

T.N.T

It's A Long Way To The Top (If You Wanna Rock 'N' Roll) – Rock 'N' Roll Singer – The Jack – Live Wire – T.N.T. – Rocker – Can I sit Next To You Girl – High Voltage – School Days. *Diciembre de 1975. Albert/EMI Records (sólo en Australia y Nueva Zelanda).*

High Voltage

It's A Long Way To The Top (If You Wanna Rock 'N' Roll) – Rock 'N' Roll Singer – The Jack – Live Wire – T.N.T. – Can I Sit Next To You Girl – Little Lover – She's Got Balls – High Voltage. *14 de mayo de 1976. Atlantic Records (Reino Unido).* *28 de septiembre de 1976. Atlantic Records (Estados Unidos).*

Dirty Deeds Done Dirt Cheap

Dirty Deeds Done Dirt Cheap – Ain't No Fun (Waiting Around To Be A Millionaire) – There's Gonna Be Some Rockin' – Problem Child – Squealer – Big Balls – Rock In Peace – Ride On – Jailbreak. *20 de septiembre de 1976. Albert/EMI Records (Australia / Reino Unido).* *23 de marzo de 1981. Atlantic Records (Estados Unidos).*

Let There Be Rock

Go Down – Dog Eat Dog – Let There Be Rock – Bad Boy Boogie – Problem Child – Overdose – Hell Ain't A Bad Place To Be – Whole Lotta Rosie (La edición original en Europa y Australia incluye «Crabsody In Blue» en lugar «Problem Child»).

21 de marzo de 1977. Alvert/EMI Records (Australia).

23 de junio de 1977. Atlantic Records (Estados Unidos).

14 de octubre de 1977. Atlantic Records (Reino Unido).

Powerage

Rock 'N' Roll Damnation – Down Payment Blues – Gimme A Bullet – Riff Raff – Sin City- What's Next To The Moon – Gone Shootin' – Up To My Neck In You – Kicked In The Teeth («Cold Hearted Man» Incluída solo en la edición europea en vinilo)

5 de mayo de 1978. Atlantic Records (Reino Unido).

25 de mayo de 1978. Atlantic Records (Estados Unidos).

19 de junio de 1978. Atlantic Records (Australia).

If You Want Blood You've Got It

Riff Raff – Hell Ain't A Bad Place To Be – Bad Boy Boogie – The Jack – Problem Child – Whole Lotta Rosie – Rock 'N' Roll Damnation – High Voltage – Let There Be Rock – Rocker

6 de octubre de 1978. Atlantic Records (Reino Unido).

21 de noviembre de 1978. Atlantic Records (Estados Unidos).

28 de noviembre de 1978. Atlantic Records (Australia).

Highway To Hell

Highway To Hell – Girl's got Rhythm – Walk All Over You – Touch Too Much – Beating Around The Bush – Shot Down In Flames – Get It Hot – If You Want Blood (You've Got It) – Love Hungry Man – Night Prowler

27 de Julio de 1979. Atlantic Records (Reino Unido).

30 de julio de 1979. Atlantic Records (Estados Unidos).

Back In Black

Hells Bells – Shoot To Thrill – What Do You Do For Money Honey – Given the Dog A Bone – Let Me Put My Love Into You – Back In Black – You Shook Me All Night Long – Have A Drink On Me – Shake A Leg – Rock 'N' Roll Ain't Noise Pollution

21 de Julio de 1980. Atco Records (Estados Unidos).

31 de julio de 1980. Atlantic Records (Reino Unido).

11 de agosto de 1980. Atlantic Records (Australia).

For Those About To Rock

For Those About To Rock (We Salute You) – Put The Finger On You – Let's Get It Up – Inject The Venom – Snowballed – Evil Walks – C.O.D. – Breaking The Rules – Night Of The Long Knives – Spellbound

23 de noviembre de 1981. Atlantic Records (en todo el mundo).
7 de diciembre de 1981. Atlantic Records (Australia).
Flick Of The Switch
Rising Power – This House Is On Fire – Flick of the Switch – Nervous Shakedown – Landslide – Guns For Hire – Deep In The Hole – Bedlam in Belgium – Badlands – Brain Shake
15 de agosto de 1984. Atlantic Records.
"74 Jailbreak
Jailbreak – You Ain't Got A Hold On Me – Show Business – Soul Stripper – Baby, Please Don't Go
15 de octubre, 1984. Atlantic Records
Fly On The Wall
Flye On The Wall – Shake Your Foundations – First Blood – Danger – Sink The Pink – Playing With Girls – Stand Up – Hell Or High Water – Back in Business – Send For The Man
28 de junio de 1985. Atlantic Records.
Who Made Who
Who Made Who – You Shook Me All Night Long – D.T. – Sink The Pink – Ride On – Hells Bells – Shake Your Foundations – Chase The Ace – For Those About To Rock (We Salute). *20 de mayo 1986. Atlantic Records.*
Blow Up Your Video
Heatseeker – That's The Way I Wanna Rock 'N' Roll – Meanstreak – Go Zone – Kissin' Dynamite – Nick of Time – Some Sin For Nothin' – Ruff Stuff – Two's Up – This Means War
1 de febrero de 1988. Atlantic Records.
The Razors Edge
Thunderstruck – Fire Your Guns – Moneytalks – The Razors Edge – Mistress For Christmas – Rock Your Heart Out – Are Your Ready – Got You By The Balls – Shot Of Love – Let's Make It – Godbye Good Riddance To Bad Luck – If You Dare
21 de septiembre de 1990. Atco Records.
AC/DC Live (Versión completa)
Thunderstruck – Shoot To thrill – Back In Black – Sin City – Who Made Who – Heatseeker – Fire Your Guns – Jailbreak – The Jack – The Razors Edge – Dirty Deeds Done Dirt Cheap – Moneytalks – Hells Bells – Are You Ready – That's The Way I Wanna Rock 'N' Roll – High Voltage – You Shook Me All Night Long – Whole Lotta Rosie – Let There Be Rock – Bonny – Highway To Hell – T.N.T. – For Those About To Rock (We Salute You). 7 de octubre de 1992. Atco Records.
AC/DC Live (Versión reducida)
Thunderstruck – Shoot To Thrill – Back In Black – Who Made Who –

Heatseeker – The Jack – Moneytalks – Hells Bells – Dirty Deeds Done
Dirt Cheap – Whole Lotta Rosie – You Shook Me All Night Long –
Highway To Hell – T.N.T. – For Those About To Rock (We Salute You)
27 de octubre de 1992. Atco Records.

Ballbreaker

Hard As A Rock – Cover You In Oil – The Furor – Boogie Man – The Honey
Roll – Burnin' Alive – Hail Caesar – Love Bomb – Caught With Your Pants
Down – Whiskey On the Rocks – Ballbreaker
26 de septiembre de 1995. EastWest Records.

Bonfire Boxset

Live From Atlantic Studios
Live Wire – Problem Child – High Voltage – Hell Ain't A Bad Place To Be
– Dog Eat Dog – The Jack – Whole Lotte Rosie – Rocker

Let There Be Rock — The Movie — Live In Paris

-Disco uno
Live Wire – Shot Down In Flames – Hell Ain't A Bad Place To Be – Sin
City – Walk All Over You – Bad Boy Boogie
-Disco dos
The Jack – Highway To Hell – Girls Got Rhthm – High Voltage – Whole
Lotta Rosie – Rocker – T.N.T – Let There Be Rock

Volts

Dirty Eyes – Touch Too Much – If You Want Blood (You've Got It) – Back
Seat Confidential – Get It Hoy – Sin City – She's Get Balls – School Days
– It's Long Way To The Top (If You Wanna Rock 'N' Roll) – Ride On

Back In Black

Hells Bells – Shoot To Thrill – What Do You Do For Money Honey – Given
The Dog A Bone – Let Me Put My Love Into You – Back In Black –
You Shook Me All Night Long – Have A Drink On Me – Shake A Leg –
Rock And Roll Ain't Noise Pollution
11 de noviembre de 1997. EastWest Records.

Stiff Upper Lip

Stiff Upper Lip – Meltdown – House Of Jazz – Hold Me Back – Safe IN
New York City – Can't Stand Still – Can't Stop Rock 'N' Roll – Satellite
Blues – Damned – Come and Get It – All Screwed Up – Give It Up
28 de frebrero de 2000. EastWest Records.

Black Ice

Rock 'n' roll Train – Skies On Fire – Big Jack – Anything Goes – War Machine –
Smash 'N' Grab - Spoilin For A Fight – Wheels – Decibel – Stormy May
Day – She Likes Rock 'n' roll – Money Made – Rock 'n' roll Dream – Rocking
All The Way – Balck Ice
20 de octubre, 2008. Columbia Records

Rock Or Bust
Rock Or Bust – Play Ball – Rock The Blues Away – Miss Adventure – Dogs Of War – Got Some Rock & Roll Thunder – Hard Times – Baptism By Fire – Rock The House - Sweet Candy / Emission Control
28 de noviembre, 2014. Sony

Vídeos musicales / DVD
AC/DC
High Voltage – Jailbreak – Let There Be Rock – Riff Raff – Dog Eat Dog – Highway To Hell – Shot Down In Flames – Touch Too Much – If You Want Blood You've Got It
1987. Albert Productions (sólo en Australia).
Let There Be Rock
Live Wire – Shot Down In Flames – Hell Ain't A Bad Place To Be – Sin City – Walk All Over You – Bad Boy Boogie – The Jack – Highway To Hell – Girls Got Rhythm – High Voltage – Whole Lotta Rosie – Rocker – Let There Be Rock
1980. Warner Home Video.
Fly On The Wall
Fly on the Wall – Danger – Sink The Pink – Stand Up – Shake Your Foundations
1985. Atlantic Video.
Who Made Who
Who Made Who – You Shook Me All Night Long – Shake Your Foundations – Hells Bells – For Those About To Rock (We Salute You)
1986. Atlantic Video.
Clipped
Thunderstruck – Moneytalks – Are You Ready – Heatseeker – That's The Way I Want To Rock 'N' Roll
1990. Vision Entertainment.
The Interview Sessions
1990. Secret Squirrel.
The Razors Edge
Thunderstruck – Moneytalks – Are You Ready
1991. SMV.
Live At Donington
Thunderstruck – Shoot To Thrill – Back In Black – Hell Ain't A Bad Place To Be – Heatseeker – Fire Your Guns – Jailbreak – The Jack – Dirty Deeds Done Dirt Cheap – Moneytalks – Hells Bells – High Voltage – Whole Lotta Rosie – You Shook Me All Night Long – T.N.T. – Let There Be Rock – Highway To Hell – For Those About To Rock (We Salute You)
1992. Vision Entertainment.

For Those About To Rock (We Salute You)
    Back In Black – Highway To Hell – Whole Lotta Rosie – For Those About
    To Rock (We Salute You)
    1992. Warner Home Video.
Ballbreaker
    Hard As A Rock – Cover You In Oil – Hail Caesar
    1996. Albert Productions.
No Bull Live – Plaza de Toros, Madrid
    Back In Black – Shot Down In Flames – Thunderstruck – Girls Got Rhythm
    – Hard As A Rock – Shoot To Thrill – Boogie Man – Hail Caesar – Hells Bells
    – Dog Eat Dog – The Jack – Ballbreaker – Rock And Roll Ain't Noise
    Pollution–Dirty Deeds Done Dirt Cheap–You Shook Me All Night Long–Whole
    Lotta Rosie–T.N.T.–Let There Be Rock–Highway To Hell–For Those About
    To Rock (We Salute You)
    1996. Warner Music Vision.
Thunder Rock
    1999. Frantic Films.
Long Way To The Top
    2001. ABC Video.
Stiff Upper Lip Live
    Stiff Upper Lip – You Shook Me All Night Long – Problem Child – Thun-
    derstruck – Hell Ain't A Bad Place To Be – Hard As A Rock – Shoot To Thrill
    – Rock And Roll Ain't Noise Pollution – What Do You DO For Money
    Honey – Bad Boy Boogie – Hells Bells – Up To My Neck In You – The
    Jack – Back In Black – Dirty Deeds Done Dirt Cheap – Highway To Hell
    – Whole Lotta Rosie – Let There Be Rock – T.N.T. – For Those About To
    Rock (We Salute You) – Shot Down In Flames
    2001. Warner Music Vision.
Live '77
    Let There Be Rock – Problem Child – Hell Ain't A Bad Place To Be –Whole
    Lotta Rosie – Bad Boy Boogie – Rocker – T.N.T.
    Enero de 2003. Image Entertainment (disponible solo en Japón).
Family Jewels
    -Disco uno
    Baby, PLease Don't Go – Show Business – High Voltage – It's A Long Way
    To The Top (If You Wanna Rock 'N' Roll) – T.N.T. – Jailbreak – Dirty Deeds
    Done Dirt Cheap – Dog eat Dog – Let There Be Rock – Rock 'N' Roll
    Damnation – Sin City – Riff Raff -Fling Thing / Rocker – Whole Lotta
    Rosie – Shot Down In Flames – Walk All Over You – Touch Too Much –
    If You Want Blood (You've Got It) – Girls Got Rhythm – Highway To Hell

-Disco dos

Hells Bells – Back In Black – What Do You Do For Money Honey – Rock And Roll Ain't Noise Pollution – Let's Get It Up – For Those About To Rock (We Salute You) – Flick Of The Switch – Nervous Shakedown – Fly On The Wall – Danger – Sink The Pink – Stand Up – Shake Your Foundations – Who Made Who – You Shook Me All Night Long – Heatseeker – That's The Way I Wanna Rock 'N' Roll – Thunderstruck – Moneytalks – Are You Ready

2005. Epic Music Video.

And Then There Was Rock

2005. Chrome Dreams.

Plug Me In

-Disco uno

High Voltage – It's A Long Way To The Top (If You Wanna Rock 'N' Roll) – School Days – T.N.T. - Live Wire – Can I Sit Next To You Girl - Baby, Please Don't Go – Hell Ain't A Bad Place To Be – Rocker – Rock 'n' roll Damnation – Dog Eat Dog – Let There Be Rock – Problem Child – Sin City – Bad Boy Boogie – Highway To Hell – The Jack – Whole Lotta Rosie

-Disco dos

Shot Down In Flames – What Do You Do For Money Honey – You Shook Me All Night Long / T.N.T. – Let There Be Rock – Back In Black – T.N.T. – Shoot To Thrill – Guns For Hire – Dirty Deeds Done Dirt Cheap – Flick Of The Switch – Bedlam In Belgium – Back In Black – Highway to Hell – Whole Lotta Rosie – For Those About To Rock (We Salute You) – Gone Shootin' – Hail Caesar – Ballbreaker – Rock 'n' roll Ain't Noise Pollution – Hard As A Rock – Hells Bells – Ride On – Stiff Upper Lip – Thunderstruck – If You Want Blood (You've Got It) – The Jack – You Shook Me All Night Long

-Disco tres

She's Got Balls – It's A Long Way To The Top (If You Wanna Rock 'N' Roll) – Let There Be Rock – Bad Boy Boogie – Girls Got Rhythm – Guns For Hire – This House Is On Fire – Highway To Hell – Girls Got Rhythm – Let There Be Rock

2007. Columbia Records

No Bull Live – Plaza de Toros, Madrid (Director's Cut)

Back In Black – Shot Down In Flames – Thunderstruck – Girls Got Rhythm – Hard As A Rock – Shoot To Thrill – Boogie Man – Hail Caesar – Hells Bells – Dog Eat Dog – The Jack – Ballbreaker – Rock 'n' roll Ain't Noise Pollution – Dirty Deeds Done Dirt Cheap – You Shook Me (All Night Long) – Whole Lotta Rosie – T.N.T. – Let There Be Rock – Highway To Hell

2008. Columbia

Backtracks

-Disco uno

Stick Around – Love Song – Fling Thing – R.I.P. (Rock In Peace) – Carry Me Home – Crabsody in Blue – Cold Hearted Man – Snake Eye – Borrowed Time – Down On The Borderline – Big Gun – Cyberspace

-Disco dos

Dirty Deeds Done Dirt Cheap – Dog Eat Dog – Live Wire – Shot Down In Flames – Back In Black – T.N.T – Let There Be Rock – Guns For Hire – Rock 'n' roll Ain't Noise Pollution – This House Is On Fire – You Shook Me All Night Long – Jailbreak – Highway To Hell – For Those About To Rock (We Salute You) – Safe In New York City

-Disco tres

Big Gun – Hard As A Rock – Hail Caesar – Cover You In Oil – Stiff Upper Lip – Satellite Blues – Safe In New York City – Rock 'n' roll Train – Anything Goes – Jailbreak – It's A Long Way To The Top (If You Wanna Rock 'N' Roll) – Highway To Hell – You Shook Me All Night Long – Guns For Hire – Dirty Deeds Done Dirt Cheap – Highway To Hell – The Making Of Hard As A Rock – The Making Of Rock 'n' roll Train

2009. Sony Legacy

Let There Be Rock

(Es la reedición de la película de 1979 del concierto de AC/DC en París e incluye material adicional con entrevistas sobre la banda.)

Live Wire – Shot Down In Flames – Hell Ain't A Bad Place To Be – Sin City – Walk All Over You – Bad Boy Boogie – The Jack – Highway To Hell – Girls Got Rhythm – High Voltage – Whole Lotta Rosie – Rocker – Let There Be Rock

2011. Warne Home Video

Live At River Plate

-Disco uno

Rock 'n' roll Train – Hell Ain't A Bad Place To be – Back In Black – Big Jack – Dirty Deeds Done Dirt Cheap – Shot Down In Flames – Thunderstruck – Black Ice – The Jack – Hells Bells

Disco dos

Shoot To Thrill – War Machine – Dog Eat Dog – You Shook Me All Night Long – T.N.T. – Whole Lotta Rosie – Let There Be Rock – Highway To Hell – For Those About To Rock (We Salute You)

2011. Columbia/Sony

Bibliografía

Libros

Englehart, Murray. *Bonfire: AC/DC Boxed Set Band Biography*. East West, 1997.

Huxley, Martin. *AC/DC: The World's Heaviest Rock*. St. Martins Press, 1996

Johnson, Brian. *Rockers and Rollers: A Full-Throttle Memoir*. Harper Collins, 2011.

Masino, Susan. *Rock 'N' Roll Fantasy: My Life and Times with AC/DC, Van Halen, Kiss…* Badger Books, 2003

Putterford, Mark. *Shock To The System*. Omnibus Press, 1992

Rees, Dafydd; Crampton, Luke. *Encyclopedia Of Rock Stars*. DK Publishing, 1996.

Taylor, Barry; Wooding, Dan. *Singing In The Dark*. Kingsway Publications, 1990

Walker, Clinton. *Highway To Hell; The Life and Times of AC/DC Legend Bon Scott*. Verse Chorus Press, 2001.

Wilmoth, Peter. *Glad All Over: The Countdown Years 1974-1987*. McPhee Gribble, 1993.

Entrevistas personales

Mike Andy / Jack Ballas, Jr. / Rick Brewster / Pete «Pyro» Cappadocia/ Peter Cliff / Perry Cooper / Keith Dabbs / Kirk Dyer / Keith Emerson Dave Evans/ Julius Grafton / James Kottack / Tommy Redd / Kelly Shaefer / Doug Thorncroft / Andrew (Don) Williams / Raymond Windlow / Robin Zander / Angus Young / Darren Goulden / Peter Lewis / Joe Matera / Philip Morris / Filippo Olivieri / Bob Richards / Ken Schaffer.

Artículos

Ahann, Michael. «AC/DC's Malcolm Young Was A Master Of Discipline And Economy.» *The Guardian*, September 24, 2014.

Balfour, Brad. «AC/DC's Short Circuit: The Angus And The Ecstasy: You Can't

Tie These Kangaroos Down, Sport!' *Creem*, September 28, 1978.

Barr, Greg. «The Riff Factory.» *Houston Press*, September 2000.

Barton, Geoff. «A Touch Too Much.» *Classic Rock*, February 2005.

Barton, Geoff. «A Touch Too Much.» *Metal Hammer & Classic Rock*, Special, 2005.

Barton, Geoff. «Brother's Got Rhythm.» *Metal Hammer & Classic Rock*, Special, 2005.

Barton, Geoff. «What Really Happened To Bon Scott?» *Metal Hammer & Classic Rock*, Special, 2005.

Barton, Geoff, Rasmussen, Jens Jam. «For Whom The Bell Tolls.» *Classic Rock*, August 2005.

Beaujour, Tom. «Bon Voyage.» *Guitar World*, Guitar Legends Special Collector's Issue, February 7, 2005.

Berstein, Scott. «Angus Young Guests With Guns N' Roses At Coachella.» *Jam Base*, April 17, 2016.

Bienstock, Richard. «Dirty Deeds Re-Done.» *Guitar World*, Guitar Legends Special Collector's Issue, February 7, 2005.

Billboard Spotlight. September 22, 1990.

Billboard. «AC/DC's Malcolm Young "Taking Break" Due to Illness.» April 16, 2014.

Blake, Mark. «Stage-Struck!» *Metal CD*, 1992.

Boddy, Selma. «Roadshows.» *Record Mirror*, October 22, 1977.

«Body Music from Wagga Wagga.» *Sounds*, October 22, 1977.

Bowcott, Nick. «Let There Be Rock: If It Ain't Broke, Don't Fix It!» *Guitar World*, July 1998.

Bowcott, Nick. «Let There Be Rock.» *Guitar World*, Guitar Legends Special Collector's Issue, February 7, 2005.

Bowden, Ebony. «Axl Rose's AC/DC Gig In London Gets The Thumbs Up From Guns N' Roses Bandmates.» *Sydney Morning Herald*, June 7, 2016.

«Brian Johnson Meets With Creator Of Revolutionary In-Ear Device: "It Works, You Can't Argue With That."» Ultimate Guitar.com, June 3, 2016.

Brisbee, Grant. «The Cubs Manager Sure Isn't Beating Around The Bush On This One.» *SBNation*, September 22, 2015.

Cashmere, Paul. *Undercover Media Circus*, May–June 1981.

Cashmere, Paul. «AC/DC Pissed Off At Getting Spotted In Vancouver.» *Noise11*, August 22, 2018.

Coles, Brian. *Electric Basement*, September 2000.

Creem. «Rock 'n' Roll News.» May 1980.

Creem. «Close-Up Metal.» May 1984.

Croft, Mat. «Whole Lotta Tributes.» *Metal Hammer & Classic Rock*, Special Issue, 2005.

Cummings, Winston. «AC/DC: End Of The Line?» *Hit Parader*, 1995.

Cummings, Winston. «AC/DC: Lightning Strikes Angus And The Boys Sell Out Arenas From Coast To Coast As Razors Edge Reaches The Top.» *Hit Parader*, Summer 1991.

Darling, Spyder. «AC/DC: Still Stiff After All These Years.» *New York Rock*, April 2000.

Deriso, Nick. «Axl Rose Confirmed As AC/D's Replacement Singer.» *Ultimate Classic Rock*, April 16, 2016.

Di Perna, Alan. «Hard As A Rock.» *Guitar World*, Guitar Legends Special Collector's Issue, February 7, 2005.

Di Perna, Alan. «Working Stiffs.» *Guitar World*, Guitar Legends Special Collector's Issue, February 7, 2005.

Di Perna, Alan. «Young Lust.» *Guitar World*, Guitar Legends Special Collector's Issue, February 7, 2005.

Di Perna, Alan. «AC/DC's Angus Young Discusses Malcolm's Dementia And Their Hard-Hitting New Album Rock Or Bust.» *Guitar World*, December 12, 2014.

Doran, John. «Down and Dirty.» *Metal Hammer & Classic Rock*, Special Issue, 2005.

Doran, John. «It's Electric.» *Metal Hammer & Classic Rock*, Special Issue, 2005.

Dorland, Jodi. «Return To Glory.» *Hit Parader*, November 1985.

Ducat, Alan. «Rock Legend Remembered.» The Dispatch Herald, February 2, 2006.

Duclos, Michael. «Cliff Notes: Interview With Cliff Williams.» *Guitar School*, March 1995.

Durchholz, Daniel. «Unstoppable AC/DC Is Rock Solid At Scottrade.» *St. Louis Post-Dispatch*, February 21, 2016.

Eliezer, Christie. «AC/DC, The Angels, Barnes Pay Tribute To Legendary George Young.» *The Music Network*, October 23, 2017.

Elliot, Paul. «Angus Beefed Up! Or: Dirty Deeds Redone Rather Expensively!» *Kerrang!*

Ernst, Erik. «With Cannons And A Train, AC/DC Salutes Bradley Center Crowd.» *JS Online*, April 16, 2010.

Ewing, Jerry. «Hell On Two Legs.» *Metal Hammer & Classic Rock*, Special Issue, 2005.

Fanelli, Damian. «Angus Young Plays Airport Prank On Guns N' Roses In Sydney.» *Guitar World*, February 9, 2017.

Farber, Jim. «AC/DC: The Big Crunch.» *Metal Edge*, Fall 1985.

Farber, Jim. «Blow Up Your Video.» *Rolling Stone*, April 7, 1988.

Finley, John. «Kiss, Kiss, Bang, Bang At Fairgrounds Concert.» Louisville, *Kentucky Courier Journal*, December 13, 1977.

Flavin, Ian. «Front Row Reviews.» *National RockStar,* March 5, 1977.

Fricke, David. «AC/DC Wired For Success: There's No Keeping A Live Band Down.» *Circus,* January 16, 1979.

Fricke, David. «AC/DC Only Stops For Tea On The 'Highway To Hell,' Thank You Kindly.» *Circus,* November 1979.

Fricke, David. «AC/DC And The Gospel Of Rock & Roll.» *Rolling Stone,* November 13, 2008.

Fyfe, Steven Scott. «Interview With Phil Rudd.» *Cyber Drum,* August 15, 2000.

Garbarini, Vic. «60 Minutes With Angus Young.» *Guitar World,* August 1996.

Giles, Jeff. «AC/DC Producer Brendan O'Brien Talks Rock Or Bust.» *Ultimate Classic Rock,* January 5, 2015.

Godschalk, Johan. *Rock-E-Zine,* September 2000.

Greene, Andy. «Flashback: Axl Rose Joins AC/DC, Shocks The Rock World.» *Rolling Stone,* June 27, 2019.

Greene, Andy. «The AC/DC Frontman Traveled The World To Visit With Sting, Robert Plant, Roger Daltrey, Billy Joel, Dolly Parton And Many Others.» *Rolling Stone,* July 10, 2019.

Harmon, Steph. «Highway To Hell: 10km Of Major Perth Highway To Shut For AC/DC Covers Concert.» *The Guardian,* October 20, 2019.

Hartmann, Graham. «AC/DC Legend Brian Johnson Details Hearing Loss Struggle, Fluids Had Been Eating Away At My Ear.» *Loudwire,* May 20, 2016.

Hedges, Dan. «Stage Pass: AC/DC Flick The Switch At Philadelphia's Spectrum.» *Circus,* January 31, 1984.

Hit Parader. «Legends Of Metal AC/DC Angus Young And The Boys Take Us All On The Highway To Hell.» Winter 1989.

Hogan, Richard. «AC/DC Salutes The Stadium Circuit.» *Circus,* 1982.

Hogan, Richard. «Photo Journal.» *Circus,* December 31, 1982.

Hogan, Richard. «With A Flick Of The Switch, AC/DC Stays Current And Powers Into A 10th-Anniversary Tour.» *People,* December 1983.

Hoggard, Stuart. «Front Row Reviews.» *National RockStar,* February 26, 1977.

Howe, John. «Boy Wonder Canes 'Em!» *Record Mirror,* October 22, 1977.

Hoysted, Peter. «High Voltage History,» *Axs,* October 1998.

Jinman, Richard. «25 Years On, Ac/Dc Fans Recall How Wild Rocker Met His End.» *The Guardian,* February 19, 2005.

Kielty, Martin. «AC/DC Alumni Honor Malcolm Young At Funeral.» *Ultimate Classic Rock,* November 28, 2017.

King, Valerie. «Live Show Review: AC/DC—Atlanta.» *Rock Revolt Magazine,* September 3, 2016.

Kreps, Daniel. «Malcolm Young, AC/DC Guitarist And Co-Founder, Dead at 64.» *Rolling Stone,* November 18, 2017.

Lalaina, Joe. «Live Wire.» *Guitar World*, Guitar Legends Special Collector's Issue, March 1986.

Masino, Susan Severson. «AC/DC Spreading Sparks.» *Emerald City Chronicle*, January 1978.

Matera, Joe. «Hometown Heroes.» *Metal Hammer & Classic Rock*. Collector's Issue, 2005.

Mayco, Marc. «AC/DC: Young-Fast.» *Trouser Press*, November 1977.

McCollum, Brian. «AC/DC Fires Up Time-Tested Rock Ritual For Packed Ford Field.» *Detroit Free Press*, September 9, 2015.

Metal CD. «Double Decade of Dirty Deeds.» Vol. 1 No. 1, 1992.

Munro, Scott. «AC/DC Break Social Media Silence To Mark 40 Years Of Highway To Hell.» *Classic Rock*, July 17, 2019.

Niemietz, Brian. «Axl Rose And AC/DC Host Tour-Ending Party At Classic Steak House.» *New York Daily News*, September 13, 2016.

Obrecht, Jas. «Angus Young: Seriously.» *Guitar Player*, February 1984.

Obrect, Jas. «Malcolm Young: Heavy Metal Rhythm Specialist.» *Guitar Player*, February 1984.

Pareles, Jon. «AC/DC With Axl Rose Shakes The Garden All Night Long.» *New York Times*, September 15, 2016.

Popoff, Martin. «AC/DC For Those About To Rock We Salute You.» *Metal Hammer & Classic Rock*, Special Issue, 2005.

Popoff, Martin. «Duck-Walkin' All Over You.» *Metal Hammer & Classic Rock*, Special Issue, 2005.

Popoff, Martin. «Who Made Who?» *Metal Hammer & Classic Rock*, Special 2005.

Putterford, Mark. «High Vaultage: A Delirious Delve Into The AC/DC Album Archives.» *Kerrang!*, Summer 1984.

Putterford, Mark. «Review of Razors Edge.» *Select*, October 1990.

Q Magazine. «Blackened Sabbath—The Official Account Of Events.» from the insert inside the AC/DC bootleg Swedish Neurotica, April 22, 1977.

Rabow, Steve. «Jerry & Brian: Two Rocks On A Sarasota Roll.» *Sarasota Downtown*, Summer 1998.

Reesman, Bryan. «AC/DC Certified Legends.» *Metal Edge*, 2000.

Request. «Speak For Yourself: AC/DC.» June 2000.

Rockford Register Star. «Cheap Trick Rocks Filled Fairgrounds.» July 5, 1979.

Rolling Stone. «Random Notes Review Of Live.» October 1, 1992.

Rosen, Steve. «Young At Heart.» *Guitar World*, Guitar Legends Special Collector's Issue, March 1984.

Ross, Mike. «AC/DC Reigns In The Rain At Edmonton Commonwealth Stadium.» *Edmonton Sun*, September 20, 2015.

Rudis, Al. «A New Era In Rock—It's Brutal.» *Chicago Tribune*, November 1977.

Scapelliti, Christopher. «AC/DC's Cliff Williams Appears To Change His Reason For Leaving The Band.» *Guitar World*, September 20, 2016.

Scrimshire, Jo. «The Fluids Had Crystallised And Had Been Eating Away At My Ear: AC/DC Singer Brian Johnson Reveals A Rainstorm Triggered Sudden Hearing Loss Which Triggered Him Being Replaced By Axl Rose.» *Australia Daily Mail*, May 23, 2016.

Shepard, Jack. «AC/DC And Axl Rose Play First Gig In Lisbon: Fans And Critics Cast Their Verdict.» *Independent*, May 8, 2016.

Simmons, Sylvie. «Satan's Pigeons.» Creem, 1984.

Smith, Nathan. «AC/DC Still Puts On One Hell Of A Show.» *Houston Press*, February 26, 2016.

Somaiya, Ravi. «AC/DC Talk Epic Concert DVD, Live At River Plate.» *Rolling Stone*, May 6, 2011.

Staunton, Terry. «Shaking South America All Night Long.» *Record Collector*, May 2011.

Stevenson, Jane. «AC/DC Playing Through Hard Times On Rock Or Bust.» *Toronto Sun*, November 14, 2014.

Stout, Gene. «AC/DC Plugs Into Its Roots.» *Wisconsin State Journal*, April 26, 2001.

Super Polly. «High Voltage (& AC/DC!) Makes "Gig Of The Year"!» October 1977.

Sutcliffe, Phil. «Sex, Snot, Sweat and Schoolkids (Or: AC/DC Are Back In Town).» *Sounds*, October 29, 1977.

Swartz, Tracy. «Sold Out Show At Wrigley To Feature Pyrotechnics.» *Chicago Tribune*, September 15, 2015.

Taylor, Dave. «Unadulterated, Unapologetic Rock.» *Independent*, July 6, 2015.

The Guardian. «AC/DC Finally Release Albums On iTunes.» November 19, 2012.

«Thunder From Down Under.» *Kerrang!*, No. 11, March 11–24, 1982.

Wall, Mick. «Bonfire! The Genesis of AC/DC.» *Record Collector*, February 1998.

Weiner, Hannah. «AC/DC Headlines The First Night Of Coachella.» *Desert Sun*, April 11, 2015.

Wishart, Eric. «AC/DC: Glasgow University.» *Record Mirror*, February 26, 1977.

Filmaciones

And Then There Was Rock – Live Before Brian, Chrome Dreams, noviembre de
2005.
Let There Be Rock (Warner Home Video, 1980)
Live At Donington (Atco Video, 1992)
No Bull AC/DC Live – Plaza De Toros (Madrid Atco, 1996)

Páginas web

www.ac-dc.cc
www.crabsodyinblue.com
www.ac-dc.ne
www.kolumbus.fi/nononsense www.bonscott.com.au
Bedlam en Bélgica, www.ac-dc.cc, visitada el 8 de febrero de 2006.
Crabsody In Blue, www.crabsodyinblue.com, visitada el 21 de noviembre de
2005, el 28 de diciembre de 2005 y el 8 de enero de 2006.
Electric Shock, www.ac-dc.net, visitada el 26 de agosto de 2004, el 10 de febrero
de 2005, el 22 de junio de 2005, el 17 de agosto de 2005, el 29 de agosto de
2005, el 16 de noviembre de 2005, el 28 de diciembre de 2005, el 15 de enero
de 2006 y el 8 de febrero de 2006.
No Nonsense, www.kolumbus.fi/nononsense, visitada el 17 de noviembre de
2005.
Rising Power, acdcpower.net, visitada el 17 de noviembre de 2005 y el 6 de febrero de 2006.
Western Australian Bon Scott Fan Club, www.bonscott.com.au , visitada el 17 de
noviembre de 2005.

Agradecimientos

Antes que a nadie, quiero felicitar a mi editora, Andrea Rotondo, por creer en mí. El humor, el espíritu y el amor por el rock de Andrea han hecho que trabajar con ella sea un placer. Y a todo el mundo en Omnibus Press, les quiero decir que me siento muy honrada de formar parte de la familia de Music Sales Group.

También quisiera agradecer a toda mi familia y a mis amigos por su cariño y su apoyo. Especialmente a mi marido, John, por su paciencia, sus revisiones y su maestría con los ordenadores. A mi hijo Jamey por usar su diccionario y a mi hija Teal por todo el ánimo. A mis hermanas Kathy y Lori, por hacerme sentir querida y admirada. A mi mejor amiga, Jennifer, que me tiró el Tarot gratis miles de veces, algo que me inspiró a seguir mi camino. A Marv Balousek y a Mary Lou Santovec, y a todo el mundo en Badger Books por pedirme que escribiera *Famous Wisconsin Musicians* y por creer en *Rock 'N' Roll Fantasy*. ¡Que Dios os bendiga! ¡Y a todas las bandas y a los fans que hacen que trabajar en la industria musical sea tan divertido!

Siempre he creído que las cosas suceden por alguna razón, y escribir este libro ha sido toda una lección de casualidad. Algunas veces las cosas se volvieron tan complicadas que a menudo comentaba que tenía que escribir un libro sobre escribir un libro. Una vez que se supo que estaba trabajando en *Let There Be Rock*, gente de todo el mundo empezó a enviarme ánimos, ruegos e información extremadamente útil.

Este libro fue agraciado con muchas historias geniales y recuerdos afectuosos. No puedo agradecéroslo lo suficiente: Mike Andy, Rick Brewster, Charlie «Cosmo» Wilson, «Pyro» Pete Capadocia, Perry Cooper, Kirk Dyer, Keith Emerson, Dave Evans, Julius Grafton, Mike Huberty, Bobby Ingram, Gray Karnes, James Kottack, Karl Kuenning, Tommy Redd, Glenn Roberston, The Scorpions, Kelly Shaefer, Raymond Windlow, Ken Adamany, Ida Langsam, Anne Leighton, Connie Ward y Robin Zander. Que Dios bendiga a Perry Cooper, quien falleció inesperadamente el 28 de mayo de 2005. No solo promocionó a AC/DC cuando llegaron por primera vez a Estados Unidos, sino que posiblemente los quiso más que todos nosotros juntos.

Quiero agradecer especialmente a algunos fans de AC/DC repartidos por todo el mundo: Jack Ballas Jr. por su discografía e incontables fotografías y artículos, y su amor por AC/DC. Keith Dabbs por sus lecciones sobre la geografía de Perth y por su regalo secreto que me espera en las antípodas. Andrew «Don» Williams por los ejemplares de *Classic Rock*, ¡Justo cuando los necesitaba! Peter Cliff por los mejores regalos desde Liverpool, incluyendo una difícil de encontrar edición inglesa del libro de Barry Taylor *Singing In The Dark*. Doug Thorncroft, por su trabajo solicitando una estatua de bronce de Bon que está siendo construida para celebrar su 60 aniversario y por las mejoras en la tumba de Bon, la camiseta del vigesimoquinto aniversario y sobre todo por ayudarnos a mantener la llama de Bon brillando con intensidad.

A Cody Jessup, músico y fan de AC/DC al cual conocí en diciembre de 2005. Estaba enfermo de cáncer, en estado terminal, y Thursday's Child se puso en contacto conmigo para que ayudara a que su sueño se hiciera realidad. Cody amaba a AC/DC tanto que su último deseo era conocer a Angus Young. Hice lo que pude, y, gracias a la ayuda de Dorothy Ferguson, de Thursday's Child, Angus intentó ponerse en contacto con él, tal y como le había prometido. Menos de un día después, en la tarde previa a Nochevieja, Cody fallecía a la edad de quince años. Conocerle fue un honor, y su dignidad combatiendo su enfermedad fue una lección de humildad. Cody era un espíritu valiente, y espero que ahora esté tocando con Bon.

A Barry Taylor, por ser un amigo tan dulce y sincero, y por todas las postales, cartas y llamadas de teléfono que fueron verdaderos momentos álgidos de mi vida.

Y, sobre todo, a los chicos más encantadores que una chica puede llegar a conocer, Angus y Malcolm Young, Bon Scott, Phil Rudd, Cliff Williams y Brian Johnson. El origen divino de la mejor música rock que se ha hecho nunca. ¡Que alguien me pellizque! No, quiero decir que…

Edición actualizada
Quiero dar las gracias a mis editores, David Barraclough y Imogen Gordon Clark, y a todo el equipo de Omnibus Press por su colaboración y apoyo, y por creer en este proyecto. Gracias también al editor de la reedición Paul Woods. Que me permitieran revisar y actualizar *The Story of AC/DC – Let There Be Rock* ha sido todo un honor.

También quiero dar las gracias a todos aquellos que me hicieron llegar recuerdos, anécdotas y fotografías para esta edición, entre ellos Terry Bucheger, 'Pyro'

Pete Cappadocia, Dawnette Springer Cook, Tamara Springer Gleason, Darren Goulden, Dawn Lalley, Peter Lewis, Joe Matera, Philip Morris, Filippo Olivieri, Brian Rasic, Bob Richards, Eduardo Rodríguez, Terry Shockley, Ken Schaffer, John y Brett Tyrrell, y Ed Villanueva.